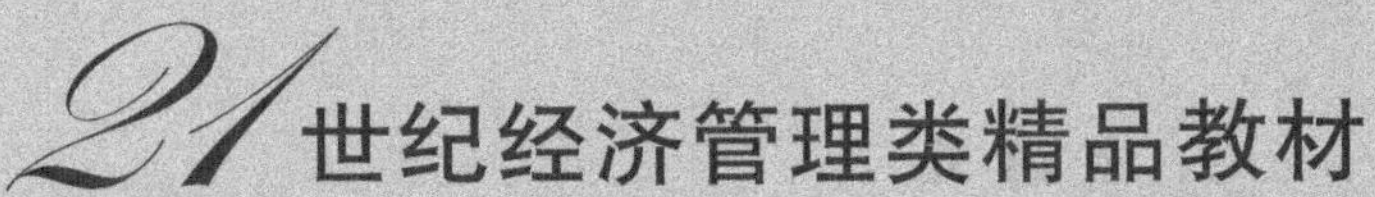

第2版

金融市场学

主　编　史建平
副主编　官　兵

Financial Markets

清华大学出版社
北京

内 容 简 介

金融市场是现代金融体系的重要组成部分。本书以深入浅出的语言，系统地介绍了金融市场的基本理论、组织体系和运行机制。全书可分为四篇十三章：第一篇包括第一章和第二章，概括性地介绍了金融市场要素、运行机制及其发展过程，分析了经济发展的不同阶段对金融市场的需求差异；第二篇包括第三章至第八章，分别介绍了金融市场各类子市场的结构、组织和运行机制；第三篇包括第九章至第十二章，分别阐述了金融市场运行过程中的利率、风险与收益以及定价机制；第四篇即第十三章，主要介绍了金融市场监管的理论、制度和方法。

本书将金融市场的基本理论与中国的实际相结合，注重介绍规范理论和西方成熟市场经济国家金融市场的运行与管理经验，并在此基础上研究我国金融市场发展的道路，既具有前瞻性，又具有较强的现实针对性。本书可作为经济管理类专业学生的教材使用，也可作为金融行业从业人员的参考用书。

图书在版编目（CIP）数据

金融市场学/史建平主编．—2 版．—北京：清华大学出版社，2012.6（2023.1重印）
21 世纪经济管理类精品教材
ISBN 978-7-302-29102-2

I．①金…　II．①史…　III．①金融市场-经济理论-高等学校-教材　IV．①F830.9

中国版本图书馆 CIP 数据核字（2012）第 130868 号

责任编辑： 杜春杰
封面设计： 唐韵设计
版式设计： 文森时代
责任校对： 张兴旺
责任印制： 宋　林

出版发行： 清华大学出版社
网　　址：http://www.tup.com.cn，http://www.wqbook.com
地　　址：北京清华大学学研大厦 A 座　　邮　　编：100084
社 总 机：010-83470000　　邮　　购：010-62786544
投稿与读者服务：010-62776969，c-service@tup.tsinghua.edu.cn
质量反馈：010-62772015，zhiliang@tup.tsinghua.edu.cn

印 装 者： 三河市龙大印装有限公司
经　　销： 全国新华书店
开　　本： 185mm×230mm　　印　　张：24.75　　字　　数：496 千字
版　　次： 2007 年 5 月第 1 版　2012 年 6 月第 2 版　　印　　次：2023 年 1 月第 8 次印刷
定　　价： 69.80 元

产品编号：042384-03

第2版前言

自20世纪70年代末开始的金融自由化浪潮席卷全球，针对金融市场的金融工具、业务和组织体系的创新此起彼伏，通过金融市场融通的资本数量相比40年前呈现爆炸式增长，而基于基础金融资产的衍生品市场规模则更是呈几何级数增长，现代金融市场以其前所未有的广度和深度深刻影响着实体经济和社会的方方面面。但是，在人们为自己的发明创造欢呼雀跃的同时，可怕的金融海啸则如幽灵一般如影随形，总是在人们举杯欢庆的时候突然给以致命一击。人们在吞下自己酿下的苦果后是否会不断反思、不断改进、永不忘记呢？

不管是成就还是问题，不管是经验还是教训，记住金融市场发展中的点点滴滴，促使读者思考问题、厘清思路正是本书修订的目的所在。本书的第1版是在2006年底写成的，当时的国际国内金融市场蓬勃发展，一片繁荣，鼓励创新、放松监管是那个时期的主流。今年，是金融危机过去后的第四个年头，国际资本市场萎靡、欧洲债务危机此起彼伏、美国财政难以为继，三大经济体还没有完全摆脱金融危机的阴影，严格监管、加强干预的呼声已经成为全球共识；但中国并没有因噎废食，而是在免费学习了金融危机带来的教训后更为自信地发展自己的金融市场。因此，本书第2版的修订就是基于客观总结中国“十一五”时期以内国内金融市场发展的经验，认真吸取美国次贷危机引发的全球性金融危机的教训等考虑，以准确介绍现代金融市场知识为基，以跟踪国际国内金融市场发展脉搏为末，纲举目张、以点带面，为读者勾勒出现代金融市场体系波澜壮阔的画卷。

第2版的修订主要包括：重新编排、修订了各章节内容；将第1版的第十一章、第十二章分别合并到第四章、第五章；对第六章的内容作了调整；对每章之后的专栏进行了重写或补充。当然本书也存在不当之处，恳请读者批评指正，我们将进一步修订完善。

编　者

2012年3月于中央财经大学

第1版前言

金融市场是现代市场体系的重要组成部分。作为货币资金交易的渠道，金融市场以其特有的运作机制推动着商品经济的持续运转，以其信号系统和调控机制引导着资源的优化配置，它在现代市场机制中处于核心地位，发挥着关键性作用。

随着社会主义市场经济体制的确立和经济市场化改革的深化，我国的金融市场也从无到有，并且不断完善和发展，其在资源配置中的作用也日益显现。由于现代市场经济条件下资金是最重要的资源，而金融市场是资金的交易场所，因此，现代经济中的几乎所有经济活动都与金融市场相关，作为介绍金融市场理论和市场运作机制的金融市场学，也就成为经济工作者的一门必修课。

本书系统介绍了金融市场的基本理论和运行机制，以深入浅出的语言，为读者提供了现代金融市场的结构概貌及市场运行过程中的利率、风险、定价机制与市场管理等原理，可作为经济管理类本科学生的教材使用。为了便于读者自学，本书还配有重要概念提示、复习思考题及一些专栏。

本书共分十五章，由史建平任主编，官兵任副主编。各章的编写分工是：第一章：官兵、粟雁飞；第二章：官兵；第三章：贾丽博、杨志宁；第四章：赵曦；第五章：王晓庆；第六章：李辉、唐雷；第七章：刘芳；第八章：封华；第九章：刘宏海；第十章：王超；第十一章：王晓宁；第十二章：刘艳妮；第十三章：刘晓晗、姜霜凌；第十四章：冷榕；第十五章：钟君红。全书由史建平修改和总纂。

在本书的编写过程中，参考了部分国内外已经公开出版的教材和文献，在此，向有关作者表示感谢。

由于作者水平所限，本书可能存在不足和疏漏之处，恳请读者提出意见，以便作者不断修订完善。

编　者

2006年3月于中央财经大学

目　录

第一篇　基础篇

第二篇 结构篇

第三篇　运行篇

第四篇 监管篇

第一篇

基础篇

目次

第一章　金融市场概述

在现代经济系统中，产品市场和要素市场这两种类型的市场对经济的运行起着重要的主导作用。产品市场是商品和服务进行交易的场所，要素市场是分配土地、提供劳动力、资金等生产要素的市场。金融市场是要素市场的重要组成部分，是在经济系统中引导资金流向、沟通资金由盈余单位向赤字单位转移的市场。金融市场为政府开辟了筹资渠道，为中央银行的宏观调控提供了政策工具，为工商企业筹资和投资提供了机制，为居民个人创造了借贷消费和投资获利的条件，在整个经济活动中发挥着重要的作用。本章的目的就是通过介绍金融市场的各个组成要素，如金融市场的概念和功能、金融市场的结构和组织方式、金融市场的参与者和金融市场工具以及金融市场的发展趋势等知识，帮助读者初步了解和掌握金融市场的基本知识，为深入学习后面各章内容做一个理论铺垫。

第一节　金融市场的概念与功能

一、金融市场的概念

经济学家对于金融市场（Financial Market）有许多不同的定义，例如："金融市场是金融工具转手的场所"①；"金融市场是金融资产交易和确定价格的场所或机制"②；"金融市场应理解为对各种金融工具的任何交易"③；"金融市场是金融工具交易的领域"④；"金融是资金融通的交易活动"⑤等。一般来讲，金融市场是指以金融资产为交易对象而形成的供求关系及其机制的总和。它包括三层含义：第一，金融市场是金融资产进行交易的一个有形和无形的场所。有形的场所如证券交易所，无形的场所如外

① [英] 查理斯・R.格依斯特．A Guide to the Financial Markets.London: Macmillan,1982,1

② [美] 蒂姆・S.肯波贝尔．Financial Institutions. Markets and Economic Activity.New York: Mcgraw-Hill Inc,1982,2

③ [美] 杜德雷・G.卢科特．Money and Banking.2nd ed. New York: Mcgraw-Hill Book Inc,1980,111

④ 赵海宽，杜金富．资本市场知识入门．南昌：江西人民出版社，1993，2

⑤ 何国华．金融市场学．武汉：武汉大学出版社，2003，1

汇交易员通过电信网络构成的看不见的市场进行资金的调拨。第二，金融市场反映了金融资产的供应者和需求者之间所形成的供求关系，揭示了资金从集中到传递的过程。第三，金融市场包含了金融资产交易过程中所产生的各种运行机制，其中最主要的是价格（包括利率、汇率及各种证券的价格）机制，它揭示了金融资产的定价过程，说明了如何通过这些定价过程在市场的各个参与者之间合理地分配风险和收益。[①]

金融市场上的市场参与各方是以信用为基础的借贷关系和委托代理关系，其交易对象是货币资金这一特殊的商品。在金融市场上，金融机构扮演着十分关键的角色，它不仅是金融工具最积极的交易参与者，还是所有金融工具的创造者和所有金融工具交易的中介。另外，现代金融市场大部分情况下是无形市场，其参与者没有一定的限制，交易的进行也无须集中在一个具体的场所，很多交易都通过经纪人或者交易商的电话联络成交，交易双方相隔万里也能交易成功。以上这些是金融市场与产品市场以及要素市场和其他子市场的主要差异。

现代经济的发展有赖于通过市场机制的良好运行来实现资源的合理配置。金融市场作为货币资金交易的渠道，以其特有的运作机制推动着商品经济的持续运转，金融市场还以其信号系统和调控机制引导着经济资源的优化配置。金融市场在市场机制中扮演着主导和枢纽的角色，发挥着极其关键的作用。在一个有效的金融市场上，各种金融资产的价格以及资金的利率能够及时、准确地反映出一定的信息，资金在价格信号的引导下进行合理流动。在金融市场上，价格机制是其运行的重要基础，完善的法规制度、先进的交易手段则是其顺利运行的可靠保障。

现以图 1.1 进一步介绍金融市场的运作机理。金融体系中的一些参与者是“储蓄者”，因而能够出售多余的资金，他们是市场上的贷款人。其他参与者是“花销者”，经常需要借钱，他们是借款人。一般把前者称为盈余单位（Surplus Unit），将后者称为赤字单位（Deficit Unit）。盈余单位是指当前的总储蓄超过当前在资本品上支出的参与者。[②]盈余资金就是盈余单位当前的总储蓄超过当前资本品支出（即当前对真实资产的投资）的金额。赤字单位是一个当期总储蓄低于当期资本品支出的参与者。一个赤字单位的资金缺口（流量概念）反映了该单位当前的融资需求。这一缺口等于赤字单位当期的资本品支出减去当期的储蓄值。赤字单位能通过两种途径弥补其资金缺口：一种途径是出售自己所拥有的实物资产或金融资产来获取资金。另一种途径是发行金融证券来弥补资金缺口。这些金融证券可以是债务，如发行债务证券（Debt Securities），这是发行单位承诺在将来特定日期支付固定的金额；金融证券还可以是股权，即向盈余单位发行的股权证券（Equity Securities）。这样，盈余单位就成为赤字单位的所有者

---

① 张亦春．现代金融市场学．北京：中国金融出版社，2002，3

② 总储蓄意味着没有折旧，折旧是实物资产每年消耗的部分。净储蓄等于总储蓄减去折旧。

之一。显然，两种途径都需要金融市场的帮助，否则就很难弥补资金缺口。特别地，金融市场就是盈余单位直接购买赤字单位所发行的直接证券（Direct Securities）的场所。当然，金融市场中还有一种类型的金融机构，叫做市场专家，赤字单位通过市场专家也可以向市场公开发行直接证券，这样的直接证券也被称为公开市场证券（Open Market Securities）。市场专家主要是投资银行（Investment Banks）或经纪人（Brokers），它们受赤字单位的委托，代为搜寻购买者、设计证券甚至包销证券等。随着直接证券通过金融市场的作用从赤字单位转移到盈余单位，资金也就由相反方向流动到了赤字单位手中。

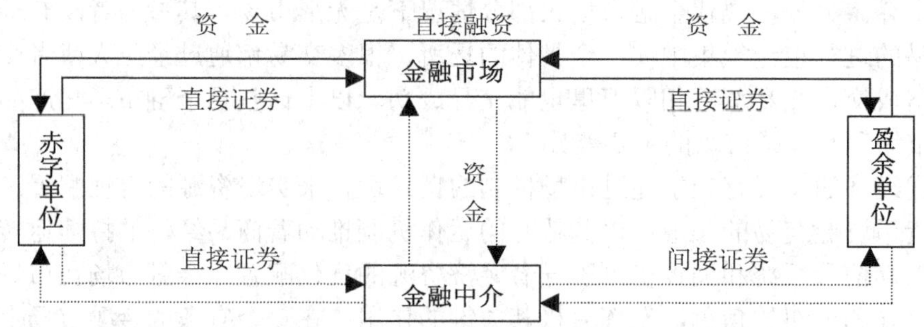

图 1.1　金融市场的运作机理

金融中介（Financial Intermediaries）是金融体系中的另一个重要组成部分。不过，与金融市场的资金转移机制不同，金融中介的运作机理是：它首先购买赤字单位发行的直接证券（Direct Securities），然后再向盈余单位发行间接证券（Indirect Securities）①，成为赤字单位和盈余单位之间名副其实的媒介。②现代金融市场的一个重要趋势是金融市场的机构化（Institutionalization of Financial Markets），由于现代金融市场十分复杂且非常专业化，小规模的盈余单位（如家庭或个人等市场参与者）直接进行金融市场投资的参与成本（Participation Costs）甚高，因此它们往往通过金融中介机构（如共同基金、保险公司等金融中介机构）的专业化运作，以降低参与金融市场的成本，从而完成在金融市场上的投资活动。而另一些金融中介机构也从金融市场上获取资金。例如，一个向家庭提供贷款的金融公司可能通过在市场上发行股票或债券获得资金。（在图 1.1 中表现为金融中介与金融市场之间的资金往来关系）显然，越是发达的金融市场，越离不开金融中介机构的参与；而中介机构越是发达，金融市场的功能也越完善、运作也更有效率。二者相互促进，优势互补。从表面看，二者存在互相替代的关系，实

① 因此，不同于金融市场，金融中介的关键性职能是把直接证券转变成间接证券，并从中谋利。

② [美]迈克尔・G.哈吉米可拉齐斯，卡马・G.哈吉米可拉齐斯．现代货币、银行与金融市场．中文版．上海：上海人民出版社，2003，28～35

际上二者在竞争中共同获得了发展。

二、金融市场的功能

金融系统最基本的功能是在不确定性环境下，便利资源进行跨时（Intertemporal）和跨地（Cross-Sectional）的配置。联结储蓄者与投资者的金融系统主要由金融市场和金融中介机构等两部分组成。通过金融市场进行的融资属于直接融资，通过金融中介机构进行的融资属于间接融资。与金融中介机构一样，金融市场最基本的功能是充当联结储蓄者与投资者的桥梁，对资本进行时间和空间上的合理配置，即通俗意义上的融资功能。但融资并非金融市场的唯一功能，因为金融市场在融资过程中又派生出许多新的功能，如风险管理、信息生产、公司控制等功能；与这些派生功能相比，某种意义上说，融资甚至算不上金融市场的最重要功能。根据金融市场在实现金融功能方面的自身特点，下面具体从储蓄动员与资本配置、为投资者提供流动性便利、风险管理、信息生产、公司控制等五方面阐述金融市场的功能。[①]

（一）储蓄动员与资本配置

金融市场的基本功能就是实现储蓄向投资的转移和有效配置。在金融市场上，资源的供求双方能够跨越时间、空间的距离集合在一起；参与方能够根据发行人和投资人的需要设计出不同类型的金融工具，并将这些金融工具销售到不同的投资者手中，从而在供求双方之间建立起资本转移的良好机制。通过提供有形的或者无形的交易场所、严格的市场规制和法律监管，金融市场能很好地降低交易的搜寻成本（Search Cost）和信息成本（Information Cost），大大便利金融资产的交易，因此能够促进金融交易的展开，实现低成本、高效率的资源转移。

再者，金融市场中的供求双方通过竞争决定了金融资产的价格，或者说确定了金融资产要求的收益率。显然，公司获取资金的动力取决于投资者要求的回报率。而公司所发行的金融资产，其回报越是丰厚，金融资产的价格也就越高；营运效率越高的公司，其股价也就越坚挺。金融市场的这一特点引导着资金在金融资产间进行分配。该过程也被称为价格发现过程（Price Discovery Process）。只要价格信号能够有效反映市场的信息，那么在价格发现过程中，金融市场能够将资源从低效率利用的部门转移到高效率利用的部门，从而实现稀缺资源的合理配置和有效利用。

金融市场实现资金转移功能有着其他融资方式所不可比拟的优势。首先，汇集资本实际上是金融市场最基本的功能。资本积累有限的个人投资者无法从事投资规模巨大的产业，如铁路、钢铁、石油等，但通过在金融市场上发行股票的方式则能很快完

① 秦国楼．现代金融中介学．北京：中国金融出版社，2002，83～93

成这一任务。显然，金融市场发挥着把分散的小额资本迅速联合成巨额资本的资金集聚功能。对此马克思有过生动的评述："假如必须等待积累去使某些单个资本增长到能够修建铁路的程度，那么恐怕直到今天世界上还没有铁路。但是，集中通过股份公司转瞬之间就把这件事完成了。"[①]其次，金融市场不仅提供了汇集资本的手段，更重要的是还提供了分割股份的方式，并由此派生出界定产权的功能，从而实现了企业产权的初始界定；同时，通过证券市场上的股票买卖，可以将附着在物质财产上的各种权利分离出来单独进行交易，使得产权能够行使和执行。

（二）为投资者提供流动性便利

金融市场为投资者出售金融资产提供了便利。由于这个特点，它对被迫或主动出售金融资产的投资者有很大的吸引力。如果缺乏流动性便利，投资者将被迫持有债务工具直至其到期或者权益工具直至公司自愿或破产清算，那么损失可能非常大。

金融市场所提供的流动性便利在两个方面体现得尤为突出：一是为股东提供了"用脚投票"来监控公司的机制。对于股东来说，有两种监控机制，首先是"用手投票"，即参与公司决策的主动型监控，再者是"用脚投票"，即抛售所持有的股份的被动型监控。在成熟的金融市场上，"用脚投票"的监控机制往往对公司影响巨大，通常情况是：公司股票的大量甩卖会使股价急剧下降，既会影响管理层与股票挂钩的收入，也容易被外部接管。金融市场所提供的流动性便利还表现在这种便利能加快信息的流通。金融市场配置资金的效率依赖于价格信息的准确性。只有当金融资产的价格如实反映了该公司所有基本面的信息，金融市场才是有效率的，它对资金的配置才是有效率的。因此，金融市场的流动性便利可以使信息尽快地反应到价格中去，提高市场的资金配置效率。

（三）风险管理

快速流动、高度分散的证券市场可以为投资者提供两方面的风险管理功能：一是风险定价。证券市场在现代金融理论中又称为公开市场（Open Market），其中交易的标的主要是标准化的媒介物，如股票、债券等基础金融产品（Underlying Financial Assets）以及在此基础上派生出来的其他标准化衍生产品（Derivatives），如股指期货、股指期权、利率期货与利率期权等。由于这些标的是一些标准化的媒介物，可以运用各种定价方法对其进行合理、科学的风险定价。正因为如此，资产定价理论才得以成为现代金融理论的基础之一。二是风险分散。由于证券市场的流动性好，变现性强，投资者可以方便地构造风险最小的最优风险组合，并可根据市场及时做出调整，有效地降低风险。

[①] 卡尔·马克思．资本论．第1卷．北京：人民出版社，1975，688

（四）信息生产

在投资者和储蓄者之间要实现高效的资金转移和配置，金融资产价格信号的引导和调控作用就显得十分重要。金融资产的价格必须充分反映及影响各备选项目的风险收益等所有因素的信息，才能确保资金配置的效率。一般来说，金融市场具有信息生产和处理功能，主要基于一般均衡理论，强调资产定价在资源配置中的作用。这是因为证券市场上总存在着信息驱动交易者（Information-Motivated Traders），他们相信（有意或无意）自己拥有关于某种证券的尚未被他人掌握的信息，由此认定该证券被市场错误定价，可通过买卖该证券来获利。由于信息驱动交易者的存在，各种证券的内在价值总能被挖掘出来，并反映在相应的证券价格上。金融市场所生产和传递的信息可区分为前瞻信息（Prospective Information）和后顾信息（Retrospective Information）。前者是尚未实施的投资的信息，它可以帮助公司对当前的投资决策做出判断，有助于提高决策的准确性，提高未来的公司价值；后者是证券市场的交易者对公司已经做出的决策的事后判断，它为公司经理的经营绩效提供了间接定价机制。这两种信息都有利于资源的合理配置。

除了提供价格信号外，证券市场还能通过交易量、并购企图等机制提供“多元审查”（Multiple Check）。一般来说，公司使用的技术越复杂，市场上关于投资该公司的收益的新信息出现得越频繁，甚至连公司该如何运作都会有分歧。此时，投资者通过买卖该公司发行的证券（包括股票和债券），甚至促使公司控制权层面的争夺来传达他们对公司的判断。因此，组成金融市场的当事人的意见是不一致的，他们的关系是竞争而非协调的。也就是说，金融市场能够传达投资者的信息。

但是，金融市场提供或传递信息是以证券市场的有效性为前提的。一般认为：如果金融市场上的金融资产价格总是与其投资价值相等，也就是说金融资产价格反映了所有关于该发行公司基本面的信息，如公司的盈亏状况、公司产品的质量与市场前景、管理层的能力等，那么就可以认为该市场是完全有效率的。这就是现代金融理论中著名的“效率市场假说”（Efficient Market Hypothesis，EMH）。在一个有效率的证券市场上，股价已经包含了所有关于公司基本面的信息，也就是说，在一个有效率的市场上，投资者只要观察股票价格的变动情况，就可以推断公司的基本面信息，并据此作出投资决策。这样一来，通过市场融资的信息成本大大降低了，资金配置也就能更加高效。当然，效率市场假说只是一个理论基点（Benchmark），不过它为分析现实中的金融市场提供了一个很好的理论参照系。

（五）公司控制

资金的转移和有效配置通常面临许多风险。其中，如何确保资金使用者能够有效运用资金并到期偿还或给予当初允诺的投资回报，是投资者决策时要考虑的重要问题之一。因此，需要有一套监控和激励机制来确保资金的高效使用。金融市场的信息生产功能主要解决投资决策作出前的非对称信息问题，即逆向选择（Adverse Selection）；而监控与激励机制则主要解决投资决策作出后的非对称信息问题，即道德风险（Moral Hazard）。监控通过外部核实或约束，来监督资金使用者的行动，防止其做出不利于投资者的行动。激励是指激励资金使用者做出符合投资者的利益的行动，防止其偷懒。对于投资者来说，运用监控和激励手段来防范资金使用者的道德风险行为，二者缺一不可。

金融市场的监控机制主要包括两类：一类是作为投资者的股东通过“用手投票”和“用脚投票”等方式对公司进行直接干预。“用手投票”的主动型监控是指股东可以参加股东大会，选举董事会成员，或就公司有关经营管理的重大事项进行投票表决，从而对管理层的经营构成直接约束；股东也可以实施“用脚投票”的被动型监控，也就是说，股东大量抛售股票所引发的股价下跌，会影响公司在市场上的再筹资，也会向市场传递该公司经营不善的信号，因此就会给信息驱动交易者提供盈利机会，他们通过外部接管行动或恶意收购等行为，直接威胁管理层的生存以及在职业经理人市场上的声誉。另一类是金融市场提供了激励公司管理层的有效机制，即对经理人的报酬采取股票期权制度，从而使职业经理人自身的效用最大化行为与公司的最大化利润重合起来。其具体做法是，职业经理人报酬的很大份额是股票或股票认购证（Warranty）、股票期权（Stock Option）等与股票挂钩的权证，那么公司未来的绩效就直接与经理人自己的期望收入联系起来。当然，这种激励机制也是以市场的有效性为前提的。如果公司业绩提高不能在股价中反映出来，即使管理层收入与股票挂钩，也不能激发他们改善经营管理的积极性；相反则可能诱使他们的短期投机行为。

第二节　金融市场的结构与组织方式

一、金融市场的结构

不同的子市场所组成的金融市场体系构成了金融市场的结构。根据不同的标准对金融市场进行划分，可以划分出存在差异的许多具体的子市场。需要注意的是，每个金融市场都可以同时具备多种市场属性，例如，股票市场又是资本市场、公开市场、初级市场、次级市场等。按照不同标准划分的金融子市场互相联系、互相依存，使用任何一种分类方法都不能包罗一切金融子市场。采取多样的分类方法有助于更好地把握每个金融子市场的具体特征，从而更充分全面地理解金融市场。

（一）按要求权的期限划分：货币市场和资本市场；按要求权的种类划分：债券市场和普通股市场[①]

1．按要求权的期限，可将金融市场分为货币市场和资本市场

如图 1.2 中所示的下半部分。货币市场被称为短期金融资产市场，是指以期限在一年或一年以下的金融资产为交易标的物的市场。而期限在一年以上的金融资产则成为资本市场。债务工具等短期金融资产在一年期或一年期以下，是货币市场的一部分，而一年期以上就归到了资本市场；由于普通股和优先股等权益工具一般都是永久性的，因此是资本市场的一部分。

货币市场的主要功能是保持金融资产的流动性，将金融资产转换成现实的货币。货币市场主要进行国库券、商业票据、银行承兑汇票、可转让定期存单、回购协议、联邦资金等短期金融工具的买卖，交易量庞大。政府、金融机构、工商企业等是货币市场的主体。货币市场是无形市场，交易量巨大，因此也是批发市场。货币市场又是公开市场，按照市场价格进行交易，具有很强的竞争性。

货币市场的发展，为中央银行有效实施以公开市场操作为主的间接货币调控提供了必要的基础性条件，有力地促进了央行货币调控机制从行政性为主向市场化为主的转换。通过市场所形成的银行间市场的回购利率、现券交易利率以及同业拆借市场利率，不仅为全社会的金融资源配置提供了越来越重要的基准价格，也为货币当局判断市场资金供求状况提供了一个更为接近真实的参照系。

资本市场被称为长期资金市场，是专门融通期限在一年以上的中长期资金的市场。资本市场包括两大部分：银行中长期存贷款市场和有价证券市场，证券市场是资本市场中最重要的部分。资本市场与货币市场相比，除了期限不同和交易的金融工具各异之外，融资目的、风险程度、收益水平、资金来源等方面也不相同。同时，二者又在很多方面相互联系、相互影响。例如，资金的相互流动、利率同向变动趋势、资金存量相互影响、金融工具相互重合等。

我国资本市场的建立和发展，促进了企业从间接融资为主向直接融资转变，提高了资金的使用效率，并有效地促进了社会储蓄向企业投资的转化。资本市场不仅为企业改制筹措了巨额资金，而且通过市场化而非行政化的机制，促使资金向优势企业、高成长企业、高科技企业流动，达到优胜劣汰的作用。与此同时，证券投资在居民家庭财产构成中也占有越来越大的比重，成为居民投资和收益的重要组成部分。

2．按要求权的种类，可将金融市场划分为债券市场和普通股市场

如图 1.2 中所示的上半部分。金融市场上金融资产的收益要求权可以是固定的，也

[①] [美]弗兰克·J.法博齐，弗郎哥·莫迪利亚尼．资本市场：机构与工具．北京：经济科学出版社，1998，10～11

可以是变动的。前一种金融资产称为债务工具，交易这些工具的市场被称为债务市场（Debt Market）；后一种金融资产称为权益工具，交易这些工具的市场被称为权益市场（Equity Market）或股票市场（Stock Market）。优先股是给予投资者获得固定收益的权益要求权，既具有债务市场又具有权益市场工具的特点。一般而言，债务工具和优先股被划分为固定收益市场（Fixed-Income Market），不包括优先股的股票市场称为普通股市场（Common Stock Market）。

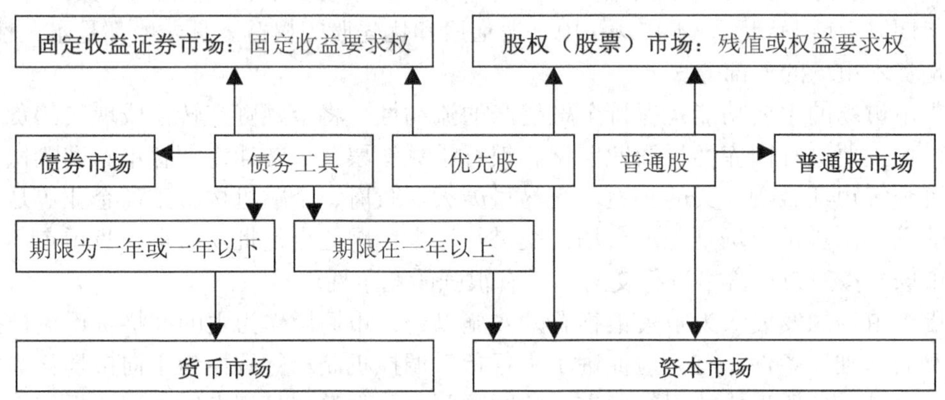

图 1.2　按要求权的期限和种类不同划分的金融市场

（二）按交割方式划分：现货市场、期货市场和衍生品市场

1．现货市场

现货市场（Spot Market）是须在交易协议达成后的若干个交易日内办理交割的金融交易市场。现货交易是金融市场上最普遍的一种交易方式，包括现金交易、固定方式交易以及保证金交易。现金交易是指成交日和结算日在同一天的交易；固定方式交易是成交日和结算日相隔七天以内的交易；保证金交易也叫垫头交易，是在投资者资金不足但又想获得较多投资收益时，采取交付一定比例的现金，其余资金由经纪人贷款垫付买卖金融工具的交易方式。目前现货市场上主要是固定方式交易。

2．期货市场

期货市场（Futures Market）是指交易协议虽然已经达成，但是交割还要在某一特定时间进行的市场。期货市场上成交和交割是分离的，交割要按照成交时的协议价格进行，而成交与交割期间金融工具价格的波动变化可能会使交易者获利或受损，因此期货市场上交易者需要对市场进行判断，并要承担一定的市场风险。期货市场最主要的功能是价格发现和风险管理功能。市场经济体制的建立需要期货市场，而期货市场是资本市场不可分割的组成部分，它服务于国民经济全局，有利于实现国民经济的协调发展。从中央银行制定货币政策的角度看，期货市场为其决策提供了灵敏的价格信号。期货市场对于完善金融市场结构、提高金融市场效率、促进金融市场稳定发展也有着重要作用。

3．衍生品市场

衍生品市场（Derivatives Market）是各种衍生金融工具进行交易的市场。衍生金融工具是指由原生性金融商品或者基础性金融工具创造出的新型的金融工具，一般表现为一些合约，合约的价值由其交易的金融资产的价格决定，包括远期合约、期货合约、期权合约、互换等。20 世纪 80 年代金融衍生市场开始快速增长，美国的交易所由于积极进行金融创新、率先开发出股指期货等金融衍生产品而获得了国际投资者的青睐，在国际金融市场占据了绝对优势。90 年代后衍生品市场进入加速发展的轨道，大力提倡和扩张电子交易的欧洲期货交易所上升为衍生品市场的主角。进入 21 世纪，亚洲市场迅速崛起并成为衍生品市场的新主力，而且很可能成为下一个衍生品市场中心。由于具有交易速度快、流动性强、透明度高、风险监控体系严密等优势，不管是在吸引投资者还是在防范金融风险方面，衍生品市场都发挥了至关重要的作用。

（三）按金融工具是否为首次发行划分：发行市场和流通市场

1．发行市场

发行市场又称为一级市场（Primary Market），是指资金需求者将金融资产首次出售给资金的供给者时所形成的交易市场。金融资产的发行有公募和私募两种方式。前者的发行对象是社会公众，后者的发行对象是机构投资者，两者相比公募涉及的范围大、影响广、成本高、准备的手续复杂、需要的时间长。私募发行又分为包销、代销和自销。包销是由银行等承销机构按照商定的条件把全部证券承接下来负责向公众销售，包销期满后无论金融资产是否已经全部销售出去，包销机构都要如数付给发行人应得资金。代销是发行人自己承担全部发行风险，代销商（如投资银行）接受委托收取手续费用，销售多少是多少，不必承担任何风险。自销是发行人通过私下洽商的方式直接销售给少数的个人或者团体投资者。

2．流通市场

流通市场又称二级市场（Secondary Market），是指金融工具发行后在投资者之间买卖、转让所形成的市场。金融工具通过流通市场而更具有流动性，使社会范围内的资源能够得到充分利用。按照其组织形式，流通市场又可以分为场内交易市场和场外交易市场。前者有证券交易所，后者有柜台交易或者店头交易市场，是在证券交易所之外进行证券买卖的市场，一般针对未上市的证券提供交易服务。

发行市场和流通市场是密不可分的，发行市场是流通市场的基础和前提，没有发行市场就没有流通市场；而流通市场是发行市场存在与发展的重要条件之一，无论在流动性上还是在价格的确定上，发行市场都要受到流通市场的影响。

在发达的市场经济国家还存在第三市场甚至第四市场，它们都是场外市场的一部分。第三市场是原来在交易所上市的证券转移到场外进行交易所形成的市场，相对于交易所来说，其交易限制更少、成本更低。第四市场是投资者和证券的出卖者直接交易形成的市场，其形成的主要原因是机构投资者在证券交易中所占的比重越来越大，买卖数额巨大，因此希望避开经纪人直接交易以降低成本。

（四）按照交易的地域划分：国内金融市场和国际金融市场

1．国内金融市场

国内金融市场（National Financial Market）又叫内部市场（Internal Market），是指金融交易的作用范围仅仅限于一国之内的市场，包括全国性的以本币计值的金融资产交易市场和一国范围内的地方性金融市场。国内金融市场又可分为两部分：本国证券市场（Domestic Market）和外国证券市场（Foreign Market），居住于本国的发行人发行的证券及其交易的市场成为本国证券市场；外国证券市场是指证券的发行人不居住在本国，但在本国发行和交易证券的市场。外国证券的发行遵守所在国监管当局法令的限制。如美国的外国证券市场被称为“扬基市场”；日本的外国证券市场被称为“武士市场”；英国的外国证券市场被称为“猛犬市场”；荷兰的外国证券市场被称为“伦勃朗市场”；西班牙的外国证券市场被称为“斗牛士市场”等。

2．国际金融市场

国际金融市场（International Financial Market）又叫外部市场（External Market），是金融资产的交易跨越国界、进行国际交易的场所。该市场上的证券的显著特点是：它们同时向许多国家的投资者发行，且不受一国法令的制约。国际金融市场有广义和狭义之分。广义的国际金融市场又称为传统的国际金融市场，是指进行各种国际金融业务的场所，包括货币市场、资本市场、外汇市场、黄金市场以及衍生品市场等。狭义的国际金融市场是指同市场所在国的国内金融体系相分离，主要由市场所在国的非居民从事境外交易，既不受所使用货币发行国政府法令的管制，又不受市场所在国法令管制的金融市场，又叫离岸金融市场（Offshore Market）或欧洲市场（Euromarket）。离岸金融市场是无形市场，只存在于某一城市或地区而不在一个固定的交易场所，由所在地的金融机构和金融资产的国际性交易形成。欧洲市场并不只局限于欧洲，由于该类型市场在欧洲产生，因此是习惯称谓。

国内金融市场是国际金融市场形成的基础，国际金融市场是国内金融市场发展到一定阶段的产物，是与实物资产的国际转移、金融业较为发达、资本的国际流动以及现代电子信息技术高度发展相辅相成的。从国际经验来看，一个国家的国内金融市场要成为国际性的金融市场，需要具备货币制度健全、外汇市场自由、拥有相当份额的国际贸易、拥有大量从事国际金融交易的机构等几个条件。

此外，金融市场还可以按照市场微观结构划分为拍卖市场、经纪人市场和交易商市场，按照中介机构的特征划分为直接金融市场和间接金融市场，按照成交与定价的方式划分为公开市场和议价市场，按照有无固定的场所划分为有形市场和无形市场。

二、金融市场的组织方式

金融市场的组织方式是指把交易双方和交易对象通过金融机构媒介联系起来，共同确定交易价格，最终实现转让交易对象目的的形式。金融市场的组织方式主要有拍卖方式和柜台方式两种。

（一）拍卖方式（Auction）

金融市场上的拍卖方式是指所有的金融交易都采取拍卖的方式成交，买卖双方通过公开竞价来确定买卖的成交价格。目前，公开竞价有两种方式，一种是人工拍卖，即由金融工具的出售方呼喊加手势报出要价，购买方之间激烈竞争报出买价，出价最高的购买方将最终获得所售金融工具。另一种方式是计算机自动撮合，即买卖双方不必直接见面，而是分别将欲买和欲售金融工具的价格输入计算机，由计算机按照时间优先、价格优先的原则自动配对，实现成交。时间优先是指同样的价格先提出优先成交，价格优先是指对购买方而言，同一时间价格高的优先成交，对出售方而言，同一时间价格低的优先成交。金融市场工具的拍卖在交易所内进行。但交易所内除了真正要买卖金融工具的市场参与者之外，还有受人委托代理买卖的经纪人和股票交易商。他们由作为交易所会员的经纪人公司和证券公司派出，这些公司受实际投资人、筹资人、保值人或者投机人的委托，按照委托人的要求以尽可能有利的价格进行交易。这是拍卖方式的一大特点。

拍卖方式可以分为单向拍卖（One-Way Auction）和双向拍卖（Two-Way Auction）。单向拍卖方式的交易双方中一方是一个交易群体（Trading Crowd），例如一批要购买或要出售的同一金融工具，而另一方是一个交易单位。后者报出买卖金融工具的出价或要价，前者中的各个交易单位围绕报价展开竞争，竞相抬价以求买进或者竞相压价以求售出。最后，后者将要出售的金融工具卖给出价最高的交易方，或以最低的价格购得要购买的金融工具。双向拍卖方式的交易双方都是交易群体，交易双方在买卖某种交易工具时，以该种工具上次成交的价格为基础，分别提出各自的出价和要价。买方希望以较低价格买入，卖方希望以较高价格卖出。买方群体中不断有人为买进而提高出价，卖方群体中不断有人为卖出而降低要价，这样双方的报出价格逐渐接近，到双方群体中最高出价和最低要价相等时便可以成交。

利用拍卖方式组织金融市场活动必须具备几个条件。

（1）要有一个集中的场所和相应的设施，能够把所有的交易都集中在一起以便于相互竞价，这个场所就是交易所。

（2）要有大量的可交易工具，否则无法形成大规模的拍卖交易。

（3）要有相当规模的同质工具，否则交易工具的种类多而数量少，会造成拍卖成本过高、拍卖条件过于苛刻。

（4）要有大量的市场中介机构，否则无法代理大量的实际交易者，也难以进行有效的价格竞争。

（二）柜台方式（Over-the-Counter）

柜台方式是指通过作为交易中介的证券公司来买卖金融工具，而不是通过交易所竞价方式确定交易价格。这种方式中金融工具的买卖双方都分别同证券公司进行交易，或者将出售的金融工具卖给金融公司，或者从金融公司买进欲购买的金融工具。

在柜台方式组织的金融交易当中，买卖价格不通过交易双方直接竞争来确定，而是由证券公司根据市场行情和供求关系自行确定。对于同意交易的某种金融工具，证券公司以双价制（Ask and Bid System）的方式进行挂牌，即同时报出该工具的买入价格（Bid Price）和卖出价格（Asked Price），表示愿意以所报出价格买入或者卖出金融工具。证券公司一旦对某种金融工具报出双价，则在报出新的价格之前，不得拒绝以已经报出的买入或者卖出的价格来买卖该种工具。一般证券公司的报价中买入价格低于卖出价格，价差（Spread）就是证券公司的主要利润来源。

第三节　金融市场参与者与金融市场工具

一、金融市场的参与者

金融市场的主体是指金融市场的参与者，可以是自然人，也可以是法人。按照不同的角度可以将金融市场的主体划分为不同的类型。

（一）按照金融活动的特点划分金融主体

金融市场上按照金融活动的特点，可以将金融市场的主体划分为筹资者、投资者、套期保值者、套利者及监管者五类。筹资者是金融市场上资金的需求者。投资者是金融市场上资金的供给者，是指为了获取各种收益而购买各种金融工具的主体，按照交易动机、时间长短，广义投资者可以再划分为投资者和投机者两类。套期保值者是利用金融市场来转嫁风险的主体。套利者是利用金融市场来赚取无风险利润的主体。监管者则是对金融市场进行宏观调控和监管的中央银行以及其他各种金融监管机构。

在金融市场的几大主体中，筹资者和投资者是金融市场最早的参与者，二者的区别在于在具体的资金融通过程中，它们处于供求关系的不同方面，筹资者处于需求方而投资者处于供给方。筹资者和投资者的划分必须以具体的金融交易活动为基础，而金融市场上各主体往往既是筹资者又是投资者。筹资者和投资者之间的资金转移是金融市场需要解决的最基本的问题。

投资者、套期保值者和套利者的区别在于其从事的金融活动的性质不同。三者采取的策略、持有的资产结构不同，相应的风险和收益预期也各不相同。金融市场上金融资产的持有者都面临着价格随时发生波动的风险，收益或者损失是不确定的，因此具有投资者的特征。套期保值者采取的策略是在持有某种金融资产的同时对其进行反向的对冲操作，其原理是使某段时间内持有的金融资产净头寸达到零，从而固定收益，避免价格波动的风险。套利者采取的策略是利用金融市场定价过程中对于均衡价格的短暂的、微小的偏离，迅速购进或者售出价格被低估或者高估的金融资产。套利者的活动能够加快金融市场的调节速度，而金融市场的有效性越高，套利者的活动空间越小。

（二）按照自身的特性划分金融主体

金融市场上有政府部门、中央银行、金融中介、工商企业、居民个人和外国参与者等参与者。各种参与者的特性不同，在金融市场上起到的作用也各不相同。

1．政府部门

政府部门（包括中央政府、中央政府的代理机构和地方政府）是金融市场上资金的需求者，主要通过发行财政部债券或者地方政府债券来筹集资金，用于国家基础设施建设、弥补财政预算赤字等；同时，国家财政筹集的大量收入在支出前形成的资金积余又可以使其成为资金的供给者。在国际金融市场上，不同国家的政府部门可以是资金的需求者，也可以是供给者。此外，很多国家的政府部门同时担负金融市场的调节和监督职能，也是金融市场的监管者。

2．中央银行

中央银行在金融市场中具有双重角色，它既是金融市场的行为主体，又是金融市场的主要监管者。中央银行在金融市场中担任着最后贷款人的职责，从而成为金融市场的资金供给者。同时，中央银行参与金融市场是以实现国家货币政策、稳定货币调节经济为目的。中央银行通过买卖金融市场工具、投放或者回笼货币来调整和控制货币供应量，并会对金融市场上资金的供求以及其他经济主体的行为产生影响。一些国家的中央银行还接受政府委托，代理政府债券的还本付息，以及接受外国中央银行的委托在金融市场上买卖金融工具，参与金融市场活动。

3．金融中介[①]

金融中介是金融市场上的特殊参与者，也是专业参与者。从表面上看，金融中介

[①] 我们这里把传统上称为金融机构（Financial Institutions）的组织都叫做金融中介，在本书中，如果不特别对二者作区分的话，都可以认为二者的含义是相同的。

是金融市场上最大的买方和卖方，但实质上金融中介并不是资金的初始供给者和最终需求者，其买卖最终是为了金融市场上其他参与者的买和卖，这就是金融中介的特殊性所在。同时，金融中介又是金融市场上唯一的专业参与者。其专业就是参加金融市场活动，为潜在的和实际的金融交易双方创造交易条件，为买卖双方降低寻找成本，使潜在的金融交易的可能性变成现实。因此，金融中介也被称为市场创造者（Market Makers）。金融中介可以分为存款类金融中介和非存款类金融中介两大类。

（1）存款类金融中介。存款性金融机构是指通过吸收存款获得可利用的资金，并将资金贷给经济主体中的资金需求者，或者进行投资以获得收益的金融机构。存款性金融机构在金融市场中是十分重要的中介，同时也是套期保值和套利的主体。

① 商业银行。商业银行是存款性金融机构当中最重要的一种。早期的商业银行吸收存款，并通过承兑或者贴现的方式提供资金融通服务。现代的商业银行则发展成为金融市场中资金规模雄厚、业务领域广泛的重要的存款性金融机构。现代商业银行全面参与了金融市场中的各种活动，既是资金的需求者又是资金的供给者，同时还可以通过创造派生存款来扩张或者收缩货币，从而对整个金融市场的供求产生着重大的影响。我国目前的商业银行有工、农、中、建四大国有商业银行、股份制商业银行、城市商业银行等。

② 储蓄机构。储蓄机构以专门吸收储蓄存款作为资金的来源，资金的运用则主要是发放不动产抵押贷款、投资国债和其他证券。与商业银行相比，储蓄机构的资产业务期限长、抵押贷款比重高。一国政府经常利用储蓄机构实现其特定经济目标，例如房地产政策目标等，因此储蓄机构往往能够得到政府的特别扶持。与商业银行一样，储蓄机构在金融市场上既是资金的供给者，又是资金的需求者。

③ 信用合作社。信用合作社是指由一些具有共同利益的人们组织起来的、具有互助性质的会员组织。其资金来源主要是会员的存款，也有非会员的存款，资金运用则是提供短期贷款、消费信贷、票据贴现以及从事证券投资等。信用合作社为金融体系起到了拾遗补缺的作用，在经济生活中广泛动员了社会资金，弥补了现代金融服务难以覆盖的地区，促进了社会闲散资金的聚集和利用。随着金融的不断发展，信用合作社的业务不断拓展，资金来源与运用从以前的以会员为主逐渐向多元化发展，并且在金融市场上发挥着越来越大的作用。

（2）非存款类金融中介。非存款性金融机构的资金来源和存款性金融机构吸收公众存款不同，它是通过发行证券或者以契约性的方式来聚集社会闲散资金，主要有以下几种类型。

① 投资银行。投资银行是资本市场上从事证券发行、买卖及相关业务的金融机构，主要通过发行股票和债券筹集资金。随着金融市场的发展，投资银行的业务领域不断拓展，涉及证券承销和自营买卖、公司理财、企业并购、咨询服务、基金管理和风险

资本管理等各个方面。投资银行既为资金需求者提供筹资服务，又充当投资者买卖证券的经纪人和交易商。目前，投资银行已经成为资本市场上重要的金融中介机构，在一级和二级市场上发挥着重要作用。

② 保险公司。保险公司主要包括人寿保险公司和财产及灾害保险公司两大类型。这两种保险公司的资金来源都主要是按照一定标准收取的保险费，但由于保险的对象不同，因此资金运用存在差别。人寿保险公司为人们因为意外事故或死亡造成的经济损失提供保险，财产及灾害保险公司为企业及居民的财产意外损失提供保险。人寿保险具有保险金支付的可预测性，因此资金可以投入到收益相对较高、期限较长的项目中，如股票等，是金融市场上资金供给者之一。财产及灾害保险公司事故的发生具有不确定性，因此资金运用更注重流动性，主要投资于货币市场上的金融工具和安全性较高的政府债券、高级别企业债券等。

③ 投资基金。投资基金是通过向社会公众出售其股份或者受益凭证来募集资金，并将所获资金分散投资于多样化的证券组合的金融机构。投资基金的当事人有四个：委托人是基金的发起人；受托人是基金经理公司，代理投资机构经营基金所募资金；受益人是投资者，即持有基金份额的人；信托人负责基金资产的保管，一般由投资银行、信托公司和商业银行等大型金融机构充当。投资基金按照基金份额的变现方式，可以划分为开放式基金和封闭式基金。

④ 养老基金。养老基金是类似于人寿保险公司的一种金融组织，其资金来源是公众为退休后生活所准备的储蓄金，通常由劳资双方共同缴纳，有的只由资方缴纳。养老金的缴纳一般由政府立法规定，资金来源有可靠保障。养老基金由于能够比较精确地估计未来的支付，因此其资金运用主要是投资于长期公司债券、优质股票以及发放长期贷款。养老基金是金融市场上资金供给者之一。

⑤ 风险投资公司。除了主顾是一些起步公司而不是大公司这一点以外，风险投资公司类似于投资银行。缺乏经验的年轻公司除了资金以外，常常还需要经营企业的中肯建议，对此，风险投资公司都能提供。

风险资本家将资金投资于新的企业，帮助管理队伍将公司发展到可以“上市”的程度，即将股份出售给投资公众。一旦达到这一目标，典型的风险投资公司将售出其在公司的权益，转向下一个新的企业。

⑥ 信息咨询、资信评估等金融中介。该类机构主要是指资信评估公司及其他以金融信息资讯服务业务为主的金融机构。这类金融机构既为企业和社会服务，也为其他金融机构提供服务。最早的信息服务公司是评级机构，如为证券业评级的穆迪和标准普尔，以及为保险行业评级的Best’s。最近发展起来的行业是提供财务数据（如彭博资讯和路透社）或进行共同基金业绩统计（如 Lipper，Morningstar 和 SEI）的公司或公司的部门。

4．工商企业

工商企业在金融市场的运行中无论是作为资金的需求者还是资金的供给者，都有着重要的地位。在生产经营过程中，经常会有一些企业出现暂时性的资金盈余，而另外一些企业则出现暂时性的资金短缺。此时企业不仅可以通过向金融中介机构进行资金余缺的融通，还可以在金融市场上发行或者购买各种金融工具，从而实现盈余资金的投资或者得到所需资金，以此实现企业生产经营过程当中的不同目的。工商企业还可以通过发行股票或者中长期债券等方式来筹集资金，用于扩大再生产和经营规模。此外，工商企业为了控制财务风险，也经常在金融市场上进行套期保值等活动。

5．居民个人

居民个人主要是金融市场上的资金供给者和金融工具的购买者。居民个人除掉必要的消费外，为了存集资金或者留存部分资金以备不时之需，往往会将手中的资金存入银行或者在金融市场上购买股票、债券等金融工具。通过这些金融投资组合，既可以满足居民个人日常的流动性需求，又可以达到保值增值的目的。居民的投资可以用于直接购买金融工具，也可以通过金融中介进行间接投资，例如投入保险、购买共同基金等，最终都是向金融市场提供资金。此外，居民有时也会有资金需求，例如用于耐用消费品的购买，如住房、汽车消费等。[①]

6．外国参与者

外国参与者（Foreign Participants）构成了外国部门。这个部门包括所有来自国外的参与者：家庭、非金融机构、政府以及中央银行。随着世界各国逐步放开其金融市场，外国参与者参与国内金融市场和国际金融市场的现象将越来越普遍。

二、金融市场工具

金融市场中交易的各种金融工具是赤字单位向盈余单位发行的各种票据、债券、股票、外汇、凭证的简称。家庭、公司、银行、金融市场中介机构以及政府部门既可以是金融工具的发行者，也可以是金融工具的交易者。如果把金融市场分为货币市场和资本市场等两大类，那么金融工具也可以分为货币市场工具和资本市场工具等两大类，表1.1给出了美国金融市场上的主要金融工具类型。货币市场工具通常都是固定收益的（A类）；由于资本市场是现代金融市场最活跃的部分，根据流动性、收益率、风险以及权属方面的不同特点，又可把资本市场上交易的金融工具细分为固定收益资本市场工具（B类）、权益市场工具（C类）和衍生品市场工具（D类）等。由于各类型金融工具的不同特性，因此可以满足不同风险偏好者和财富拥有者的投资需求。

[①] 张亦春．现代金融市场学．北京：中国金融出版社，2002

货币市场工具包括短期的、可转让的、具有高流动性的低风险债务工具，它是固定收益市场的一个子市场。传统的货币市场是银行（商业银行、中央银行）、政府部门等的天下，近年来货币市场基金等机构投资者的出现，使得个人也可以投资这些证券。而资本市场工具则包括长期的以及风险更高的证券。固定收益资本市场工具是由比货币市场交易工具期限更长的一些借款工具构成的，一般由国库债券和票据、联邦机构债务、市政债券、公司债券、抵押支持证券等组成。权益市场工具是指投资者通过购买公司部门公开发行的股票的方式以获取红利分配、资本增值等权力的投资方式。自20世纪70年代初以来，金融市场的一个显著发展就是期权和期货市场的增长，例如，从股票交易中派生出来的股票期货合约、股票指数期货合约、期权合约；从债券交易中派生出来的债券期货合约；从外汇交易中派生出来的外汇期货、货币期权、货币互换、汇率掉期的合约等。期权和期货提供的收益依赖于其他一些资产的价值，例如商品价格、债券和股票价格或市场指数价值，它们的价值是从其他资产价值衍生出来的，所以也称为衍生金融工具，而将其他金融工具称为原生金融工具。衍生金融工具的最大特点是能够以少量资金从事数倍乃至数十倍的交易，故而具有高风险性、高投机性和高收益性。

金融工具的发展是与货币、信用和金融市场的发展分不开的，由商业信用基础上发展起来的银行信用和金融市场促进了信用工具成为了金融市场上的交易工具，随着金融市场范围和深度的不断拓展，金融创新的速度不断加快，金融工具的种类也会越来越多。表1.1列出了几种常见的金融市场工具。

表1.1　金融市场工具

货币市场	资本市场
A．固定收益货币市场工具	B．固定收益资本市场工具
国库券	国库债券和票据
存单	联邦机构债务
商业票据	市政债券
银行承兑汇票	公司债券
欧洲美元	抵押支持证券
回购协议和反向回购	C．权益市场工具
联邦基金	普通股
经纪人通知贷款	优先股
	D．衍生品市场工具
	期权和互换
	远期和期货

资料来源：[美]兹维·博迪，亚历克斯·凯恩，艾伦·J.马科斯．投资学精要．第4版．北京：中国人民大学出版社，2003，31

与金融工具相联系的是金融资产（Financial Assets）概念。金融资产是对实际资产所产生收益的所有权凭证（或是对政府收益的所有权凭证），可以看作是投资者所购买的金融工具的市价总值。不过，金融工具和金融资产的范畴并不完全相同，一些金融工具是金融资产，例如赤字单位所发行的各种证券是金融资产，但另一些金融工具并不是金融资产，例如衍生品是以金融商品为标的物而衍生出的金融工具，只代表在未来时刻购买和发售金融资产的权利，是金融资产交易方式的证明，不构成金融资产。

金融资产按照投资者持有的金融工具的不同可分为三类：固定收益类金融资产、权益类金融资产和衍生品类金融资产。不过，对于优先股以及可转换债券来说，既可以算作固定收益的证券市场工具，也可以算做权益市场工具。投资者投资于金融资产能够实现消费时机的选择、风险的分配、所有权和经营权的分配，从而使得一国可以最大限度地利用经济体系中的实际资产。

金融资产的对等概念是实物资产（Real Assets）。两者的显著区别是实物资产而非金融资产构成了一国的国民财富，即土地、建筑物、机器设备、存货以及可用来生产商品和劳务的知识等。实物资产能产生净的收益，而金融资产却不能，金融资产只能决定收益或财富在投资者之间的分配。投资者投资于金融资产的收益最终来自于因发行证券而获得融资的实际资产产生的收益。对于个人和企业来说，通过将实际资源的一部分以投资的形式实现延期消费所得到的如银行存款、股票或债券等金融资产，构成了其财富的一部分，但这些金融工具所形成的金融资产又构成了其发行者的负债，而这类资产和负债分别出现在全社会资产负债表的借方和贷方，因此相互抵消，剩下的仅仅是全社会的净财富——实物资产。①

第四节　金融市场的发展趋势

一、金融市场的形成与发展

（一）金融市场的形成

金融市场是商品经济高度发展的产物，也是信用制度发展到一定程度的结果。金融市场产生的基础是信用及其制度，而信用制度的形成与发展是与商品经济的发展紧密相连的，是商品经济发展的直接结果。但是在资本主义生产方式建立之前，虽然信用和信用制度已经有所发展，但还没有产生真正意义上的金融市场。真正的金融市场

① [美]兹维·博迪，亚历克斯·凯恩，艾伦·J.马科斯．投资学精要．第4版．北京：中国人民大学出版社，2003，4

是在商品经济发达的资本主义生产方式的基础上产生和发展起来的。

古罗马时期地中海沿岸的贸易活动已经发展起来，意大利人在这一时期发明了汇票结算。13 世纪到 14 世纪欧洲大陆出现了许多商品集散地和贸易交易所，这就是证券交易所的前身。经济贸易形式的迅速发展引发了第一次工业革命，而与工业革命相伴的金融革命正是金融市场产生的历史动因。

金融革命首先是银行业的变革。14 世纪与 15 世纪之交是银行产生的年代，标志着金融关系发生了根本的变化。1937 年成立的梅迪西银行和 1407 年成立的圣乔治银行成为新式银行的先河。随后，欧洲大陆特别是西欧各国的银行业迅速发展。由于处于创始时期，银行倒闭时常发生，并频频诱发金融危机，从而也孕育了新的金融革命：债券与股票的产生和流通。17 世纪初，西欧出现了证券交易活动。比利时的安特卫普和法国的里昂被认为是出现证券交易活动最早的地区。1608 年，荷兰建立了世界上最早的证券交易所——阿姆斯特丹证券交易所。随后，1611 年建成阿姆斯特丹证券交易所大厦，这被认为是世界上最早的证券交易所大厦，标志着金融市场的形成。

（二）金融市场的发展

金融市场发展至今已有几百年的历史，但其真正快速发展时期则是近五六十年。从 17 世纪到第一次世界大战以前，英国一直是世界上最大的殖民者，伦敦是国际贸易和金融中心，英国的证券市场也随之发展壮大。英国最早的股份公司是成立于 1600 年的东印度公司，1733 年在伦敦新乔纳森咖啡馆正式成立了英国第一家证券交易所，这就是伦敦证券交易所的前身。19 世纪产业革命在世界范围内基本完成，欧美各国为了确立其产业资本，竞相在伦敦发行公债，英国国内出现了一个设立股份公司的高潮，从而使英国证券市场上的股票交易和债券交易都有了相当的规模。

美国的产业资本是在从英国引进生产技术和设备的基础上形成的。美国也积极利用股份公司制度，1725 年设立了纽约证券交易所。到 18 世纪末期，美国证券市场进入急剧发展时期。美国的独立战争发行了巨额国债，当时美国东北各州纷纷成立证券交易所以买卖这些国债。随后，各种股票也进入了交易市场，到 1817 年纽约证券交易所正式组建时，美国的证券市场已经初具规模。19 世纪 30 年代开始，美国各州的州债大量发行，吸引了外国资金特别是英国资金的流入，从而使美国金融市场逐渐成长为国际性的金融市场。

德国证券市场的发展历史可以追溯到 16 世纪，早在 1585 年法兰克福就已经出现了证券新的雏形。法国在 17 世纪已经颁布过有关证券交易的法令，巴黎还曾与伦敦争夺过欧洲及世界金融中心的地位。日本的证券市场大约形成于明治时期，由于其经济中的重要产业被财阀控制，因此其证券市场也是封闭和排他的。总而言之，在第一次世界大战之前，世界各主要资本主义国家都先后发展了各自的证券市场，但发展比较缓慢且极不平衡。

从第一次世界大战开始到第二次世界大战结束是金融市场发展的重要转折时期。在此期间，英国的世界领先地位逐渐被美国取代，各国在世界经济中的地位和利益格局发生了重大变化。在此期间陆续发生了许多金融事件，例如1914年战争爆发时的股票交易所关闭事件，1920年伦敦股票市场的崩溃，1920年和1929年纽约股票市场两次大崩溃等。商品经济更高阶段的来临对金融市场的发展起到了重要推动作用。第二次世界大战之后，世界政治经济格局发生了重大变化，金融市场进入了急剧变革时期。许多大的国际金融市场先后形成，新的金融市场不断产生和发展。发展中国家和地区为了摆脱贫困，赶上西方发达国家，纷纷进行金融体制改革，逐渐培育和建立起金融市场，例如新加坡、韩国、中国香港和中国台湾。目前，新加坡和中国香港已经成为亚太地区最大的两个金融市场，也是世界上最大的两个金融中心。

进入20世纪80年代之后，世界金融市场有了更大步伐的发展，西方各国的金融市场逐渐地从单一化市场转变为综合化市场，有的国家出现了经营多种金融业务和提供综合服务功能的超级金融市场，金融工具的创新层出不穷，各种类型的机构投资者迅速崛起，金融市场的发展逐渐呈现新的趋势。

二、金融市场的发展趋势

（一）金融一体化、自由化进程加快

金融市场的一体化已经成为当今世界的一种重要趋势。20世纪70年代末期以来，世界经济出现了一体化趋势。国家间经济交往日益密切，国际金融市场逐渐成为联系密切的整体市场。1999年欧元进入国际金融市场，2002年7月欧元的过渡期结束，欧元现钞开始流通，欧洲货币联盟的发展进入新的时代。欧元的崛起和发展标志着区域性金融市场一体化的进程加快，并对国际金融市场的格局产生了深远影响。美元依然在国际金融市场上占据着主导地位。随着中国经济实力的增强，人民币在国际金融市场上的地位也在逐步提高，未来有望成为继欧元后国际上重要货币之一。世界各国的金融市场相互影响，任何一个局部市场的波动都可能马上传递到全球的其他市场，国际金融市场一体化的趋势更加明显。

金融自由化的趋势是指20世纪70年代中期以来，在西方国家特别是发达国家出现的一种逐渐放松甚至取消对金融活动的一些管制措施的过程，进入90年代以来表现得尤其突出。[①]金融自由化的内容包括：减少或者取消国家之间对金融机构活动范围的限制；放松或解除外汇管制，促进资本国际流动；鼓励金融创新，允许和支持新型金

① 张亦春. 现代金融市场学. 北京：中国金融出版社，2002，26

融工具的交易等。金融自由化导致了更激烈的金融竞争，促进了金融业经营效率的提高，有利于资源在世界范围内的合理配置。但同时，金融自由化也对金融机构的稳健经营提出了更高的要求，给货币政策的实施和金融监管带来新的困难。

（二）高科技引领金融市场不断创新

高科技是进行金融市场创新的物质条件和技术保障，在提高市场效率和竞争力方面起着至关重要的作用，是近些年来金融市场发展的重要推动力。目前电子技术、电信网络的深入发展促进了信息的即时传送和技术的更新，使得在全球范围内进行各种复杂的交易成为可能，并引发了金融市场上的不断创新，金融工程化就是高科技在金融市场领域应用的标志之一。

金融工程化是将工程思维引入金融领域，综合采用各种工程技术方法，主要有数学建模、数值计算、网络图解、仿真模拟等，来设计、开发新型的金融产品，创造性地解决金融问题。金融工程化的动力来自于 20 世纪 70 年代以来的社会经济制度变革和电子技术的发展，主要应用于以下四个方面：套期保值、投机、套利和构造组合。金融工程化的趋势为人们创造性地解决金融风险提供了空间，大大提高了金融市场的效率。

金融工程是一把双刃剑，在金融市场全球化、自由化的背景下，各国政府和货币当局为保卫自身经济和金融的稳定，必须积极利用这种高科技的手段，积极推进金融工程的发展应用。但在同时，金融工程也可以成为破坏金融市场秩序、引发金融危机的工具。例如在 1997 年的东南亚金融危机中，国际炒家就是利用金融工程的套利和投机策略，直接导致了该地区的金融动荡。

（三）资产证券化趋势明显

资产证券化（Asset Securitization）是把流动性较差的资产通过商业银行或者投资银行的集中以及重新组合，以这些资产作为抵押来发行证券，从而实现相关债权的流动化。其主要特点在于将原来不具有流动性的融资形式变成具有流动性的市场性融资。按照国际上通用的分类标准，资产证券化产品可分为住房抵押贷款证券化产品（MBS）与信贷资产证券化产品（ABS）。

资产证券化最早起源于美国，最初是对住宅抵押贷款的证券化。20 世纪 80 年代后期不断产生新的发展，开始成为国际金融市场的一个显著特点。目前世界各国的资产证券化均有了不同程度的发展，以美国为例，截至 2011 年第二季度末，美国 MBS 存量达到了 8.5 万亿美元，ABS 的存量也达到 1.3 万亿美元，MBS 和 ABS 的总存量合计为 9.8 万亿美元，约占美国市场债券总存量（21 万亿美元）的 46%，存量规模是市场中最大的，甚至已经超过了国债市场。

资产证券化能够建立连接不同金融市场的通道，将短期存款资金转化为长期资本，从而实现资源和风险的最优配置。从宏观角度来看，资产证券化也有助于完善现有融资体制，提高资源利用效率，改善金融结构和化解金融风险。对于中央银行来说，资产证券化不仅有利于疏通货币政策传导渠道，提高货币政策的传导效率，而且还可以拓展公开市场操作的工具。但另一方面，资产证券化中的风险也表现出复杂性，使得政府和金融监管当局在信贷扩张和货币供应量的估计上面临更多问题，金融调控监管的难度加大。

（四）强调金融子市场之间的融合统一和国际金融市场监管的协调合作

金融市场体系中包含着众多的金融子市场。随着金融一体化的发展，各子市场之间的联系也越来越密切，融合统一、相互影响的趋势越来越明显。各个子市场的资金标价越来越趋于统一，金融资产越来越具有替代性。例如资本市场上的金融资产越来越有某种货币性，货币市场的金融工具（例如债券）则越来越有金融资产的特征。尤其是资产的证券化发展，使得货币市场和资本市场的融合具有了现实的基础。再如外汇市场，汇率的变动必然影响到利率，从而对货币市场和资本市场也必然产生影响。因此，为了维护一国金融市场体系的稳定，各国都越来越强调金融子市场之间的有机结合和协调发展，从各个金融子市场之间的联系出发研究整个金融市场的发展，建立透明高效、互连互通、功能完善、层次分明、协调发展的金融市场体系。

在金融全球化背景下，近些年来爆发的金融危机使得世界各国不仅注重本国范围内金融市场体系的稳定，也越来越强调国际金融市场的整体稳定性，全球性的金融市场监管协调与合作得到加强。各国中央银行的金融调控职能中都包括了维护金融市场稳定的内容，作为法定支付手段的提供者和支付清算体系的监护者，中央银行担当着维护金融市场正常运行的重要职责，是防范整体金融风险的看门人。今后各国将积极研究实施防范和化解系统性金融风险的政策措施，并不断努力加强国家之间的沟通合作，共同防范区域性、国际性的金融市场风险，以防止局部的金融市场风险蔓延成为波及面广大的金融风险，齐心协力促进区域内乃至全球范围内金融市场的稳定。

本章小结

1．金融市场是指以金融资产为交易对象而形成的供求关系及其机制的总和。它是金融资产进行交易的一个有形和无形的场所，反映了金融资产的供应者和需求者之间所形成的供求关系，揭示了资金从集中到传递的过程，包含了金融资产交易过程中所产生的各种运行机制。

2．金融市场作为金融资产交易的场所，从整个经济运行的角度来看，具有不同时间和不同空间资源转移的功能、聚集和分配功能、调节和激励功能以及提供信息的功能。

3．金融市场的主体按照金融活动的特点可以划分为筹资者、投资者、套期保值者、套利者及监管者五类。按照自身的特性可以划分为政府部门、中央银行、金融机构、工商企业和居民个人几大类。

4．不同的具体的子市场组成的金融市场体系，便构成了金融市场的结构。金融市场按照要求权的期限划分为货币市场和资本市场，按照要求权的种类划分为债券市场和普通股市场，按照交割方式划分为现货市场、期货市场和衍生品市场，按照交易的功能划分为发行市场和流通市场，按照交易的地域划分为国内金融市场和国际金融市场。按照不同标准划分的子市场互相联系、互相依存。

5．金融市场的组织方式是指把交易双方和交易对象通过金融机构媒介联系起来，共同确定交易价格，最终实现转让交易对象目的的形式。金融市场的组织方式主要有拍卖方式和柜台方式两种。

6．20 世纪 80 年代之后，金融市场的发展逐渐呈现新的趋势。金融一体化、自由化进程加快，高科技引领金融市场不断创新，资产证券化趋势明显，强调金融子市场之间的融合统一和国际金融市场监管的协调合作。

本章重要概念

金融市场	投资者	套期保值者	套利者	货币市场
资本市场	现货市场	期货市场	衍生品市场	发行市场
流通市场	国内金融市场	国际金融市场	拍卖方式	柜台方式
双价制	金融自由化	金融工程化	资产证券化	

本章复习思考题

1．金融市场的含义是什么？它与产品市场以及要素市场的其他子市场存在哪些差异？

2．金融市场的功能表现在哪些方面？

3．如何划分金融市场的主体？各主体在金融市场中的主要作用是什么？

4．货币市场与资本市场有哪些区别和联系？

5．发行市场与流通市场有哪些区别和联系？

6．国内金融市场与国际金融市场有哪些区别和联系？

7．金融市场的两大组织方式是什么？各自如何实现交易目的？

8．联系实际分析金融市场的未来发展趋势。

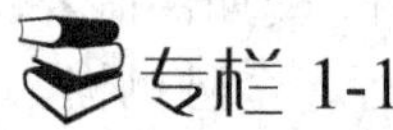

专栏 1-1

中国金融市场发展成就

从1978年开始，中国的金融体系经历了不断深化的市场化改革，金融市场因此得到了蓬勃发展，基本改变了过去大一统的、以专业银行为主体的计划金融体制，形成了一个多层次的、有一定广度和深度的、功能和布局相对完整的金融市场体系，金融市场通过多种途径服务于现代经济，成为名副其实的现代经济的核心。本专栏主要总结了“十一五”期间我国金融市场发展的成就。

一是金融市场体系逐渐完善。截至“十一五”末期，我国已拥有全球发达国家所拥有的所有金融子市场。我国同业拆借市场、票据市场、债券市场的迅速发展，推动了金融机构加强流动性管理，满足了企业日益增长的融资需求，提高了社会资金的使用效益；外汇市场的平稳发展和汇率形成机制改革的推进，使得人民币汇率弹性逐步增强、汇率形成的市场基础逐步扩大；股票市场的改革和发展，改善了资源有效配置，对改善公司治理结构和社会融资结构意义显著；黄金市场的不断发展，丰富了投资品种，完善了我国的金融市场体系，对满足社会日益增长的投资需求起到了积极作用；期货市场的创新和发展，增加了我国金融市场的广度和深度，有利于我国企业和相关主体利用期货市场进行保值增值，而且部分期货品种已经具有了一定的国际定价权。因此，金融市场体系的完善，对实体经济的作用将进一步增强，有力地支持和促进了国民经济持续、健康发展。

二是金融市场规模持续增大。“十一五”期间，我国金融市场交易日趋活跃，交易量快速增长。2010年，在货币市场中，同业拆借累计成交金额达27.87万亿元，比2009年增长44%；回购累计成交87.59万亿元，比2009年增长24.61%；我国票据市场累计签发商业汇票12.2万亿元，比2009年增长18.5%；累计办理贴现26万亿元，比2009年增长35.9%。银行间债券市场的现券成交金额为64万亿元，比2009年增长35.5%。债券市场规模已跃居亚洲第二、世界第六；黄金市场累计成交金额为16 157.81亿元，同比增长57.04%。期货市场累计成交金额为309.12万亿元，比2009年增长136.85%。2010年年末，银行间债券市场托管面额为19.72万亿元，比2009年年末增长15.21%；交易所托管面额为2 878.50亿元，比2009年年末增长2.12%；商业银行国债柜台市场托管面额为1 716.87亿元，与2009年同期相比增长26.42%。沪、深两市的股票总市值为26.54万亿元，较2009年年末增长8.8%，占GDP的比重达到66.68%。股票流通市值为19.31万亿元，较2009年年末增长27.67%。

三是金融市场功能不断深化。“十一五”期间，同业拆借市场的Shibor利率正在发挥它的功能和作用。债券市场和股票市场的融资功能开始加强。在债券市场中，债券发行量从2009年的8.93万亿元增加到2010年的9.83万亿元（含中央银行票据），增长了10.19%。从发行结构看，公司信用类债券的发行量占债券总发行量的比重为33.66%，债券市场发行结构继续保持优化。在股票市场中，企业通过股票市场筹资力度进一步加大，融资比重明显上升。2010年，沪、深A股市场累计筹资总额达100 275.2亿元，比2009年增长了99.1%。其中，境内企业首次公开发行（IPO）融资量较2009年的1 433.2亿元大幅增长了2.24倍。从新股发行结构看，主板融资额为1 821.88亿元，占IPO融资总量的比重为39.26%，低于上年的65.19%；中小板融资额为1 886.87亿元，占比为40.66%，高于上年的22.59%；创业板融资额为931.97亿元，占比为20.08%，高于上年的12.22%。股票市场发行结构的变化，体现出对新兴产业发展的支持作用进一步增强。“十一五”期间，证券期货经营机构资产规模也不断扩张，截至2010年末，我国106家证券公司的总资产为1.97万亿元，净资本为4 319亿元，分别比2009年同期下降3%和增长12.7%；全年实现净利润775.57亿元，比2009年下降16.85%。

四是直接融资能力不断提升。2010年，国内非金融机构部门融资总量11.1万亿元，同比少增1.9万亿元，其中，贷款融资量8.36万亿元，占融资总量的比重比2009年同期下降6个百分点；股票和企业债券融资量1.78万亿元，占融资总量的比重比2009年同期上升3.5个百分点。在债券市场中，债券发行量从2009年的8.93万亿元增加到2010年的9.83万亿元（含中央银行票据），增长了10.19%。从发行结构看，公司信用类债券的发行量占债券总发行量的比重为33.66%，债券市场发行结构继续保持优化。在股票市场中，企业通过股票市场筹资力度进一步加大，融资比重明显上升。2010年，沪、深A股市场累计筹资总额达100 275.2亿元，比2009年增长了99.1%。其中，境内企业首次公开发行（IPO）融资量较2009年的1 433.2亿元大幅增长了2.24倍。从新股发行结构看，主板融资额为1 821.88亿元，占IPO融资总量的比重为39.26%，低于2009年的65.19%；中小板融资额为1 886.87亿元，占比为40.66%，高于2009年的22.59%；创业板融资额为931.97亿元，占比为20.08%，高于2009年的12.22%。股票市场发行结构的变化，体现出对新兴产业发展的支持作用进一步增强。

（本专栏主要内容节选自：2010年中国金融市场发展报告．中国人民银行，2011-04）

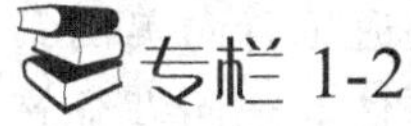

专栏1-2

美国次贷危机大事记

新千年以来，全球金融市场中最重要的事件恐怕非美国次级抵押贷款危机（Subprime Mortgage Crisis，以下简称次贷危机）莫属了。自2007年8月美国的次贷危机全面爆发后，愈演愈烈，到2008年9月达到顶峰。该危机发端于美国次级抵押贷款市场的信用违约，却在一年多时间内演变为席卷全球金融市场的系统性危机，投资银行、商业银行、保险公司、对冲基金、房地美与房利美等各种类型的金融机构纷纷破产倒闭或者被政府接管。这场金融危机也通过多种渠道影响到欧、美、日实体经济，三大发达经济体已经从2008年下半年起集体陷入衰退。事实上，次贷危机已经成为自1929—1933年大萧条以来全球金融市场面临的最为严重的危机，这场危机将会深刻地改变全球金融市场、国际货币体系甚至全球地缘政治格局。本专栏通过回顾美国次贷危机中一些标志性的重要事件，来帮助读者对美国次贷危机的发生过程形成一个完整的印象：

2007年4月2日，美国第二大次级抵押贷款机构新世纪金融公司向法院申请破产保护，4月27日，纽约证券交易所对新世纪金融公司股票实行摘牌处理。

2007年7月30日，贝尔斯登旗下两只投资次级抵押贷款证券化产品的对冲基金申请破产保护。

2007年8月6日，美国第十大抵押贷款机构美国住房抵押贷款投资公司申请破产保护。

2007年8月9日，法国巴黎银行宣布暂停旗下三只涉足美国房贷业务的基金的交易；欧洲中央银行宣布向相关银行提供948亿欧元资金——次贷危机波及其他西方市场。

2007年8月15日，纽约股市三大股指大幅下挫，标准普尔500指数回吐当年以来的全部涨幅，道琼斯指数跌破13 000点整数关口。

自2007年8月9日至30日，美联储已累计向金融系统注资1 472.5亿美元，以防次贷危机恶化。

2007年9月18日，为应对愈演愈烈的次贷危机以及可能的经济衰退后果，美联储决定降息0.5个百分点。从此，美联储进入“降息周期”。

2007年10月30日，全球最大券商美林证券公司首席执行官斯坦·奥尼尔成为华尔街第一位直接受次贷危机影响丢掉饭碗的CEO。

2007年11月4日，全球最大金融机构花旗集团董事长兼首席执行官查尔斯·普林斯宣布辞职。

2008年2月13日，布什正式签署一揽子经济刺激法案，大幅退税，刺激消费，进而刺激经济增长，避免经济陷入衰退。

2008年3月14日，美联储决定，让纽约联邦储备银行通过摩根大通银行向美国第五大投资银行贝尔斯登公司提供应急资金。美联储则对贝尔斯登300亿美元问题资产中的290亿美元提供了担保。最终，摩根大通以0.217 53股普通股换取贝尔斯登1股（原协议为0.05473股普通股换取贝尔斯登1股）的价格收购贝尔斯登。

2008年7月11日，IndyMac银行遭挤兑破产。

2008 年 7 月 13 日，美国财政部和联邦储备委员会宣布救助两大住房抵押贷款融资机构房利美和房地美，提高“两房”信用额度，并承诺必要情况下购入两公司股份。

2008 年 7 月 14 日，房利美和房地美股价过去一周被“腰斩”，纽约股市三大股指全面跌入“熊市”。

2008 年 7 月 25 日，美国储蓄管理局关闭了内华达第一国家银行和第一传统银行在内华达州、亚利桑那州、加利福尼亚州的 28 个分支机构。

2008 年 7 月 26 日，美国参议院批准总额 3 000 亿美元的住房援助议案，授权财政部无限度提高“两房”贷款信用额度，必要时可不定量收购“两房”股票。

2008 年 9 月 7 日，美国联邦政府宣布接管房利美和房地美，以避免更大范围金融危机发生。

2008 年 9 月 10 日，美国证券巨头雷曼兄弟决定出售旗下资产管理部门 55%的股权，并分拆价值 300 亿美元处境艰难的房地产资产。

2008 年 9 月 15 日，雷曼兄弟申请破产保护。之前，雷曼季报报出亏损 39 亿美元，相当于每股损失 5.92 美元。英国第三大银行巴克莱银行和美国银行曾表示有意收购雷曼兄弟公司，但在美国政府拒绝为收购行动提供担保后，两家公司均宣布放弃收购行动。

2008 年 9 月 15 日，美国银行与证券巨头美林证券公司达成协议，将以 440 亿美元收购美林公司。届时美银将超过花旗集团，成为全美最大的金融机构。受次贷危机重创，美林 2007 年四季度业绩创下十余年的最差记录，准备金减记 160 亿美元。2008 年第一季度净损失 20 亿美元，第二季度净损失高达 47 亿美元。

2008 年 9 月 15 日，美国最大储蓄银行华盛顿互助银行在上周市值严重缩水超过三分之一，前景堪忧。

2008 年 9 月 17 日，美联储宣布，已授权纽约联邦储备银行向陷于破产边缘的美国国际集团（AIG）提供 850 亿美元紧急贷款。美国政府届时将持有该集团近 80%股份，正式接管这家全球最大的保险巨头。作为美国最大的保险公司，AIG 前三个季度共损失 185 亿美元，股价自 2008 年以来损失 79%。

2008 年 10 月 3 日，美国国会众议院通过并由布什签署了总额达 7 000 亿美元的金融救援方案。

（资料来源：作者根据相关资料整理而成。）

第二章 历史和比较视角下的金融市场

一国金融体系通常都包括金融市场和金融中介（银行），它们构成了金融体系的两翼。根据金融市场和金融中介（银行）在金融体系中的相对重要性，我们可以将金融体系划分为市场主导型（Market-oriented）和银行主导型（Bank-oriented）两种模式。在发达的市场经济国家，它们的正规金融体系也十分发达，不过，一部分国家如美国、英国等以金融市场为主，金融市场在这些国家扮演了比银行更为重要的角色；而另一部分国家如德国、日本等，则以银行等金融中介为主，银行在金融体系中的重要性远远高于金融市场。在发展中国家的正规金融体系中，大都以政府兴办的银行业为主，金融市场要么不存在，要么规模很小；不过，在发展中国家中，非正规的金融市场和金融中介实际上始终都是存在的，并且十分活跃，从而弥补着正规金融体系发展不足的缺陷。本章的目的是通过与金融中介的比较来凸显金融市场的比较优势，从而使我们能够全面把握金融市场产生、发展和变迁背后的本质，并为世界各国特别是发展中国家的金融系统设计提供一个分析基础。

第一节 金融市场发展路径的历史分析

一、金融市场发展的基本走向

从世界的金融发展史来看，银行、保险等金融中介起源最早。在16世纪初之前，银行是早期金融体系的基本特征，其他的证券品种也有，但是都没达到一定的规模。16世纪初到16世纪末，保险业发展壮大，规模逐渐形成。从17世纪初到19世纪中期，主要是债券市场发展得最快，到19世纪中期，世界金融市场中交易的主要还是国债和少数一些地方政府债券。19世纪中期以后居于金融体系核心地位的是股票市场。

金融体系演进的这种前后顺序，其背后的基本因素是什么呢？经济史可以给我们一些答案：随着民族国家的崛起，老牌的和新兴的资本主义国家必须通过战争、扩大海外贸易和开拓新的殖民地来巩固自己在世界市场上的经济和政治地位，显然，这些艰巨的历史任务只有强大的政府才能胜任。而建设强大政府的一个关键性因素就是要能为政府融资提供便利，因此，围绕政府筹资的发行和流通的债券市场就产生了。以英国为例：1688 年工业革命后英国形成了受议会制衡的宪政机制。而此时的英国已在北美等地发展了殖民地，并为殖民地等原因与法国、西班牙和其他欧洲大陆国家进行多次战争。为了应付战争，英国必须继续发展其海军，而且要使其海军实力成为欧洲之最。为此，英国政府每年就不得不大举国债。所以在 18 世纪期间，英国的国债达到当时 GDP 的两倍。而完善的宪政体制使得政府对投资者做出的承诺变得更为可信，这大大增加了证券市场对英国政府的信心，投资者们更愿意把钱借给这样的政府去花，要求的利率也不会太高。因此，国债在金融市场上获得了良好的声誉，从而能够维系英国近两倍于 GDP 的国债，并通过借更多的国债来继续其海军的扩张，最终使英国成为了工业革命的策源地和世界市场的霸主，主宰世界近两百年。

随着工业革命的出现和资本主义大工业的进一步发展，大规模聚集资本的要求也使得股票市场等金融市场应运而生。例如在美国，其工业的发展极大地推动了经济对资本市场的需求。但与美国有所不同，英国的金融业在很大程度上是围绕战争以及海外贸易进行国家融资才完善起来的，而美国虽然在 19 世纪就建立了一套完整的银行制度，但美国金融业的崛起在很大程度上却是围绕科技创新和技术进步的。19 世纪 40、50 年代火车被发明出来后，美国人将开发铁路视为一项可以推进工业发展的重大技术进步。因此，为解决铁路融资问题，在资本市场上发行股票募资就成为了必然选择。相比以银行为主导的金融体系，美国金融市场的发展确实能更好地为技术创新提供持久的动力，这样，公司股票就代替了早期的政府公债以及少量企业债券，成为证券市场的主要交易品种。在资本市场的推动下美国始终处于技术创新的最前沿，这也就使美国取代了英国，当之无愧地成为 20 世纪的世界霸主。

二、金融市场发展的路径依赖

金融市场发展的历史演进过程中，往往会因为一些偶发性因素，导致各国金融市场的差异性很大。我们把因为一些偶然因素所引致的不同发展路径，称为金融市场发展的路径依赖（Path Dependence）。正如两位比较金融制度领域的著名学者弗兰克林 •艾伦（Franklin Allen）和道格拉斯 • 盖尔（Doaglas Gale）所言[①]：1719—1720 年这一时期发生的两大金融风波（危机）——英国南海泡沫和法国密西西比泡沫成为金融体系

① [美] 弗兰克林 • 艾伦，道格拉斯 • 盖尔．比较金融系统．王晋斌，朱春燕，丁新娅，等，译．北京：中国人民大学出版社，2002，24

发展的分水岭。两个事件都导致了社会的巨大动荡，政府决策部门似乎第一次意识到不稳定的金融体系对社会经济所造成的巨大伤害。从经济学角度看，金融体系的运行失败意味着市场的失灵；而应对市场失灵有两种截然不同的方法，一种就是政府代表公众利益，对金融体系加强监管；另一种就是关闭金融市场，转而依靠银行和其他金融机构。两种不同的应对方法导致了两种类型的金融体系的出现：一种是以金融市场为主导的盎格鲁—萨克逊模式，如美国、英国等；另外一种是以银行等金融中介为主导的欧洲大陆模式，如德国、日本和法国。[①] 这里，我们通过两个泡沫事件来分析市场主导型金融制度模式的发生过程及其本质特征。

（一）英国的南海泡沫事件及其影响

在金融史上，南海泡沫事件的影响十分巨大。南海泡沫事件的始作俑者是英国的南海公司。南海公司成立于 1711 年，成立之初，为支持英国政府债信的恢复，该公司认购了总价值近 1 000 万英镑的政府债券。作为回报，英国政府对该公司经营的酒、醋、烟草等商品实行了永久性退税政策，并把对南美的贸易垄断权授予了该公司。南海公司在成立之初就有一个众所周知的企图，那就是攫取蕴藏在南美东部海岸的巨大财富。当时，人人都知道秘鲁和墨西哥的地下埋藏着巨大的金银矿藏，只要能把英格兰的加工商送上海岸，数以万计的“金砖银石”就会源源不断地运回国内。因此，社会公众对南海公司的发展前景充满了信心，同时股票供求关系严重失衡，使得南海公司的股票多年来一直十分抢手，价格不断上涨。1719 年，英国政府允许中奖债券与南海公司股票进行转换。同年年底，南美贸易障碍的扫除，加上公众对股价上扬的预期，促进了债券向股票的转换，进而带动了股价上升，从 1720 年 1 月起，南海公司的股票价格直线上升，从 2 月份的每股 128 英镑上升到 6 月份的每股 1 000 英镑以上，5 个月涨幅高达 700%，如图 2.1 所示。

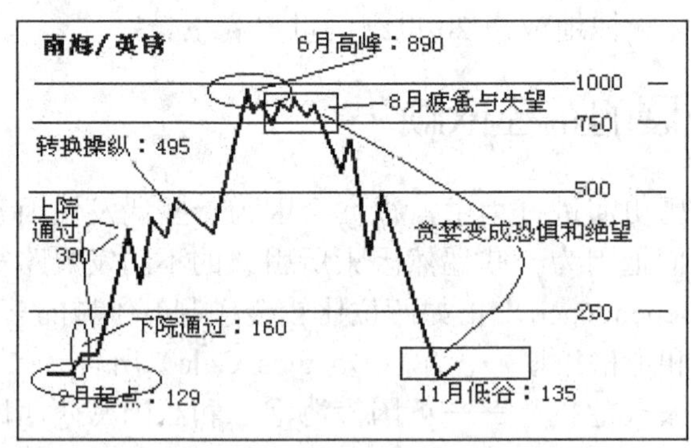

图 2.1　南海公司 1720 年各月份的股价示意图

① 吴晓求，汪勇祥，应展宇．市场主导与银行主导金融体系变迁的金融契约理论考察．财贸经济，2005（6）

在南海公司股票价格扶摇直上的示范效应下，全英国 170 多家新成立的股份公司的股票以及所有的公司股票，都成了投机对象，人们完全丧失了理智，导致股票价格迅速暴涨，平均涨幅超过 5 倍。然而，南海公司的经营并未如愿，盈利甚微，公司股票的市场价格与上市公司实际经营前景完全脱节。1720 年 6 月为了制止各类"泡沫公司"的膨胀，英国国会通过了"反泡沫公司法"（The Bubble Act）（简称泡沫法案）。该法案规定成立上市公司必须经过议会的批准。自此，许多公司被解散，公众开始清醒过来。对一些公司的怀疑逐渐扩展到南海公司身上。从 7 月份开始，外国投资者首先抛出南海股票，撤回资金，而军队也下达了要求军人回到岗位的命令。随着投机热潮的冷却，南海股价一落千丈，9 月份跌至每股 175 英镑，12 月份最终跌至 124 英镑，"南海泡沫"终于破灭。1720 年底，政府对南海公司资产进行清理，发现其实际资本已所剩无几，那些高价买进南海股票的投资者遭受了巨大损失。"南海泡沫"事件使很多地主、商人失去了资产，也引发了政治问题。此后较长一段时间，民众对参与新兴的股份公司，闻之色变，对股票交易也心存怀疑。直到一个世纪以后的 1824 年，泡沫法案才被废除，股份公司和股票市场才得以重新正名。

不过，英国政府对南海泡沫事件的处理并非一关了之，而是通过立法的方式加强金融市场的监管，虽然以现代经济学的眼光看，该法案值得商榷。而正是这种对金融市场危机的不同处理方式，决定了英国乃至世界金融市场的走向。总体看，在泡沫法案实施后，除了英格兰银行、南海公司和东印度公司外，很少有其他的公司在伦敦的资本市场交易。在泡沫法案下成立的公司如隧道公司，只能在非正规的市场上交易。受泡沫法案的影响，伦敦的资本市场没有发展成为公司资金的主要来源，但是却成为了政府融资的重要来源。可以说，英国的金融市场并未就此衰落下去，在 18 世纪和 19 世纪初英国与法国、西班牙等国家发生的多次战争中，英国的金融市场特别是其债券市场仍继续发挥了巨大的作用。到 18 世纪末，伦敦理所当然地取代了阿姆斯特丹成为世界主要的金融中心。

伦敦股票交易所成立于 1802 年，此后其作为公司筹资来源的重要性稳步上升。1824 年泡沫法案废除后，公众股份公司发行的股票大量增加。英国和其他国家铁路的发展和资金的需求大大促进了伦敦股票交易所的发展。19 世纪的英国银行业在英格兰银行扮演交易清算和最后贷款人等核心角色的作用下也发展得很快，到 20 世纪初，英国的银行体系主要以四大银行为主，即巴克莱（Barclay）、国民威斯敏斯特（National Westminster）、米德兰（Midland）和劳合（Lloyds）银行。虽然在 19 世纪初也有银行对企业发放长期贷款，但由于周期性的流动性危机的发生，使得这些银行无法生存。因此，英国银行制度的重要特征表现为发放短期性的商业贷款，不参与长期贷款的发放。而对于大公司，长期资金的来源主要依靠金融市场。虽然第一次世界大战的发生使纽约取代伦敦成为世界金融中心。但英国仍保留了以股票市场为主导的金融制度，而且是外国银行参与欧洲货币市场业务的中心。

始于1929年的美国银行大危机和纽约股市大暴跌，就像18世纪英国的南海泡沫事件一样，对美国金融制度的形成和发展产生了重大的影响。严重的银行危机导致了1933年《格拉斯—斯蒂格尔法》（Glass-Steagall Act）的诞生，该法案禁止商业银行从事投资银行业务，再加上对跨州银行业务的限制，因此极大地约束了美国银行业的发展。证券交易委员会的成立则强化了对资本市场的监管，但同时也有助于美国资本市场的一体化，相对于银行业务的严格监管，政府对资本市场的监管则相对宽松，这就推动了美国形成并发展成市场主导型的金融制度。

（二）法国的密西西比泡沫事件及其影响[①]

与几乎在同一时期发生在英国的南海泡沫不同，法国对密西西比泡沫的反应则是抑制股票市场的发展。与英国在19世纪初就废除了泡沫法相比，法国到20世纪80年代才放松对资本市场的限制，对资本市场长期的限制使法国形成和发展了银行主导型的金融制度，而法国的金融制度对欧洲大陆其他国家金融制度的形成和发展也产生了重大的影响。

1716年，苏格兰人John Law在法国成立了Bank Generale，发行部分准备金担保的银行券。1718年该银行改组为皇家银行后，其发行银行券的限额由统治者决定而不是根据准备金来决定。随后，该行与密西西比公司合并。同南海公司一样，密西西比公司的股票受到了狂热的投机，股价狂升后出现猛跌，使参与股票投机的大量公司破产倒闭。

法国密西西比泡沫事件不仅对其金融市场，而且对其银行业的发展打击甚大，一般认为使法国金融业倒退了100年左右[②]。该事件发生后，政府成立了官方的交易所，并对上市公司实行严格的监管。再加上这一时期的法国媒体普遍受贿，投资者无法获得客观的公司信息，从而使得市场操纵在当时一直是比较严重的问题。因此在19世纪和20世纪的大多数时期，资本市场并没有得到很大的发展，资料显示：1815年巴黎证券交易所有4种挂牌证券，而1725年在伦敦的《每日邮报》上有14种证券报价，1740年则达20种之多。[③]直到1980年，法国资本市场的发展仍然受到了严格的限制，建设法国铁路的第一笔债券是1842年到1845年在伦敦股票交易所而不是在巴黎交易所发行的。法国的银行业也因此受到了沉重的打击而一蹶不振，例如法兰西银行成立于1800年，而英格兰银行成立于1694年；又如银行券出现在法国是19世纪的事情，而英国

[①] 林辉．现代金融制度分析．厦门：厦门大学出版社，2003，145～146

[②] [美]金德尔伯格．西欧金融史．徐子健，等，译．北京：中国金融出版社，1991，136

[③] [美]金德尔伯格．西欧金融史．徐子健，等，译．北京：中国金融出版社，1991，163

在 18 世纪则已广泛使用。产业银行模式（Industrial Bank）是法国金融制度重要的制度创新，不过这已经是 19 世纪末期的事情。与英国银行只对企业提供短期贷款不同，法国的产业银行模式为企业提供长期贷款，法国的银行业逐渐在铁路和其他公共项目的融资中发挥过重要作用。

德国的银行业深受法国银行模式的影响，但与法国的私人银行模式不同，它发展的是国家控制的大银行模式。大银行与工业的关系密切，它们对企业发放长期贷款，并与企业形成长期、密切的关系。银行派代表进入企业的董事会，而企业也在银行的董事会中拥有席位。1850 年以前，股票公司在德国还很少见，虽然在法兰克福和柏林也存在资本市场，但大部分是政府债券的交易。在德国公开上市的公司并不多见，许多大公司属于家族所有。

19 世纪法国和德国的金融制度对欧洲其他大陆国家产生了重大影响，从区域上看，西班牙、意大利的金融制度主要受法国金融制度的影响；而在北欧国家，如瑞典等国的金融制度主要受德国金融制度的影响。这些国家都形成和发展了银行主导型的金融制度。

三、南北战争后美国金融市场上的泡沫事件及其影响

当今美国拥有全世界最发达的金融市场，其金融市场在金融体系中居于不容争辩的主导地位。由于具有相似的宪政体制，发展初期的美国金融市场基本上承袭了英国模式。虽然在随后的 150 多年发展历程中，美国金融市场也出现过许多泡沫甚至酿成严重的金融市场危机，但美国政府基本上都是采取了鼓励金融市场发展的政策，并非因噎废食而一味地限制，因此，其金融市场发展所受到的制约要比英国金融市场的早期要小得多。反倒是美国银行业所受到的限制颇多，阻碍了其银行业的发展。再加上美国的经济增长是依靠技术创新来推动的，其金融市场上的每一次泡沫都有相应的技术创新基础。因此，美国金融市场的发展也就具有了既不同于银行主导型国家，也不同于英国等典型的市场主导型国家的特征。

（一）美国金融市场上的泡沫事件[①]

从 1776 年美国独立一直到 1850 年前后，美国基本上是复制英国的金融体系，也就是侧重发展银行、保险和债券市场。在 19 世纪 50、60 年代之前，美国金融市场上交易的品种绝大多数是政府公债、少数企业债以及一部分银行和保险公司的股票，几乎没有公司股票，其最早上市的工业公司股票是在 19 世纪 30 年代。因此，这个时代的美国证券市场和英国的证券市场非常类似，主要是为了帮助政府发行公债。

[①] 陈志武．金融技术、经济增长与文化．经济导刊，2005（5）

从 19 世纪初开始，美国将英国工业革命初期推出的新技术（如纺织业的机械化生产技术）很快地学过来。到 60 年代，新发明的铁路技术在美国被炒得热火朝天，许多铁路公司在新英格兰和芝加哥等地相继成立，美国民众都认为应该修筑更多的铁路，从而把美国各个地区都连接起来，因此在美国各地都掀起了购买铁路股票的热潮。于是，19 世纪 60、70 年代美国证券交易所交易的股票多数是铁路公司的股票。正是这次股票投机狂潮，使得美国金融市场从过去的债券市场变成了真正的股票市场。如果没有这次狂热的冲击，美国的股票市场可能还要等很多年才能转变。再者，股票市场的最终建立可以为当时愿意冒险创业的人提供非常便宜的资本。可以说，那一时期对于铁路的炒作就类似于今天对概念股的炒作。更重要的是，这次铁路股票泡沫不仅在美国老百姓间大大普及了股票文化，而且促进了许多现代金融投资技术的产生，为 19 世纪末像 JP 摩根这样的投资银行家的出现奠定了基础。

19 世纪 80 年代贝尔发明了电话，美国电话电报公司在 19 世纪 80 年代便有了初步的发展，到 1891 年该公司股票正式在纽约证券交易所发行上市，从此人们把关注的目标由原来的铁路转到电话上来。因此，在股票市场上炒作的股票概念就变成了电话股。期间还有石油和钢铁股票。此时，JP 摩根集团看到很多钢铁公司的生存难以为继，于是就收购它们并重组之后通过华尔街市场和摩根银行向投资者销售股票，JP 摩根把美国证券公司的销售能力和投资理念提高到了新的层次。JP 摩根集团的投资银行可以说是真正的投资银行，因为它比别的任何人或机构更能够找到资本，并善于整合概念，没有人或机构比它更会销售这些股票。1910 年以后又出现了新的概念——汽车，例如福特汽车。20 世纪 80 年代是人所共知的电脑股票热，到了 1990 年则是互联网泡沫期等，这些股票投资热都一波一波地把美国股市推向成熟。

可以说，美国 150 年的金融市场发展历史几乎是一部连续不断的股市泡沫史，它从根本上体现了美国金融体系和当年英国金融体系的差别：美国当然也有发达的银行业、保险业以及各类债券市场，但其更鲜明的特色是以股票市场为中心的金融体系，还有就是由它的股权文化所引申出来的科技创新动力。也就是说，当年英国的强盛靠的是海外贸易，而美国今天的强盛靠的是科技创新。这两种特色所需要的金融支持也不相同：前者需要的是债券、银行和保险，而后者更需要的是以股权为代表的风险资本。这就是为什么美国比当年的英国更需要一个活跃、发达的股票交易和股权融资市场的原因。

（二）美国政府对于金融市场泡沫的处理方式

不同于英国早期的资本市场占主导地位的特征，美国在金融体系发展的初期，银行和资本市场都在一个起跑线上，如果不是后来发生的一些政治事件，或许银行与资本市场可能都会获得同等程度的发展。主要是由于美国民众对于不受约束的权力的恐惧和厌恶，才导致美国出现高度分散的、单个力量相对薄弱的银行体系[①]。亚历山大·哈密尔顿（Alexander Hamilton）受英格兰银行模式的影响，主张建立由联邦政府特许的有全国分支网络的银行，建立了美国第一银行（1791—1811 年）和美国第二银行（1816—1836 年）。但是由于这两家银行代表的权利的集中引起了很大争议，这一争议在 1832 年是否对美国第二银行继续予以特许权时达到了顶点。虽然国会通过法案批准对美国第二银行继续给予特许权，但是被杰克逊总统否决。因此在整个 19 世纪，美国的银行制度非常分散，不像其他的工业国家，美国并没有成功地建立全国范围的银行。在美国内战之前，许多州实行自由银行制度，即可以自由地进入银行市场，致使在 1837 年和 1857 年发生了严重的银行恐慌。从 1861 年的内战开始，融资的需求大大改变了联邦政府在美国金融制度中的作用。1863 年和 1864 年的国民银行法建立了国民银行制度并限制了银行的权利，特别是 1864 年的银行法被解释为将银行局限在一个地区。关于银行是否可以持有股票的问题，美国高等法院认为既然 1864 年的银行法没有明确规定有这个权利，法院就不能给予这种权利。国民银行制度的建立并没有阻止银行恐慌的发生，在 1873 年、1884 年、1893 年和 1907 年都发生了银行危机。在此之后，1913 年建立了联邦储备制度。联邦储备制度的组织结构不同于传统的中央银行（如英格兰银行），它有一个区域性的结构且分散决策的权利，在联邦储备制度建立后的起初一段时间内也没有能力阻止金融恐慌的发生，1933 年发生了更为严重的银行危机便是例证。这次严重的银行危机导致了约束商业银行经营的《格拉斯—斯蒂格尔法》的诞生。根据该法，美国建立了存款保险制度，并对商业银行业务和投资银行业务实行分业管理。此后长达半个多世纪，美国没有发生严重的银行危机。

正如世纪英法战争推动了伦敦资本市场的发展一样，美国的内战也推动了纽约资本市场的发展。与银行业务处处受限形成鲜明对照的是美国资本市场的蓬勃发展，美国南北战争以及第一次世界大战，均将美国证券交易所推上了历史的舞台，成为为全世界长期资金短缺者提供便利的最好场所，而且禁止银行持有公司股票和银行制度本身的弱点有助于资本市场的发展。在第一次世界大战期间，纽约对参战国特别是英国和法国的融资使纽约超越伦敦成为全球金融中心，这样的优势地位一直持续到现在。

1929 年，美国股市暴跌，道琼斯股票指数下跌了 88%，经济随即进入大萧条时期；伴随着股票指数的持续下滑和银行的不断倒闭，银行的数量也从 2.5 万家降至 1.4 万家，下降了 40%，银行系统的货币和存款也减少了 1/3。衰退顶点时失业率达到约 25%，美国经济滑入了低谷，陷入经济大恐慌之中，存款者对银行系统失去信心而开始大量提现，美国银行制度全面崩溃，引发了严重的金融危机。在这种情况下，美国参议院银

[①] M. J.Roe. Strong Managers,Weak Owners:The Political Roots of American Corporate Finance. Princeton: Princeton University Press,1994

行货币委员会在1932年开始对华尔街进行实地调查，曝光了华尔街多数商业银行、证券机构之间的不正当行为，认为金融市场的混乱、金融机构的不道德行为以及由此加剧的证券市场风险对银行的冲击被认为是导致经济和银行危机的元凶。调查得出的结论是必须在银行与证券之间建立严格的法制界线，以防止危机的再度出现。由此而来的《格拉斯—斯蒂格尔法》为这以前自然演进形成的银行、证券混业经营模式画上了句号。该法案之后，美国又继续颁布了《1934年证券交易法》、《投资公司法》、《银行持股法》及《国民银行法》等法案，逐渐强化和完善了相应的规定，形成金融业分业经营的制度框架。1929年的股市大暴跌，就像18世纪的南海泡沫以及密西西比泡沫一样，对美国金融制度的发展产生了重大的影响。虽然这导致了美国证券交易委员会的成立及其对资本市场的监管，但是资本市场的重要性进一步加强。证券交易委员会的成立有助于美国证券市场的一体化，而《格拉斯—斯蒂格尔法》以及对州际银行的限制实际上比对资本市场的限制更为严格。而不断的金融创新，特别是期权和期货市场的创新和发展进一步强化了资本市场在美国金融体系中的核心地位。

自1933年开始的近80年来，美国的金融格局发生了很大的变化，美国的证券业达到了极大的发展，传统商业银行的地位在明显下降，传统的商业贷款市场萎缩，银行资产和负债结构的变化使存贷利差不断缩小。共同基金的快速发展也挤占了商业银行的不少份额。金融全球化加剧了金融业的竞争，那些实行了混业经营的国家其银行业所形成的全方位优势，对美国的银行业构成了巨大的竞争威胁。在此背景下，美国于1999年11月4日颁布了《金融服务现代化法》，鼓励美国的银行业进行混业经营，以应对来自国内强大的金融市场以及国际银行业激烈竞争的严峻挑战。

（三）美国金融市场发展的路径特征

从金融市场本身来看，在英国，股票交易从1555年左右就开始，到17世纪末股票交易在伦敦越来越火，但是1720年的“南海泡沫”事件使英国议会通过的泡沫法案，从根本上扼杀了英国股市的进一步发展，使伦敦股票交易沉闷130余年，直到1850年后才重新复苏。从某种意义上，该项法案把以股权文化为中心的创新型经济留给了后来的美国。美国的金融市场推动了科技创新和技术进步，而科技创新又不断地为金融市场注入新的概念和持久的生命力。科技创新是有风险的，除了要有投机精神，还要有愿意冒高风险的投机资本，这就是美国风格的资本市场的核心所在。可以说，美国金融市场的崛起在很大程度上是围绕科技创新和技术进步而起的。从金融市场泡沫来看，美国的金融市场发展史和英国也很不一样，英国当年也有几次泡沫，但不像美国那样频繁地出现新概念。今天看来，正因为在股市不断出现这些新概念和追求新概念的浪潮，使得美国的科技创新总是能够用低廉的成本得到所需的资本。

如果深入分析下去的话，我们还会发现，金融市场对于制度是非常敏感的，也就是说金融市场的发展对法律、监管等金融基础设施（Financial Infrastructure）的要求甚高，没有良好的金融基础设施的话，像股权契约这样的金融契约就很难签定和执行，也就谈不上发展金融市场了。美国之所以能发展出规模巨大的金融市场，显然与美国的法律体系十分发达、善于利用法律来执行金融市场合约、规范金融市场有关。美国在1929年的股市大崩溃后，就建立了完善的法律系统，遏制内部交易、打击市场操纵等行为，这就有利于减少投资者与公司之间的信息不对称，提高投资者的投资信心。再加上美国具有英美法系的判例法传统，这种法律体系在应对金融市场上新出现的违法事件方面，具有很大的灵活性，这种事后的可信承诺能够在事前遏制证券市场的投资者权益侵犯行为，如公司经理人的渎职、金融市场的操纵等，利于保护金融市场的投资者。①

当然，美国金融市场的发展，也是与美国的宪政制度及其背后的文化传统有关的。美国三权分立的民主政治制度及其人人平等的文化传统鼓励人们对金融体系发表不同的意见，因此，美国民众对像大银行这样的经济权利过于集中在个人手中的经济事物有天生的恐惧，也就不足为奇了。因此，人们投票否决了在美国建立全国性银行的法案。而股票市场等金融市场体现更多的是平等的意识，人们可以平等地参与进来，也允许人们通过“用脚”或“用手”投票等方式来自由地发表不同意见，这就与美国民众的性格不谋而合。因此，也就有利于金融市场的发展。

第二节　金融体系中的金融市场与金融中介

对于金融系统而言，无论是市场主导型还是中介主导型，都要以是否能促进经济的长期增长作为评价其优劣的前提标准。也就是说，只有实现金融系统的储蓄动员、风险管理、信息生产和公司控制等基本功能，从而能提高社会资本边际生产率、提高储蓄率、减少金融中介过程储蓄的“流失”，以及促进技术创新等四个渠道对长期经济增长发挥经济作用，那么该类型的金融系统就是有效率的。

20世纪80年代以来，有关市场主导型金融系统与银行主导型金融系统孰优孰劣的争论日益激烈。这一争论主要集中在四个国家：银行主导型金融系统，如德国、日本。银行等金融中介在动员储蓄、配置资本、监督公司管理者的投资决策，以及在提供风险管理手段上扮演着主要的角色。市场主导型金融系统，如英国和美国。在把社会储蓄投向企业、行使公司控制以及减轻风险的管理上，证券市场与银行同等重要。一些经济学家认为，在提供金融服务上，市场更有效率；另一些则宣扬中介的优势。表2.1

① 吴晓求，汪勇祥，应展宇．市场主导与银行主导金融体系变迁的金融契约理论考察．财贸经济，2005（6）

提供了这些国家金融市场和金融中介作用的各种组合与比较：就金融市场而言，从最左端的美国到最右端的德国，其重要性逐步降低，而银行的重要性则逐步加强，银行业的集中度逐步降低，由分散的银行体系向几家大银行占主导地位的金融体系变化；就公司治理而言，金融市场发达的英、美等国通常是以资本市场上的敌意接管方式来帮助投资者监控公司，而日本和德国[①]则主要依赖银行与企业交叉持股（Cross-Shareholding）的主银行系统（Mainbank System），法国的情况则是其政府通过在不同时期内直接拥有主要银行和其他金融中介的所有权为工业项目融资。

表 2.1　金融系统概览

	美　国	英　国	日　本	法　国	德　国
金融市场	最重要	最重要	发达	相对不重要	不重要
银行	竞争性的集中度	——	——	——	→
外部公司治理	敌意接管	敌意接管	主银行系统	政府所有	主银行系统

资料来源：[美]弗兰克林·艾伦，道格拉斯·盖尔．比较金融系统．北京：中国人民大学出版社，2002，4

本节的目的就是介绍与这些争论相关的研究成果，从而为读者进一步理解金融市场的运作及功能提供依据。

一、金融体系中的金融中介

在前面的一些章节里，我们已经提到了金融中介（Financial Intermediaries），并对金融中介的功能做了简单的描述。金融中介一词在西方的学术论著中早已有之，最初主要是在分析银行等金融机构的作用和运作机制时使用。随着金融机构的多元化和金融行为的日益复杂化，20世纪80年代以来，金融中介概念在西方学术著作中开始广泛使用，对金融中介的系统研究成为学术界一个新的热点，并逐渐成为经济学和金融学中一个十分重要且相对独立的范畴。

对于金融中介的理解，有宽窄的口径之分。就人们的传统理解，金融中介是介于实质经济运行中资金供需双方之间的媒介或媒介活动。显然，在这一理解之下的金融中介既包括金融机构，又包括各类型金融市场。这也是最宽泛的定义或最全面的理解。但在现实金融活动中，融资和其他金融活动的过程安排及其运作机制包括在金融机构的各种业务运作和各类金融市场的组织与运行之中，因此，金融中介又可从金融机构和金融市场两方面来定义，这是中等口径的定义法。由于金融市场有其复杂的组织方式和运行机理，特别是随着科技成果的广泛运用和各种复杂的金融工具定价方式的出

① 在德国被称为开户银行系统（Hausbank System）。

现，金融市场已成为一个相对独立的研究范畴和专门的研究体系，因此，对金融中介又有了一个较窄的定义口径，即专指从事金融业务的各类金融机构。这里，我们把金融中介定义为从事金融活动及为金融活动提供相关服务的各类金融机构，即采用窄口径定义法。不同的金融机构具有不同的功能，在金融活动中起着不同的作用，而这些发挥不同作用的各类金融机构，在总体上我们称之为金融中介。

金融中介按照不同的标准可以划分为若干种类。本书第一章就对金融中介进行了一个初步的划分，即把金融中介分为存款类和非存款类等两个大类。显然，这样的分类较为粗糙，我们可以按照其在金融活动中的业务特点和基本功能，把金融中介进一步细分为四大类[①]。

（1）商业银行及其他以融资业务为主的存款类金融中介机构，主要包括商业银行、政策性银行、储蓄银行、城市信用合作社、农业信用合作社、财务公司、金融资产管理公司、金融信托投资公司、金融租赁公司等。

（2）证券公司及其他以投资服务业务为主的投资类金融中介机构，主要包括投资银行（证券公司）、投资基金管理公司、证券交易所等。

（3）保险公司及其他以保障服务业务为主的保障类金融中介机构，主要包括各类保险公司和养老基金、政府退休基金、失业保险基金、医疗保险基金等各类可用于投融资的保障性基金的管理机构。

（4）以金融信息咨询业务为主的信息咨询服务类中介机构，主要有信用评估公司、征信公司、会计师事务所、提供金融法律服务业务为主的律师事务所等。

二、金融市场与金融中介的比较分析

在一国的金融体系里，将金融市场与金融中介的功能进行对比，或是在不同收入水平、法律传统、文化习俗、基本政治经济制度的国家间分别对二者进行对比，以目前的计量技术而言，仍是十分困难的事情，即使得到一些结论也不是非常准确。但是文献是不断发展和完善的，通过对 20 世纪 90 年代以来金融发展理论领域涌现出来的大量计量文献的结论进行综合，仍然能得到一些非常有益的启示。

（一）市场主导型金融系统与银行主导型金融系统的国别比较

世界各国的金融系统千差万别，虽然以市场主导型与银行主导型的“二分法”来加以区分有表面化、简单化的色彩，并不能令人满意，但这种区分仍然代表了目前国际上的学术潮流，因此我们仍然沿用这一分类方法。

通过这两种不同类型的金融体系进行国别间的比较，会得出许多有意义的结论。

[①] 秦国楼．现代金融中介论．北京：中国金融出版社，2002，27

我们把有关两种金融系统之间的比较研究作一介绍[①]。

（1）不同收入组别中，在较富裕的国家，金融市场和银行等金融中介都更为发达、活跃和更有效率。在平均水平上，较富裕的国家其金融系统更为发达。

（2）不同收入组别中，较高收入国家，其股票市场相对于银行等金融中介变得更活跃和更有效率。各国金融系统的演变趋势是：当国家变得较富裕时，其金融系统变得更以市场为导向。

（3）在金融系统的跨时考察中，金融市场倾向于变得更大、更活跃和更有效率，而银行以及跨国非银行金融中介的规模也都实现了增长。

（4）通过考察控制了人均 GDP 水平的相关和简单的回归，研究发现：法律、管制、税收和宏观经济等因素对金融系统的类型影响很大。即使在控制收入之后，有习惯法（Common Laws）传统的国家往往拥有市场主导型的金融系统，而且金融系统更为发达，这些国家的法律能够给股东提供更为有力的保护、更好的会计标准、更低的腐败以及设有明确的存款保险。另一方面，即使在控制收入之后，有国民法传统的国家，通常表现为银行主导型的金融系统，这些国家的金融系统较不发达，对股东和信贷者的保护不力、合约执行差、腐败严重以及更差的会计标准、严格限制的银行系统以及高通货膨胀等。

（5）就金融市场本身的国别比较而言，与金融市场不甚发达的国家相比，金融市场发展良好的国家投资于成长性产业的资金较多，而投资于衰退产业的资金则较少。由于假定最优的投资会使得成长性产业的投资迅速增长而对衰退产业的投资则会下降，因此，上述结论也就意味着金融市场的发展提高了资本配置效率。而且，金融市场发展水平越高的国家，各产业之间有着越高的相互关联的增长率。也就是说，金融市场为企业从全球性增长机会中获利提供了重要帮助。同时考虑金融市场的发展水平和金融市场上的各种金融机构的构成，也会发现私人融资活动在资源配置过程中起着极为重要的作用。

（二）不同发展阶段金融市场与金融中介的比较

对于金融市场和金融中介来说，仅仅进行时点上的比较，还远远不能清楚认识金融市场的功能和作用。我们可以通过不同的经济发展阶段中二者所扮演的角色，分析金融市场的比较优势。

（1）在经济发展的起步阶段，储蓄的动员能力是制约经济增长的主要因素。而此时，银行相对于金融市场具有比较优势。一个原因在于：在经济发展的初期，只有银

[①] Demirguc-Kunt, R. Levine. Bank-Based and Market-Based Financial Systems: Cross-Country Comparisons. Working Paper, World Bank，1999；李鹏飞，郑江淮．金融发展理论的经验证据．经济理论与经济管理，2003（11）

行才能进行信用创造，以满足经济增长对资本的需求；另一个原因是：经济主体的避险动机强烈，而银行等金融中介提供的固定收益的储蓄存单能较好地满足经济主体的需要；第三，在经济发展的初期，规制金融市场交易的各种金融基础设施（如能够保护投资者的法律及司法体系、会计体系和信息评估及咨询体系等）不健全甚至根本就没有，而银行对金融基础设施的要求并不高，银行在许多制度安排缺失的情况下仍然能够运作；换言之，对于资本市场来说，其初期建设成本十分高昂，对于收入水平低下的国家来说，是支付不起这一昂贵的建设成本的。最后，在经济发展的初期，主要以劳动密集型产业为主，其产业发展对信息生产的要求不高，因此银行主导型的金融系统的信息生产功能一般能满足需要。因此，股权融资成本相对于银行较为昂贵。所以说，对欠发达国家来说，大规模的资本筹集主要是由银行等金融中介来完成的。

（2）随着发展阶段的提升，一方面储蓄转化仍然重要；另一方面，资本的配置效率逐渐成为制约经济增长的关键因素。那么，金融市场的优势就凸显出来。原因在于：第一，银行的资金来源期限较短，而贷款则期限较长。期限之间的非对称性再加上其高比例的财务杠杆决定了银行在资产运用上往往受到限制，而对于作为权益性融资并有活跃的二级市场的资本市场来说，则没有此限制。第二，经济增长不仅仅依靠储蓄转化，资本的配置效率同样非常重要。资本的配置涉及到资本的结构性重组问题，而银行由于所持有的债务性资产的原因，不能对公司正常运营施加过多干预，因此很难胜任这一任务。资本市场的优势则较为明显，资本市场通过并购、公司管理层的改组等资产重组活动，就能较好地实现资源的再配置。第三，与金融市场的信息公开、透明和迅速传递相比，银行的信贷市场是封闭的，信息是非公开的，虽然银行因非公开信息所收取的信息租金而产生了公司监控的强烈激励，但通过信贷资产的交易来重组资源显然受到这一封闭性市场障碍的严重限制。

（3）随着经济进入发达阶段，金融市场的重要性进一步凸显出来。一般而言，发达国家的产业多种多样，在每个产业有着不同的生产率冲击时，金融市场与金融中介哪个更有优势那就要看谁处理信息的效率更高。其中观点的多样化和风险程度是决定金融市场与银行等中介相对绩效的关键。一般来说，如果生产者拥有信息，两者具有同样大小的功能。如果投资者拥有信息，则金融市场会揭示出信息，而银行体系不能。存款由于支付同样的利率而具有同质性，所以投资者的信息不可能被银行体系传达出来，却能够被证券市场传达出来。

不同于经济早期阶段以劳动密集型为主的增长，发达阶段关于新技术的知识趋于分散，这时市场导向的金融系统的信息生产功能要优于银行主导的金融系统。其原因在于：这时的经济增长的主要决定因素之一是新技术的融资方式。但是，技术创新会面临各种不同的风险，除了和技术相关的风险以外，在进行最优管理策略决策时，几乎没有相关的知识可以采用，所涉及的风险特点也不清楚；再者，新技术的价值很难评估，不仅因为几乎不存在关于它们可能盈利的信息，而且人们没有广博的专业知识，信息本身的价值也很难评估。因此，如果没有这样的评估，对于那些技术创新者，要说服投资者进行投资是很困难的。多种可能性的存在和有力数据的缺乏意味着投资者通常对技术创新项目会有相当多的观点。资金的潜在供给者对结果有不同的先验概率，并允许存在分歧。市场主导型的金融系统在这种情况下进行融资有显著的优势，它使很多人直接参与决策，每个人可以根据他们自己的意愿投入或撤回资金。这种灵活性表明至少有一些创新项目有可能获得资金的支持。而银行主导型金融系统的特征在于：在对于观点广泛一致、项目能够盈利的情况下，银行主导型金融系统的运作会比较成功，它的主要优势在于信息的获取较为经济，能够带来较大的节约。然而对于一个技术创新的项目，人们的看法多种多样，如果资金的供给者具有和管理者同样的信息，当他们发生分歧的概率足够高时，投资者可能不愿意提供资金。因而中介化的融资有可能导致创新性项目的资金短缺。市场主导型在为那些新的或是几乎不能获得相关资料的产业，即为缺乏信息和投资人持不同意见的一些产业融资时特别有效。一个比较典型的例子是汽车发明于德国，然而是美国在20世纪初成功地发展了汽车产业。在20世纪，美国成为世界范围内技术创新的发动机。

（4）经济由欠发达到发达阶段，金融市场和金融中介的规模都逐渐扩大，流动性逐渐提高。在发展的初级阶段，股票市场规模狭小，流动性弱，对产出增长的作用有限，金融中介的增长效应是主要的。随着发展的演进，股票市场流动性作用显现；在发展的高级阶段，金融市场规模相对稳定，而金融体系的流动性成为促进增长的主要因素。[①]

（三）功能视角下金融市场与金融中介的比较

金融功能观是指[②]由融资合约、金融市场和金融中介体所构成的金融安排，通过提供一定的金融服务削弱了市场不完美性所造成的不利影响。也就是说，金融安排的形成和演进有利于评估潜在投资机会、实施公司控制、便利风险管理、增强市场流动性和动用储蓄资金。通过效率或高或低的金融服务，不同的金融体系对经济增长所产生的促进作用亦有大有小。在第一章我们已经讨论了金融市场的功能。在这里，我们可以根据功能来看这一视角，对金融市场与金融中介在功能上的差异作一对比。

当今世界的金融系统所呈现出的差异性表明，金融市场与金融中介在促进经济增

① 战明华．不同发展阶段金融结构与经济发展的比较分析．数量经济技术经济研究，2003（11）

② R. Merton, I. Bodie. A Conceptual Framework for Analyzing the Financial Environment [A].Dwight B. Crane et al.The Global Financial System: A Functional Perspective [C].Boston MA:Harvard Business School Press, 1995；R. Levine. Bank-Based and Market-Based Financial Systems: Which Is Better? [Z]. NBER Working Paper 9138，2002

长方面各具比较优势，不过是在作用方式上有所区别罢了。一般而言，银行可以通过在信息获取与处理上的优势得到规模经济，从而降低借贷双方的直接交易成本；而且那些实行主银行或开户银行制度的银行导向型金融系统，其银行利用垄断企业信息的优势有利于实施公司监控，从而能有效地降低投资者与公司之间的道德风险；这些银行主导型的金融系统通过与企业建立长期关系来降低因信息不对称而导致的资源配置效率损失。因此，银行在动员储蓄、识别优良项目、监督管理者和降低管理风险等方面起着积极的作用。

然而，相对于银行而言，虽然金融市场往往面临着因投资者搭便车而导致的信息生产不足等问题，但金融市场在信息生产方面仍然有自己的优势[①]，而且在其他金融功能上也并不逊色于银行等金融中介[②]。这里要指出的是，以技术创新为特征的现代经济增长中，金融市场的风险管理功能尤为突出，金融市场能有效地为高风险、高收益的项目融资；能够通过风险分散促进资本积累和技术创新；促使投资者对管理者监督和对公司的控制等。正是金融市场在风险管理方面的优势，使得人们产生了金融市场取代金融中介的忧虑。我们具体分析一下金融市场与金融中介在风险管理方面的差异：

银行主导型金融系统风险管理功能的一个特点是内部化其外部风险，即指银行首先将所管理的金融风险直接转化成自身所承担的风险，然后再以各种管理手段来管理这些风险。例如，在银行的资金来源与资金运用不匹配时，银行就因必须随时支付储蓄者的存款承担了流动性风险和借款者的信用风险等。正是这种风险管理特点，使得银行的预期收益取决于贷款利率和借款人的还款概率，换句话说，银行债务合约的特征是项目风险越大，债权价值越低。而技术创新是高风险活动，这就使得以风险管理内部化为特点、以稳健经营为首要原则的银行不适合为高风险、高收益的高科技产业融资。银行主导型金融系统风险管理功能的另一个特点是金融中介提供的是跨期的风险分担（Intertemporal Risk Sharing），因为金融中介可以通过对不同期间的损益进行调整来防止资产价格的过分波动，从而平滑了不同期间的投资收益。

金融市场所提供的风险管理功能与银行等金融中介是不一致的。金融市场允许个人通过利用投资组合来对冲异质风险（Idiosyncratic Risks），投资者可根据自己的风险承担能力来调整资产组合的风险，最终的风险损失都由投资者直接承担。金融市场既不承担风险损失，也不分享风险收益。通过资产多元化组合，金融市场能使每个人持有证券的风险都相对很小。这种在既定的时点上，投资者可以进行风险互换的做法被称为横向的风险分担（Cross-Sectional Risk Sharing）。这种跨地的风险分担功能使金融市场表达了不同类型的投资者在某一既定时点上对客观风险的不同主观感受，因而金

① 参见第二章第二节中“不同发展阶段金融市场与金融中介的比较”的有关内容。

② 参见第一章第一节中“金融市场的概念与功能”中关于金融市场功能的论述。

融市场也就提供了表达不同投资者的不同意见的一个良好的机制。显然，金融市场较有利于投资者利用市场的风险分散功能，选择具有创新意义的专业化技术进行投资，从而推动了技术创新。

联系到现实中的金融系统，在德国、日本银行主导型的金融系统中，风险管理可以借助跨期平滑来实现，金融中介可以通过积累风险低、流动性强的资产来减少跨期风险。另一方面，在英国、美国市场主导型的金融系统中，借助金融中介实现跨期分散风险的功能受到市场的抑制，这种体制下，金融市场承担的横向风险分担的功能则至关重要。所以在依赖市场进行横向风险管理的金融系统中，需要一个发达的衍生工具市场来对冲风险。

（四）从金融市场供求关系看金融市场与金融中介的关系

金融市场不是一个空间概念，而是货币和其他金融商品的供求关系体系。金融机构作为金融市场的主体应当是这一体系供求关系的孕育者、承担者和推动者。讨论金融市场与金融中介的关系，也就是考察市场主体与供求关系体系的关系。它们的关系是相互支撑的、互动的、互补的和相互替代的。

（1）市场与中介应当是不同的组织或不同的制度安排，它们共同构成一国的金融体系。二者除具有不同的特性外，它们之间是相互支撑的。以目前发生在国际金融市场上风起云涌的金融创新浪潮而言，金融市场与金融中介显然是良性互动和密切合作的关系。一方面，金融创新往往由金融中介所引发，金融创新也是金融市场发展的动力源泉之一；另一方面，金融中介的产品开发和市场运作又离不开金融市场的支撑。当金融机构提供的产品变成被投资者广泛接受的标准化产品时，就会成为金融市场金融交易的对象；当金融市场的包容能力增大、化解风险的能力增强时，金融机构的资产就能证券化融入金融市场，这就是金融创新的螺旋递增的上升过程。

金融市场是金融创新成败的检验场所。所有的金融创新都必须最后在金融市场上才能得到检验。有些金融创新，其思想上的跃进是值得肯定的，但是当它在市场上推行的交易成本很高时，市场参与者就会选择更有吸引力的方式去创新更适合的产品。如，远期对远期贷款能够解决远期利率风险问题，但是属于资产负债表内业务必须接受资本充足率的约束，所以并没有在金融市场上发展起来；取而代之的是远期利率协议。再如，大额可转让定期存单，作为一种金融创新产品在美国的金融市场发展史上得到了市场的认可，而在我们国家就不曾有过类似美国当年的市场环境，所以就无法在市场上得到推广。

金融中介的金融创新也全面而深刻地改变着金融市场。当金融创新是出于降低交易成本的动机时，这样的金融创新最终提高了整个金融市场的效率并降低了金融市场的交易成本；当金融创新是为了规避现有的管制时，这样的金融创新会促使金融市场的监管规则更加完善；当金融创新是增加了一种新的交易方式时，这样的金融创新最终可能会形成新的市场，并对市场进行重新划分与塑造，从而使金融市场发展到新的阶段。

（2）从静态看，机构与市场是相互支撑的关系；从动态看，二者又是互动的关系，即金融机构的有效运作将扩大市场供求关系体系，而市场供求关系体系扩大，又要求金融机构结构的外部调整和内部治理改善。结合我国的实际，比较典型的事例是个人委托贷款和商业银行保理业务的产生。个人委托贷款建立在对金融机构信任的基础上，但金融机构又不能作出承诺担保，它只能起着牵线、搭桥和公证的作用，要有效地运行就必须有良好的信用环境和健全的信用制度。为此，就要求有信托性金融机构、担保和信用评估类金融机构介入，而当它们有效介入后，市场便扩大了。商业银行保理业务建立在多方契约关系的基础上，这种契约关系要能保证实现，不仅要承诺应尽的义务，而且要享有必要的权利，如掌握有关方面的市场营销和财务状况，这样就需要改善金融机构的内部治理结构，以适应变化了的市场关系的需要。二者的互动表明机构的活动必须适应市场的要求，而市场的需求促使机构的外部调整和内部治理结构的改善。美国金融学家默顿（Robert Merton）认为，机构与市场之间的联系是动态的并呈螺旋式的推进，意思是进入金融交易的产品从无到有、从特殊到一般，从不成熟到成熟，始终处于一种动态的过程中。在这一过程中，金融创新起着推动作用。

（3）机构与市场互补主要基于融资的多元化供给和多样化需求。以机构融资来说，有融资的“百货公司”，也有融资的“专卖店”；有公有银行，也有民营银行。各种金融机构的信用状况、经济实力、技术平台、市场定位又有不同，在这种情况下，多样化的资金需求面对着多元化的资金供给。怎样选择，有可能倾向于机构，有可能倾向于市场，也有可能倾向于“半机构，半市场”。这样，机构与市场在选择中就起着互补作用。

机构与市场的互补还体现在功能方面。一般来说，机构融资在特定条件下，债权债务关系的约束力相对集中但力弱；而市场融资在群体力量的组合下，债权债务关系的约束力相对分散但力强。这样就可能产生以市场融资去弥补机构融资的不足，或者以机构融资弥补市场融资的不足，这就是功能上的互补。

（4）机构与市场的替代主要基于交易成本、风险度和资产的流动性。当机构融资的交易成本低于市场融资时，选择机构融资，相反，选择市场融资；当机构融资的风险度小于市场融资时，选择机构融资，相反，选择市场融资；当机构融资有利于增强资产的流动性时，选择机构融资，相反，选择市场融资。这样的替代关系还会基于其他因素，有正常的，也有非正常的。例如，在商业银行混业经营的情况下，就可能产生“以债收贷”和“以贷承债”的情况，这也是一种替代，只不过是一种非正常的替代，会产生有损于投资者及广大社会公众的替代。因此，考察机构融资与市场融资的替代，既要看到它积极的一面，又要看到它消极的一面，既要评价它的正面效应，又要指出它的弊端。

本章小结

1．金融体系划分为市场主导型（Market-oriented）和银行主导型（Bank-oriented）两种模式。

2．不同国家在处理金融市场危机中采取的不同处理方式，导致了各国金融市场的发展轨迹产生了分岔。但回顾各国金融市场的发展路径仍能总结出许多经验，主要的经验包括金融市场需要一系列完善的制度设施加以保障才能有效地发展，具体来说，以创新为特点的股权文化和产权体系，以及能有效保护投资者利益的法律体系对金融市场的发展极为重要。

3．由于发展阶段不同，金融市场和金融中介所发挥的作用也不尽相同，但总体而言，经济越发达，对金融市场的需求也就越为迫切。

本章重要概念

路径依赖	南海泡沫	分业经营	合业经营	主银行
金融中介	金融功能观	横向风险分担	跨期风险分担	异质风险

本章复习思考题

1．英、法在处理泡沫事件时有什么样的差异？
2．美国金融市场发展的本质特征有哪些？
3．为什么各国金融体系存在着差异？
4．怎么看各国金融体系20世纪80年代以来的趋同现象？
5．中国金融市场发展要考虑的方向应该是什么样的？

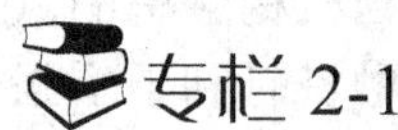

中国资本市场发展简要回顾

我国从20世纪70年代末期开始实施的改革开放政策，启动了中国经济从计划体制向市场体制的转型，资本市场因此应运而生。资本市场的产生和发展又引领了中国经济和社会诸多重要体制和机制的变革，成为推动所有制变革和改进资源配置方式的重要力量。回顾改革开放以来中国资本市场的发展，大致可以划分为以下三个阶段。

第一阶段：中国资本市场的萌生（1978—1992年）。源于中国经济转轨过程中企业的内生需求，中国资本市场开始萌生，但发展处于初期极不规范，亟待规范的管理和集中统一的监管。

从1978年12月十一届三中全会召开起，经济建设成为国家的基本任务，改革开放成为中国的基本国策。随着经济体制改革的推进，企业对资金的需求日益多样化，中国资本市场开始萌生。

20世纪80年代初，城市一些小型国有和集体企业开始进行了多种多样的股份制尝试，最初的股票开始出现。这一时期股票一般按面值发行，大部分实行保本保息保分红、到期偿还，具有一定债券的特性；发行对象多为内部职工和地方公众；发行方式多为自办发行，没有承销商。

1981年7月我国重新开始发行国债。1982年和1984年，最初的企业债和金融债开始出现。

随着证券发行的增多和投资者队伍的逐步扩大，证券流通的需求日益强烈，股票和债券的柜台交易陆续在全国各地出现，二级市场初步形成。1990年国家允许在有条件的大城市建立证券交易所，上海证券交易所、深圳证券交易所于1990年12月先后营业。

伴随着一、二级市场的初步形成，证券经营机构的雏形开始出现。1987年9月，中国第一家专业证券公司——深圳特区证券公司成立。1988年，为适应国库券转让在全国范围内的推广，中国人民银行下拨资金，在各省组建了33家证券公司，同时，财政系统也成立了一批证券公司。

1990年10月，郑州粮食批发市场开业并引入期货交易机制，成为中国期货交易的开端。1992年10月，深圳有色金属交易所推出了中国第一个标准化期货合约——特级铝期货标准合同，实现了由远期合同向期货交易过渡。

总体上看，股份制改革起步初期，股票发行缺乏全国统一的法律法规，也缺乏统一的监管，股票发行市场也出现了混乱。同时，对资本市场的发展在认识上也产生了一定的分歧。

1992年邓小平同志南方视察讲话后，中国确立经济体制改革的目标是“建立社会主义市场经济体制”，股份制成为国有企业改革的方向，更多的国有企业实行股份制改造并开始在资本市场发行上市。1993年，股票发行试点正式由上海、深圳推广至全国，打开了资本市场进一步发展的空间。

第二阶段：全国性资本市场的形成和初步发展（1993—1998年）。在统一监管的推动下，中国资本市场从早期的区域性市场迅速走向全国性统一市场，但各种体制和机制缺陷带来的问题也在逐步积累，迫切需要进一步规范发展。

1992年10月，国务院证券管理委员会和中国证券监督管理委员会（以下简称“国务院证券委”和“中国证监会”）成立，标志着中国资本市场开始逐步纳入全国统一监管框架，区域性试点推向全国，全国性市场由此开始发展。1997年11月中国金融体系进一步确定了银行业、证券业、保险业分业经营、分业管理的原则。1998年4月，国务院证券委撤销，中国证监会成为全国证券期货市场的监管部门，建立了集中统一的证券期货市场监管体制。

中国证监会成立后，推动了《股票发行与交易管理暂行条例》、《公开发行股票公司信息披露实施细则》、《禁止证券欺诈行为暂行办法》和《关于严禁操纵证券市场行为的通知》等一系列证券期货市场法规和规章的建设，资本市场法规体系初步形成，使资本市场的发展走上规范化轨道，为相关制度的进一步完善奠定了基础。

在市场创建初期，国家采取了额度指标管理的股票发行审批制度，即将额度指标下达至省级政府或行业主管部门，由其在指标限度内推荐企业，再由中国证监会审批企业发行股票。在交易方式上，上海和深圳证券交易所都建立了无纸化电子交易平台。

随着市场的发展，上市公司数量、总市值和流通市值、股票发行筹资额、投资者开户数、交易量等都进入一个较快发展的阶段。沪、深交易所交易品种逐步增加，由单纯的股票陆续增加了国债、权证、企业债、可转债、封闭式基金等。

伴随着全国性市场的形成和扩大，证券中介机构也随之增加。到1998年底，全国有证券公司90家，证券营业部2 412家。从1991年开始，出现了一批投资于证券、期货、房地产等市场的基金（统称为“老基金”）。1997年11月，《证券投资基金管理暂行办法》颁布，规范证券投资基金的发展。同时，对外开放进一步扩大，推出了人民币特种股票（B股），境内企业逐渐开始在香港、纽约、伦敦和新加坡等海外市场上市；期货市场也得到初步发展。

第三阶段：资本市场的进一步规范和发展（1999年至今）。资本市场法律不断完善，以股权分置改革为代表的一系列基础性制度建设使资本市场的运行更加符合市场化规律；合资证券经营机构的出现和合格境外机构投资者等制度的实施，标志着中国资本市场对外开放和国际化进程有了新的进展。中国资本市场也在2006年出现了转折性的变化。

《中华人民共和国证券法》（以下简称《证券法》）于1998年12月颁布并于1999年7月实施，是中国第一部规范证券发行与交易行为的法律，并由此确认了资本市场的法律地位。2005年11月，修订后的《证券法》颁布。《证券法》的实施及随后的修订，标志着资本市场走向更高程度的规范发展，也对资本市场的法规体系建设产生了深远的影响。

在这个阶段，中国围绕完善社会主义市场经济体制和全面建设小康社会进行持续改革。随着经济体制改革的深入，国有和非国有股份公司不断进入资本市场，2001 年 12 月，中国加入世界贸易组织，中国经济走向全面开放，金融改革不断深化，资本市场的深度和广度日益扩大。

自 1998 年建立了集中统一监管体制后，为适应市场发展的需要，证券期货监管体制不断完善，到 2007 年，适应市场发展的需要，证券执法体制又进行了重大改革，建立了集中统一指挥的稽查体制，监管部门加强稽查执法工作，集中查办证券市场的大案要案。但资本市场发展过程中积累的遗留问题、制度性缺陷和结构性矛盾也逐步开始显现。从 2001 年开始，市场步入持续四年的调整阶段：股票指数大幅下挫；新股发行和上市公司再融资难度加大、周期变长；证券公司遇到了严重的经营困难，到 2005 年全行业连续四年总体亏损。

为了积极推进资本市场改革开放和稳定发展，国务院于 2004 年 1 月发布了《关于推进资本市场改革开放和稳定发展的若干意见》（以下简称《若干意见》）。此后，中国资本市场进行了一系列的改革，完善各项基础性制度，主要包括实施股权分置改革、提高上市公司质量、对证券公司综合治理、大力发展机构投资者、改革发行制度等。经过这些改革，投资者信心得到恢复，资本市场出现转折性变化。

这一时期，为充分发挥资本市场的功能，市场各方对多层次市场体系和产品结构的多样化进行了积极的探索。中小板市场的推出和代办股份转让系统的出现，是中国在建设多层次资本市场体系方面迈出的重要一步。可转换公司债券、银行信贷资产证券化产品、住房抵押贷款证券化产品、企业资产证券化产品、银行不良资产证券化产品、企业或证券公司发行的集合收益计划产品以及权证等新品种出现，丰富了资本市场交易品种。

同时，债券市场得到初步发展，中国债券市场规模有所增加，市场交易规则逐步完善，债券托管体系和交易系统等基础建设不断加快。期货市场开始恢复性增长。2007 年 3 月，修订后的《期货交易管理条例》发布，将规范的内容由商品期货扩展到金融期货和期权交易。

2001 年 12 月中国加入世界贸易组织，中国资本市场对外开放步伐明显加快。到 2006 年底，中国已经全部履行了加入世界贸易组织时有关证券市场对外开放的承诺。对外开放推进了中国资本市场的市场化、国际化进程，促进了市场的成熟和发展壮大。这一时期，合资证券期货经营机构大量设立；合格境外机构投资者（QFII）与合格境内机构投资者（QDII）机制相继建立；大型国有企业集团重组境外上市继续推进；外商投资股份公司开始在境内发行上市，外资也被允许对上市公司进行战略投资。

（本专栏节选自：中国证监会. 中国资本市场发展报告. 北京：中国金融出版社，2008）

专栏 2-2

美国次贷危机为何成为全球性金融危机的导火索

金融机构将所持有的资产或负债通过证券化的方式进行打包后再切割成若干个部分，并经过信用增级后出售给金融市场的投资者，从而证券所负载的风险和收益一并转嫁给投资者的做法，是近四十年来全球金融市场创新的主要部分，为广大的银行、保险公司和资本市场投资人所喜爱，市场也极为庞大。但由于诸多主客观原因，本来用于分散风险的资产证券化反倒成为了聚集风险并酿成系统性金融风险的罪魁祸首，其原因何在？通过阅读本专栏，将能得到答案。

一、美国房地产金融市场的发展历程

要了解次级住房按揭贷款（Subprime Mortgage Loans，简称次贷），必须首先了解美国房地产金融市场和金融体系的发展历史。20 世纪 30 年代前，美国全国性金融监管体系尚未形成，住房抵押贷款主要由互助金融机构、银行及抵押贷款公司提供，贷款类型多样，也没有权威的评级机构对借款人的信用级别进行认定。20 年代美国经历了一次较长时间的经济增长，房地产金融市场也快速膨胀，但在经济繁荣的掩盖下，金融机构的风险管理意识淡薄，房地产金融市场蕴含了较大的风险。1929—1933 年的经济大萧条对美国房地产金融市场造成了巨大的冲击，通过深刻总结，以美联储为首的金融监管体系得到加强，并通过 1933 年《银行法》（又称《格拉斯—斯蒂格尔法》）等在内的一系列法规，禁止金融机构商业银行业务和投资银行业务的相互交叉，并成立联邦存款保险公司加强对银行资产的保护。在房地产金融市场方面，颁布《联邦住房法案》，成立联邦住房贷款委员会、联邦住房管理局、联邦住房贷款银行系统以及联邦住房抵押协会，以加强对房地产金融市场的监管，增加市场的有序性和安全性。在此基础上，美国整个金融系统的监管能力大大增强，金融机构的风险得到了有效控制，这在一定程度上助推了美国金融市场的繁荣和美国经济的发展，为二战后建立以美元为主导地位的布雷顿森林体系的全球金融格局奠定了基础。

20 世纪 70 年代两次石油危机再次演变为了全球性的经济萧条，由于无法承受巨大的储备兑换压力，布雷顿森林体系由此解体。利率的不断上升使得互助金融机构和抵押贷款公司等陷入困境，同时也威胁到商业银行。在经过反思和总结后，新一轮大规模的金融改革开始，其结果是国会于 1980 年通过了《存款机构放松管制和货币控制法案》，放松对住房抵押贷款类金融机构的管制，提升它们与商业银行的竞争地位。在以后的数年里，美国房地产金融市场得到快速发展，住房抵押贷款证券化业务开始兴起。在经历了 1987 年的金融市场动荡后，1989 年国会又通过了《金融机构改革、恢复和加

强法案》，撤销了联邦住房贷款委员会，将其职能转交给财政部下属的储蓄机构监管办公室。之后，随着金融市场的不断庞大和交易技术的发展，对于放松金融管制的呼声越来越强，1999 年，克林顿政府废除了长达 70 年的《格拉斯—斯蒂格尔法》，通过了《金融服务现代化法》，支持美国金融业混业经营。在此情况下，金融衍生品市场的扩张速度加快，基于住房抵押贷款的衍生产品不断被开发出来，这一方面刺激了美国房地产金融市场的繁荣，另一方面，也在金融市场上积累了大量的风险。

二、次级住房抵押贷款市场的发展与膨胀

次级住房抵押贷款是美国金融机构向信用等级较低的居民提供的一种住房抵押贷款。在美国住房抵押贷款市场上，主要有三种信用级别不等的贷款类型：优质住房抵押贷款、次优住房抵押贷款和次级住房抵押贷款，其中前两种其信用级别较高，风险不大。在金融机构给借款人提供住房抵押贷款时，判别贷款级别的主要标准是借款人的信用评级、偿付金额占家庭收入的比率以及贷款数额占房产价值的比率。次级住房抵押贷款不需要对借款人进行繁琐的资质审查，并且在首付金额和偿付形式上灵活多样，借款人可选择零首付、初期仅偿还利息、自主选择月供以及在一定时间后选择将固定利率变更为浮动利率等多种方式还贷。

由于房地产贷款容易获得，大大提高了中低层收入居民购房的积极性。在过去的几年里，由于经济增长平稳、货币政策宽松，美国房地产金融市场也获得了快速增长。房地产市场价值从 1997 年的 10 万亿美元增长到 2005 年的 20 万亿美元，家庭住房抵押贷款总额增长更快，从不到 2 万亿美元猛增到 10 万亿美元，2002—2006 年，这一数值增长了 8 万亿美元，而同期 GDP 只增加了 2.8 万亿美元。2001 年后，次级住房抵押贷款几乎呈几何级数增长，从 1 900 亿美元猛增到 2005 年的 6 350 亿美元，6 年间，次级贷款占房地产贷款的比例从 8.6%增加到 20%，全国有近 300 万个家庭拥有次级贷款，每月偿债金额占家庭总收入的 40%以上，贷款占房产价值的 85%左右。与此同时，美国房地产价格也快速增长，在 6 年时间内几乎翻了一番。

三、资产证券化和杠杆效应急剧放大了金融市场风险

现代房地产贷款资产证券化起源于 20 世纪 80 年代，是金融机构为了应对美联储紧缩的货币政策而进行的金融创新行为。1979 年，为治理严重的通货膨胀，新上任的美联储主席沃尔克连续提高官方利率，联邦利率被推高到 20%。同时，高利率吸引了大量的海外资金流入美国，导致美元飙升。紧缩的货币政策压缩了房地产金融市场的利润空间（当时房地产抵押贷款的收益率只有 6%），金融机构无法承受长期利率的剧烈升高所带来的成本上升。在压力之下，金融机构开始进行金融创新，并增加投资高风险高回报的证券。各类发放房地产贷款的金融机构为了提前获得现金流，扩大房贷规模，将原本流动性很低的住房抵押贷款证券化，即发行住房抵押贷款债券（MBS），

在资本市场出售，从而将房贷风险从银行转移到资本市场。刚开始，资质比较高的住房抵押贷款被证券化，到 2000 年后，金融创新的步伐越来越大，次级住房抵押贷款也开始被证券化。

次级贷款的证券化是通过信用增级来实现的，简单来说就是投资银行购买次级抵押贷款债券后，根据风险程度和期限的不同进行拆分和重新组合，再与衍生交易（期权、期货）相结合形成各种结构化金融产品，使得信用级别较低的证券收益率上升，出售给不同风险偏好的投资者。应当说，衍生产品的出现使得金融市场得以细分，不同风险偏好的投资者都能实现自己的投资，这在一定程度上促进了金融效率的提高和风险的转移与分散，带动了近年来对冲基金市场的繁荣。据统计，次贷支持证券从 2001 年的 950 亿美元飙升到 2005 年的 5 070 亿美元，占住房抵押贷款证券的比例由 50%升高至 80%以上。住房抵押贷款证券的日交易量也由 2000 年的 600 亿美元上升到 2006 年的 2 500 亿美元。

但实际上，资产证券化和金融创新只是实现了风险的分散、转移和重新组合，并没有真正降低和消除市场风险，并且这种资产、信用和风险的重新组合导致了信息更加不对称，加大了风险度量和风险管理的难度，增加了投资者和市场的风险，也增加了金融体系的脆弱性。随着次贷支持证券市场的日益扩大，受到高额收益率的诱惑，金融机构的风险防范意识逐渐淡薄，越来越多的对冲基金、商业银行、投资银行及保险公司参与投资，于是风险又再次回到商业银行和投资银行。

次贷危机的巨大破坏作用源自于基于次贷支持证券在信用交易中所释放的强大杠杆效应。如果没有杠杆交易，即使所有的次贷证券全部违约，其规模也只有 5 000 亿美元左右，不会对金融市场造成大的冲击。在金融期货、期权交易中，投资者只需交纳 5%～10%的保证金就可以投资数量庞大的证券化资产，这使得次贷支持证券的风险被数倍放大，达到 15:1 甚至更高的水平。在房地产价格保持稳定增长和流动性充足的情况下，这些投资是相对安全的。但随着联邦利率的上升和经济下滑，次级住房抵押贷款市场的违约率开始上升（2006 年接近 20%，有近 13%的贷款逾期 60 天以上无法偿还，为正常住房抵押贷款的 3 倍，这使得市场风险超过了预期，于是次贷支持证券的价格就会开始剧烈下滑，在高杠杆的作用下，持有者的损失会被急剧放大，大量的卖盘又会加大价格下跌的压力，出现恶性循环，导致全面的金融危机。

（本专栏资料来源：巴曙松，李胜利．次贷危机引发的全球金融动荡及其对中国的影响．中国金融四十人论坛）

第二篇

结构篇

目次

第三章　货 币 市 场

前面从宏观的角度介绍了金融市场理论，下面将从微观的角度具体介绍各类金融市场。按照流通市场内金融工具的期限、性质、特点及作用不同，金融市场可大致分为货币市场和资本市场两大类。

所谓货币市场（Monetary Market）是短期金融工具（期限一般在 1 年以内）交易的金融市场，主要由商业银行、票据公司、证券交易商等组成。货币市场的主要功能是满足市场成员的短期流动性资金需求，并提供短期投资便利。由于其高流动性、低违约风险的特征而吸引了大量的市场参与者，货币市场成为了金融市场重要的组成部分，是金融市场和市场经济良性发展的前提。

一般按照债务工具的不同，货币市场可以大致分为：（1）同业拆借市场。（2）短期国库券市场。（3）商业票据市场。（4）大额可转让定期存单市场。（5）银行承兑汇票市场。（6）回购协议市场等若干子市场。本章下面几节将重点阐述这些内容。

第一节　同业拆借与短期国库券市场

一、同业拆借市场

同业拆借市场是指金融机构之间以货币借贷方式进行短期资金融通的主要场所。同业拆借交易是在无担保的条件下进行的，是资金和信用的直接交换，因此同业拆借业务本身处于社会信用最高层次。同业拆借市场的功能已经不仅仅局限于弥补或调剂资金头寸，而是已成为了各金融机构特别是商业银行弥补资金流动性不足和充分、有效运用资金，减少资金闲置的市场，也是金融机构协调流动性和盈利性关系的重要场所。由于同业拆借市场是一个交易量大、能敏感地反映资金供求关系和货币政策意图、影响货币市场利率的市场，因此，它是货币市场中非常重要的子市场之一。

（一）同业拆借市场的形成与发展

1．同业拆借市场的形成

同业拆借市场的形成源于存款准备金政策的实施。1913 年，美国为了控制货币流通量和银行的信用扩张最早以法律的形式规定，所有接受存款的商业银行都必须按存款余额计提一定比例的法定存款准备金，并存入中央银行，由于清算业务活动和日常收付数额的变化，总会有些银行出现存款准备金多余，有些则不足的情况，为了使多余的存款准备金也尽可能获得收益，银行往往愿意把多余的部分加以利用，而准备金不足的银行受制于法规的约束则必须将不足部分补足，这在客观上就形成了在商业银行之间进行相互拆借的供需双方，同业拆借市场也便应运而生。1921 年，纽约首先出现了会员银行之间的储备头寸拆借市场，以后逐渐在美国形成了以调剂联邦储备银行会员银行的准备金头寸为内容的联邦资金市场，即美国的同业拆借市场。英国伦敦同业拆借市场的形成，则是建立在银行间票据交换过程的基础上的，各家银行在轧平票据交换的差额时，有的银行头寸不足，从而就有必要向头寸多余的银行拆入资金，由此使不同银行之间出现经常性的资金拆借行为。

2．同业拆借市场的发展

同业拆借市场是伴随着中央银行业务和商业银行业务的发展而发展的。20 世纪 30 年代经济危机之后，西方各国普遍强化了中央银行的作用，相继引入法定存款准备金制度作为控制商业银行信用规模的手段。与此相适应，同业拆借市场也得到了较快发展。在经历了较长时间的发展过程之后，当今西方国家的同业拆借市场，无论在交易内容、开放程度，还是在融资规模、功能作用方面，都发生了深刻的变化。拆借交易不仅发生在银行之间，还出现在银行和其他金融机构之间。同业拆借市场逐渐成为了越来越重要的金融市场。

（二）同业拆借市场的特点及作用

1．同业拆借市场的特点

（1）在市场准入方面一般有较严格的限制。由于同业拆借市场属于纯粹信用交易市场，对市场参与者的信誉有较高的要求，在市场准入方面有比较严格的限制条件，即必须是金融机构或指定的某类金融机构。在特定情况下，对金融机构的进入也有限制，如只允许商业银行进入，非银行金融机构不能进入；只允许存款性金融机构进入，不允许证券、信托等机构进入等。

（2）融资期限较短。同业拆借市场最初的交易期限一般仅为一天或几天，完全为解决金融机构临时性的头寸需要。随着拆借市场的不断发展和功能的延伸，交易期限也有所延长，但一般最长也仅为几个月，仍属于短期融资市场。

（3）交易金额较大，且不需要担保或抵押。同业拆借市场的参与者由于都是金融机构，决定了其交易金额往往较大。金融机构的高信誉、拆借资金的时效性则决定了这种交易的纯信用特征，不需要以担保或抵押品作为借贷条件，交易双方只需以自身信用作担保，一般都严格遵守交易协议。

（4）交易手段较为先进，手续简便，成交时间短。同业拆借市场的交易主要是采用电话洽商等方式进行，主体上是一种无形的市场。交易往往通过交易中心的电子交易系统进行，具有快捷、方便的特点。

（5）利率由供求双方议定，可以随行就市。同业拆借市场上的利率可由双方协商，讨价还价。因此可以说，同业拆借市场上的利率是一种市场利率，或者说是市场化程度最高的利率，能够充分灵敏地反映市场资金供求的状况及变化。

2．同业拆借市场的作用

（1）从发展的观点来看待同业拆借市场的作用。同业拆借市场最初是为了银行等金融机构之间相互调剂在中央银行存款账户上的准备金余额。由于商业银行资金的流出与流入每时每刻都在进行，影响流出与流入差额的不确定因素千差万别，这使得商业银行不可能时刻保持在中央银行准备金存款账户上的余额恰好等于法定准备金余额。存款准备金余额不足须支付罚息，并且在出现有利的投资机会而银行又无法筹集到所需资金时，银行就只有放弃投资机会，或出售资产、收回贷款等；而超额准备又意味着银行有资金闲置，导致利息收入损失；为解决这一困难，头寸多余行和头寸不足行就要进行准备金交易。因此，同业拆借市场的作用在于满足金融机构之间在日常经营活动中经常发生的头寸余缺调剂的需要。

随着市场的发展和市场容量的扩大，证券交易商和政府也加入到同业拆借市场当中来，交易对象也不再局限于商业银行的存款准备金，它还包括商业银行相互之间的存款以及证券交易商和政府所拥有的活期存款。拆借目的除了商业银行满足中央银行提出的准备金要求之外，还包括市场参与人轧平票据交换差额，解决临时性、季节性资金需求等目的。

（2）从直接作用和间接作用两个角度来理解同业拆借市场的作用。同业拆借市场的直接作用在于有利于金融机构实现三性相统一的经营目标。持有较高比例的现金、同业存款、在中央银行的超额储备存款及短期高质量证券资产，虽然可以提高流动性水平，最大限度地满足客户提款及支付的要求，但同时也会丧失资金增值的机会，导致利润总额的减少。要在保持足够的流动性以满足支付需求的同时获得最大限度的利润，除了加强资产负债管理，实现最优的资产期限和种类组合外，还需要有包括同业拆借市场在内的可供进行短期资金融通的市场。一旦出现事先未预料到的临时流动性需求，金融机构可在不必出售那些高盈利性资产情况下，很容易地通过同业拆借市场从其他金融机构借入短期资金来获得流动性。这样，既避免了因流动性不足而可能导致的危机，也不会减少预期的资产收益。

同业拆借市场的间接作用在于同业拆借市场利率通常被当做基准利率，对整个经济活动和宏观调控具有特殊的意义。同业拆借市场的参与者主要是各金融机构，市场特性最活跃，交易量最大。这些特性决定了拆息率非同凡响的意义。同业拆借按日计息，拆息率每天甚至每时每刻都不相同，它的高低灵敏地反映着货币市场资金的供求状况。在整个利率体系中，基准利率是在多种利率并存的条件下起决定作用的利率。当它变动时，其他利率也相应发生变化。了解这种关键性利率水平的变动趋势，也就了解了全部利率体系的变化趋势。一般利率通常参照基准利率而定。例如，伦敦银行同业拆放利率是最有代表性的拆息率，它成为伦敦金融市场乃至于国际金融市场的关键性利率，许多浮动利率的融资工具在发行时都以该利率作为浮动的依据和参照。又如，美国纽约的联邦基金市场是国际著名的同业拆借市场，它以调剂联邦储备银行的会员银行的准备头寸为主要内容，美国联邦基金市场利率是美联储货币政策的中间目标。

（三）同业拆借市场的分类与运作

1．同业拆借市场的分类

（1）按市场组织形式划分可分为：

① 有形拆借市场。它是指有专门中介机构作为媒体、媒介资金供求双方资金融通的拆借市场。通过中介机构进行资金拆借，除可以降低成本、提高效率外，还可以保障同业拆借的有序和安全。

② 无形拆借市场。它是指不通过专门的拆借中介机构，而是通过现代化的通讯手段所建立的同业拆借网，或者通过兼营性的或代理性的中介机构进行拆借的市场。完全不通过任何形式的中介，完全是供求双方直接联系和交易的情形不是很多，因为这样做既不经济、不安全，也不符合效率的原则。

（2）按有无担保划分可分为：

① 有担保拆借市场。它是指以担保人或担保物作为安全或防范风险的保障而进行的资金拆借融通。有担保拆借一般用于较长期限及资信一般的金融机构间的拆借。

② 无担保拆借市场。它是指拆借期限较短、拆入方资信较高，可以通过在中央银行账户直接转账的资金拆借。正是因为资金融通的期限过短，多为一天或几天，确定担保或抵押在技术操作上有一定困难，因而只能建立在良好的资信和法律规范的基础上。

（3）按拆借期限划分可分为：

① 半天期拆借市场。分为午前交易和午后交易两种。

② 一天期拆借市场。一般是头天清算时拆入，次日清算之前偿还。

③ 指定日拆借市场。一般是2～30天，也有3个月及3个月以上的拆借。

（4）按交易性质划分可分为：

① 头寸拆借市场。它的产生源于银行在经营过程中常出现短暂的资金时间差和空间差，多头寸的银行想要借出多余资金生息，少头寸的银行则需要拆入资金补足差额。因此，头寸拆借市场可以轧平票据交换头寸、补足存款准备金或减少超额准备金所进行的短期资金融通。

② 同业借贷市场。它的产生源于银行等金融机构之间因为临时性或季节性的资金余缺而相互融通调剂，以利业务经营。因此，同业借贷市场可以调剂临时性、季节性的业务经营资金余缺。

2．同业拆借市场的运作

一般而言，同业拆借市场的运作程序主要由四个步骤构成：首先是拆借双方表达拆借的意向，接下来双方洽谈成交，然后是资金的划拨，最后是归还贷款。但由于拆借交易方式的不同、期限的不同、地理位置的不同，具体的运作程序也会有所区别。其中，最大的不同就是间接同业拆借是通过拆借市场经纪公司（经纪人）或代理银行媒介来进行拆借的。

（1）直接拆借方式

① 头寸拆借。头寸拆借的主要过程是：首先由拆出银行开出支票交拆入银行存在中央银行，使拆入银行在中央银行的存款准备金增加，补足资金差额。同时，拆入银行开出一张支票，其面额为拆入金额加上利息支付给拆出银行，并写好兑付日期（一般为出票日后的1～2天）。到期时，拆出银行可将支票通过票据交换清算收回本息。

② 同业拆借。同业拆借的主要过程是：由拆入银行填写一份借据，交拆出银行，拆出银行经审核无误后向拆入银行提供贷款，即将其账户上的资金划转给拆入银行账户。到期再逆向划转，其划转金额为拆入金额加上利息。

（2）间接拆借方式

① 间接同城同业拆借：通过中介机构的同城（地区）同业拆借，大多以支票作为媒体。当拆借双方协商成交后，拆入银行签发自己付款的支票，支票面额为拆入金额加上拆入期利息。拆入行以此支票与拆出行签发的以中央银行为付款人的支票进行交换。支票交换后同城中央银行的分支机构在得到通知后，进行拆入行账户与拆出行账户的内部转账。其主要的交易方式如图3.1所示。

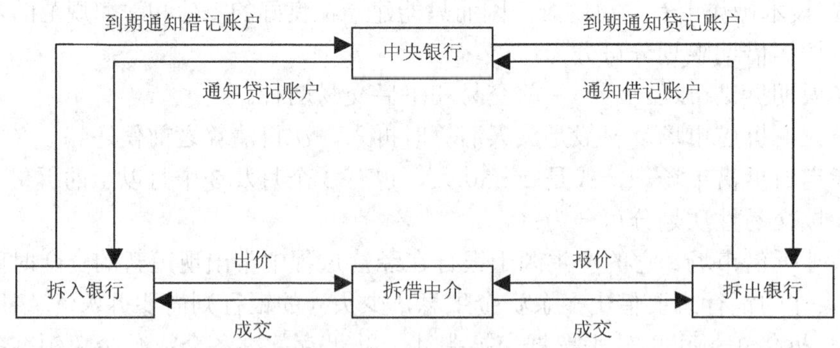

图3.1　间接同城同业拆借方式流程

② 间接异城同业拆借：是指处于不同城市或地区的金融机构进行同业拆借，其交易程序与同城的同业拆借程序相类似。但有一个明显的区别是：间接异城同业拆借的拆借双方不需交换支票，而只需通过中介机构以电话协商成交，成交后双方通过所在地区的中央银行资金电划系统划拨转账，如图 3.2 所示。

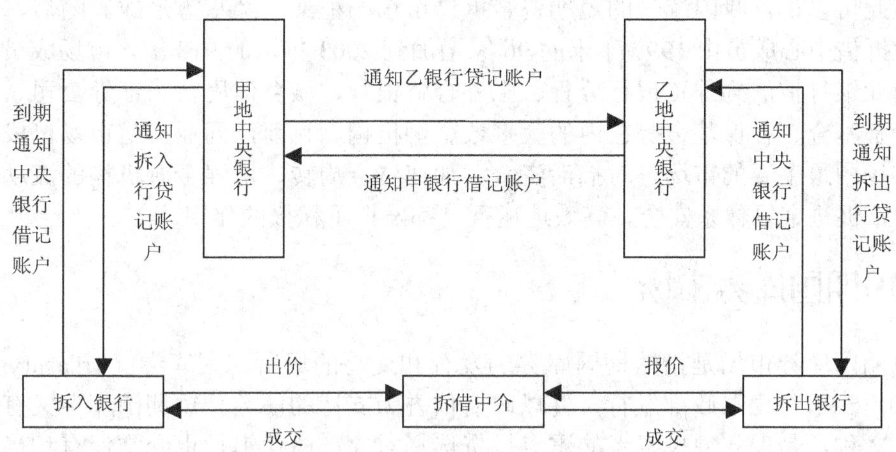

图 3.2　间接异城同业拆借方式流程

（四）我国同业拆借市场的发展和管理

1981—1984 年，中国金融体系的改革使得中国人民银行开始专门行使中央银行职能。多种金融机构的出现、中国人民银行各级分支机构利益的确立和逐渐强化，使得资金在不同金融机构之间和不同地区之间的流动有了必要和可能。而中国人民银行对各专业银行提出法定准备金的要求，使同业拆借市场得以产生。我国的同业拆借市场大致经历了三个阶段。

1．1986—1991 年的起步阶段

1986 年 1 月 7 日，国务院颁布《中华人民共和国银行管理暂行规定》，明确规定：为了调节资金头寸，“专业银行的资金可以互相拆借”，“专业银行之间相互拆借的利率，由借贷双方协商议定”。在这一法律规定下，银行同业拆借活动迅速在全国扩展开来，交易量成倍增加。

2．1992—1995 年的发展和清理阶段

1993 年 6 月，中国人民银行在全国部署开展整顿同业拆借秩序、清收违章拆借的工作。经过半年多的清理整顿，同业拆借市场的交易量迅速下降、利率明显回落、期限大大缩短、中介机构大为减少，同业拆借市场秩序有了明显好转，同时同业拆借市场的法律建设也取得了较大的进步。

3．1996年以后的规范发展阶段

1996年1月3日，全国银行间拆借市场开始运行，拆借交易采取信用拆借模式。1996年4月，全国同业拆借市场交易系统正式开始联网运行，拆借交易和资金清算有序进行，市场规模发展迅速，全国银行间拆借市场利率（CHIBOR）顺利生成并渐趋稳定。至此可以说，我国统一的短期资金拆借市场的框架已经基本形成。随后，全国银行同业拆借中心成员由1997年末的96家增加到2003年末的918家，市场成员类型由中资商业银行扩展到外资银行分行、中外合资银行、城乡信用社、证券公司、保险公司、投资基金、社保基金等在内的大多数金融机构。目前，同业拆借市场已成为我国金融市场中最主要的市场，对搞活资金、加速资金周转、增强金融机构的流动性和支付能力，促进金融体系安全、高效地运行，都发挥了积极的作用。

二、短期国库券市场

短期国库券市场是指短期国库券的发行和交易的场所。国库券（Treasury bills，T-bills），一般是由财政部发行，并以政府信誉为支持的债券。短期国库券又有“金边证券”之称，是保守型投资者的重点投资选择对象，商业银行也经常保有相当数量的国库券资产，并视其为理想的二级储备。由于由国家的税收作担保，具有其他短期证券所不具备的高信誉、低风险的特征，因此吸引了货币市场最广泛的投资者。而不同市场投资者的参与又极大地提高了短期国库券的流动性，使之成为最活跃、规模最大、最发达的证券市场。

（一）短期国库券市场的产生及发展

1．短期国库券市场的产生

短期国库券的起源可追溯到19世纪80年代，英国是最先发行国库券的国家。19世纪70年代，英国政府因给地方政府机构融资及建设苏伊士运河的需要，经常缺乏短期周转资金，于是英国政府接受经济学家沃尔特·拜基赫特的建议，发行一种证券，这种证券尽可能地接近于商业汇票——以票据贴现方式，且每隔一定期间到期。拜基赫特认为发行这种证券可以充分利用现有的短期债券市场。于是，英国政府于1877年发行了国库券，主要目的在于筹措短期资金，解决财政困难。第一次世界大战期间，美国财政部发行一种债券凭证给商业银行，其特点是：息票利率固定，每次发行的利率视市场情况予以调整，财政部直接售给商业银行，商业银行贷记特别存款账户。后来在此基础上，1929年6月，美国国会通过法律授权发行国库券。1929年12月，美国财政部首次发行。

2．短期国库券市场的发展

由于短期国库券流动性高，加之由美国政府担保，所以很快就成为颇受欢迎的投资工具。从美国比较规范化地发行国库券，使之成为货币市场的中心之后，世界许多国家纷纷仿效，短期国库券市场发展很快。从目前来看，国库券在西方国家的发行，并非仅仅为了弥补财政赤字，更多是为了调剂社会资金流量，强化金融市场的基础。由此也就使得各国对短期国库券的发行比较热衷，发行量较大，发行频率较高，如美国每星期一的下午都由纽约联储代为向社会拍卖国库券，一年要发行 50 多次，每次发行也都为货币市场利率变动的信号。因此，短期国库券市场已经成为货币市场最重要的组成部分之一，在美国等国库券发达的国家，短期国库券市场甚至是货币市场的核心。

（二）短期国库券市场的特点及作用

1．短期国库券市场的特点

（1）违约风险小。由于国库券是国家的债务，因而它被认为是没有违约风险的。相反，即使是信用等级最高的其他货币市场票据，都存在一定的风险，尤其在经济衰退时期。国库券无违约风险的特征增加了对投资者的吸引力。国库券的这一特征还间接地影响到投资者对国库券的需求，因为各种法令和条例赋予了国库券在投资者中的特殊地位。对商业银行和地方政府来说，利用国库券可以解决其他形式的货币市场工具所无法解决的问题。

（2）流动性强。国库券的第二个特点是具有高度的可流通性。这一特征使得国库券能在交易成本较低及价格风险较低的情况下迅速变现。国库券之所以具有这一特征，是由于它是一种在高组织性、高效率和竞争市场上交易的短期同质工具。当然投资者需要资金时，是否通过出售国库券来筹资，很大程度上取决于所需资金的期限及筹资的机会成本。

（3）面额小。相对于其他货币市场票据来说，国库券的面额较小，远远低于其他货币市场票据的面额。对于许多中小投资者来说，国库券通常是他们能够直接从货币市场购买的唯一有价证券。

（4）一定的收益。一些西方国家对活期存款不付利息，所以人们不愿意将临时性资金存入活期存款账户，而愿意购买有一定收益的、流动性大的、风险最低的短期国债。

（5）收入免税。在税前收入一定的情况下，当国库券利率和商业票据利率不同时，利息税越高，国库券的吸引力越大。相应地，国库券市场利率水平越高，吸引力也越大。

2．短期国库券市场的作用

（1）满足中央政府对短期资金的需求。在市场经济国家，中央政府如果出现财政赤字或者急需短期资金，只能在金融市场上发行各种政府债券，而不能直接向中央银行透支，这已经成为市场经济运行的基本规则。因此，国库券的发行可以满足财政部的临时性的短期资金需求。

（2）为中央银行实施公开市场操作业务提供理想的操作对象，这已经成为短期国库券市场最主要的功能。公开市场操作业务是各发达国家中央银行货币政策最重要的工具，其原因在于公开市场操作业务比其他货币政策工具更加及时、灵活和有效。而国库券的无信用风险、期限短、流动性强的特点，必然成为中央银行公开市场操作业务的理想选择对象。

（3）为广大金融投资者提供了一种无风险的投资工具。由于国库券的上述特征，因而常常被市场投资者看做无风险的投资工具。国库券也是各金融机构进行资产负债管理的有效工具，在很多金融机构中，国库券是仅次于现金的二级储备。另外，国库券市场也为各企业以及其他市场投资者提供了进行流动性管理的最佳渠道。

（三）短期国库券市场的发行和流通

1. 短期国库券市场的发行

短期国库券市场的发行方式有四种，即公开招标方式、承购包销方式、随时出售方式和直接发行方式。

（1）公开招标方式。大多数西方发达国家所采取的国库券发行方式。即在每次发行之前，财政部根据近期短期资金的需求量、中央银行实施货币政策调控的需要等因素，确定国库券的发行规模，然后向社会公告。各投标人在规定的发行规模的约束下，分别报出自己拟购买的价格和数量。在众多参与价格投标的投标人当中，出价最高者首先中标，之后按出价顺序，由高到低依次配售，直至售完为止，这就是所谓的“竞争性投标”。无力或不愿参与竞争性投标的中小金融机构，可按照投标最高价和最低价的平均数购买，这就是所谓的“非竞争性投标”。美国是采用公开招标方式最为典型的国家。

（2）承购包销方式。在以承购包销方式发行短期国库券时，财政部或代理财政部发行短期国库券的中央银行与一组由金融机构和政府证券交易商组成的承销团（也叫辛迪加）签订承购合同，在确定各自权利和义务的基础上，商定双方满意的价格，承销团按照这一价格认购短期国库券后，再将短期国库券出售给二级市场的投资者。这种承销方式的最大优点是发行时间短、发行效率高，而且也是发达国家在20世纪60、70年代常用的一种国库券发行方式。但以这种方式发行国库券时，发行人需要向承销机构支付一定的承销费和手续费，发行成本比较高。此外，发行中仍然存在一些非市场因素，不利于形成市场化的价格和利率。因此，近年来，这种方式已经不再流行。

（3）随时出售方式。也叫连续发行方式，是指发行人预先确定发行条件，而由代理机构或销售网点根据市场情况的变化，随时改变发行条件的一种发行方式。这种方式的主要特点是发售期限不定，发行条件比较灵活，但发售期限过长，不利于在较短的时间里完成短期国库券的发行计划。

（4）直接发行方式。它是指发行人单方面确定国库券的发行条件，再通过各种渠道（如银行、证券公司的柜台等）向投资者直接出售国库券的方式。这种方式的发行时间长，发行成本高，发行效率低。因此，在国库券市场发达的国家，这种方式基本上被淘汰了，只有少数国家用于发行面向个人投资者的非上市流通国库券。

2．短期国库券流通市场

短期国库券流通市场（也称二级市场）是一个分散的柜台交易市场，然而，它也是一个极其高效率的市场。整个市场通过电话、计算机等先进的通信技术连在一起，市场指令由计算机终端传送，全球市场24小时不间断运转。在国库券的流通市场上，市场的参与者主要有商业银行、中央银行、证券交易商、企业和个人投资者。在美国，证券交易商在进行国库券交易时，通常采用双向式挂牌报价，即在报出一交易单位买入价的同时，也报出一交易单位的卖出价，两者的差额即为交易商的收益，交易商不再附加佣金。在英国，票据贴现所是国库券二级市场上最为活跃的市场主体。持有国库券的机构和个人如需转让，可向贴现所申请贴现。

（四）我国短期国库券市场的发展和管理

我国的短期国库券市场大致经历了两个阶段。

1．1981—1990年的恢复阶段

我国从1981年恢复发行国库券。但我国发行的国库券与西方国家不同，期限大多是3年、5年，甚至8年，并没有1年以下的，所以它并不是一种短期债券，而是相当于西方国家的中期债券和长期债券，并非规范意义上的国库券。同时，我国一直采用指标层层分解、职工人人有份的行政分配方法，面向企业和个人发行国库券。

2．1991年以后的发展阶段

1991年4月，财政部首次引进了承购包销制度，由78家金融机构自愿组成国库券承销团，直接向财政部承购了25亿元国库券。1993年试行了国债一级自营商制度，经财政部和中国人民银行商定，指定了19家金融机构为国债一级自营商。1996年1月，在发行1年期国库券时，首次采用了价格招标发行方式，这是我国国库券在实现承购包销发行方式之后的又一次根本性变革，它标志着国库券的发行方式正在转向市场化，开始同国际惯例接轨。

此外，我国从1988年开始建立国库券二级市场以来，经过十几年的发展，基本形成了集中的交易所市场（批发市场）和分散的柜台市场（零售市场）相结合的市场体系。同时，由于我国的国债期限品种比较单一，长短期结构不尽合理，发行节奏缺乏均衡性，不能为二级市场持续提供新的交易品种，所以导致我国机构投资者队伍较小，大部分国库券由个人投资者持有，二级市场的流通规模小、活跃性不高的局面。

目前我国国库券市场的发展仍受多种因素的制约与影响。一方面，国库券的发展面临着许多新的改革，这些改革是在原有改革的基础上的进一步发展。另一方面，国库券市场的发展不能脱离金融市场相对落后、银行改革滞后这一事实的制约。随着我国短期国库券期限结构多样化和中央银行实现公开市场业务的需求，短期国库券市场的建设将会加快步伐。

第二节　商业票据与大额可转让定期存单市场

一、商业票据市场

商业票据市场是指在商品交易和资金往来过程中产生的以汇票、本票和支票的发行、担保、承兑、贴现、转贴现、再贴现来实现短期资金融通的市场。这里讲的商业票据（Commercial Paper，CP）一般是指以大型工商企业为出票人，到期按票面金额向持票人付现而发行的无抵押担保的远期本票，是一种商业证券。它不同于以商品销售为依据的商业汇票、商业抵押票据等广义商业票据。由于近年大量商业银行以提供信贷限额担保的方式参与其发行，大大增加了商业票据的信用程度，使之成为货币市场上又一重要的短期融资场所。

（一）商业票据市场的形成与发展

1．商业票据市场的形成

商业票据原是一种古老的商业信用工具，产生于18世纪。早期的商业票据的发展和运用几乎都集中在美国，纺织品工厂、铁路公司、烟草公司等非金融性企业为筹措资金，发行商业票据，通过经纪商出售，主要购买者为商业银行。20世纪20年代以来，商业票据发生了本质上的变化。汽车和其他耐用消费品的进口产生了消费者对短期季节性贷款的需求，这时就产生了大量的消费信贷公司，其资金来源则通过发行商业票据来进行。美国通用汽车承兑公司最早发行商业票据为通用汽车的购买者融资，其商业票据没有通过商业票据经纪商销售，而是直接出售给投资者。同时，在资金贷款受到种种限制的情况下，公司开始大量发行商业票据，形成商业票据市场。

2．商业票据市场的发展

20世纪60年代后期，商业票据的发行量迅速增加，商业票据真正作为货币市场工具而大量使用。尤其是在美国，一些信誉较高的大公司直接进入市场发行短期商业票据，筹集短期资金，以供季节性临时周转之用。由于它比向银行借款成本要低，因而是大公司比较偏好的一种便捷融资途径。到20世纪70年代，集中于伦敦城的欧洲商业票据市场也开始形成，商业票据市场在不断扩大。进入20世纪80年代以后，商业票据市场出现了一些新的发展。首先是在美国 80 年代收购兼并热潮中，商业票据也为其中的资产重组起到一种过渡性融资作用（Bridge Financing），从而对当时的收购兼并活动起到了促进作用。所以，附属于大企业集团的金融公司、与银行有关的金融公司以及独立的金融公司均在市场上发行这种商业票据，90 年代初，发行公司就已达到 1 250 家。其次是除美国外，其他国家开始发行自己的商业票据，如日本的武士商业票据和欧洲商业票据，欧洲商业票据是指在货币发行国以外发行的以该国货币标值的商业票据。然后是商业票据出现了一些新的品种，如由储蓄贷款协会和互助储蓄银行发行的商业票据、信用证支持的商业票据以及免税的商业票据等，从而使得商业票据市场对投资者更具有吸引力。

（二）商业票据市场的特点及作用

1．商业票据市场的特点

（1）资金成本较低。一些信誉卓越的大机构发行商业票据的利率，甚至可以低至银行同业拆借利率，这是因为有的发行机构的信用可能比一般的小银行的信用更好，加上是直接将商业汇票出售给投资者，节省了银行从中赚取的利润。而商业银行在贷款时一般都要求借款人在该行保持一定的补偿性余额，使得借款的实际利率较高。

（2）融资灵活性强。利用商业票据进行融资时，根据发行者与承销机构的协议，发行者可以在约定的某段时期内，不限次数及不定期地发行商业票据，以配合短期资金的灵活需要。

（3）有利于提高发行公司的信誉。商业票据在货币市场上是一种标志信誉的工具，公司发行商业票据实际上达到了免费宣传和提高公司的信用和形象的效果，使得公司在向银行借款时可以争取到比较有利的借贷条件，从长远来看也有利于公司降低资金成本。

2．商业票据市场的作用

（1）投融资效用。商业票据融资是企业最原始的融资行为，企业在流通手段不足时，签发商业票据是企业自己创造信用流通工具。同时，持有未到期票据的企业出现短期资金困难时，可将手中的票据在市场上进行交易以获得资金。所以，相对于资本市场资金融资和银行贷款而言，商业票据融资是企业最为便捷的方式。商业票据市场的投资功能在一些发达国家和地区已经实现，企业和居民都可以将其闲散资金投资于票据市场。

（2）优化资源配置效用。商业票据市场上的资金会自发地向优化行业和优秀企业集中，从而发挥强大的优化社会资源配置效用。商业银行通过商业票据市场可以调整其信贷资金配置，优化资产结构，改善资产的流动性、安全性，遏制不良贷款的发生，提高盈利能力。由于它把信贷资金的发放和收回与商品的销售、货款回笼紧密联系起来，从而强化了信贷的制约作用。同时由于贴现优先支持经济效益好、产品销路好、还款信用好的企业，因而一般来说都是较高质量的信贷资产。贴现期限短，周转快，同信用放款相比，明显减少了信贷资金占用，提高了信贷资金的使用效率。

（3）信用评价揭示效用。诚实守信的企业，其商业票据在市场上就会被广泛接受；信用度低的企业，其商业票据在市场上就会被广泛排斥。通过商业票据市场上各企业票据的广泛接受或排斥程度，可以反映出各企业的诚实守信程度高低。同时，商业信用的票据化，有利于克服商业信用盲目、自发、不规范的缺陷，使商品的信用交易规范化。同时，商业汇票通过贴现转化为银行信用，为商业信用的发展壮大提供了广阔的空间。

（三）商业票据市场的发行与主体

1．商业票据市场的发行

（1）直接发行。其发行程序是：① 商业票据评级。② 发行人公告发行商业票据的数量、价格、期限等。③ 投资者与发行人洽谈买卖条件，包括数量、票据期限等。在美国，直接发行人允许投资者指定票据到期日。④ 投资者买入票据，卖出票据者收进资金。

（2）通过交易商发行。其发行程序是：① 发行公司与交易商协商承销商业票据的有关事项，并签定委托发行协议。② 办理商业票据评级事项。③ 交易商依照委托发行协议的有关规定确定承销方式，通常先发布公告及其他宣传活动。④ 投资者购买商业票据，资金存入交易商账户。⑤ 交易商将承销资金划转发行公司账户，并按规定处理未售完商业票据。⑥ 发行公司支付手续费给交易商。

此外，通过交易商发行通常有三种方式：① 助销发行。即商业票据交易商与发行公司事先商妥发行事项，再参照市场情况议定承销期限，全部由该交易商代办门市零售或通信销售，承销期满未售完部分全部由交易商按约定价格承购。② 代销发行。即商业票据交易商与发行公司议定承销期限，依照发行公司指定的价格，由交易商代办门市零售或通信销售，承销期满未售完部分退回发行公司。③ 招标发行。即交易商以受托办理招标方式推销。这三种承销方式因涉及承担风险、服务范围及发行成本的各不相同，故交易商收取的承销费用也高低不一，其中助销发行费用最高，其次为招标发行，最低为代销发行。

2．商业票据市场的主体

（1）发行者。① 金融性公司。包括一些大型公司附属的金融公司和财务公司、银行控股公司以及独立的金融公司。它们发行商业票据的目的，是为自己或为母公司筹集资金，或为支持母公司的销售业务。② 非金融性公司。包括各类生产企业、服务企业、公用事业单位以及境外企业。它们发行商业票据的目的，主要是为解决本企业生产经营或临时性资金周转需要。

（2）投资者。即购买商业票据的各种机构，主要是保险公司、非金融机构、银行信托部门、地方政府和养老基金等，个人投资者很少。由于银行存款利率通常都很低，因此，当机构资金多余或资金暂时闲置不用时，用于购买商业票据，从而成为商业票据市场的主要投资者，也使得商业票据成为一种特殊的、银行以外的重要融资工具。

（四）我国商业票据市场的发展和管理

我国票据市场以银行承兑汇票为主要工具，严格意义上的商业票据并不存在，这是我国企业规模和金融市场成熟程度所决定的。在我国，通常所说的商业票据通称商业期票、商业汇票等，它们是企业之间的相互授信支付手段，而非短期融资工具，因而不归属于货币市场范畴。

二、大额可转让定期存单市场

大额可转让定期存单市场是指大额可转让定期存单这种金融工具的发行和流通所形成的市场。大额可转让定期存单（Negotiable Certificates of Deposits，CDs），是银行发行的有固定面额、可转让流通的存款凭证，是定期存款证券化、市场化的产物，也是西方国家特别是美国商业银行逃避存款利率管制、防止存款转移和提高存款竞争力的产物。

（一）大额可转让定期存单市场的形成与发展

1．大额可转让定期存单市场的形成

20 世纪 60 年代初，美国的金融市场交易活跃，市场利率上升。但由于“Q 条例”的限制性规定，商业银行对客户的活期存款不能支付利息，对定期存款的利率也有最高限制，在这种情况下，许多客户纷纷把商业银行的存款提走，转而购买收益率较高的有价证券，对一些银行的负债产生了较大影响。为回避“Q 条例”的不利影响，花旗银行于 1961 年率先推出了可转让大额定期存单（每份在 10 万美元以上），那些大额短期资金就可通过购买这种可转让存单而得到运用，获取市场决定的收益的同时，也不影响资金周转。由于这种工具有较强的流动性，并能够突破当时的利率管制，对银行吸收存款大有好处，因而各家银行纷纷发行这种可转让存单，大额可转让定期存单市场由此形成。

2．大额可转让定期存单市场的发展

后来，有些证券经纪类金融机构也加入这些可转让存单市场，通过其证券经纪作用，使得市场存有不等数额的存单，也就使这个市场的规模逐步扩大，到 2003 年底，美国市场的 CDs 余额快速上升，这些 CDs 的主要购买者就是货币市场基金类管理公司。1968 年英国也开始发行这种存单，日本则在 1973 年建立起大额可转让定期存单市场。

近20年来，西方各国的商业银行基本都开办了这种存单业务。

（二）大额可转让定期存单的特点及分类

1．大额可转让定期存单的特点

（1）大额可转让定期存单具有主动性和灵活性。它能够吸收数额庞大、期限稳定的资金，同时，也是一种金融创新，极大地改变了商业银行的经营管理思想。

（2）大额可转让定期存单是商业银行实施负债管理的重要工具。随着大额可转让定期存单的出现及由此形成的大额可转让定期存单市场，为商业银行调整流动性需求提供了重要场所，商业银行的经营策略也在资产管理的基础上引入了负债管理的理念。

（3）通过大额可转让定期存单的发行和交易，银行可以控制资金来源，并达到合理利用资金、满足安全性、流动性与盈利性的需要。

2．大额可转让定期存单的分类

按照发行者的不同可以分为四类。

（1）国内存单。国内存单是四种存单中最重要、历史最悠久的一种，它由美国国内银行发行，大多数采取的是无记名方式发行，在存单上注明了存款的金额、到期日及利率。国内存单的期限由银行和客户协商确定，常常根据客户的流动性要求灵活安排。初级市场上国内存单的利率一般由市场供求关系决定，也有由发行者和存款者协商决定的。利率又有固定和浮动之分。

（2）欧洲美元存单。欧洲美元存单是美国境外银行（外国银行和美国银行在国外的分支机构）发行的以美元为面值的一种可转让定期存单。欧洲美元存单市场的中心在欧洲，但欧洲美元存单的发行范围并不仅限于欧洲。美国大银行在早期曾是欧洲美元存单的主要发行者，但1982年以后，日本银行逐渐成为欧洲存单的主要发行者。

（3）扬基存单。扬基存单是外国银行（主要是欧洲和日本等地的著名国际性银行）在美国的分支机构发行的一种可转让的定期存单，其期限一般较短，大多在3个月以内。外国银行由于不受美国联邦储备条例的限制，没有准备金的要求，使得其成本与美国国内银行的成本不相上下，甚至更低，从而扬基存单能比国内存单支付更高的利息。另外，这些国际性银行拥有的良好声誉，也增加了投资者对扬基存单的信赖度。

（4）储蓄机构存单。储蓄机构存单是出现较晚的一种存单，它是由一些非银行金融机构（包括储蓄贷款协会、互助储蓄银行和信用合作社）发行的一种可转让定期存单。其中，储蓄贷款协会是主要的发行者。储蓄机构存单或因法律上的规定，或因实际操作困难而不能流通转让，因此其二级市场规模很小。

（三）大额可转让定期存单的发行与流通

1．大额可转让定期存单市场的发行

大额可转让定期存单市场的发行方式主要有两种：一是批发方式，即发行银行集中发行一批存单，发行时把发行总额、利率、期限等予以公布，供投资者认购；二是零售方式，即发行银行为适应客户的需要随时发行，发行条件由发行银行和客户协商议定。存单发行一般都由发行银行直接销售，而不需借助发行中介机构。存单的发行价格一般都采用平价，即按面额发行。在确定存单的发行利率时，要考虑存单期限、其他短期金融工具的利率水平、市场利率的变动预期、发行者自身的资信程度以及金融当局有关的限制性规定等多方面的因素。

2．大额可转让定期存单市场的流通

大额可转让定期存单的流通市场是对已发行但尚未到期的存单进行买卖的市场。该市场一般由存单买卖者和经纪商组成。在一级市场购买存单的投资者，如果急需资金，可以在二级市场上出售给经纪商，以维持流通性。经纪商买入这些存单后可一直持有到期，兑取本息，也可以再到二级市场上出售。由此可见，在大额可转让定期存单流通市场中发挥重要作用的是各种经纪商。他们一方面承担推销、发售存单的任务，不断地为顾客提供零售、批发业务；另一方面不断地充当存单转让中介，创造二级市场以保持存单的流动性。

（四）我国大额可转让定期存单市场的发展和管理

1．我国大额可转让定期存单市场的发展

我国的大额可转让定期存单市场始于 1986 年 10 月，交通银行上海分行筹备成立之时，经中国人民银行上海分行批准，设计推出了大额可转让定期存单这一新型融资工具。随后，其他专业银行也开办了此项业务。由于大额可转让定期存单是一种集收益性、安全性、流动性于一体的金融工具，因此，面世后深受广大投资者的欢迎。特别是在银行保值储蓄贴补率逐渐降低的情况下，各银行适时发行存单，对稳定储蓄存款、缓解各行资金供求矛盾起了重要作用。

2．我国大额可转让定期存单市场的管理

中国人民银行在 1989 年制定了《大额可转让定期存单管理办法》，批准在全国推行大额可转让定期存单，在 1996 年又对其进行了修改，内容如下。

（1）发行者及发行对象。大额可转让定期存单的发行者仅限于各商业银行，其发行对象为城乡居民个人和企事业单位。

（2）期限和利率。大额可转让定期存单的期限为 3 个月、6 个月、12 个月。其利率由中国人民银行制定，在存期内按存单开户日银行挂牌公布的利率水平和浮动幅度计付利息，不分段计息。

（3）发行方式和流通。大额可转让定期存单采用记名方式发行，以背书方式转让，转让次数不限，背书应当连续。经中国人民银行批准，商业银行和经营证券交易业务的金融机构可以办理大额可转让定期存单的转让业务，但企事业持有的大额可转让定期存单只能在经营证券业务的金融机构办理转让，可以采用自营买卖和代理买卖两种交易方式。

（4）大额可转让定期存单凭证格式由中国人民银行统一组织印制，并由中国人民银行负责大额可转让定期存单业务的批准和监督工作，包括申请发行额度、期限、面额和利率等内容，同时附上与指定经营大额可转让定期存单业务的证券机构达成的转让协议。各商业银行发行大额可转让定期存单吸收的存款，应当向中国人民银行缴存存款准备金。

第三节　银行承兑汇票与回购协议市场

一、银行承兑汇票市场

银行承兑汇票市场是指以银行汇票为金融工具，通过汇票的发行、承兑、转让及贴现而实现资金融通的市场，也可说是以银行信用为基础的市场。银行承兑汇票（Banker's Acceptance，BA），是指出票人开立的远期汇票，它以银行为付款人，命令其在未来的某一确定时刻支付一定金额给收款人。这张汇票经过付款银行承兑后，承兑银行就承担了到期付款的不可撤销的责任，持票人凭承兑银行的付款信用保证，请求银行对该汇票付款。由于银行承兑汇票实际上是银行将其信用出借给企业，因而成为货币市场最受欢迎的一种优良的短期信用工具。

（一）银行承兑汇票市场的形成和发展

1．银行承兑汇票市场的形成

银行承兑票据起初主要是为了方便商业交易尤其是国际贸易活动，增强购买商的信用度。企业按承兑银行的规定存入指定账户一定量的资金后即可开出此票据，一般是由贴现方发行，银行可以将这种票据直接卖给投资者，也可以卖给一些证券交易商。

2．银行承兑汇票市场的发展

鉴于银行承兑汇票融资对出口商、进口商和银行都有很大的好处，银行承兑汇票的数量迅速增长。但随着银行承兑汇票的增长达到极限后，开始急剧下滑。20世纪80年代，美国市场上从事这种票据交易的大交易商在25家左右，之后有所减少。银行承兑票据主要由货币市场基金和市政机构购买并持有。在美国，尽管这种票据的发行在20世纪80年代中期最多，其后开始减少，但从1970—1993年间的较长期间看，规模扩展还是很可观的，从70亿美元增加到320亿美元，增长了近4倍（米什金，1998年）。只不过，由于一些证券类经纪交易商退出这一市场，银行承兑票据的流动性并不是很理想。

（二）银行承兑汇票的特点及作用

1．银行承兑汇票的特点

（1）安全性高。由于银行承兑汇票有物资作为基础，又有付款人和银行对付款的双重保证，使之具有“双保险”的优点，即承兑银行承诺到期支付，倘若承兑银行到期拒付，还可以向出票人追索；由于银行具有比较高的资信度，因此银行承兑汇票无论是相对于持票人而言，还是相对于其他相关人来说，都具有极高的安全性。

（2）流动性强。根据西方国家货币市场通行的惯例，银行承兑汇票可以随时进行票据贴现、转贴现和再贴现，所以它是一种十分受欢迎的短期投资工具，各银行都愿意以贴现方式购买这种汇票，赚取贴息，各汇票交易商也积极参与买卖银行承兑汇票的业务，同时，汇票经纪人也进入市场促成交易，使银行承兑汇票的市场交易更加活跃。

（3）收益性好。在西方国家，多数持有银行承兑汇票的银行在调度头寸时，一般不再将汇票转贴现或再贴现，而是直接把银行承兑汇票卖给汇票交易商，像共同基金、保险公司、政府机构、其他银行和非银行金融机构，都向汇票交易商贴现银行承兑汇票进行投资，获取收益。在银行承兑汇票市场上，汇票的价格不再是依据票面计算的贴现价格、再贴现价格和转贴现价格，而是根据市场的汇票供求状况和汇票承兑人信誉高低而形成的买卖价格。

2．银行承兑汇票的作用

虽然银行承兑汇票也在国内贸易中运用，但总的来说，为国际贸易创造的银行承兑汇票占绝大部分。其中，在国际贸易中运用银行承兑汇票有如下三方面的作用：（1）出口商可以立即获得贷款进行生产，避免由货物装运而引起的时间耽搁；（2）由于一国银行以本国货币支付给出口商，避免了国际贸易中不同货币结算上的麻烦及汇率风险；（3）由于有财力雄厚、信誉卓著的银行对货款的支付作担保，出口商无须花费财力和时间去调查进口商的信用状况。

（三）银行承兑汇票市场的构成与交易

1．银行承兑汇票市场的构成

银行承兑汇票市场主要由出票、承兑、贴现及再贴现等几个环节构成。出票与承兑相当于发行市场，贴现与再贴现相当于流通市场。

（1）发行市场

① 出票。出票是指出票人签发汇票并交付给收款人的行为。它包括两个行为：一是写出汇票，并在汇票正面签名；二是将汇票交付给收款人，这样汇票从出票人那里转移到收款人。没有出票，其他票据行为无法进行，因而出票是基本的票据行为。开出的汇票，既是支付凭证，也是信用凭据。出票人发出支付命令，命令付款人凭票支

付一定金额给收款人，这是出票人的支付信用。出票人要对支付信用完全负责。如果出票人想要在汇票上写明免除他自己的责任而加注“对出票人无追索权”字样，那么这项汇票的信用则将大大降低，其他人一般不愿接受，流动性会大为降低。

② 承兑。银行对汇票的承兑，是指银行对远期汇票的付款人明确表示同意按出票人的指标，于到期日付款给持票人的行为。承兑是一种附属票据行为。承兑包括两个行为：一是在汇票上签字写明“承兑”字样；二是把承兑的汇票交给持票人，或者把承兑通知书交给持票人。银行汇票承兑大致有以下四种类型：国际进出口贸易的银行汇票承兑、国内货物运输的银行汇票承兑、国内仓储货物的银行汇票承兑、出口备货融资的银行汇票承兑。

（2）流通市场

① 贴现。贴现是指收款人或持票人在资金不足时，将未到期的银行承兑汇票向银行申请贴现，银行按票面金额扣除贴现利息后将余额支付给收款人的一项银行授信业务。票据一经贴现便归贴现银行所有，贴现银行到期可凭票直接向承兑银行收取票据。所以，票据贴现可以看作是银行以购买未到期银行承兑汇票的方式向企业发放贷款。票据贴现的贴现期限最长不超过 6 个月，贴现期限从贴现之日起到承兑票据到期日起。相关计算公式为

$$\text{贴现利息}=\text{汇票面值}\times\text{实际贴现天数}\times\frac{\text{月贴现利率}}{30}$$

$$\text{实付贴现金额}=\text{汇票面额}-\text{贴现利息}$$

② 再贴现。再贴现也叫“重贴现”，是指商业银行为弥补营运资金的不足，将由贴现取得的商业银行票据提交中央银行，请求中央银行以一定的贴现率对商业票据进行二次买进的经济行为。中央银行通过调整再贴现率提高或降低再贴现额度，从而调节信用规模，是解决商业银行短期资金不足的重要手段，同时也是中央银行实施货币政策的重要工具之一。同时，再贴现率对市场利率影响很大。再贴现已经逐渐演变成决定和调节利率的主要手段。

2．银行承兑汇票市场的交易

（1）初级市场上的交易。银行承兑汇票市场不仅在国际贸易中运用，也在国内贸易中运用。但总的来说，为国际贸易创造的银行承兑汇票占着绝大部分。国际贸易承兑主要包括三个部分：为本国出口商融资的承兑、为本国进口商融资的承兑及为其他国家之间的贸易或外国国内的货物仓储融资的第三国承兑。

（2）二级市场上的交易。银行承兑汇票被创造后，银行既可以自己持有当做一种投资，也可以拿到二级市场出售。如果出售，银行可通过以下两个渠道：其一，利用自己的销售取得直接销售给投资者；其二，利用货币市场交易商销售给投资者。因此，银行承兑汇票二级市场的参与者主要是创造承兑汇票的承兑银行、市场交易商及投资者。

（四）我国银行承兑汇票市场的发展和管理

我国的银行承兑汇票市场大致以1996年《中华人民共和国票据法》的施行为界分为两个阶段。

1．1981—1996年的起步阶段

我国的票据承兑、贴现和再贴现市场起步于20世纪80年代。1981年人民银行上海分行率先办理商业汇票承兑贴现业务。1984年12月人民银行发布《商业票据承兑贴现暂行办法》，决定于1985年4月在全国展开这项业务。1986年人民银行又颁布《中国人民银行再贴现试行办法》，正式办理对专业银行的再贴现业务。此后市场发展迅速，于1986—1988年达到较大的规模。进入20世纪90年代后，票据市场发展更快，但也出现了众多问题，如资金流向不合理、票据行为不规范、假票问题严重等，市场比较混乱。

2．1996年以后的规范阶段

1995年10月《中华人民共和国票据法》颁布，1996年1月实施。该法的实施为银行承兑汇票市场的规范发展勾画出基本的框架，为企业扩大票据融资，商业银行调整信贷资产结构，即中央银行间接调控提供了良好的市场环境。但在实践上，银行承兑汇票市场在货币市场中发挥的作用还十分有限，一方面市场规模小，票据实际交易量和商业票据贴现余额都较低，与整个商业银行贷款规模不成比例；另一方面市场的制度发育不完备，而产生这种状况是由多方面原因造成的。目前，我国实际上还只是把票据作为一种清偿工具，是一种支付手段，还没有把它作为一种流通工具或者投资工具。因此，票据行为双方还只限于销售方和购买方以及银行的客户之间，没有第三者介入，这是不能形成票据二级市场的主要原因。鉴于我国企业的先天性缺陷以及前一阶段的教训，中央银行和商业银行对发展这一市场都采取谨慎的态度，因此市场发展对比其他市场而言缓慢得多。

二、回购协议市场

回购协议市场是指通过回购协议进行短期资金融通交易的场所。所谓回购协议（Repurchase Agreement，Repo），是指某一交易商在卖出某一证券的同时约定未来某一时日再以事先确定的价格买回的交易。它也可以是相反方向的交易，被称为逆回购协议（Reverse Repurchase Agreement）。证券回购实质上是一种以证券为抵押品的短期资金融通方式，购买和回购价格之间的差额所隐含的收益率就是回购协议利率（Repo Rate）。

（一）回购协议市场的形成及发展

1．回购协议市场的形成

证券回购是在第二次世界大战结束以后逐渐形成的。在当时，随着证券发行量的增加，有的证券公司因募集的证券未能全部发售而库存增加，有的证券投资者中途变现又进一步使证券公司的滞留证券增加。于是，证券公司为筹集资金向其他金融机构以购回为条件将证券卖出，证券回购交易的雏形开始出现。回购交易首先于 1969 年在美国开始，联邦储备银行规定回购协议的买方可以免交存款准备金。回购交易的标的物一般是国债，根据西方金融学教科书的理解，国债在这种交易中是一种抵押品，回购交易也就是以国债为抵押品的贷款融资，但也有学者认为回购交易是一种债券交易方式。此后一段时期内，证券回购交易在低利率政策下一度萎缩，但随着通货膨胀的全球蔓延，各国为稳定币值，纷纷把货币政策的中间目标由控制银行贷款量转向控制货币供应量，有意加强公开市场业务操作，引导商业银行将剩余资金投放到证券回购市场上，从而有力地推动了证券回购市场的发展。

2．回购协议市场的发展

20 世纪 60 年代后期，回购协议市场迅速的发展，使其成为最大、最具流动性的货币市场之一。特别是在日本 70 年代初允许国债回购交易市场建立与发展时，由于将其当做一种债券交易方式，其价格便可随行就市，根据供求情况上下浮动，避开当时日本银行的利率管制政策，从而吸引了大量资金，对于推动日本利率自由化与市场化起到了应有的作用。回购交易不仅是大多数非金融公司管理资金头寸、获得短期证券市场稳定收益或者获取短期融资的有效渠道，也是商业银行、投资银行、基金管理公司等金融机构进行资产管理和融资的主要工具之一，因而市场交易尤为活跃，交易规模不断增加，美国市场上每天交易额在 5 000 亿美元以上。它的发展深刻地改变了以商业银行为代表的金融机构对于资产管理的理念，显著地增强了各种金融工具的流动性和资产组合的灵活性，从而大大提高了资金的使用效率，促进了金融体系的稳定，丰富了中央银行公开市场操作的手段。

（二）回购协议市场的利率和风险

1．回购协议市场的利率

在回购协议市场上，利率并不统一。回购协议利率与证券本身的利率无关，而是由多种因素确定。

（1）用于回购的证券的质量。证券的信用度越高，流动性越强，回购利率就越低；相反，利率就高一些。

（2）回购期限的长短。一般来说，期限越长，由于不确定因素越多，因而利率也应高一些。但这也并不是绝对的，利率在实际运作中可以随时调整。

（3）交割的条件。如果采用实物交割的方式，回购利率就会较低。如果采用其他交割方式，利率就会相对高一些。

（4）货币市场中其他子市场的利率水平。回购协议的利率水平不可能脱离货币市场其他子市场的利率水平而单独决定，否则该市场将失去吸引力。它一般是参照同业拆借市场利率而确定的。

在期限相同时，回购协议市场利率与其他货币市场利率呈现以下关系，如图 3.3 所示。

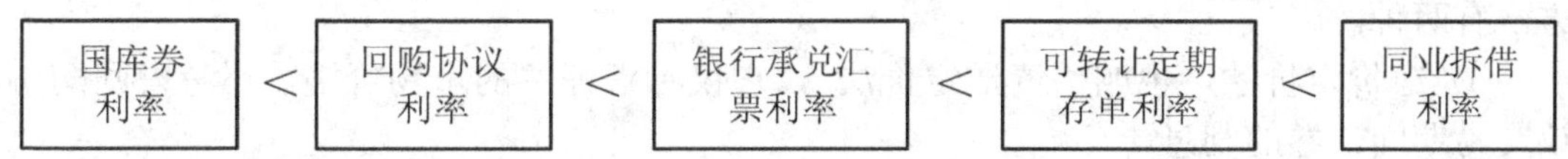

图 3.3　货币市场利率关系

证券回购价格、售出价格与回购利率之间的关系可用下列公式表达：

$$\text{回购价格}=\text{售出价格}+\text{约定利息}$$

$$\text{约定利息}=\text{售出价格}\times\text{回购利率}\times\frac{\text{距到期日天数}}{360}$$

$$\text{回购利率}=\frac{\text{回购价格}-\text{售出价格}}{\text{售出价格}}\times\frac{360}{\text{距到期日天数}}\times 100\%$$

2．回购协议市场的风险

尽管证券回购是一种高质量的抵押借款，但交易双方仍然面临一定的风险，包括信用风险和证券清算风险。

（1）信用风险。信用风险是指交易双方不履行回购协议中的买回或卖回义务，而使对方遭受损失的可能性。一种情况是，证券卖方到期未再购回证券，若此时市场利率上升，证券价格下降，则买方只能拥有此证券，并遭受损失；另一种情况是，市场利率下降，证券价格上升，买方不履行按约定价格卖回给卖方的义务，则证券卖方将遭受损失。为避免此种风险，一种方法是，回购协议中贷款的数额往往少于抵押品证券的市场价值，给贷款者在证券市场下跌时提供一定的缓冲；另一种方法是，定期公布抵押品的市价，按照市价来记录头寸的价值。

（2）证券清算风险。在回购交易中，买方（资金供应者）应付款收取抵押证券，到期收回本金和利息，返还抵押证券，由于到期时间很短，交割实物证券的成本很高，因而产生了以账户划转的交割方式，并以证券保管凭单代替实物证券，以节省时间和费用。但随之而来的是清算风险的增加，即可能出现并无足够抵押证券的买空卖空行为，加剧融资风险。为避免此种风险，许多国家要求证券由第三方金融机构统一进行保管，保管凭单必须以真实、足额证券为依据。

（三）回购协议市场的要素与交易

1．回购协议市场的要素

回购协议市场的要素一般包括五个方面，即回购协议证券的种类和价格、回购协议的期限、保证金比例、回购协议的利率和回购协议的市场参与者。

（1）回购协议证券的种类和价格

回购协议中，证券标的物种类很多。交易对象包括政府短期和中、长期债券以及其他可流通证券，如商业票据、银行承兑汇票、可转让大额定期存单等。证券的定价方法有两种。

① 净价定价法。也叫"清洁定价法"，它仅考虑证券的市场价格，不考虑回购协议交易期间证券的利息。

② 总价定价法。也叫"肮脏定价法"，在证券价格的确定中要考虑回购协议期间的利息。两种定价方法均以交易开始日证券的市场价格为基础，所不同的是对回购协议交易期间证券利息的处理不同。

（2）回购协议的期限

回购协议的交易期限可长可短。最短为隔夜回购，还有期限为几天的回购协议，较长期限如 1～3 个月期限的回购协议叫"定期回购协议"。有的回购协议期限不定，属于"开放式回购协议"，协议每天经交易双方同意后进行展期，利率根据隔夜回购协议的利率每天重新确定一次。国债回购交易的期限通常为一个营业日，即今日卖出国债，明日买回，相当于日拆。也有 30 天的，最长可达 3～6 个月，而且还可以签订连续合同。

（3）保证金比例

根据惯例，证券购买者要在证券市场价格的基础上，减去几个基点后或削减一部分后，再将资金交给证券的出售者。被削减下来的部分就是证券的出售者向购买者交纳的"保证金"。保证金的作用在于防止证券价格下跌，担保物价值下降而给证券的购买者（投资者）带来损失。保证金比例的确定也很重要。比例太高，会增加回购协议的交易成本，不利于回购协议市场的发展；而比例太低，又无法有效地保护证券购买者（投资者）的利益。

（4）回购协议的利率

回购协议的利率是衡量回购协议交易中借款人（证券出售者）向贷款人（证券购买者）所支付的报酬比例，反映了交易中证券的购买者（投资者）所承担的各种风险。在国债回购交易中，交易双方都面临着利率风险，即由于市场利率变化而引起的作为抵押品的国债市价的变动。因此，交易双方在约定国债的回购价格时，要准确估计和把握交易期内的市场利率走势以及国债市价变动可能产生的影响。

（5）回购协议的市场参与者

回购协议的参与者非常广泛，既有各类金融机构（如商业银行、证券公司、其他存款机构、保险公司等）和非金融公司，又有中央银行和地方政府。在国债回购市场上，市场参与者主要有商业银行、中央银行、证券交易商和企业等。金融机构之间的短期资金融通，一般可以通过拆借的形式解决，不一定要用回购协议的办法。非金融机构之间采用回购协议的办法可以避免对放款的管制。

2．回购协议市场的交易

回购协议市场按照回购协议签订者及在市场中的地位不同，交易过程分为三种。

（1）证券交易商与投资者之间的回购交易。证券交易商在证券回购市场中既可以直接充当回购交易的买卖方，又可以充当买卖双方的中介，前者称为自主回购，后者称为委托回购。自主回购是证券商融入资金的渠道，证券商在从事证券业务的过程中自有资金所占比例很小，大部分资金要靠信用方式取得，而证券回购是其中的主要途径。委托回购则是证券商之外的卖方将持有的证券通过证券商以附回购协议方式转让给卖方，证券商介于买方（资金运用者）和卖方（资金筹措者）之间，成为双方回购协议的中介。

（2）银行同业之间的回购交易。这种回购交易一般通过同业拆借市场进行，买卖双方以直接联系、报价，或者通过市场中介询价方式进行协商、成交。它也是金融机构之间融通短期资金的重要方式，合理、规范的回购交易比同业拆借具有更高的安全性、更强的灵活性等特点。因此，回购利率往往低于同业拆借利率，吸引了众多参与者。

（3）中央银行公开市场业务中的回购交易。中央银行在进行证券买卖、开展公开市场业务时，会根据不同情况选择操作方式。如果中央银行希望影响银行准备的长期变化时，往往采取直接买卖证券方式；如果希望基础货币及银行准备只在短时期内变化时，则会倾向于运用证券回购。证券回购是中央银行向银行体系输入更多货币的途径；逆回购则相当于公开市场中交易商向中央银行发放质押贷款，是中央银行抽紧银根的表现，但其操作前提是中央银行持有一定数量的证券资产。

（四）我国国债回购市场的发展和管理

1．我国国债回购市场的形成

我国的国债回购业务始于 1991 年。为提高国债的流动性，STAQ 系统（即上海证券交易所和全国证券交易自动报价系统）于 1991 年 7 月宣布试办国债回购交易，并于 9 月 14 日在该系统的两家会员之间，完成了第一笔回购交易。此后，随着国债发行规模的扩大，国债期货试点的推出以及国债现货市场的日趋活跃，上海证券交易所、深圳证券交易所和武汉、天津等地的证券交易中心先后开办了国债回购业务，国债回购市场开始形成。1994 年是国债市场迅猛发展的一年，回购市场的交易量急剧增大。当年全国参加回购交易的单位有 3 000 多家，回购交易总量在 3 000 亿元以上。1995 年，全国集中性国债二级市场（即交易所和证券交易中心）的回购交易量已突破 4 000 亿元。在这一段时间里，由于市场管理没有跟上，回购市场出现了许多问题，表现在：交易形式不规范、交易主体不规范、资金用途不规范、回购交易的利率水平过高和金融机构的违规经费吸纳和运用情况较为严重。

2．我国国债回购市场的改善

从1995年下半年开始，中国人民银行、财政部和中国证监会针对存在的问题联合下发了规范回购业务的通知。通过一系列的整顿措施，场外交易基本得到遏制，回购市场的混乱状况有了明显改善，回购市场步入了正常、健康发展的轨道。1997年6月16日，银行间的回购市场从交易所市场退出，正式纳入了全国银行间同业拆借市场。银行间的回购交易实行询价交易方式，交易双方通过市场交易系统的计算机屏幕进行询价商谈并最终成交。交易结算通过中国国债登记结算有限公司结算，资金清算则按中国人民银行清算系统的有关规定办理。

总的来说，我国的国债回购市场近年来虽发展迅速，还很不成熟，市场分割现象较为明显。由于多方面的原因，商业银行参与回购交易的动力不足，中央银行的国债资产比重过小。一个服务于回购交易的统一的国债登记、托管、清算和结算系统还没有完全建立起来，回购市场的制度管理和运作技术亟待解决。随着国债发行品种的逐步增加和发行规模的扩大，回购市场的规范化程度必将不断提高。

第四节　联邦基金和欧洲美元市场

一、联邦基金市场

联邦基金市场是指在美国联邦储备银行体系中开有准备金账户并缴存准备金的金融机构之间就准备金调剂所形成的交易市场，即那些拥有超准备头寸与准备金存款达不到法定要求水平的金融机构间相互拆放与拆入的交易。联邦基金（Federal Funds）也被称为联邦储备基金。由联邦基金交易所形成的利率具有很强的信号指示功能，因为它最能表明银根的紧松情况。一般地，那些大型商业银行是联邦基金的主要购买者，其次是那些非银行经纪机构和交易商，小型金融机构往往是卖出者。

（一）联邦基金市场的产生及特点

联邦基金产生于20世纪20年代，是联邦储备制度的产物。1914年11月，美国联邦储备体系正式建立，根据1913年《联邦储备法》，所有参加联邦储备体系吸收存款的会员银行，必须将全部法定存款准备金集中交存联邦储备银行，这些准备金存款，联邦储备银行不支付利息，是用以调节金融的一项比较稳定的资金来源。在会员银行的日常业务活动中，经常出现准备金临时的短缺或多余。起初，准备金不足时，主要通过再贴现来弥补，而准备金出现多余时，却无法加以运用。为了解决这个矛盾，当时在纽约的少数会员银行出于共同的利益，开始相互间拆借准备金头寸。采用这种方式调剂彼此间的余缺，不仅拆借利率低于再贴现率，还可以将不盈利的多余准备金转换为高流动性的生息资产，对准备金头寸的余缺双方都很有利，于是很快被整个联储系统的会员银行采用，形成了会员银行准备金头寸的拆借市场。这就是最初的联邦基金市场。

20 世纪 70 年代以前，联邦基金市场称为传统的联邦基金市场，主要有以下特点：

（1）市场交易主体和客体单一。1964 年以前，非会员银行和其他金融机构一直被禁止进入联邦基金市场，吸收存款的会员银行是唯一的市场交易主体，交易客体仅限于他们的超额准备金存款。所以，这个时期的联邦基金市场确切地说，是会员银行超额准备金债权的交易市场。

（2）拆借期限短，用途单一。拆借期限多为一天，最短的只有几个小时，长者一般不超过 7 天；购入联邦基金只是用于弥补临时的准备金不足。

（3）购入联邦基金“即时可用”，不算作存款，不用提交存款准备金，一般也无须抵押品。

（4）交易必须通过联储银行的转账来完成，联储银行成为集中办理联邦基金交易的中心。

（二）联邦基金市场的发展及特点

20 世纪 70 年代，西方国家兴起了以金融自由化为基本特征的金融制度改革和金融业务革命。金融创新逐步推向高潮，联邦基金市场也得到全面的创新发展。主要表现如下。

（1）市场主体和交易客体的来源构成多元化。联储当局从 20 世纪 60 年代开始就逐步放松了非会员银行和非银行金融机构进入联邦基金市场的限制，但当时非会员金融机构不受准备金制度的管理。70 年代以后，各银行和非银行金融机构的存款业务展开了激烈竞争，各种新的金融服务和金融工具相继推出，存款业务全面拓展，使得超脱于准备金制度管理之外的存款和现金资产的数量迅速增加。为克服存款准备金制度的缺陷，联储 1980 年规定所有吸收存款的金融机构都必须缴存准备金。另外，一些企业、社会团体和政府机构等非金融组织，为了对日益增长的现金资产进行最有利的短期投资，采用“回购协议”方式加入联邦基金市场，在联邦基金的供应方面占有越来越重要的地位。

（2）交易方式多样化，市场业务多元化。20 世纪 70 年代后，由于银行负债管理办法的实施和大量非会员金融机构进入联邦基金市场，使较长期限的交易需求不断增加，于是“同业借贷”被普遍用于较长期的联邦基金交易，期限可长达 1～3 个月。为保证融资的安全性，联邦基金的同业借贷有时需要提供抵押品。回购协议是 70 年代中期引进到联邦基金市场的一种新的交易方式。它的引进是联邦基金交易方式的一大创新。它不仅使非金融的企业、社会团体和政府机构成为市场主体，将非同业的拆借和短期借贷用于联邦基金的交易，而且还把证券交易带入联邦基金市场，推动了交易方式的多样化发展，导致了传统联邦基金市场性质的改变。交易方式多样化，打破了传统的联邦基金市场与短期借贷市场和短期证券市场等货币子市场之间原有的业务方式，它们的交易活动经常交织在一起，相互融合，同一笔联邦基金的买卖，就可能包括几个货币子市场的业务活动，使市场的融资业务趋于多元化。

（3）购入用途广泛化，融资用途多重化。联邦基金上述的变化，为购入联邦基金用途的广泛化提供了方便的条件。许多银行和其他金融机构不再把购入的联邦基金单纯地用于弥补准备金的临时不足，而是用于平衡短期资金供需，或作为长期储备资产和经营资金的来源。购入联邦基金，成为银行扩大负债以扩充其资产的一个重要途径，对银行的资产负债经营管理和业务竞争等方面，都具有多重的效用。

（4）融资技术现代化，市场运行高效化。20世纪70年代以来陆续建立起来的电子计算机、卫星等现代化的通信系统，如“联邦储备通信系统”、“交换银行相互收付系统”等，都是联邦基金市场所运用的主要电子通信系统。这些现代化的电信网络，将联储银行和各金融机构连接在一起，扩大了联邦基金市场运行的高效化。

（三）联邦基金市场的利率与交易

1. 联邦基金市场的利率

由联邦基金市场的供求决定的均衡利率就是联邦基金市场的利率。联邦基金利率和回购利率紧密相连，因为两者都是银行借款的手段。但是，与回购不同，由于联邦基金是无担保的借贷，因此其利率较高。

联邦基金利率的短期波动是由贷方每日可提供的资金量同银行与其他市场参与者现金持有量的变化决定的。在准备金持有期末基金利率波动最剧烈，这主要取决于大银行准备头寸，同时也有季节性特征，如基金利率在假期往往会升高，因为此时贷款需求和提取存款的行为较多；而在年末往往还有“粉饰”（Window-dressing）效应，许多银行利用联邦基金对其账户余额进行调整，以利于其年度报告的质量。

2. 联邦基金市场的交易

联邦基金市场的交易方式依买卖（借贷）双方机构的地点不同而有所差异。假设一笔联邦基金交易双方的商业银行都位于纽约货币市场的中心，这些银行仅仅能够以交换支票的方式借贷资金，那么借入行会得到一张以贷出行在纽约联邦储备银行准备金账户为付款方的支票。这种支票可以立即获得支付（当日货币）。这样，联邦基金就能在即期交易日结束前转移到借方的准备金账户上。同时，贷方会得到一张以借款人为付款人的支票。后一张支票是“隔夜货币”（第二天支付）的凭证，因为它必须经过纽约清算中心传递。通过这种方式，资金会立即转入借款方的准备金账户，在次日或在贷款协定到期日资金又会自动划转回贷出行的准备金账户。同理，贷出行只需直接与纽约联邦储备银行联系，要求它自动将资金从贷款行的准备金账户划转到借款行的准备金账户，第二天此交易反向进行。资金归还时，还要包括联邦储备资金利息，这可以用支票单独支付，或者记入相应的代理行账户。但是如果交易双方不在同一个联邦储备银行区域内，就需要两个联邦银行介入，其他过程则是相同的。一旦借贷双方就贷款达到了协议，贷方就可以直接或通过代理行间接与当地的联邦储备银行联系，要求用电报形式实现联邦基金的转移，储备银行通过联邦电报网（FEDWIRE）将准备金转移到借款行所在地的联邦储备银行。当贷款到期时，此资金过程反向进行。

二、欧洲货币市场

欧洲货币市场是指非居民之间以银行为中介在某种货币发行国国境之外从事某种货币借贷业务的市场，又称离岸市场或境外市场。这里的“欧洲”一词已突破了地域的涵义，而是“境外”（External）或“离岸”（Offshore）的代名词。欧洲货币市场允许非居民相互之间融通外币资金，已经成为国际融资的一个重要途径。

（一）欧洲货币市场的产生和发展

1．欧洲货币市场的产生

20 世纪 50 年代初期产生了欧洲美元业务，即吸收非居民客户的美元存款，并对外提供美元贷款。欧洲美元业务产生的主要原因是：朝鲜战争爆发后美苏关系十分紧张，苏联国家银行担心在美国的美元存款被冻结，将其转存到巴黎和伦敦的商业银行账户上，因而产生了最早的欧洲美元存款。但是欧洲美元市场的正式形成还是在 1957 年，当时受英镑危机的影响，英格兰银行加强了外汇管制，禁止英国的商业银行向英镑区以外的国家提供英镑贷款，于是伦敦的商业银行便开始积极地吸收欧洲美元存款，并对外提供欧洲美元，以应付贸易贷款的需求，从而形成了欧洲美元市场。这种在美国境外的美元就被称为“欧洲美元”（Euro-dollar），接受欧洲美元存款，并在此基础上提供贷款的银行被称为“欧洲银行”（Euro-bank）。由于这种境外金融市场所具有的独特优势，欧洲美元市场得到了迅速的发展。在此带动之下，人们又开始把其他货币，如英镑、马克、法郎和日元等货币相应地转存到英国、德国、法国和日本境外的银行，由此形成了“欧洲英镑”、“欧洲马克”、“欧洲法郎”和“欧洲日元”。这些境外货币业务的市场就是“欧洲货币市场”，其中美元的交易量约占 60%～70%，伦敦则成为最大的交易中心。而且，这种境外货币业务还从欧洲蔓延到了亚洲、中东和加勒比地区乃至世界的其他地区。

2．欧洲货币市场的发展

1973 年和 1979 年的两次石油价格暴涨进一步促进了欧洲货币市场的发展。石油国家依靠出售石油获得大量美元，他们将这些美元存入伦敦和瑞士的银行（形成了“石油美元”），这些国际银行将美元投入循环，从而促进了欧洲货币市场的进一步发展。欧洲货币市场的迅速发展主要有以下几个方面的原因。

（1）二战以后生产和资本的国际化客观需要这样一个市场。

（2）美国的国际收支持续逆差使得大量美元流入欧洲货币市场。

（3）欧洲货币市场本身具有的一些特点。欧洲货币市场的存款利率比在岸市场要高，贷款利率比在岸市场要低，且该市场不受任何国家金融管制法规的约束，借贷自由，手续简便，资金调度灵活。

（4）美国的金融管制促进了该市场的发展。

（5）石油美元的形成及其回流壮大了该市场。虽然 20 世纪 70 年代和 80 年代，欧洲货币市场获得了迅速的发展，但是进入 90 年代以后，其增长速度已大大放缓。

（二）欧洲货币市场的特点及优势

1. 欧洲货币市场的特点

欧洲货币市场是一个有很大吸引力的市场，这个市场与西方国家的国内金融市场以及传统的国际金融市场有很大的不同，关键在于这是一个完全自由的国际金融市场，其特点如下。

（1）欧洲货币市场经营非常自由。欧洲货币市场是一个不受任何国家政府管制和税收限制的市场，其经营非常自由。

（2）欧洲货币市场资金规模极其庞大。欧洲货币市场的资金来自世界各地，数额极其庞大，各种主要可兑换货币应有尽有，故能满足各种不同类型的国家及其银行、企业对于各种不同期限与不同用途的资金需要。

（3）欧洲货币市场有独特的利率体系。其存款利率相对较高，放贷利率相对较低，存放款利率的差额很少，这是因为它不受法定准备金和存款利率最高额限制。

（4）欧洲货币市场的经营以银行间交易为主。银行同业间的资金拆借占欧洲货币市场业务总额的很大比重，它也是一个“批发市场”，因为大部分借款人和存款人都是一些大客户，所以每笔交易数额很大，一般少则数万美元，多则可达数亿甚至十亿美元。

2. 欧洲货币市场的优势

（1）欧洲货币市场的交易几乎完全不受官方的限制。对“欧洲货币”的发行国来说，这种境外交易对本国并无直接的影响，因而缺乏干预的必要性。此外，由于这种交易远离本土，即使想要干预也是鞭长莫及。至于对欧洲货币市场所在地政府而言，因为欧洲货币的存款人和借款人多为外国居民，其交易具有所谓的“离岸”性质，且又属外币交易，对本国经济的影响更是微不足道，况且这种交易还有利于本国的就业和其他收入，因而不仅不予限制，反而还加以鼓励。这就使得“欧洲银行”不必交纳存款准备金，不受利率上下限约束，经营成本极为低廉，资金划拨相当自由。

（2）欧洲货币市场的利率具有竞争性。欧洲货币的交易以银行同业为主，即使是参与交易的非银行企业也多为大型的跨国公司。这就使得欧洲货币的交易具有大进大出的“批发”特性，动辄以千万甚至上亿计数。这种批发业务导致交易的单位成本极低，较低的存款准备金比率又使资金得到了充分的利用，因此，“欧洲银行”就能够以较高的利率吸引存款，以较低的利率提供贷款。结果，欧洲美元的存贷款利差就小于美国国内的利差，欧洲英镑的利差则小于英国国内的利差，如图 3.4 所示。

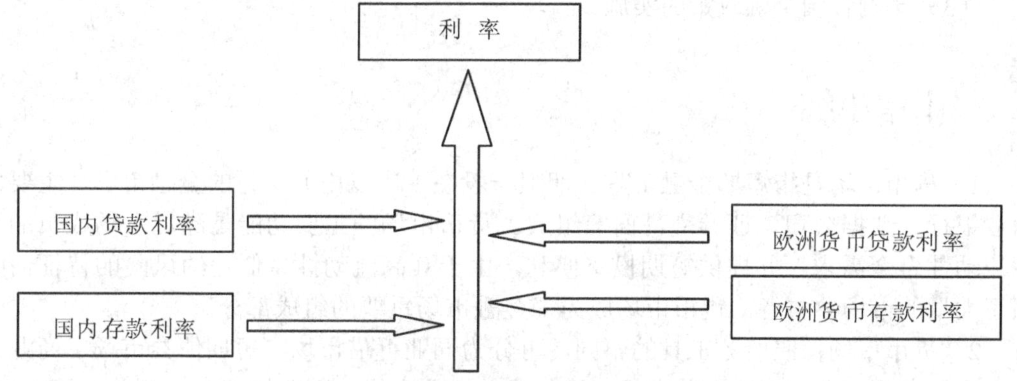

图 3.4　国内与欧洲货币市场的存、贷款利率水平

（三）欧洲货币市场的结构及风险

1．欧洲货币市场的结构

按照业务特点，欧洲货币市场包括三个方面。

（1）短期信贷资金，包括银行同业拆借和可转让定期存单。

（2）中长期信贷，主要是银团贷款。

（3）欧洲债券，即由资金市场、中长期信贷市场和欧洲债券市场三部分组成。狭义上，通常将短期信贷资金市场习惯性地称为欧洲货币市场。

按照供求关系，欧洲货币市场主要有两部分。

（1）欧洲货币市场的资金来源。欧洲货币市场的资金主要来源于商业银行、跨国公司及其他工商企业、个人及非银行金融机构、各国政府和中央银行的外汇资金及外汇储备等。

（2）欧洲货币市场的资金运用。在欧洲货币市场上，资金的需求者主要是跨国公司、非产油国家和外汇投机者。这时的欧洲货币市场一是银行对跨国公司、投资者、政府机关吸收存款，并且运用这些资金对工商企业和各级政府放款。二是银行接受别家银行的存款，或者把头寸存放于别家银行，利用同业拆放市场，来管理和实现他们的资产和负债到期日的平衡。

2．欧洲货币市场的风险

欧洲货币市场没有准备金的规定，只受对借贷资本的需求和贷款机构本身的谨慎态度的限制，信用膨胀的可能性很大。此外，欧洲货币市场具有极大的竞争性、投机性和破坏性，导致了国际金融领域的不稳定。具体表现在以下三个方面。

（1）欧洲货币市场业务的银行要承担更大的风险。

（2）加剧了证券市场的动荡。

（3）影响各国金融政策的实施。

本章小结

1．货币市场是指短期金融工具（期限一般在 1 年以内）交易的金融市场，主要由商业银行、票据公司、证券交易商等组成。货币市场的主要功能是满足市场成员的短期流动性资金需求，并提供短期投资便利。由于其高流动性、低违约风险的特征而吸引了大量的市场参与者，货币市场成为了金融市场重要的组成部分。

2．货币市场按照债务工具的不同，可分为同业拆借市场、短期债券市场、商业票据市场、大额定期可转让存单市场、银行承兑汇票市场、回购协议市场等若干子市场。

3．同业拆借市场是指金融机构之间以货币借贷方式进行短期资金融通的主要场所。同业拆借交易是在无担保的条件下进行的，是资金和信用的直接交换，因此同业拆借业务本身处于社会信用最高层次。同业拆借市场的功能已经不仅仅局限于弥补或调剂资金头寸，而是已成为了各金融机构特别是商业银行弥补资金流动性不足和充分、有效运用资金，减少资金闲置的市场，也是金融机构协调流动性和盈利性关系的重要场所。

4．短期国库券市场是指短期国库券的发行和交易的场所。国库券（Treasury bills，T-bills），一般是由财政部发行，并以政府信誉为支持的债券。短期国库券又有“金边证券”之称，是保守型投资者的重点投资选择对象，商业银行也经常保有相当数量的国库券资产，并视其为理想的二级储备。由于由国家的税收作担保，具有其他短期证券所不具备的高信誉、低风险的特征，因此吸引了货币市场最广泛的投资者。而不同市场投资者的参与又极大地提高了短期国库券的流动性，使之成为最活跃、规模最大、最发达的证券市场。

5．商业票据市场是指在商品交易和资金往来过程中产生的以汇票、本票和支票的发行、担保、承兑、贴现、转贴现、再贴现来实现短期资金融通的市场。这里讲的商业票据（Commercial Paper，CP）一般是指以大型工商企业为出票人，到期按票面金额向持票人付现而发行的无抵押担保的远期本票，是一种商业证券。由于近年大量商业银行以提供信贷限额担保的方式参与其发行，大大增加了商业票据的信用程度，使之成为货币市场上又一重要的短期融资场所。

6．大额可转让定期存单市场是指大额可转让定期存单这种金融工具的发行和流通所形成的市场。大额可转让定期存单（Negotiable Certificates of Deposits，CDs），是银行发行的有固定面额、可转让流通的存款凭证，是定期存款证券化、市场化的产物，也是西方国家特别是美国商业银行逃避存款利率管制、防止存款转移和提高存款竞争力的产物。

7．银行承兑汇票市场是指以银行汇票为金融工具，通过汇票的发行、承兑、转让及贴现而实现资金融通的市场，也可说是以银行信用为基础的市场。银行承兑汇票（Banker's Acceptance，BA），是指出票人开立的远期汇票，它以银行为付款人，命令其在未来的某一确定时刻支付一定金额给收款人。由于银行承兑汇票实际上是银行将其信用出借给企业，因而成为货币市场最受欢迎的一种优良的短期信用工具。

8．回购协议市场是指通过回购协议进行短期资金融通交易的场所。所谓回购协议（Repurchase Agreement，Repo），是指某一交易商在卖出某一证券的同时约定未来某一时日再以事先确定的价格买回的交易。它也可以是相反方向的交易，被称为逆回购协议（Reverse Repurchase Agreement）。证券回购实质上是一种以证券为抵押品的短期资金融通方式，购买和回购价格之间的差额所隐含的收益率就是回购协议利率（Repo rate）。

9．联邦基金市场是指在美国联邦储备银行体系中开有准备金账户并缴存准备金的金融机构之间就准备金调剂所形成的交易市场，即那些拥有超准备头寸与准备金存款达不到法定要求水平的金融机构间相互拆放与拆入的交易。联邦基金（Federal Funds）也被称为联邦储备基金。由联邦基金交易所形成的利率具有很强的信号指示功能，因为它最能表明银根的紧松情况。

10．欧洲货币市场是指非居民之间以银行为中介在某种货币发行国国境之外从事某种货币借贷业务的市场，又称离岸市场或境外市场。这里的“欧洲”一词已突破了地域的含义，而是“境外”（External）或“离岸”（Offshore）的代名词。欧洲货币市场允许非居民相互之间融通外币资金，已经成为国际融资的一个重要途径。

本章重要概念

货币市场　银行承兑汇票（BA）　商业票据（CP）
大额可转让定期存单（CDs）　同业拆借市场
回购协议（Repo）　国库券（T-bills）　联邦基金（Federal Funds）

欧洲货币　　　　　　　　　中央银行票据

本章复习思考题

1．货币市场的概念和作用是什么？它包括哪些子市场？
2．阐述同业拆借市场、短期国库券市场、银行承兑汇票的形成与发展历程。
3．同业拆借市场的特点及作用是什么？
4．试述同业拆借市场的运作过程。
5．我国同业拆借市场的现状及发展前景如何？
6．试述短期国库券市场的发行和流通过程。
7．试述商业票据市场的特点及作用。
8．商业票据市场的主体有哪些？
9．大额可转让定期存单市场是如何产生的，有哪些特征？
10．大额可转让定期存单的种类有哪些？
11．试述大额可转让定期存单的发行与流通过程。
12．试述银行承兑汇票市场的特点及作用。
13．比较银行承兑汇票市场和商业票据市场的区别与联系。
14．银行承兑汇票市场的构成包括什么？
15．阐述回购协议市场的交易及影响回购利率的因素。
16．试述回购协议市场的利率和风险。
17．试述如何完善我国的国债回购市场。
18．试述联邦基金市场的产生、发展及各自的特点。
19．联邦基金市场的利率如何决定？
20．欧洲货币市场如何产生和发展？
21．阐述欧洲货币市场的特点、优势、结构及风险。
22．简述我国央行票据的发展进程。
23．探讨我国央行票据的发行和流通中存在的问题。

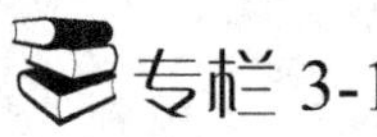

专栏 3-1

中央银行票据

中央银行票据简称央行票据，是中国人民银行面向全国银行间债券市场成员发行的、期限一般在1年以内的短期债券。之所以叫“中央银行票据”，是为了突出其短期性特点（从已发行的央行票据来看，期限最短的3个月，最长的也只有1年）。但央行票据与金融市场各发债主体发行的债券具有根本的区别：各发债主体发行的债券是一种筹集资金的手段，其目的是为了筹集资金，即增加可用资金；而中央银行发行的央行票据是中央银行调节基础货币的一项货币政策工具，目的是减少商业银行可贷资金量。

一、央行票据的发展进程

中央银行票据在我国并不是一个全新的东西。1993 年，央行就发布了《中国人民银行融资券管理暂行办法实施细则》。当年发行了两期融资券，总金额 200 亿元。1995 年，央行开始试办债券市场公开市场业务。为弥补手持国债数额过少的不足，央行也曾将融资券作为一种重要的补充性工具。2002 年 9 月 24 日，为增加公开市场业务操作工具，扩大银行间债券市场交易品种，央行将 2002 年 6 月 25 日至 9 月 24 日进行的公开市场业务操作的 91 天、182 天、364 天的未到期正回购品种转换为相同期限的中央银行票据，转换后的中央银行票据共 19 支，总量为 1 937.5 亿元。此举为央行票据的发行起始的标志。2003 年 4 月 22 日，中国人民银行正式通过公开市场操作发行了金额 50 亿元、期限为 6 个月的中央银行票据。4 月 28 日，央行发布了 2003 年第 6 号《公开市场业务公告》，决定自 4 月 29 日起暂停每周二和周四的正回购操作。据统计，2004 年共发行央行票据 15 071.5 亿元。截至 2005 年 2 月底，央行已经发行了 3 680 亿元央行票据，净回笼 1 510 亿元资金，未到期的央行票据余额已经高达 13 217.94 亿元，接近所有金融债的托管量。中央银行票据开始成为货币政策日常操作的一项重要工具。

二、央行票据的发行与流通

央行票据由中国人民银行在银行间市场通过中国人民银行债券发行系统发行，其发行的对象是公开市场业务一级交易商，目前公开市场业务一级交易商有 43 家，其成员均为商业银行。央行票据采用价格招标的方式贴现发行，双边报价商通过非竞争性招标方式配售。由于央行票据发行不设分销，其他投资者只能在二级市场投资。

和在银行间债券市场上发行的其他债券品种一样，央行票据发行后也可以在银行间债券市场上市流通，银行间市场投资者均可像投资其他债券品种一样参与央行票据的交易。央行票据的交易方式为现券交易和回购，同时作为人民银行公开市场业务回购操作工具。央行票据在银行间债券市场上市流通和作为人民银行公开市场业务回购操作工具的时间为“T+2”，即发行日的第三个工作日。通过配售方式购买央行票据的双边报价商，必须将央行票据作为双边报价券种，在交易时同时连续报出现券买、卖双边价格，以提高其流动性。央行票据由于其流动性优势受到了投资者的普遍欢迎。

三、央行票据的作用与问题

央行票据的作用：一是丰富公开市场业务操作工具，弥补公开市场操作的现券不足。引入中央银行票据后，央行可以利用票据或回购及其组合，进行“余额控制、双向操作”，对中央银行票据进行滚动操作，增加了公开市场操作的灵活性和针对性，增强了执行货币政策的效果。二是为市场提供基准利率。在财政部尚无法形成短期国债滚动发行制度的前提下，由央行发行票据，在解决公开市场操作工具不足的同时，利用设置票据期限可以完善市场利率结构，形成市场基准利率。三是推动货币市场的发展。央行票据的发行将改变货币市场基本没有短期工具的现状，为机构投资者灵活调剂手中的头寸、减轻短期资金压力提供重要工具。

但是，央行票据在积极求新求变的同时，也存在以下问题：一是央行票据的政策成本相对较高。与存款准备金比率、再贴现（再贷款）、窗口指导等政策工具相比，央行票据是成本性的工具，央行必须对发行的央行票据还本付息。因此，扩大票据发行总量和延长票据期限，无疑都直接加大了央行票据的成本支出，提高了央行的调控成本。二是央行票据原有的制约性因素没有消除，但新的制约性因素已经形成。外币占款对冲压力沉重是央行票据充分发挥效用的最大制约性因素，在这一因素没有得到明显缓解的同时，央行票据的大量到期兑付又成为其发挥效用新的制约性因素。三是央行票据是否可以有效承载宏观调控职责还需要时间的检验。央行票据就本质而言是“柔性”工具，其政策影响是传导性和间接性的；央行票据的参与对象是央行公开市场的准入单位，这又决定了直接受央行票据影响的主体数量是有限的；再加上，央行票据政策效应递减已经非常明显，除了必须对央行票据的自身进行创新和变革之外，还需要其他政策，包括汇率政策、利率政策等配合与协调。

因此，目前在我国利率市场化改革尚未完成、汇率改革面临巨大压力的情况下，短期内以央行票据为主的数量化调控手段仍然是央行的主要调控手段，央行票据的作用是不言而喻的。

（资料来源：作者根据相关资料整理。）

第四章 债券市场

债券是一种基本的固定收益证券，构成了固定收入证券市场的主要部分，全球金融市场中 80%的直接融资是依靠各类债券市场来实现的。债券市场通过不断创新，满足了投资者与融资者双方的需求。它的存在不仅满足了投资者对流动性的需求，而且利用其周期与股票市场不同步的特点，也成为增加收益的重要工具，因此成为投资者资产组合的重要组成部分。庞大的债券市场也是货币政策传导的主要渠道，从而成为一国宏观调控的重要领地。因此，债券市场是当今金融市场中最重要的、规模最大的市场之一。

本章重点从市场层次和投资者层次介绍了债券市场的基本情况以及债券的估值及管理等内容。本章第一节从债券市场的特征入手，首先对债券的概念、要素特征及其分类作以简要介绍。然后对债券和股票进行了比较。第二节对债券的发行、流通市场分别做了详细介绍。第三节和第四节从投资者角度对债券的估值及债券风险的管理工具等做了简要介绍。

第一节 债券与债券市场

一、债券的概念与特征

（一）债券的概念

债券是指债券发行人为筹措资金，依照法定程序发行，向投资者出具的，承诺按票面标明的面额、利率、偿还期等给付利息并到期偿还本金的有价证券。债券的发行人是借入资金的经济主体，债券的购买者（即投资者）是出借资金的经济主体，债券反映了发行者和投资者之间的债权、债务关系，是这一关系的法律凭证。

（二）债券的票面要素

债券作为证明债权债务关系的凭证，各国一般规定其基本格式，并明确票面的基本要件，即基本要素。一般来说，债券票面上有以下五个基本要素。

1．债券的票面价值

债券的票面价值包括债券票面价值的计值货币和票面金额。在债券的票面价值中，首先要规定票面价值的计值货币，即以何种货币作为债券票面价值的计值标准。币种的确定主要考虑债券的发行对象和债券发行者的需要。一般来说，在国内发行的债券通常以本国货币作为面值的计量单位；在国际金融市场筹资，则通常以债券发行地所在国家的货币或以国际通用货币为面值的计量标准。

币种确定后，还要规定债券的票面金额。票面金额的确定主要考虑发行规模、发行对象和发行费用。债券的票面价值大小不同，可以适应不同的投资对象，同时也会产生不同的发行成本。票面金额定得较小，有利于小额投资者购买，但债券本身的印刷及发行工作量大，费用可能较高；票面金额定得较大，有利于少数大额投资者认购，且印刷费用等也会相应减少，但却使小额投资者无法参与。

2．债券的偿还期限和偿还方式

债券偿还期限是指债券从发行之日起至本息偿清之日止的时间。各种债券有着不同的偿还期限，短则几个月，长则几十年。发行人在确定债券期限时，主要考虑以下因素。

（1）资金使用方向。若债务人借入资金是为了弥补自己临时性资金周转的短缺，可以发行一些短期债券；若债务人借入资金是为了满足对长期资金的需求，可以相应地发行中长期债券。这样安排的好处是既能保证发行人的资金需要，又会因占用资金时间过长而增加利息负担。

（2）市场利率变化。债券偿还期限的确定应根据对市场利率的预期，相应选择有助于减少发行者筹资成本的期限。一般来说，当未来市场利率趋于上升时，应选择发行期限较长的债券，这样能在市场利率趋高的情况下保持较低的利息负担。而当未来市场利率趋于下降时，应选择发行期限较短的债券，这样可以避免市场利率下跌后仍支付较高的利息。

（3）债券变现能力。债券变现能力有赖于流通市场的发达程度。流通市场发达，债券容易变现，长期债券的销路就可能好一些；如果流通市场不发达，投资者买了长期债券而又急需资金时不易变现，长期债券的销售就可能不如短期债券。

债券的偿还方式决定了债券的实际偿还期限，也是发行债券时要注明的一项内容。债券可以在期满时偿还，也可以在期满前偿还，另外还可以根据投资者的要求延期偿还。

3．债券的票面利率

债券票面利率是债券年利息与债券票面价值的比率，通常用百分数表示。债券的票面利率指债券票面所载明的利率。债券利率亦受很多因素影响，主要如下。

（1）借贷资金市场利率水平。市场利率普遍较高时，债券的票面利率也相应较高，否则，在承受相同风险情况下，投资者会选择其他金融资产投资而舍弃债券；反之，市场利率较低时，债券票面利率也相应较低。

（2）债券的信用等级。除了政府债券以外，债券发行一般要进行信用评级。如果债券信用等级高，投资者的风险小，债券票面利率可以定得低一些；如果债券信用等级低，投资者的风险大，债券票面利率就需要定得高一些。此时利率差异反映了信用风险的大小，高利率是对高风险的补偿。

（3）债券期限长短。一般来说，期限较长的债券，流动性差，风险相对较大，票面利率应该定得高一些；而期限较短的债券，流动性强，风险相对较小，票面利率就可以定得低一些。

（4）债券的付息方式。

4．债券的付息方式

债券的付息方式是指债券利息支付的具体形式，一般分为预付利息（如贴现发行的债券）、定期付息（如付息债券）和期满一次性还本付息（一般为短期债券）。付息方式的不同会影响债券发行者和投资者的成本与收益。对投资者来说，相同的票面利率，预付利息债券的实际年收益率要大于定期付息债券，而定期付息债券的年收益率要大于期满一次性还本付息债券。

5．债券发行者名称

这一要素指明了该债券的债务主体，也为债权人到期追索本金和利息提供了依据。

（三）债券的特征

债券的特征主要有期限性、安全性、流动性和收益性。

1．期限性

期限性是指债券有规定的偿还期限，债券发行者必须按约定的时间和条件向债权人支付利息和偿还本金。这是债券与股票的根本区别之一。债券的偿还性使得资金筹措者不能无限期地占用债券购买者的资金。

2．安全性

安全性是指债券持有人的收益相对固定，不随发行者经营收益的变动而变动，并且可按期收回本金。一般来说，具有高度流动性的债券同时也是较安全的，因为它不但可以迅速地转换为货币，而且还可以按一个较稳定的价格转换。债券投资不能收回有两种情况：一是债务人不履行债务，即债务人不能充分和按时履行约定的利息支付或者偿还本金。不同的债务人不履行债务的风险程度是不一样的，一般政府债券不履行债务的风险最低。二是流通市场风险，即债券在市场上转让时因价格下跌而承受损失。许多因素会影响债券的转让价格，其中较重要的是市场利率水平。

3．流动性

流动性是指债券持有人可按自己的需要和市场的实际状况，灵活地转让债券，提前收回本金和取得投资收益。这里的流动性要强调两点：一是债券变现的速度；二是强调债券在迅速转变为货币时，是否蒙受损失。

4．收益性

收益性是指债券能为投资者带来一定的收入，即债权投资的报酬。在实际经济活动中，债券收益可以表现为两种形式：一种是利息收入，即债权人在持有债券期间按约定的条件分期、分次取得利息或者到期一次取得利息；另一种是资本损益，即债权人到期收回的本金与买入债券或中途卖出债券与买入债券之间的价差收入。从理论上讲，如果利率水平一直不变，这一价差就是自买入债券或是自上次付息至卖出债券这段时间的利息收益的表现形式。但是，由于市场利率会不断变化，债券在市场上的转让价格将随市场利率的升降而上下波动。债券持有者能否获得转让价差或转让价差的多少，要视市场情况而定。

需要指出的是，债券的安全性、流动性和收益性在一般情况下很难同时兼顾。例如，安全性高的债券收益率可能较低，而收益率高的债券可能其投资风险又较大。因此，对于投资者来说，应根据自己的情况和要求，在这三者中间选择最适合自己的投资方式和组合。

二、债券的分类

（一）根据发行主体的不同，债券可以分为政府债券、金融债券和公司债券

1．政府债券

政府债券是指政府为了筹措资金而向投资者出具的，承诺在一定时期支付利息和到期还本的债务凭证。根据政府债券发行主体的不同，政府债券又可分为中央政府债券、政府机构债券和地方政府债券。

中央政府发行的债券也称国债，其发行目的是为了弥补国家财政赤字或解决政府公共设施投资资金需要。中央政府债券一般不存在违约风险，被誉为“金边债券”。根据不同的发行目的，政府债券有不同的偿还期限。偿还期限在1年（含1年）以内的国债称为短期国债（Treasury Bills）。其发行主要用于弥补国家财政暂时性的收支不平衡。短期国债的期限短，流动性强，具有“近似货币”的资格。短期国债都采取贴现债券形式发行，是货币市场工具。偿还期限在1～10年的国债称为中期国债（Treasury Notes）。偿还期限在10年以上的国债称为长期国债（Treasury Bonds），其发行主要是为了筹集短期内政府无力偿还的资金。中长期国债属资本市场工具。此外，按照是否与物价水平挂钩，国债可分为固定利率公债和保值公债；按偿还本息的方式，国债分为分期付息、到期还本国债，一次还本付息国债，贴现国债等；按实物形态不同，国债分为无记名国债、记名国债和记账国债；按是否流通，分为可转让国债和不可转让

国债。

除了政府部门直接发行的债券外，有些国家把政府担保的债券也划归为政府债券体系，称为政府保证债券，即政府机构债券。这种债券由一些与政府有直接关系的公司或金融机构发行，并由政府提供担保。对于机构债券的发行，有四种不同的联邦依托水平，每种对于债券持有人都具有不同的价值。按依次下降的价值顺序排列，它们是：得到美国政府完全保证和信用依托的债券；由美国财政部担保的债券；拥有从美国财政部借款优先权的机构所发行的债券；没有明确的支持，但拥有对政府支持的某些要求权的机构所发行的债券[①]。

地方政府债券是地方政府用于弥补地方财政支出和地方税收之间的季节性和暂时性的缺口、为地方基础设施建设筹措资金以及弥补长期性的地方财政预算赤字而发行的债券，又称市政债券。大部分市政债券是免税债券，即其利息收入可免纳联邦收入税。其信用等级次于国债及政府机构债券。按照偿还的资金来源，地方政府债券可分为收入债券（Revenue Debt）和普通债务债券（General Obligation Bonds）。收入债券主要为某一特定工程项目筹资而发行，其本息的偿付依赖于该项目的收益，是地方政府债券的主要形式。普通债务债券的偿付完全依赖于地方政府的信用及其无限征税能力，该种债券目前已趋于消失。

2．金融债券

金融债券是指银行及非银行金融机构依照法定程序发行并约定在一定期限内还本付息的有价证券。20 世纪 60 年代以前，只有投资银行、投资公司之类的金融机构才发行金融债券，因为这些机构一般不吸收存款，或者只吸收少量的长期存款，发行金融债券成为其筹措资金的一个重要手段。而商业银行等金融机构，因能吸收存款，有稳定的资金来源，一般不允许发行金融债券。20 世纪 60 年代以后，商业银行等金融机构为改变资产负债结构或用于某特定用途，纷纷加入发行金融债券的行列，从而打破了金融债券的发行格局。在欧美很多国家，由于商业银行和其他金融机构多采用股份公司这种组织形式，所以这些金融机构发行的债券与公司债券一样，受相同的法规管理，一般归类于公司债券。日本则有所不同，金融债券的管理受制于特别法规。从广义上讲，金融债券还应该包括中央银行债券（我国称为中央银行券），只不过它是一种特殊的金融债券。其特殊性表现在：一是期限较短；二是为实现金融宏观调控而发行。

金融债券的发行主体是银行或非银行的金融机构。金融机构一般有雄厚的资金实力，信用度较高，因此，金融债券往往也有良好的信誉。银行和非银行金融机构是社会信用的中介，它们的资金来源主要靠吸收公众存款，它们发行债券的目的主要有两个：一是筹资用于某种特殊用途；二是改变了本身的资产负债结构。对于金融机构来

[①] Anthony M. Santomero, David F. Babbel．金融市场、工具与机构．大连：东北财经大学出版社，2000

说，吸收存款和发行债券都是它的资金来源，构成了它的负债。但存款的主动性在存款户，金融机构只能通过提供服务条件来吸引存款，而不能完全控制存款。而发行债券则是金融机构的主动负债，金融机构有更大的主动权和灵活性。

3．公司债券

公司债券是公司依照法定程序发行、约定在一定期限还本付息的有价证券。公司债券的发行主体是股份公司，但有些国家也允许非股份制企业发行债券，所以，归类时可将公司债券和企业发行的债券合在一起称为公司（企业）债券。债券信息服务机构通常将公司债券分为四类：公用事业、交通运输、工业、银行和金融公司。公司发行债券的目的主要是为了经营需要。由于公司的情况千差万别，有些经营有方、实力雄厚、信誉高，也有一些经营较差，可能处于倒闭的边缘，因此，公司债券的风险性相对于政府债券和金融债券要大一些。公司债券有中长期的，也有短期的，视公司的需要而定。

公司债券除了可按偿还期限、偿付方式、流通状况等方式分类，还可按抵押担保状况、是否可赎回、是否参加公司利润分配等选择权标准进行分类。

按抵押担保状况，公司债券可分为信用债券、抵押债券、担保信托债券和设备信托证。信用债券的发行完全凭借公司信誉，不提供任何抵押品；抵押债券是以房屋、土地等不动产为抵押品而发行的公司债；担保信托债券以公司持有的各种动产或有价证券为抵押品；设备信托证则是公司为了筹资购买设备并以此设备为抵押品而发行的公司债。

根据契约规定的赎回、偿债基金等选择权，分为可赎回公司债券、参与公司债券、可转换债券等。可赎回公司债券是在债券发行时附有可提前赎回条款的公司债；参与公司债券的债券持有者除获得按票面利率计算所得的利息外，还可按一定比例参与公司利润分配；可转换债券是指附加可转换条款，赋予持有人按预先确定的比率将公司债券转成该公司普通股的权利的公司债。

（二）按计息与付息方式分类

承诺支付利息是债券发行者筹借资金的条件之一，但计算利息的方式可以不同。根据计算方式上的差异，有单利债券、附息债券、贴现债券、零息债券和累进利率债券等。在计算利息时一般以年为单位。

1．单利债券

单利债券是指在计算利息时，不论期限长短，仅按本金计息，所生利息不再加入本金计算下期利息的债券。

2．附息债券

附息债券又称息票债券，是按照债券票面载明的利率及支付方式定期分项付息的债券。

3．贴现债券

贴现债券是指在票面上不规定利率，发行时按某一折扣率，以低于票面金额的价格发行，到期时仍按面额偿还本金的债券。贴现债券是属于折价方式发行的债券，其发行价格与票面金额（即偿还价格）的差额，构成了实际的利息。

4．零息债券

零息债券是指在存续期内不支付利息，投资者以低于面值的价格购买，购买价格是票面值的现值，投资者的收益是债券面值与购买价格的差额。由于零息债券的期限一般大于一年，因此实际上是一种以复利方式计息的债券。零息债券与贴现债券的区别在于，贴现债券期限通常短于一年，发行价格是债券面值扣除贴息后的差额；零息债券的期限一般长于一年，发行价格是债券面值按票面利率折现后的现值。零息债券于 20 世纪 80 年代初首次在美国债券市场上出现。

5．累进利率债券

累进利率债券是指以利率逐年累进方法计息的债券。与单利债券或附息债券在偿付期内固定不变不同，累进利率债券的利率随着时间的推移而递增，后期利率比前期利率高，呈累进状态。这种债券的期限往往是浮动的，但有最短持有期和最长持有期的规定。

（三）按利率是否固定分类

根据债券票面利率固定与否的特点，债券可分为固定利率债券和浮动利率债券。

1．固定利率债券

固定利率债券就是在偿还期内利率固定的债券。在该偿还期内，无论市场利率如何变化，债券持有人只能按债券票面载明的利率获取债息。这种债券有可能为债券持有人带来风险。当偿还期内的市场利率上升且超过债券票面利率时，债券持有人就要承担收益率相对降低的风险。当然，在偿还期内，如果利率下降且低于债券票面利率，债券持有人也就获得了由于利率下降而带来的额外收益。

2．浮动利率债券

浮动利率债券是指利率随市场利率变动的债券。这种债券的利率与某一基准利率挂钩，一般高于基准利率的一定百分点。当市场利率上升时，债券的利率也相应上浮；反之，当市场利率下降时，债券的利率就相应下调。这样，浮动利率债券就可以避开因市场利率波动而产生的风险。

（四）按债券形态分类

债券有不同的形式，根据债券券面形态可以分为实物债券、凭证式债券和记账式债券。

1．实物债券

实物债券是一种具有标准格式实物券面的债券。在标准格式的债券券面上，一般印有债券面额、债券利率、债券期限、债券发行人全称、还本付息方式等各种债券票面要素。有时债券利率、债券期限等要素也可以通过公告向社会公布，而不再在债券券面上注明。无记名国债就属于这种实物债券，它以实物券的形式记录债权、面值等，不记名，不挂失，可上市流通。实物债券是一般意义上的债券，很多国家通过法律或者法规对实物债券的格式予以明确规定。

2．凭证式债券

凭证式债券的形式是债权人认购债券的一种收款凭证，而不是债券发行人制定的标准格式的债券。我国近年通过银行系统发行的凭证式国债，券面上不印制票面金额，而是根据认购者的认购额填写实际的缴款金额，是一种国家储蓄债，可记名、挂失，以“凭证式国债收款凭证”记录债权，不能上市流通，从购买之日起计息。在持有期内，持券人如遇特殊情况需要提取现金，可以到原购买网点提前兑取。提前兑取时，除偿还本金外，利息按实际持有天数及相应的利率档次计算，经办机构按兑付本金的2‰收取手续费。

3．记账式债券

记账式债券是没有实物形态的票券，只在电脑账户中做记录。在我国，上海证券交易所和深圳证券交易所已为证券投资者建立了电脑证券账户，因此，可以利用证券交易所的交易系统来发行债券。我国近年来通过沪、深交易所的交易系统发行和交易的记账式国债就是这方面的实例。投资者进行记账式债券买卖，必须在证券交易所设立账户。由于记账式债券的发行和交易均无纸化，所以效率高、成本低、交易安全。

三、债券与股票的比较

（一）债券与股票的相同点

1．两者都属于有价证券

尽管股票和债券有各自的特点，但它们都属于有价证券。债券和股票作为有价证券体系中的一员，是虚拟资本，它们本身无价值，但又都是真实资本的代表。持有债券或股票，都有可能获取一定的收益，并能行使各自的权利和流通转让。债券和股票都在证券市场上交易，并构成了证券市场的两大支柱。

2．两者都是筹措资金的手段

债券和股票都是有关经济主体为筹资需要而发行的有价证券。经济主体在社会经济活动中必然会产生对资金的需求，从资金融通角度看，债券和股票都是筹资手段。与向银行贷款等间接融资相比，发行债券和股票筹资的数额大，时间长，成本低，且不受贷款银行的条件限制。

3．两者的收益率相互影响

从单个债券和股票看，它们的收益率经常会发生差异，而且有时差距还很大。但是，总体而言，如果市场是有效的，则债券的平均利率和股票的平均收益率会大体保持相对稳定的关系，其差异反映了两者风险程度的差别。这是因为在市场规律的作用下，证券市场上一种融资手段收益率的变动，会引起另一种融资手段收益率发生同向变动。

（二）债券与股票的区别

1．两者权利不同

债券是债权凭证，债券持有者与债券发行人之间的经济关系是债权债务关系，债券持有者只可按期获取利息及到期收回本金，无权参与公司的经营决策。股票则不同，股票是所有权凭证，股票所有者是发行股票公司的股东，股东一般拥有表决权，可以通过参加股东大会选举董事、参与公司重大事项的审议和表决，行使对公司的经营决策权和监督权。

2．两者目的不同

发行债券是公司追加资金的需要，它属于公司的负债，不是资本金。发行股票则是股份公司创办企业和增加资本的需要，筹措的资金列入公司资本。而且，发行债券的经济主体很多，中央政府、地方政府、金融机构、公司企业等一般都可以发行债券，但能发行股票的经济主体只有股份有限公司。

3．两者期限不同

债券一般有规定的偿还期，期满时债务人必须按时归还本金，因此债券是一种有期投资。股票通常是不能偿还的，一旦投资入股，股东便不能从股份公司抽回本金。因此，股票是一种无期投资，或称永久投资。但是，股票持有者可以通过市场转让收回投资资金。

4．两者收益不同

债券通常有规定的利率，可获固定的利息。股票的股息红利不固定，一般视公司经营情况而定。

5．两者风险不同

股票风险较大，债券风险相对较小。因为：

（1）债券利息是公司的固定支出，属于费用范围；股票的股息红利是公司利润的一部分，公司有盈利才能支付，而且支付顺序列在债券利息支付和纳税之后。

（2）倘若公司破产，清理资产有余额偿还时，债券偿付在前，股票偿付在后。

（3）在二级市场上，债券因其利率固定，期限固定，市场价格也较稳定；而股票无固定的期限和利率，受各种宏观因素和微观因素的影响，市场价格波动频繁，涨跌幅度较大。

第二节 债券的发行与流通

一、债券的发行

（一）债券发行市场的参与者

债券发行市场的参与者主要包括发行者、投资者、中介机构和管理者四类。

1．发行者

债券的发行者是指通过发行债券形式筹措资金的企业、政府或金融机构。企业从整体上讲是资金的最终需求者，政府部门是证券市场上资金的主要需求者，金融机构是证券市场上资金的中间需求者。

2．投资者

债券的投资者包括个人、企业、机构、政府和中央银行。其中，机构投资者是聚集社会公众分散的资金投资于各种债券，以降低投资风险和提高投资收益的专门机构，包括商业银行、投资银行、储蓄机构、信托投资公司、保险公司、养老基金会等。与个人投资者相比，机构投资者在资金规模、专业优势、分散风险等方面都具有明显的优势。中央银行作为机构投资者参与到债券市场中的目的与个人、企业和机构投资者有着明显的不同，即为了调节资金供求。

3．中介机构

中介机构是指为证券的发行与交易提供服务的各类机构。在证券市场起中介作用的机构是证券公司和其他证券服务机构。证券公司的主要业务有证券承销、经纪、自营、投资咨询以及购并、受托资产管理和基金管理等。证券公司一般分为综合类证券公司和经纪类证券公司。证券服务机构是指依法设立的从事证券服务业务的法人机构，主要包括证券登记结算公司、证券投资咨询公司、会计师事务所、资产评估机构、律师事务所和证券信用评级机构等。

4．管理者

管理者中包括证券管理机构和行业自律性组织。证券管理机构即专门或兼职从事证券募集、发行、买卖等经营行为的监督管理。在我国，对债券发行行使监督管理权的是中国人民银行。行业自律性组织包括证券交易所和证券业协会。根据我国《证券法》的规定，证券交易所是提供证券集中竞价交易场所、不以盈利为目的的法人。我国的证券业协会即中国证券业协会（The Securities Association of China）。

（二）债券的发行制度

1．注册制

债券发行注册制即实行公开管理原则，实质上是一种发行公司的财务公布制度。它要求发行人提供关于债券发行本身以及同债券发行有关的一切信息。发行人不仅要完全公开有关信息，不得有重大遗漏，并且要对所提供信息的真实性、完整性和可靠性承担法律责任。发行人只要充分披露了有关信息，在注册申报后的规定时间内未被债券监管机构拒绝注册，即可进行证券发行，无须再经过批准。实行注册制可以向投资者提供债券发行的有关资料，但并不保证发行的债券资质优良，价格适当。

2．核准制

债券发行核准制实行实质管理原则，即债券发行人不仅要以真实状况的充分公开为条件，而且必须符合债券监管机构制定的若干适合于发行的实质条件。只有符合条件的发行公司经债券监管机构的批准方可在债券市场上发行证券。实行核准制的目的在于，债券监管部门能尽法律赋予的职能保证发行的证券符合公众利益和债券市场稳定发展的需要。

（三）债券的发行方式

债券的发行方式有三种分类：按认购对象分，可以分为私募发行和公募发行；按是否有中介机构参与，可分为直接发行和间接发行；按发行条件及其投资者的决定方式，可分为竞争性招标发行和非竞争性招标发行。

1．私募发行和公募发行

私募发行是指面向少数特定投资者的发行。私募发行的对象有两类：一类是有所限定的个人投资者，如使用发行单位产品的用户或发行单位自己的职工。另一类是制定的机构投资者，如专业性基金（包括养老基金等），或与发行人有密切业务往来关系的企业、公司等。

公募发行是指公开向社会非特定投资者的发行，充分体现公开公正的原则。与私募发行相比，公募发行有利于提高发行者的知名度和信用度；其所发行的债券可以上市流通转让，流动性好，更具有吸引力；筹资范围广泛，债务分散，可以避免大债权人敢于控制筹资人。但公募发行也有不利的一面，各国对其发行规定有更多的限制，要求发行者具备更高的条件，加之发行者向中介机构支付的费用等，都使得公募发行的发行成本高于私募发行。

2．直接发行和间接发行

直接发行是指债券发行人不委托专门的证券发行机构（如证券承销商或投资银行），而是直接向投资者推销债券。采用直接发行方式可以节省中介机构的承销、包销费用，节约发行成本。但是，直接发行所能筹集到的资金有限，同时要花费大量的时间和人力完成繁杂的申报登记、资信评估、征募宣传等事务。因此，选择直接发行的一般都是一些信誉好、知名度大的大公司、大企业以及具有众多分支机构的金融机构。

间接发行是指发行人委托中介机构进行承购推销的发行方式。间接发行可以节省人力时间，减少不能按时售完的发行风险，但要支付一定的承销费用给中介机构。作为承购推销的中介机构，包括投资银行、证券公司、信托投资公司等，具有丰富的承销经验、雄厚的资金实力和较高的承销信誉、较多的承销网点，可以保证发行推销工作顺利完成。

按中介机构承销责任的不同，间接发行又分为委托发行和包销两种形式。

委托发行又称代理发行或代销，即代销机构代理推销债券。对销出多少不负责任，未销出部分返回给发行者，没有购买余额或承诺报销的义务。对中介机构来说，这种方式承担风险小，但相对于包销，佣金收入也少。

包销即发行中介机构保证债券发行成功。包销又可分为全额包销和余额包销两种。全额包销，是指由承销商先全额购买发行人该次发行的债券，再向投资者发售，由承销商承担全部风险的承销方式。这里，发行者与中介机构之间不是代理关系，而是买卖关系。余额包销，是指承销商按照规定的发行额和发行条件，在约定的期限内向投资者发售债券，到销售截止日，如投资者实际认购总额低于预定发行总额，未售出的债券由承销商负责认购，并按约定时间向发行人支付全部债券款项的承销方式。

3．竞争性招标发行和非竞争性招标发行

竞争性招标发行是指通过招标的方式来确定承销商和发行条件。招标发行是公开进行的，属于公募性质。根据发行对象的不同，竞争性招标发行又可分为缴款期招标、价格招标、收益率招标三种形式。

（1）缴款期招标。缴款期招标，是指在国债的票面利率和发行价格已经确定的条件下，按照承销机构向财政部缴款的先后顺序获得中标权利，直至满足预定发行额为止。

（2）价格招标即“竞价发行”，主要用于贴现债券的发行，按照投标人所报买价自高向低的顺序中标，直至满足预定发行额为止。

（3）收益率招标主要用于付息债券的发行，发行者从投资者报出的利率中选出其中的最低利率作为债券发行利率，从最低利率顺次选定投资者及其投资金额，直到达到预定的发行金额为止。

价格招标和收益率招标均有“荷兰式”和“美国式”招标之分。“荷兰式”招标即中标的承销机构都以相同价格（所有中标价格中的最低价格）来认购中标的国债数额；而如果中标规则为“美国式”，那么承销机构分别以其各自出价来认购中标数额。

【例4.1】 面值为100元，总发行额为200亿元的贴现国债招标发行，有A、B、C三人投标，如表4.1所示。

表 4.1　A、B、C 投标情况

	价格招标（元）	收益率招标（%）	投资金额（亿元）
A	105	7	90
B	101	9	60
C	99	11	50

招标结果如表 4.2 所示。

表 4.2　招标结果

	价格招标（元）		收益率招标（%）		投资金额（亿元）
	荷兰式	美国式	荷兰式	美国式	
A	99	105	11	7	90
B	99	101	11	9	60
C	99	99	11	11	50

从债务管理者的角度看，在市场需求不好时，不宜采用荷兰式招标，由美国式招标所确定的发行收益率相对高些，对债务管理者降低成本有利。

非竞争性招标，虽然与竞争性招标相似，实则差异巨大。其相同之处在于非竞争性招标沿用竞争性招标的方式开标；其不同之处在于二者结果不同。实行竞争性投标，只有出价最高的投资者获得国债发行权。而采取非竞争性招标，却类似于吃大锅饭，参加投标的投资者人人有份。

通过非竞争性的招标拍卖方式发行国债，在中标价格确定上，有两种有代表性的招标规则："荷兰式"招标和"美国式"招标两种。所谓"荷兰式"招标，指的是中标价格为单一价格，这个单一价格通常是投标人报出的最低价，所有投资者按照这个价格，分得各自的国债发行份额。而"美国式"招标，中标价格为投标方各自报出的价格。举个例子，在一场招标中，有三个投标人 A、B、C，他们投标价格分别是 85 元、80 元、75 元，那么按照"荷兰式"招标，中标价格为 75 元。倘若按照"美国式"招标，则 A、B、C 三者的中标价分别是 85 元、80 元和 75 元。我国从 1996 年开始，将竞争机制引入国债发行，而且从 2003 年起，财政部对国债发行招标规则进行了重大调整，即在原来单一的"荷兰式"招标基础上，增加"美国式"招标方式，招标的标的确定为三种，依次是利率、利差和价格。

二、债券的流通转让

（一）债券流通转让市场的种类

债券流通转让市场大体分为两种：一种是证券交易所交易；另一种是柜台交易。

1．证券交易所交易市场

证券交易所是具有高度组织和严格规则的证券交易场所。证券交易所交易也称场内交易或上市交易。各类债券进入证券交易所挂牌公开交易或上市交易，首先必须经过证券上市管理部门的审核、批准。由于上市要求较高，一般除国债、交通运输、电信电话等公用事业债券及部分著名企业或公司债券外，其他债券很难获准在证券交易所上市交易。

证券交易所的特征：有固定的交易场所和交易时间；参加交易者为具备会员资格的证券经营机构，交易采取经纪制，即一般投资者不能直接进入交易所买卖证券，只能委托会员作为经纪人间接进行交易；交易的对象限于合乎一定标准的上市证券；通过公开竞价的方式决定交易价格；集中了证券的供求双方，具有较高的成交速度和成交率；实行“公开、公平、公正”原则，并对证券交易加以严格管理。

能够直接进入交易所内进行交易的是证券经纪商和证券交易商。证券经纪商代理客户买卖债券，从中赚取佣金或手续费，不承担任何买卖风险；证券交易商也叫自营商，主要为自己买卖证券，赚取买卖差价，自己承担交易风险。在场内交易中，以经纪商的代理买卖为主。

经纪人在交易所进行交易时，遵循价格优先原则和时间优先原则。价格优先原则即价格较高的买入申报优先于价格较低的买入申报，价格较低的卖出申报优先于价格较高的卖出申报；时间优先原则即同价位申报，依照申报时序决定优先顺序，即买卖方向、价格相同的，先申报者优先于后申报者，先后顺序按证券交易所交易主机接受申报的时间确定。

2．柜台交易市场

柜台交易也叫场外交易，即在证券交易所外进行交易。不满足在交易所挂牌上市条件和规定的债券为获得流动性，均在场外交易。在西方国家，大部分公司债券都是在场外进行交易，所有的政府债券也都可以在场外进行交易。

场外交易市场有以下特征。

（1）场外交易市场是一个分散的无形市场。它没有固定的、集中的交易场所，而是由许多各自独立经营的证券经营机构分别进行交易的，并且主要是依靠电话、电报、电传和计算机网络联系成交的。

（2）场外交易市场的组织方式采取做市商制。场外交易市场中投资者直接与证券商进行交易。证券交易通常在证券经营机构之间或是证券经营机构与投资者之间直接进行，不需要中介人。证券经营机构先行垫入资金买进若干证券作为库存，然后开始挂牌对外进行交易。他们以较低的价格买进，再以略高的价格卖出，从中赚取差价。证券商既是交易的直接参加者，又是市场的组织者，他们制造出证券交易的机会并组织市场活动，被称为“做市商”（Market Maker）。

（3）场外交易市场是一个以议价方式进行证券交易的市场。具体地说，是证券公司对自己所经营的证券同时挂出买入价和卖出价，并无条件地按买入价买入证券和按卖出价卖出证券，最终的成交价是在牌价基础上经双方协商决定的不含佣金的净价。券商可根据市场情况随时调整所挂的牌价。

（4）场外交易市场的管理比证券交易所宽松。由于场外交易市场分散，缺乏统一的组织和章程，不易管理和监督，其交易效率也不及证券交易所。

（二）债券交易的程序

证券交易分代理买卖和自营买卖两种方式。

1．代理买卖

代理买卖又称委托买卖，是债券买卖双方委托各自的经纪人代理进行买卖，经纪人从代理买卖中收取一定的佣金，即手续费。交易所交易程序如下。

（1）第一阶段，准备阶段。

在准备阶段，投资者必须经过联系证券经纪人、开户和委托三个环节。开户之后，客户随时可以采取面谈、电话等方式，委托证券公司买卖债券，对买入卖出、买卖时间、数量、债券种类、结算方式和时间、委托价格和交易方式等事项作出明确指令。委托价格主要有三种：第一种为限价，即限定买卖的价格；第二种为市价，客户只提出买卖的种类和数量，不指定价格，由经纪人在交易厅内按当时的市场价格购买或卖出；第三种为中心浮动价，客户以限价为中心，给予一定的上下浮动幅度，允许经纪人在浮动幅度内执行委托。交易方式指现金交易、信用交易、期货交易或期权交易。

（2）第二阶段，成交阶段。

在成交阶段，需要经过传递指令、买卖成交和确认公布三个环节。场外证券公司接受客户的委托指令后，将交易信息传递给派往交易所的经纪人，交易厅的经纪人根据客户的买卖要求，按“时间优先，价格优先”原则，选择合适的买卖对象，决定成交的价格和数量。成交后，经纪人一方面通过证券公司告知客户达成交易的情况，准备交割；另一方面把成交信息告诉交易所营业员，营业员把成交信息转告交易所有关机构确认，确认无误后将交易信息显示在交易行情牌上。

典型的债券买卖交易可分为三步：第一，报价。债券的报价以点数表示，报价的顺序是买进价在先，卖出价在后。第二，竞价。以拍卖方式进行，通常在多个买者和多个卖者之间展开竞争。当卖方群体中报出的最低要价和买方群体中的最高出价达到一致时，交易成功。第三，成交。此时，交易双方对买卖债券的种类、价格和数量都满意，并完成了必要的程序。成交的方式有两种：一是以书面形式达成契约或协议；二是口头承诺。

（3）第三阶段，清算阶段。

清算阶段主要是支付佣金和债券交割。一般来说，佣金按比例收取，委托交易额越高佣金比率越低。债券的交割先是在客户与证券公司之间进行，买方将钱款交给其委托的证券公司，卖方将票券交给其委托的证券公司。客户和证券公司交割完毕，就要在证券公司之间进行交割。交割时间按择定的当日、普通日、特约日或发行日进行。在交易所的主持下，交易地点在交易所结算部，方式有两种：个别交割和集体交割。

2．自营买卖

自营买卖也叫自己买卖。即交易商先用自己的资金买入债券，然后再以略高于买入价的价格卖出债券，从中赚取差价。

在证券交易所内的交易中，参与买卖的主要是取得自营商资格的交易商，自营买卖在报价、竞价、成交等方面，与代理买卖基本相同，也同样要遵循“价格优先、时间优先”的原则，所不同的是，自营买卖没有委托、传递指令、支付佣金等环节。

在场外交易中，债券自营买卖主要是证券公司买进和卖出债券，形成债券的转让交易。

（三）债券交易的形式

债券二级市场上的交易，主要有三种形式，即现货交易、期货交易和回购协议交易。

1．现货交易

债券的现货交易，是指买卖双方根据商定的付款方式，在较短的时间内交割清算，即卖方交出票券，买方支付现金。现货交易按交割时间的安排可以分为三种：即时交割，即于债券买卖成交时立即办理交割；次日交割，即成交后的第二天办理交割；即日交割，指成交后限定几日内完成交割。

2．期货交易

债券的期货交易指在债券成交后，买卖双方按契约中规定的价格在将来的一定日期（如三个月或半年）后进行交割清算的交易。期货交易都是在交易所中进行的。在期货交易中，实行保证金制度，当保证金随着债券的价格变动而相对减少时，要追加保证金。

3．回购协议交易

回购交易是指债券的买卖双方按预先签订的协议约定在卖出一笔债券后，过一段时间再以约定的价格买回这笔债券，并按商定的利率付息的交易。这种有条件的债券交易实际上是一种短期的资金借贷。

第三节　债券价值评估

一、债券内在价值分析

债券投资的目的在于投资者在未来的某个时点可以取得一笔已发生增值的货币收

入。因此，债券的价格必须包含债券的未来收益，体现未来收益的当前价值。债券当前价格可表达为投资者为取得这笔未来收入目前希望投入的资金。所以，对债券定价的核心问题围绕终值和现值展开。

（一）简化的债券价值决定公式

假定当前使用一笔金额为 P_0 的货币按某种利率投资一定期限，投资期末连本带利累计收回货币金额为 P_n，那么称 P_0 为该笔货币的现在价值，简称货币的现值，称 P_n 为该笔货币的期末价值，简称货币的终值。假定当前一项投资的期限为 n 期，每期利率为 r，那么该项投资第 n 年末时分别按复利和单利计算的终值依次为

$$P_n = P_0(1+r)^n \tag{4.1}$$

$$P_n = P_0(1+rn) \tag{4.2}$$

相应地，复利、单利计算的现值公式分别为

$$P_0 = \frac{P_n}{(1+r)^n} \tag{4.3}$$

$$P_0 = \frac{P_n}{(1+rn)} \tag{4.4}$$

终值、现值的计算方法及两者之间的内在关系是收入资本化法的核心，也是进行一切价值评估的基础，我们在了解货币基本价值决定的基础上来进一步研究债券的内在价值决定。

（二）收入资本化法

基本而言，金融资产的内在价值取决于投资者对持有该资产预期的未来现金流的现值。将这一基本理论运用到债券上，其内在价值由每一时期债息收入现金流量的现值决定，即将每期债息收入的现金流量用一定的贴现率折为现值（为体现货币的时间价值，使用复利贴现），相加后计算的总和即为债券的内在价值，这种方法称为金融资产内在价值定价的收入资本化法。

收入资本化法（Capitalization of Income Method of Valuation）是最基础、最常用的债券定价方法。该方法的理论核心是，任何资产的内在价值（Intrinsic Value）取决于该资产预期的未来现金流量的现值。

假设 V 为债券的内在价值，C_t 为第 t 年的债券利息（债券利率乘以债券面值），r 为债券的折现率（一般为市场年利率），A 为债券的面值，n 为债券的期限，则债券的价值用公式表示为

$$V = \frac{C_1}{(1+r)} + \frac{C_2}{(1+r)^2} + \cdots + \frac{C_t}{(1+r)^n} + \frac{A}{(1+r)^n} \tag{4.5}$$

（三）收入资本化法在债券价值分析中的运用

债券按不同的标准可划分为不同类型，其中根据债券利息的支付方式不同，可将债券划分为零息债券、附息债券、永久公债。依据收入资本化法，可以计算以上三种债券的价值。

1．零息债券

零息债券又称为贴现债券，指债券票面上不附有息票，发行时以低于债券面值的价格折价发行，到期按面值支付本息的债券。贴现债券的发行价格与其面值的差额即为债券的利息。我国从1981—1992年发行的国债就是零息债券。一张零息债券的现金流量相当于每期利息流都为零的附息债券，其估值公式为

$$V=\frac{A}{(1+r)^n} \tag{4.6}$$

【例4.2】 从现在起15年到期的一张零息债券，如果其面值为1 000元，收益率为12%，它的价格为

$$P=\frac{1\,000}{(1+0.12)^{15}}=182.7\text{（元）}$$

2．附息债券

附息债券，顾名思义是指附有息票的债券，或是按照债券票面载明的利率计算支付利息的债券。常见的附息债券有到期一次性还本付息的债券，还有按约定期限（通常为一年或半年）付息，到期还本的债券。它的价值可直接套用收入资本化公式来计算。我国早期发行的债券多数为到期一次还本付息的零息债券，1993年第三期债券实行按年付息，成为我国第一期附息债券，2001年首次发行了每半年付息一次的债券。

【例4.3】 美国政府发行一种10年期的国债，债券面值为1 000美元，息票利率为10%，每年支付一次利息，假设该债券的折现率为12%，计算该债券的内在价值。

$$\begin{aligned}V&=\frac{\sum_{t=1}^{10}(1\,000\times 10\%)}{(1+0.12)^t}+\frac{1\,000}{(1+0.12)^{10}}\\&=100\times 5.650\,2+1\,000\times 0.322\\&=887.02\text{（美元）}\end{aligned}$$

3．永久公债

永久公债是一种特殊的债券，它同附息债券的相同点就是二者都按期支付利息，但一般附息债券每期的利息会随着时间的推移而变动且有固定的到期期限，永久公债则是每期等额付息并且没有到期日。这种无限期的付息债券类似于优先股股东。其价值决定公式为

$$
\begin{aligned}
V &= \frac{C}{(1+r)} + \frac{C}{(1+r)^2} + \cdots \frac{C}{(1+r)^n} + \cdots \\
&= C\left[\frac{1}{1+r} + \frac{1}{(1+r)^2} + \cdots\right] \qquad (4.7) \\
&= C \times \frac{1}{r} = \frac{C}{r}
\end{aligned}
$$

式中：C 为每期等额的利息。

【例 4.4】 美国发行一种永久公债，每年利息为 100 美元，假设收益率为 10%，计算该永久公债的内在价值。

V=100/10%=1 000（美元）

二、投资决策分析——两种常见的债券价值的评估方法

（一）净现值法

通过收入资本化法，可以计算出各种不同债券的内在价值，而价格总是以价值为依据，围绕价值上下波动。对于一种债券，如果其价格高于价值，则说明此债券被高估；反之，如果价格低于价值，债券被低估。这样，通过债券的内在价值与价格的比较分析，可判断债券价格是否合理，进而理性地进行投资决策。而通过比较债券内在价值与价格来衡量投资决策的方法，即为净现值法。

所谓净现值（Net Present Value）是指债券的内在价值（V）与债券价格（P）的差额。

当净现值大于零时，意味着内在价值大于债券价格，即市场利率低于债券承诺的到期收益率，该债券被低估；反之，当净现值小于零时，该债券被高估。

$$
\text{NPV} = V - P \qquad (4.8)
$$

式中：P 表示 t=0 时购买债券的成本（市场价格），NPV 为净现值。

如果 NPV＞0，意味着内在价值大于投资成本，这种债券被低估，应购买债券。

如果 NPV＜0，意味着内在价值小于投资成本，这种债券被高估，应卖出债券。

这样，在进行项目投资分析时，可先根据收入资本化法，计算投资项目的内在价值，再运用净现值分析方法，通过比较内在价值与价格之间的差额来判断项目是否存在投资价值。

【例 4.5】 某一附息债券的面值为 1 000 元，期限为 2 年，票面利率为 5%，每年付息，若市场的利率为 15%，当前该债券的市场价格为 900 元，是否应购买？

$$
\text{债券的内在价值}\, V = \sum_{t=1}^{2}\frac{1000\times 5\%}{(1+0.15)^t} + \frac{1000}{(1+0.15)^2} = 837.43\ \text{（元）}
$$

NPV=V−P=837.43−900=−62.57＜0，意味着该债券被高估，此时不应买进。

（二）到期收益率比较法

到期收益率（Yield to Maturity）是使债券未来现金流量的现值等于债券价格的收益率，即投资净现值为零的贴现率。它代表投资者自购买债券日起直至债券到期所能获得的平均收益率。

$$\mathrm{NPV}=V-P=\sum_{t=1}^{n}\frac{C}{(1+k^{*})^{t}}+\frac{A}{(1+k^{*})^{n}}-P=0 \tag{4.9}$$

由式 4.9 可求得债券的到期收益率 k^{*}。把 k^{*} 与具有同等风险水平下的必要收益率（用 k 表示，一般指市场利率）相比较：

如果 $k^{*}>k$，则该债券被低估，可购买债券。

如果 $k^{*}<k$，则该债券被高估，应卖出债券。

同时，到期收益率法还可用于两种以上投资项目的比较分析，将不同项目的到期收益率进行比较，选择较高到期收益率进行投资。

【例 4.6】 某债券的面值为 1 000 美元，债券期限为 3 年，票面利率为 6%，每年付息一次，若投资者的必要收益率为 9%，现行价格为 900 美元，则是否应购买该债券？

（1）使用到期收益率比较法

$$900=\sum_{t=1}^{3}\frac{1\,000\times 6\%}{(1+k^{*})^{t}}+\frac{1\,000}{(1+k^{*})^{3}}$$

得：k^{*}=10.02%，大于 9%，该债券被低估，可购买债券。

（2）使用净现值法

$$\mathrm{NPV}=\frac{1\,000\times 6\%}{(1+9\%)^{1}}+\frac{60}{(1+9\%)^{2}}+\frac{60}{(1+9\%)^{3}}-900=24.06\text{（美元）}$$

即 NPV 大于 0，该债券的内在价值高于投资成本，该债券被低估，应购买。

由上例可见，依据到期收益率法和净现值法进行投资决策分析，所得的结论是一致的，它们分别从两个角度对投资决策进行评价，但基本原理都是利用收入资本化法决定债券的内在真实价值，在此基础上进行投资决策分析。

三、影响债券价格的因素

前面已详细介绍了收入资本化法及其在债券价值评估中的运用，债券的内在价值由多种因素决定，其计算公式为 $V=\frac{C_1}{(1+r)}+\frac{C_2}{(1+r)^2}+\cdots+\frac{C_n}{(1+r)^n}+\frac{A}{(1+r)^n}$，由此可见，债券的利息率、面值、收益率、期限等都对债券的内在价值起着决定作用。而除此之外，可赎回条款、税收待遇、市场流动性、可转换性、违约风险等因素也会对债券的价值产生影响，它们统称为债券的属性。这些属性对债券估价具有很大的影响，其中任何一种属性发生变化，都会导致债券价格的变动。这些属性又称为影响债券价值的内在因素，下面将从内在因素、外在因素两个方面论述对债券价值的变动进行分析。在此采取局部均衡分析方法，即在分析每一种属性变化对债券价格的影响时，都假定其他属性保持不变。

（一）影响债券价格的内在因素

内在因素即债券的属性，是债券价格的决定性因素，它们的变动将很大程度上改变债券的价格。这些属性包括债券的期限、债券的息票率、债券的早赎条款、债券的税收待遇、债券的流动性及债券的信用级别（违约风险）。

1．债券的期限

债券到期日决定了债券持有人获得未来现金流量的时间。一般来说，在其他条件不变的情况下，债券的期限越长，其市场价格变动的可能性就越大，不确定因素越多，投资者要求的收益率补偿也越高，但随着债券到期日的不断临近，债券价格的变动率是递减的。

【例 4.7】　假设三种债券的面值、息票率都相同，分别为 1 000 元及 10%，它们的期限分别为 10 年、20 年、30 年，每半年支付一次利息，假设其他属性也相同。随着收益率变动，价格变动的情况如表 4.3 所示。

表 4.3　债券价格变动表

单位：元

到期期限（年）	市场利率		
	10%	11%	12%
10	1 000	940.25	885.30
20	1 000	919.77	849.54
30	1 000	912.75	838.39

由表 4.1 可知，当市场利率同息票率相同时，债券的价格即为其面值 1 000 元，当市场利率上升时，债券价格下降。市场利率上升一个百分点（变为 11%），10 年期债券价格下降 59.75 元，下降幅度为 5.975%；而 20 年期债券价格同比下降 80.23 元，下降幅度为 8.023%；30 年期债券价格下降 87.25 元，下降幅度为 8.725%。但 10 年期和 20 年期价格下降幅度相差 20.48 元，20 年期和 30 年期的相差却仅为 7.02 元。

由此可见，债券距到期日越长，债券价格的波动幅度就越大。同样，如果债券的收益率保持不变，则债券的价格变动（折价或溢价）将随到期日的临近而逐渐减少。换言之，若两种债券具有相同的票面利率、面值和收益率，则具有较短期限的债券的销售折价或溢价也较小。

2．债券的息票率

债券的息票率是决定债券价值的重要因素，它直接影响债券持有人获得未来现金流量的大小。一般而言，在其他属性不变的情况下，债券的票面利率越低，债券价格的变动性也就越大。在市场利率提高的时候，票面利率较低的债券的价格下降幅度越大。但是，当市场利率下降时，息票率低的债券反而有更大的增值空间。

3．债券的早赎条款

债券的早赎条款是债券发行人所拥有的一种选择权，它和期权有一定的相似之处。早赎条款赋予债券发行人在债券到期前按约定的价格赎回部分或全部偿还债务的权利。这种规定在财务上对发行人是有利的，因为发行人可以在市场利率降低时发行较低利率的债券，取代原先发行的利率较高的债券，从而降低融资成本。但对投资者来说，提前赎回使他们面临较低的再投资利率，降低了他们的盈利空间，他们将要求更高的收益率来补偿损失，或者这种风险要在价格上得到补偿。因此，具有较高提前赎回可能性的债券应具有较高的票面利率，其内在价值相对较低。

对于可赎回债券而言，当市场利率降低时，债券被赎回的可能性增大，此时债券价格的上限是其赎回价格；当市场利率上升时，债券价格的下降和一般债券价格的下降相似。具体变化如图4.1所示。

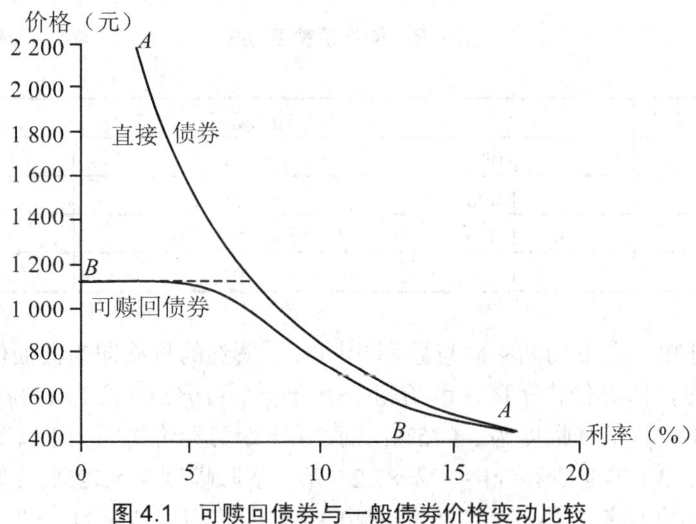

图 4.1　可赎回债券与一般债券价格变动比较

从图4.1可知，当市场利率较高时，根据收入资本化法可得出较低的债券内在价值，这样债券低估的可能性更大，相应发行人不太可能赎回债券，此时不可赎回债券与可赎回债券的价格很接近，表现在图形上，两条曲线不断接近，当利率增大到一定程度时，两条曲线几乎重合；但随着市场利率的降低，两种债券的价格开始分化，其差异反映了发行人可以行使的赎回权的价值；当利率进一步降到很低的水平时，债券就被赎回，债券价格就变成赎回价格。

4．债券的税收待遇

纳税是每个公民的应尽义务，无论在哪个国家，只要收入达到一定标准，都需要缴纳税金。投资者购买债券的收入是否需要纳税及纳税数量会直接影响投资的实际收益率，因此税收待遇也是影响债券价格的一个重要因素。一般来说，免税债券的到期收益率比类似的应纳税债券的到期收益率低。此外，税收还以其他方式影响着债券的价格和收益率。例如，由于附息债券提供的收益包括息票利息和资本收益两种形式，而美国把这两种收入都当做普通收入而进行征税，但是对于后者的征税可以等到债券出售或到期时才进行，因此在其他条件相同的情况下，大额折价发行的低利附息债券的税前收益率必然略低于同类高利附息债券。也就是说，低利附息债券比高利附息债券的内在价值要高。

在美国，免税市政债券的利息收入可以免征联邦收入所得税，所以其到期收益率通常比类似的应税债券的到期收益率低 20%～40%，也就是其市场价格要高一些。

5．债券的流动性

债券的流动性（Liquidity）是指债券持有人在不遭受较大损失的情况下，将债券迅速变现的能力。反映债券规避由市场价格波动而导致的实际价格损失的能力。债券变现的速度很快，并且遭受的损失很小，那么债券的流动性就高；而流动性较弱的债券则表现为其按市价卖出较困难，持有者会因此而遭受损失（包括承受较高的交易成本和资本损失）。而这种风险必须在债券的定价中得到补偿。因此，流动性好的债券与流动性差的债券相比，前者具有较高的内在价值，到期收益率较低，价格较高。

当前，大多数债券通过交易商买卖，因而交易商提供的债券买卖差价可作为衡量债券流动性好坏的标准。买卖差价较小的是交易活跃的债券，买卖差价较大的是交易冷清的债券。其他条件不变时，前者的到期收益率比后者要小，价格相对较高。

6．债券的信用级别

债券的信用级别是指债券发行人按期履行合约规定的义务、足额支付利息和本金的可靠性程度。一般来说，除政府债券以外，一般债券都有信用风险（或称违约风险），只是风险大小不同而已。信用级别越低的债券，投资者要求的收益率越高，债券的内在价值也就越低。

一般而言，政府债券的违约风险很低，一般假定为无风险债券。公司债券风险较大，债券是否能到期偿还取决于公司的经营状况。一般把公司债券的收益率细分为债券承诺的到期收益率（Promised Yield to Maturity）和它的预期到期收益率（Expected Yield to Maturity）。承诺的收益率只在公司完全履行债券发行契约条件下才能实现，因此，承诺的收益率是到期收益率的最大可能值，而如果有违约的可能性，预期到期收益率则小于承诺的收益率。为了补偿可能发生的违约，公司发行债券时会适当提供违约溢价。在美国，联邦政府债券的违约风险低于AAA级的公司债券，而后者的违约风险又低于BBB级的公司债券，相应地，联邦政府债券的收益率最低，而AAA级公司发行的债券的投资收益率低于BBB级公司的债券。

（二）影响债券投资价值的外在因素

1．基础利率

基础利率是债券定价过程中必须考虑的一个重要因素。在证券的投资价值分析中，基础利率一般是指无风险利率。在现实中，完全没有风险是不存在的，但可以使用两种利率来近似替代无风险利率。一种是短期政府债券的收益率，由于短期政府债券的违约风险最小，流动性较高，可看做无风险证券，所以其收益率也可近似看做基础利率；另一种是银行存款利率，银行本身就是靠信用生存的特殊行业，它的信用度很高，人们放心地将资金存入银行，银行存款利率在一定程度上就是无风险利率，再加上银行利率应用广泛，因此银行存款利率可作为基础利率的参照物。一般而言，由于企业生产经营伴随着风险，其发行的债券利率必须弥补这些可能的风险损失，所以企业发行债券的利率应高于基础利率，但这并不意味着高利率债券的收益必然高于储蓄存款。债券的最后收益还要扣除交易商的手续费，并且受债券买进价、卖出价等诸多因素制约。

2．市场利率

市场利率与基础利率既有区别也有联系，市场利率是指市场上所有金融资产的平均报酬率，它实际上包括基础利率，但还包括其他各类金融产品的收益率，反映市场综合收益率水平。市场利率是债券利率的替代物，是投资于债券的机会成本。若市场利率上升且超过债券票面利率，债券持有者将出售债券，将资金投向利率较高的金融资产，债券需求降低，债券价格下降。反之，市场利率下降，债券利率相对较高，资金流向债券市场，债券价格上升；另外，市场利率上升，投资者要求的收益率必然上升，在市场总体利率水平上升时，债券的收益率水平也应上升，从而使债券的内在价值降低，债券价格下降；反之，在市场总体利率水平下降时，债券的收益率水平也应下降，从而使债券的内在价值增加，债券价格上升。

3．债券市场的供求关系

债券市场的供求关系直接影响债券的价格。当债券供给大于需求时，价格下降；当供不应求时，价格上升。而债券的供给需求则受多种因素制约。

首先是债券的需求，即是投资者对债券的有效购买量。在经济繁荣时期，投资者会有更多的富足资金进行投资，相应投资于债券的比重会增加；债券的需求也取决于它的“替代品”股票和基金的发行状况，如果股票牛市，投资者为获得较高收益率会将资金投入股票市场，而减少收益率低的债券投资比重，但反之，如果股市低迷，股价下跌，则投资者会选择收益相应有保障，风险较小的债券市场，这样对债券的需求会增加。此外，投资者的投资心理还受多种因素制约。还须指出，政府也构成了债券的需求主体，政府进行公开市场操作，买进债券的行为将增加需求，提升债券价格。中国人民银行在 2002 年 9 月两次买入财政部发行的 2002 年第五期国债，曾引起债券市场价格明显上升。

其次是债券供给，它也是各种影响因素交织作用的结果。国家的一些宏观政策会极大程度影响债券的供给。例如，中央银行提高存款准备金率，银行和企业资金趋紧，将增加债券发行；而央行在金融市场上抛售债券的公开市场业务，也将增加供给。

宏观经济形势也会对债券的供求产生影响。在经济繁荣时期，企业为扩大生产筹集资金将增加债券发行，同时投资增加，资金需求旺盛将减少银行等金融机构的闲置资金，相应减少金融机构对债券的持有，这样在经济繁荣时期，债券发行增加，而债券需求降低，债券价格下降；反之，在经济衰退时期，资金需求减少，企业和金融机构会把闲置资金投向债券，同时减少债券筹资，从而债券需求增加，供给减少，价格上升。

4．其他因素

影响债券定价的外部因素还有通货膨胀水平以及外汇汇率风险等。通货膨胀的存在，可能使投资者从债券投资中实现的收益不足以抵补由于通货膨胀而造成的购买力损失。当投资者投资于某种外币债券时，最后收益率的高低不仅与上述各种影响债券价值的内在因素有关，而且还要考虑汇率变动的影响。若外币升值，则将带来本币收入的贬值。这种损失的可能性必须体现在债券的定价中，使债券的到期收益率增加，债券的内在价值降低。

由此可见，债券价格是个复杂的变量，债券的价值是价格的基础，价格以价值为依据，而价值的决定则取决于债券的属性，同时，价格虽然以价值为基础，但还受各种因素影响而围绕价值上下波动，这些因素即是影响债券价格波动的外部因素，它们也会很大程度上决定债券价格的波动。债券的市场价格就是内在、外在因素的共同作用的结果。

第四节　债券的久期与凸性

一、久期

从债券的定价公式可以看出，对债券价格变化起决定性作用的因素是利率的变化。而利率变化引起债券价格变化的幅度又与债券的期限密切相关。久期（Duration）就是考虑了所有债券产生的现金流的现值因素后测算的债券的实际到期日。而名义到期日（债券的期限）仅仅考虑了本金的偿还，而忽视了利息的支付；久期则对本金以外所有可能支付的现金流都进行了考虑，因此可以提供对债券价格的利率风险敏感性更准确的测量。

久期（Duration）的概念是由麦考莱（F.R.Macaulay）在 1938 年全美经济研究局（NBER）的一次研究报告中最先提出的，并用这一术语而非债券期限来作为对债券投资余额平均期限结构的近似估计。因此，久期又称“麦考莱久期”。

（一）久期的概念

麦考莱将久期定义为债券支付的加权到期日，每一次支付的权重为该次支付现金流现值的一定比例。久期的计算公式为

$$D=\sum_{t=1}^{T}t\cdot w_t=\sum t\cdot\frac{C_t/(1+r)^t}{\sum C_t/(1+r)^t} \tag{4.10}$$

根据债券定价公式

$$P=\sum_{t=1}^{T}\frac{C_t}{(1+r)^t}$$

可得久期

$$D=\frac{1}{P}\sum_{t=1}^{T}\frac{t\cdot C_t}{(1+r)^t} \tag{4.11}$$

式中：w_t 为 t 时期的权重；C_t 为 t 时期产生的现金流；r 为对每次现金流的折现率。

（二）久期的性质

（1）付息债券的久期一般小于其到期期限，而零息债券的久期等于其到期期限。

（2）债券的息票率 i 与久期之间存在着反向的关系，息票率越高，久期越短。因为债券更多部分的现金流以利息支付的方式返还，即 $\frac{\partial D}{\partial i}<0$。

（3）到期收益率与久期呈反向的关系，收益率越高则久期越短，即 $\frac{\partial D}{\partial r}<0$。

（4）债券到期日与久期呈正向关系。在其他条件不变的情况下，久期以递减的速度随到期日的增加而增加，即 $\frac{\partial D}{\partial T}>0$，$\frac{\partial^2 D}{\partial T^2}<0$。

（5）债券的可赎回条款可以使久期减少，并且可赎回条款的存在使得久期的计算更复杂。

（三）久期的利率弹性

利用久期与价格的关系可以对债券价格的利率敏感性（利率弹性）进行测量。债

券的价格等于未来现金流的现值之和。债券价格对利率或收益率变化的敏感性可表示为价格 P 对收益率 r 的导数：

$$\mathrm{d}P/\mathrm{d}r=\sum_{t=1}^{T}\frac{(-t)C_t}{(1+r)^{t+1}}=-\frac{1}{1+r}\sum_{t=1}^{T}\frac{tC_t}{(1+r)^t}=-\frac{1}{1+r}P\times D \tag{4.12}$$

所以债券价格对利率变化的敏感性又可以表示为

$$\eta=\frac{r}{P}\bullet\frac{\mathrm{d}P}{\mathrm{d}r}=-\frac{rD}{1+r} \tag{4.13}$$

这意味着债券的真实价格与市场利率呈反向关系，市场利率每上升 1%，则债券的真实价格就会下跌 $\frac{Dr}{1+r}$%；而市场利率每下跌 1%，则债券的真实价格就会上涨 $\frac{Dr}{1+r}$%。

如果令修正的久期 $D^*=\frac{D}{1+r}$，就有

$$\frac{\partial P}{\partial r}\Big/\frac{P}{r}=-D^*r \tag{4.14}$$

【例 4.8】 期限为 5 年、票面额为 1 000 元的零息债券，市场价格为 750 元，如果预期市场利率将由 5%下降至 4.5%时，则此时该债券的市场价格为多少？

由于该债券为零息债券，其久期就是它的到期期限，即 5 年，由公式可知：

$\frac{Dr}{1+r}=\frac{5\times 5\%}{1+5\%}=0.2381$，而债券的市场利率下降比率为：(5%−4.5%)/5%=10%，所以债券的市场价格上升 2.381 个百分点。

于是该债券的价格可能会变为：750×(1+2.381%)=767.86（元）

（四）久期的缺陷

从久期的计算中可以看出，它对于所有现金流都采用了一个折现率，也意味着不同期限的利率是相同的，即为水平的利率期限结构。但在现实中，水平的利率期限结构只是极特殊的情况，大多数利率期限结构还是呈现上升趋势的；其次，采取久期方法对债券价格利率风险的敏感性进行测量是建立在价格变化和收益率变化之间线性关系的基础上，但实际上，价格与收益率之间变化关系很可能是非线性的，只有当收益率的变化幅度很小时，久期所代表的线性关系才成立。

二、凸性

债券的凸性（Convexity）不仅描述了债券价格与债券收益率的反比关系，还具体指出了债券价格相对于收益率变化的变动幅度，即对于期限既定的债券，由收益率下

降导致的债券价格上升的幅度大于同等幅度的收益率上升导致的债券价格下降的幅度。

如图4.2所示，当收益率从Y_0上升到Y_1时，债券价格下降幅度$P_0 - P^- = P''$；当收益率从Y_0下降到Y_2时，债券价格上升幅度$P^+ - P_0 = P'$。由此可见，对于价格的相同变化P'与P''，价格下降引起的收益率上升的幅度要大于价格上升引起收益率下降的幅度。反映在图形上即债券收益率与价格关系的曲线凸向原点，这也就是债券的凸性。

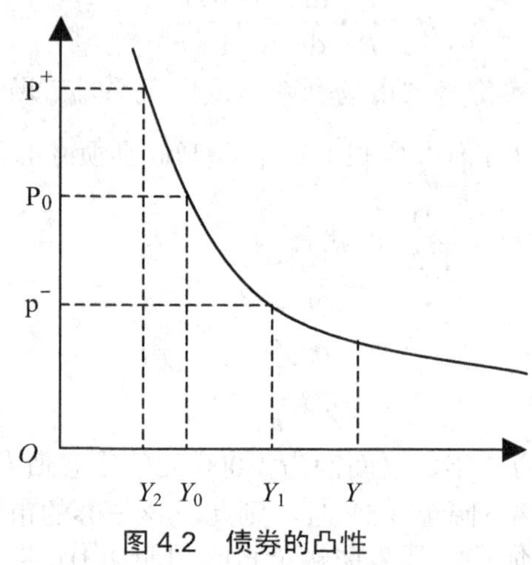

图4.2 债券的凸性

久期可以被看做债券价格对利率小幅波动敏感性的一阶估计，而凸性则是对债券价格利率敏感性的二阶估计，或是对债券久期利率敏感性的测量。它可以对久期估计的误差进行有效的校正。凸性可以通过计算久期对利率的导数或债券价格对利率的二阶导数再除以债券的价格得到

$$C = -\frac{\mathrm{d}D^*}{\mathrm{d}r} = \frac{1}{P} \cdot \frac{\mathrm{d}^2 P}{\mathrm{d}r^2} = \frac{1}{P} \cdot \frac{1}{(1+r)^2} \sum_{t=1}^{T} \frac{t(t+1)C_t}{(1+r)^t} \tag{4.15}$$

而对债券价格进行泰勒二阶展开：

$$\begin{aligned} \mathrm{d}P/P &\approx (1/P)\frac{\mathrm{d}P}{\mathrm{d}r}\mathrm{d}r + (1/2P)\frac{\mathrm{d}^2 P}{\mathrm{d}r^2}(\mathrm{d}r)^2 \\ &= -D^*\mathrm{d}r + \frac{1}{2}C(\mathrm{d}r)^2 \end{aligned} \tag{4.16}$$

由债券的凸性可知，对于相同的变化幅度，收益率下降导致的债券价格上升的幅度大于收益率上升导致的债券价格下降的幅度。债券的凸性越大，上述效应越明显。因此，具有较高凸性的债券会受到市场的欢迎而具有相对高的价格。当给定收益率和久期时，债券的息票率越高，凸性越低，因此在同样久期的条件下，零息债券具有最低的凸性。

三、凸性与久期的关系

债券的凸性和久期都可用来描述债券收益率与债券价格之间的反向关系。债券的价格与收益率之间是非线性的反向变化关系，即债券的凸性。换言之，债券的凸性准确地衡量了债券价格与收益率之间的非线性反向关系，而债券的久期将债券价格与收益率之间的反向关系视为线性的，只是一个近似的公式。然而，当收益率变动幅度比较小时，久期与凸性两者的误差也比较小，可以忽略，这时久期公式也能比较准确地反映债券价格的变动。

本章小结

1．债券是指债券发行人为筹措资金，依照法定程序发行，向投资者出具的，承诺按票面标明的面额、利率、偿还期等给付利息并到期偿还本金的有价证券。债券的发行人是借入资金的经济主体，债券的购买者也即投资者是出借资金的经济主体，债券反映了发行者和投资者之间的债权、债务关系，是这一关系的法律凭证。

2．债券票面上有以下五个基本要素：债券的票面价值、债券的偿还期限和偿还方式、债券的票面利率、债券的付息方式、债券发行者名称。

3．债券的特征主要有期限性、安全性、流动性和收益性。

4．根据发行主体的不同，债券可以分为政府债券、金融债券和公司债券；根据利息计算方式上的差异，有单利债券、附息债券、贴现债券、零息债券和累进利率债券等；根据债券票面利率固定与否的特点，债券可分为固定利率债券和浮动利率债券；债券有不同的形式，根据债券券面形态可以分为实物债券、凭证式债券和记账式债券。

5．债券的发行制度有注册制和核准制两种。

6．债券发行方式有三种分类。按认购对象分，可以分为私募发行和公募发行；按是否有中介机构参与，可分为直接发行和间接发行；按发行条件及其投资者的决定方式，可分为竞争性招标发行和非竞争性招标发行。

7．债券流通转让市场大体分为两类：一是证券交易所交易；另一种是柜台交易。

8．证券交易分代理买卖和自营买卖两种方式。

9．债券二级市场上的交易主要有三种形式，即现货交易、期货交易和回购协议交易。

10．收入资本化法是评估债券价值的基本方法，其核心是通过对债券未来收益贴现的方式求得债券的内在价值。

11．有两种常见的方法来进行投资决策：一种是比较债券内在价值与价格。即净现值法。如果内在价值大于价格，净现值为正，该债券被低估；反之，属于高估；另一种是到期收益率比较法，比较债券承诺的到期收益率与根据债券风险确定的到期收益率。如果前者大于后者，该债券被低估；反之，属于高估。

12. 收益率是体现债券价值的重要指标，到期收益率的变化将引起债券价格的波动，衡量到期收益率变化导致债券价格波动的敏感程度指标是久期和凸性。债券的凸性准确地衡量债券价格与收益率之间的非线性反向关系，而债券的久期将债券价格与收益率之间的反向关系近似视为是线性的。

本章重要概念

债券	政府债券	金融债券	公司债券
实物债券	凭证式债券	记账式债券	注册制
核准制	私募发行	公募发行	直接发行
间接发行	“荷兰式”招标	“美国式”招标	证券交易所交易
柜台交易	“做市商”制度	承销	代理买卖
自营买卖	现货交易	期货交易	回购协议交易
收入资本化法	贴现债券	到期收益率	债券属性
早赎条款	久期	凸性	

本章复习思考题

1. 债券的票面要素包括哪些？
2. 债券具有哪些特征？
3. 试比较债券与股票的异同点。
4. 债券发行制度有哪些？试比较这些制度的优缺点。
5. 试比较直接发行与间接发行的异同点。
6. 债券发行市场的运作过程如何？
7. 债券交易的程序如何？
8. 比较收入资本化法在不同债券价值评估中的应用。
9. 评价债券高估、低估的两种方法是什么，如何运用它们进行投资决策分析。
10. 比较分析利率期限结构的三种常见理论，并分别指出它们的理论缺陷。
11. 债券合理定价需要考虑哪些因素？
12. 分析债券的久期和凸性之间的区别与联系。

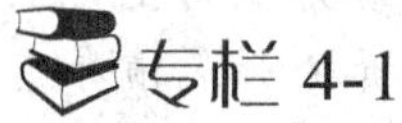专栏 4-1

中国债券市场的发展

债券市场是金融市场体系的重要组成部分。大力发展债券市场，有利于改善我国融资结构，优化市场资源配置，也能够有效地促进储蓄向投资转化，降低金融系统性风险。随着我国经济增长方式的转变以及市场化程度的提高，债券市场在经济金融中的作用愈发重要。本专栏将向读者介绍我国在“十一五”期间债券市场的发展成就和未来展望等知识。

一、“十一五”期间中国债券市场的发展成就

“十一五”期间，我国债券市场通过减少行政审批，完善债券发行市场化机制，坚持面向合格机构投资者的市场定位，奉行场外市场为主的发展模式，不断推动债券市场的产品与工具创新，丰富投资人选择，并且大力完善债券市场制度建设，加强托管结算、交易、清算等基础设施建设等一系列措施，使得债券市场的发展取得了长足进步，市场规模快速扩大，市场深度不断增加，充分发挥了保证国家宏观经济政策实施、优化资源配置、推动金融体制深化改革、加大金融支持经济发展力度的积极作用。主要成就主要体现在以下几个方面。

一是债券市场总体规模迅速扩大，成为世界上债券市场发展速度最快的国家之一。2010 年，我国债券余额达 20.4 万亿元。根据 BIS 统计，我国债券市场排名已跃居世界第 5 位、亚洲第 2 位。2009 年，国际货币基金组织的研究报告指出，中国债券市场的快速发展，在为政府和企业提供融资及减少对银行部门的依赖方面，发挥了重要作用，同时有助于校正货币和期限错配，促进了金融稳定。

二是公司信用类债券市场实现跨越式发展，“跛足”现象明显改观。“十一五”期间，随着银行间市场备案注册制等改革措施的落实，我国公司信用类债券市场开始进入快速发展阶段，2010 年末公司信用类债券的余额（包括非政策性金融机构债券）达 4.3 万亿元，占 GDP 比重上升到 10.9%。根据 BIS 统计，我国公司信用债券市场排名已跃居世界第 4 位、亚洲第 2 位。在直接融资（不包括金融机构融资）中，债券融资的比重从 2005 年开始超过股票融资，2010 年债券融资规模为股票的 3.3 倍，债券融资占直接融资的比重已经达到 76.9%。债券融资已成为我国直接融资的主渠道之一，债券市场的快速发展便利了企业债券融资，在国际金融危机期间对于国民经济稳定增长发挥了重要作用。

三是债券市场交易量和流动性明显提高。2010 年我国银行间债券市场交易量突破 150 万亿元，比 2004 年增长 12 倍多，债券换手率大幅提高，公司信用类债券流动性在亚洲国家中位于前列。

四是债券市场主体不断丰富，机构投资者类型更加多元化。我国债券市场发行主体从政府、大型国企、金融机构拓展到民营企业、中外合资企业、外资企业。债券市场投资主体已涵盖银行、证券公司、基金公司、保险公司、信用社、企业等各类机构。我国债券市场参与主体范围不断扩大，机构投资者已成为债券市场的主要力量。

五是债券市场运行机制不断健全。市场化定价程度逐步提高；市场约束与激励机制逐渐发挥作用，信息披露制度对相关利益主体的约束力持续强化；推出了信用风险管理工具，提供市场化的风险分散和转移手段。

六是随着债券市场的快速发展，其在我国金融市场体系中的地位大大提升，功能不断深化。我国债券市场为货币政策和财政政策的实施提供了重要平台。公司信用债券的推出，拓宽了企业融资渠道，改善了融资结构。债券市场还成为金融机构投融资管理和流动性管理的平台，在促进金融机构改革方面发挥了重要作用。

七是我国债券市场初步形成分层有序的市场体系，基础设施建设日趋完备。我国已初步形成面向机构投资者、场外大宗交易的银行间市场为主体的市场架构。实行场外询价、大宗交易的银行间市场是债券市场的主体，主要满足机构投资者需求，实行场内撮合、零售交易的交易所市场是补充，主要满足中小投资者和个人需求。银行间债券市场建立了规范的电子交易平台，以及相应的债券托管、清算、结算制度。银行间市场与交易所市场间互联互通初见成效，跨市场发行、交易、转托管均已实现，上市商业银行进入交易所进行债券交易试点工作也在逐步推进。

八是我国债券市场的产品与工具不断实现创新，丰富了投资人选择。“十一五”期间，我国先后推出了普通金融债券、混合资本债券、资产支持债券以及超短期融资券、短期融资券、中期票据、集合票据等产品，增加了企业和金融机构的直接融资渠道，降低了融资成本，优化了社会融资结构，也为金融机构提供了资产负债管理工具。近年来，为配合利率市场化改革的进程，我国坚持“满足需求、风险可控”的原则，相继推出债券远期交易、人民币利率互换、债券借贷、信用风险缓释工具等创新产品，基本适应了市场主体规避风险的需求，提高了市场流动性，同时为利率进一步市场化创造了条件。“十一五”期间，我国还先后允许境内发行美元债券，国际开发机构境内发行人民币债券，亚洲债券基金和QFII在境内投资债券市场，内地金融机构赴香港发行人民币债券等，同时配合人民币跨境贸易结算试点，稳步推进境外三类机构投资银行间债券市场试点工作，推动了债券市场的国际化。

二、中国债券市场未来发展展望

回顾过去的五年，我国债券市场功能日益增强，对经济支持日趋有力。债券市场的发展，优化了融资结构，成为构建宏观审慎管理框架、维护金融稳定的重要组成部分，为落实应对金融危机一揽子计划、扩内需、促增长发挥了重要作用，也为深化金融体制改革奠定了重要的市场基础，有力地支持了国民经济平稳较快发展和“十一五”

规划实施。展望“十二五”，我国将从债券市场发展的规律出发，选择科学合理的发展模式与路径，明确方向，鼓励创新，夯实基础，加强协调，互通互联，对外开放，促进债券市场整体协调可持续发展，努力建设一个产品序列齐全、运行高效、功能完备、具有相当规模、能充分适应国民经济发展需要的债券市场体系，引导金融市场资源更好地服务于实体经济，更好地促进经济结构调整和经济发展方式转变。

一是明确方向，进一步推动面向合格机构投资者的场外债券市场发展，强化市场化约束和风险分担机制。按照场外市场模式，针对合格机构投资者的特点和需求，不断拓展市场广度和深度。同时，应当继续强化市场化约束和风险分担机制，加强信用评级体系和信息披露制度建设，培育投资者自行识别和承担风险的机制，为债券市场发展营造良好的制度环境。

二是鼓励创新，规范管制，以创新促发展。推动创新，关键是要转变管理理念，着力推进机制创新，减少行政管制。市场产品与工具创新应该更多由市场主体去推动，允许市场参与者在监管部门许可的业务范围内自主创新，充分发挥行业自律组织贴近市场的优势，推动符合市场需求的、适合机构投资者交易的债务融资工具创新和交易工具创新；政府部门则着重从信息披露、信用评级、会计、税收等方面进行制度和体制创新，为创新创造一个好的外部环境。

三是夯实基础，加强基础设施建设，防范风险。实践表明，交易、清算、结算和托管环节是债券市场风险防范的核心，应该大力加强市场基础设施建设。逐步实现债券市场集中清算，充分发挥集中清算的信息集中优势，加强风险监测，防范系统性风险。同时，借鉴国际市场经验，结合我国市场发展实际，继续完善债券市场交易系统和托管结算系统，提高市场效率。

四是加强协调，形成市场发展合力。着力加强各部门之间的协调配合，加快建立统一的监管标准、根据约定进行信息共享、政策协调的债券市场管理体制，发挥各部门合力，共同推动市场发展。

五是在明确市场发展方向的前提下，促进场内、场外市场的互联互通。目前，国债和企业债券均可以跨市场交易流通；场内与场外市场的转托管机制已经初步建立，应继续推动中国债券市场整体发展。

六是对外开放，实现债券市场与国际接轨。在有效防范风险的基础上，积极稳妥地推动中国债券市场对外开放。推动境外机构投资境内债券市场，扩大境内发债的境外主体范围。根据市场主体意愿，允许更多境内机构赴境外发行债券。在市场管理、会计准则、评级机构准入等方面，以更加务实、开放的态度，加强与国际组织、外国政府部门等各方的沟通协调。

（本专栏改写自：谢多. 优化市场资源配置更好服务实体经济继续推动债券市场整体协调可持续发展. 中国人民银行网站，2011-03-21）

第五章　股票市场

股票市场是股票发行和流通的场所，也称权益市场（Equity Market），通常可以分为一级市场（Primary Market）和二级市场（Secondary Market）。作为资本市场的重要子市场之一，股票市场所拥有的筹资、资源配置、信息传递和宏观调控等功能，在国民经济发展中均具有举足轻重的作用。

本章第一节首先介绍了股票的概念和特征，然后介绍了股票的发行和流通方式，最后介绍了世界主要市场的股票价格指数。本章后面三节从理论上介绍了各种股票价值评估模型。第二节中重点介绍收入资本化法在普通股价值评估中的运用。在第三节详细介绍股息贴现模型的几种不同形式的基础上，第四节引出另一个股票价值评估模型——市盈率模型。

第一节　股票的发行与流通和股票价格指数

一、股票的概念和特征

（一）股票的概念

股票是股份公司为筹集资金而发给股东作为其投资入股的证书和索取股息的凭证，其实质是公司的产权证明书。股票代表股东对公司的所有权，并作为股份公司资本的构成部分，可以进行转让、买卖或抵押。

作为一种所有权凭证，股票有一定的格式。从其发展历史看，最初的票面格式既不统一，也不规范，是由各发行公司自行决定的。随着股份制度的发展和完善，许多国家对股票票面格式作了规定，提出票面应载明的事项和具体要求。例如我国《公司法》规定，股票应采用纸面形式或国务院证券管理部门规定的其他形式。股票应载明的事项主要有公司名称、公司登记成立的日期、票面金额及代表的股份数、股票种类、股票的编号。股票由董事长签名，公司盖章。发起人的股票，应当标明“发起人股票”字样。

股票与股份是两个既相联系又有区别的概念。股份是股份公司中均分公司全部资本的最基本的计量单位，每一股份都代表一定量的资本额，且资本额数量相等。股票是股份的具体表现形式。

（二）股票的特征

股票具有以下特征。

1．权利性

投资者投资股票成为股东就拥有了一系列的权利，包括投票权、分享红利权、剩余财产分配权等。权利的大小取决于拥有公司股票的多少。如果某股东持有的股票数额达到决策所需的有效多数时，就能实质性地影响公司的经营方针。

2．流动性

股票可以在股票市场上变现转让，具有较强的变现能力。

3．收益性

收益性是股票最基本的特征，股票的持有者凭其所持有的股票，有权领取公司发送的股息和红利，同时，还可以通过买卖差价赚取利润，这种差价收益称为资本利得。投资股票所获得的收益除了受公司的经营状况的影响之外，还与宏观经济、政治、社会等诸多因素有关。一般而言，由于收益和风险是成正比的，因此股票的盈利要高于银行的储蓄利息。

4．风险性

风险性是指持有股票可能产生经济利益损失的特性。股票风险的内涵是预期收益的不确定性。股票可能给股票持有者带来收益，但这种收益是不确定的，股东能否获得预期的股息红利收益，完全取决于公司的盈利情况；股票的市场价格也会随公司的盈利水平、市场利率、宏观经济状况、政治局势等各种因素的影响而变化，如果股价下跌，股票持有者会因股票贬值而蒙受损失。因此，股票的风险性和收益性是并存的。

5．永久性

股票代表着股东的永久性投资，股票的有效期与股份公司的期间相联系，两者是并存的关系。投资者购买股票后，不能再从公司撤回这笔投资，只能通过证券市场出卖股票才能收回现金，可以认为股票是一种无期限的法律凭证。

二、股票的种类

按照不同的划分方式，可以把股票划分为不同种类。

（1）依照股东权利和义务的不同，股票分为普通股股票（Common Stock）和优先股股票（Preferred Stock）。

① 普通股是在优先股要求权得到满足之后才参与公司利润和资产分配的股票，其股息收益不确定，随股份公司的利润及其分配政策的变动而变动，在公司盈利较多时，

普通股股东可获得较高的股利收益，但在公司盈利和剩余财产的分配顺序上列在债权人和优先股票股东之后，故其承担的风险也较高。普通股持有者享有决策参与权、利润分配权、优先认股权和剩余资产分配权。与优先股相比，普通股股票是标准的股票，是风险较大的股票。

② 优先股是指在剩余索取权方面较普通股优先的股票，这种优先性体现在分得固定数额的股息并可以先于普通股股东收取股息，但其持有者无经营管理权，也不参与公司决策。

优先股股票作为一种特殊的股票，虽不是股票的主要品种，但它的存在对股份公司和投资者有着重要的意义。首先，对股份公司而言，发行优先股股票可以筹集长期稳定的公司股本，又因其股息率固定，在公司盈利较多时可以减轻利润的分派负担。另外，优先股股东无表决权，这样可以避免公司经营决策权的改变和分散。其次，对投资者而言，由于优先股股票的股息收益稳定可靠，而且在财产清偿时也先于普通股股东，故风险相对较小。优先股股票因收入稳定，二级市场价格波动小，风险较低，适宜中长线投资。在国外，大部分优先股股票为保险公司、养老基金等稳健型机构投资者持有。当然，持有优先股股票并不总是有利的，例如，在公司经营有方而获高额利润情况下，优先股股票的股息收益可能会大大低于普通股票。

优先股股票的具体优先条件，由各公司的公司章程加以规定，一般包括：优先股股票分配股息的顺序和定额，优先股股票分配公司剩余资产的顺序和定额，优先股股票股东行使表决权的条件、顺序和限制，优先股股票股东的权利和义务，优先股股票股东转让股份的条件等。

（2）按票面是否记载投资者姓名，股票分为记名股票和无记名股票。记名股票的票面记载股东姓名。股东姓名也记载在公司股东名册上，这类股票持有较安全，但转让手续繁琐；不记名股票不记载股东姓名，谁持有股票即享受股东权利，可自由转让。

（3）在我国，由于历史原因，按投资主体的不同还可以分为国家股、法人股、社会公众股和外资股。

① 国家股是指有权代表国家投资的政府部门或机构，以国有资产投入公司形成的股份或依法定程序取得的股份。这里要注意国家股不等于国有股，国有股包括国家股和国有法人股，如果是具有法人资格的国有企业、事业及其他单位，以其依法占用的法人资产向独立于自己的股份公司出资形成或依法定程序取得的股份，即为国有法人股。

② 法人股指企业法人或具有法人资格的事业单位和社会团体，以其依法可支配的资产向公司非上市流通股权部分投资所形成的股份。法人持股所形成的也是一种所有权关系，是法人经营自身财产的一种投资行为。法人股股票以法人记名。

作为发起人的企业法人或具有法人资格的事业单位和社会团体，在认购股份时，可以用货币出资，也可以用其他形式的资产，如实物、工业产权、非专利技术、土地使用权等作价出资。但对其他形式资产必须进行评估作价，核实财产，不得高估或者低估作价。

③ 社会公众股是指社会公众依法以其拥有的财产投入公司时形成的可上市流通的股份。在社会募集方式下，股份公司发行的股份，除了由发起人认购一部分外，其余部分应该向社会公众公开发行。我国《公司法》规定，社会募集公司向社会公众发行的股份，不得少于公司股份总数的 25%。公司股本总额超过人民币 4 亿元的，向社会公开发行股份的比例应在 15%以上。

④ 外资股是指股份公司向外国和我国香港、澳门、台湾地区投资者发行的股票。这是我国股份公司吸收外资的一种方式。外资股按上市地域可以分为境内上市外资股（B 股）和境外上市外资股（H 股、N 股、S 股），详细内容见第 4 种分类。

（4）在我国，按股票发行范围和交易币种的不同，把股票划分为 A 股、B 股、H 股、N 股和 S 股。

A 股是以人民币标明面值，由境内公司在中国境内发行上市，但由境内居民或机构用人民币买卖的股票。

B 股是用人民币标明股票面值，由境内公司在境内发行，在境内的证券交易所上市，由境内外居民或机构用外币买卖的股票。在 2001 年之前，B 股的投资者仅限于：

① 外国的自然人、法人和其他组织；

② 中国香港、澳门、台湾地区的自然人、法人和其他组织；

③ 定居在国外的中国公民等。

从 2001 年 2 月对境内居民个人开放 B 股市场之后，境内投资者逐渐成为 B 股市场的重要投资主体。境内居民个人可以用现汇存款和外币现钞存款以及从境外汇入的外汇资金从事 B 股交易，但不允许使用外币现钞。境内居民个人与非居民之间不得进行 B 股协议转让，境内居民个人所购 B 股不得向境外转托管。经有关部门批准，境内上市外资股或者其派生形式（如认股权凭证和境外存股凭证）可以在境外流通转让。公司向境内上市外资股股东支付股利及其他款项，以人民币计价和宣布，以外币支付。

H 股、N 股、S 股属于境外上市的外资股，是用人民币标明股票面值，由境内公司发行，分别在中国香港、纽约、新加坡的股票市场上市，其中 H 股用港币交易，N 股使用美元交易，S 股使用新加坡元交易。

三、股票的发行

（一）股票发行市场概述

股票的发行市场（Issuance Market）也称一级市场（Primary Market），是股票发行者按照一定的法律规定和发行程序，直接或通过中介机构向投资者出售新股票所形成的市场。股票发行市场没有具体的市场形式和固定的场所，体现的是股票从发行主体流向投资者，同时资金从众多的投资者集中到发行主体手中的双向关系。

（二）股票的承销

当发行人通过股票市场筹集资金时，需要聘请承销商来销售股票。股票承销商凭借其在股票市场上的信誉和营业网点，在规定的发行有效期限内将股票销售出去，这一过程称为股票承销。而根据股票承销商在承销过程中承担的责任和风险的不同，承销又可分为代销和包销两种形式。

代销是指股票发行人委托承担承销业务的股票承销商代为向投资者销售股票。承销商按照规定的发行条件，在约定的期限内尽力推销，到销售截止日期，股票如果没有全部售出，未售出部分退还给发行人，承销商不负责承购剩余数额的责任，发行风险由发行者自己承担。

包销是指发行人与承销商签订合同，由承销商买下全部或销售剩余部分的股票，承担全部销售风险。对发行人来说，包销不必承担股票销售不出去的风险，而且可以迅速筹集资金，但相对于代销，包销的成本较高。

包销在实际操作中有全额包销和余额包销之分。全额包销是指发行人与承销商签订承购合同，由承销商先按一定价格买下全部股票，并按合同规定的时间将价款一次付给发行人，然后承销商以略高的价格向社会公众出售。余额包销是指发行人委托承销商在约定期限内发行股票，到销售截止日期，未售出的余额由承销商按协议价格认购。余额包销实际上是先代理发行，后全额包销，是代销和全额包销的结合。

（三）股票的发行方式

1．按募集对象划分，可分为公募发行与私募发行

公募发行（Public Placement）是指股份有限公司通过股票经销商面向市场公开向社会公众发行股票。公募发行的筹资潜力大，有利于股东队伍的扩大和产权的分散化；有利于克服垄断和提高股票的适销性，但通常需要承销商的协助，发行费用较高。

私募发行（Private Placement）是指股份有限公司向少数特定的投资者发售股票的方式。

2．按销售主体不同，可分为直接发行和间接发行

直接发行是股份有限公司自己承担发行股票的责任和风险，而股票发行的代办者及股票的经销商只收取一定的手续费，而不承担股票发行的风险。私募发行通常采用直接发行方式。

间接发行是指股份有限公司委托金融中介机构作为承销商，面向社会投资者公开出售股票，而股份有限公司不负担风险。

3．按发行价格的不同，可分为平价发行、折价发行与溢价发行

平价发行是指按股票的票面金额发行股票。

折价发行是指以低于股票票面金额的价格发行股票。我国《公司法》明确规定，股票发行时，不能采取折价发行的方式。

溢价发行是指用高于股票票面金额的价格发行股票。《公司法》规定，以超过票面金额为股票发行价格的，须经国务院股票管理部门批准。以超过票面额发行股票所得溢价款列入公司资本公积金。

4．除上述几种发行方式之外，还存在一种增资发行的方式

增资发行是指已发行股票的股份有限公司，经过一定的时期后，为了扩充股本而发行新股票。增资发行分有偿增资和无偿增资。

有偿增资可分为配股与按一定价格向社会增发新股票。其中，配股又分为向股东配股和第三者配股。向股东配股是指股份有限公司增发股票时对老股东按一定比例分配公司新股票的认购权，准许其按照一定的配股价格优先认购新股票。向第三者配股是指公司向股东以外的公司职工、公司往来客户银行及有友好关系的特定人员发售新股票。由于发售新股票的价格低于老股票的市场价格，第三者往往可以获得较大的利益。

按一定价格向社会增发新股票目的是为了增加公司的资本金，增发股票面向社会，无特定对象。增发股票的价格往往高于面值溢价发行。增发股票要维护老股东的权益，一般在溢价发行时，要给老股东以优先认购权和价格优惠权。

无偿增资就是指所谓的送股，具体而言可分为积累转增资和红利转增资。积累转增资是指将法定盈余公积金或资本公积金转为资本送股，按比例赠给老股东。红利转增资是指公司将当年分派给股东的红利转为增资，采用新发行股票的方式代替准备派发的股息和红利送给股东，即所谓的送红股。

（四）股票的发行程序

1．境内上市内资股的发行程序

经国务院批准，中国证监会于2000年修订发布了《中国证监会股票发行核准程序》，2001年修订了《首次公开发行股票辅导工作办法》，对我国股票发行程序做了全面的规定，具体内容如下。

（1）股票发行人应按照中国证监会颁布的《公司公开发行股票申请文件标准格式》制作申请文件，由主承销商推荐并向中国证监会申报。

（2）中国证监会受理申请文件后，对发行人申请文件的合法性进行初审，并在30日内将初审意见函告发行人及主承销商，主承销商自收到初审意见起10日内将补充完善的申请文件报至中国证监会。

（3）中国证监会对主承销商提交的补充完善后的申请文件进行审核，并将初审报告和申请文件提交发行审核委员会审核。

（4）中国证监会根据审核委员会的审核意见，对发行人的申请作出核准或不予核

准的决定。企业获准发行的，应当依照法律、行政法规的规定，在公开发行前公告公开发行募集文件，并将该文件备置于指定场所供公众查阅。

2．境内上市外资股的发行程序

依照《国务院关于股份有限公司境内上市外资股的规定》，公司发行的境内上市外资股，采取记名股票形式并以人民币标明面值，以外币认购、买卖，且在境内证券交易所上市交易。

四、股票的流通

（一）股票交易市场概述

股票的交易市场也称二级市场（Secondary Market），是投资者之间买卖已发行股票的场所。通过流通市场，股票不断地在投资者之间进行买卖，并形成一个公开、合理的价格，以实现货币资本和证券资本的相互转化。股票流通市场的主体是证券交易所，它是证券市场发展到一定程度的产物，也是集中交易制度下证券市场的组织者和一线监管者。投资者不能直接进入证券交易所购买股票，只能通过从事证券经纪业务的证券公司委托购买。

二级市场通常可以分为证券交易所和场外交易市场，此外还存在具有混合特性的第三市场（The Third Market）和第四市场（The Fourth Market）。

（1）证券交易所是由证券管理部门批准的，为证券的集中交易提供固定场所和有关设施，并制定各项规章制度使证券能够公开、规范交易的场所。世界各国证券交易所的组织形式大致可以分为两类：公司制和会员制。公司制证券交易所是由银行、证券公司、投资信托机构及各类民营公司等共同投资入股建立起来的公司法人，它以盈利为目的；会员制证券交易所不以盈利为目的，由会员自治自律、互相约束，参与经营的会员可以参加股票交易中的股票买卖与交割。

我国内地有两家证券交易所——上海证券交易所和深圳证券交易所。上海证券交易所于 1990 年 11 月 26 日成立，当年 12 月 19 日正式营业。深圳证券交易所于 1989 年 11 月 15 日筹建，1991 年 4 月 11 日经中国人民银行总行批准成立，7 月 3 日正式营业。两家证券交易所均按会员制方式组成，是非营利性的事业法人。组织机构由会员大会、理事会、监察委员会和其他专门委员会、总经理及其他职能部门组成。

我国《证券交易所管理办法》第十一条规定，证券交易所的职能包括：

① 提供证券交易的场所和设施。

② 制定证券交易所的业务规则。

③ 接受上市申请、安排证券上市。

④ 组织、监督证券交易。

⑤ 对会员进行监管。

⑥ 对上市公司进行监管。

⑦ 设立证券登记结算机构。

⑧ 管理和公布市场信息。

⑨ 证监会许可的其他职能。

（2）场外交易是相对于证券交易所交易而言的，凡是在证券交易所之外的股票交易活动都可称作场外交易，由于这种交易最早是在各券商的柜台上进行的，故也称为柜台交易（Over-The-Counter，OTC）。

场外交易市场有以下特征：

① 场外交易市场是一个分散的无形市场。它没有固定的、集中的交易场所，而是由许多各自独立经营的证券经营机构分别进行交易的，并且主要是依靠电话、电报、电传和计算机网络联系成交的。

② 场外交易市场的组织方式采取做市商制。场外交易市场与证券交易所的区别在于不采取经纪制，投资者直接与券商进行交易。证券交易通常在证券经营机构之间或是证券经营机构与投资者之间直接进行，不需要中介机构。在场外证券交易中，证券经营机构先行垫入资金买进若干证券作为库存，然后开始挂牌对外进行交易。券商既是交易的直接参加者，也是市场的组织者，他们制造出证券交易的机会并组织市场活动，因此被称为“做市商”（Market Maker）。这里的“做市商”是场外交易市场的做市商，与场内交易中的做市商不完全相同。

③ 场外交易市场的交易品种以未在证券交易所批准上市的股票和债券为主。

④ 场外交易市场进行证券交易时通常采用议价方式。在场外交易市场上，证券买卖采取一对一交易方式，对同一种证券的买卖不可能同时出现众多的买方和卖方，也就不存在公开的竞价机制。具体地说，是证券公司对自己所经营的证券同时挂出买入价和卖出价，并无条件地按买入价买入证券和按卖出价卖出证券，最终的成交价是在牌价基础上经双方协商决定的不含佣金的净价。券商可根据市场情况随时调整所挂的牌价。

⑤ 场外交易市场的管理较证券交易所宽松。由于场外交易市场分散，缺乏统一的组织和章程，不易管理和监督，其交易效率也不及证券交易所，但美国的NASDAQ市场借助计算机将分散于全国的场外交易市场联成网络，在管理和效率上都有很大提高。

（3）第三市场是指在柜台市场上从事已在交易所挂牌上市的证券交易。

（4）第四市场是投资者直接进行证券交易的市场，在这个市场上交易由买卖双方直接协商办理，不通过任何中介机构。

（二）股票交易程序

1．开户

我国上海证券交易所和深圳证券交易所都已实现无纸化交易，股票交易均已通过转账方式，所以在股票交易前必须开设证券账户和资金账户。其中，证券账户用于记载投资者所持有证券的种类、名称、数量及相应权益和变动情况，资金账户用于存放买入股票所需资金和卖出股票取得的价款。

2．委托

进行股票交易必须委托证券交易所的会员（即券商）进行，股票交易的数量以“手”为单位，每100股为一手。

3．成交

券商接到委托后，即将委托指令传送到证券交易所的交易主机，股票交易时采取公开竞价法，买卖双方按价格优先原则和时间优先原则进行集中竞价：处于不同价位时，买方最高申报价格和卖方最低申报价格优先成交；同价位申报时，依照申报时序决定优先顺序，即买卖方向、价格相同的，先申报者优先于后申报者；先后顺序按证券交易所交易主机接受申报的时间确定。

4．结算和交收

结算和交收是指股票交易成交后对买卖双方应收或应付的股票和价款进行计算核定并转移股票和资金的行为。

五、股票价格指数

（一）股票价格指数的定义

股票价格指数是将计算期的股票价格与某一基期的股票价格相比较得出的相对变化指数，用以反映市场股票价格变动的整体状况。在计算股票指数时，一般都把股票价格指数和股票价格平均数分开计算。从两者对股市的实际作用来看，股票价格平均数是反映多种股票价格变动的一般水平，通常用算术平均数表示，通过对不同时期的股票价格平均数的比较，可看出多种股票价格的变动水平。而股票价格指数则是反映不同时期股票价格变动情况的相对指标，通过股票价格指数，可以了解计算期的股票价格比基期的股票价格上升或下降的百分比率。因此，比较来看，股票价格指数比股票价格平均数更能精确地反映股票价格的变动。

（二）股票价格指数的编制步骤

（1）选择列入指数计算的样本股。样本股主要是选择一定数量有代表性的上市公司股票，其选择标准有：

① 样本股的市价总值要在交易所上市的全部股票市价总值中占相当比例。

② 样本股票价格变动趋势必须能反映股票市场价格变动的总趋势。

（2）确定某一时点为计算指数的基期，并以一定方法计算该基期的平均股票价格或市值。

（3）算出计算期的平均股票价格或市值，并作必要的修正。收集样本股在计算期的价格并按选定的方法计算平均价格。有代表性的价格是样本股收盘平均价。

（4）指数化。将基期平均股票价格定为某一常数（通常为 50、100 或 1 000），并据此计算计算期股票价格的指数值。应注意的是，股票价格指数的“点”不是百分点，也不是货币单位，而是统计单位。

六、主要的证券价格指数

（一）我国主要的股票价格指数

1．上证综合指数

上证综合指数是上海证券交易所从 1991 年 7 月 15 日起编制的，以上海证券交易所挂牌上市的全部股票为计算范围，以发行量为权数的加权综合股价指数，它以 1990 年 12 月 19 日为基期，以“点”为单位，基期为 100 点，其计算公式为

$$报告期股价指数=\frac{报告期股票市价总值}{基期股票市价总值}\times 100 \tag{5.1}$$

其中

$$报告期股票市价总值=\sum_{i=1}^{N}报告期收盘价\times 发行股数 \tag{5.2}$$

$$基期股票市价总值=\sum_{i=1}^{N}基期收盘价\times 发行股数 \tag{5.3}$$

当市价总值出现非交易因素的变动时，如新股上市、退市或上市公司增资扩股时，必须作相应修正。修正公式为

$$新基期市价总值=修正前基期市价总值\times\frac{修正前市价总值+市价总值变动额}{修正前市价总值} \tag{5.4}$$

$$修正后报告期股价指数=\frac{报告期股票市价总值}{新基期股票市价总值}\times 100 \tag{5.5}$$

随着上海股票市场的逐步发展，上海证券交易所在上证综合指数的基础上，从 1992 年 2 月起分别公布 A 股指数和 B 股指数；从 1993 年 5 月 3 日起正式公布工业、商业、地产业、公用事业和综合五大类分类股价指数。其中上证 A 股指数以 1990 年 12 月 19 日为基期，上证 B 股指数以 1992 年 2 月 21 日为基期，以全部上市的 A 股和 B 股为样本，以发行量为权数进行加权计算。上证分类指数以 1993 年 5 月 1 日为基期，按同样方法计算。

2．深证综合指数

深证综合指数是深圳证券交易所编制的，以深圳证券交易所挂牌上市的全部股票

为计算范围，以发行量为权数的加权综合股价指数。

深圳证券交易所编制的综合指数包括：深证综合指数、深证 A 股指数和深证 B 股指数。它们分别以在深圳证券交易所上市的全部股票、全部 A 股、全部 B 股为样本股，综合指数和 A 股指数的基期为 1991 年 4 月 3 日，B 股指数的基期为 1992 年 2 月 28 日，基期指数定为 100，以指数股计算日股份数为权数进行加权平均计算。当有新股票上市时，其上市当天纳入指数计算。当某一股票暂停买卖时，将其暂时剔除于指数的计算之外。若有某一股票在交易中突然停牌，将取其最后成交价计算即时指数，直至收市。

深证综合指数的基本公式为

$$即日指数=\frac{即日指数股总市值}{基日指数股总市值}\times基日指数 \tag{5.6}$$

每日连续计算的环比公式为

$$今日即时指数=上日收市指数\times\frac{今日即时指数股总市值}{经调整上日指数股收市总市值} \tag{5.7}$$

其中，

$$今日即时指数股总市值=各样本股市价\times已发行股数 \tag{5.8}$$

上日指数股收市总市值是指根据上一日样本股的股本或样本股变动而作调整后的总值。

当指数股的股本结构变动时，改用变动前一营业日为基准日，并用“连锁”方法对指数计算进行调整，以维持指数的连续性。

3．上证成份股指数

上证成份股指数简称上证 180 指数，是对原上证 30 指数进行调整和更名产生的指数。上证成份股指数的编制方案是在结合中国证券市场的发展现状并借鉴国际经验，在原上证 30 指数编制方案的基础上作进一步完善后形成的。

上证成份股指数的样本股共有 180 支，其选择标准是遵循规模（总市值、流通市值）、流动性（成交金额、换手率）、行业代表性三项指标，即选取规模较大、流动性较好且具有行业代表性的股票作为样本股票。

样本股的选择方法如下。

（1）根据总市值、流动市值、成交金额和换手率对股票进行综合排名；

（2）按照各行业的流通市值比例分配样本只数；

（3）按照行业的样本分配只数在行业内选取排名靠前的股票；

（4）对各行业选取的样本作进一步调整，使成份股总数为 180 家。

上证成份股指数依据样本稳定性和动态跟踪的原则，每年调整一次，每次调整比例一般不超过 10%。当然，特殊情况下也可以对样本股进行临时调整。上证 180 指数是对 1996 年 7 月 1 日起正式发布的上证 30 指数的延续，从 2002 年 7 月 1 日起正式发布，基点为 2002 年 6 月 28 日上证 30 指数的收盘点数 3 299.05 点。

4．上证 50 指数

2004 年 1 月 2 日，上海证券交易所发布了上证 50 指数。上证 50 指数是根据科学客观的方法，从上证 180 指数样本中挑选出规模大、流动性好的 50 支股票组成样本股，综合反映上海证券市场最具市场影响力的一批优质大盘企业的整体状况。上证 50 指数以2003年12月31日为基日，以该日50只成份股的调整市值为基期，基期指数定为1 000点。上证 50 指数采用派许加权方法，按照样本股的调整股本数为权数进行加权计算。计算公式为

$$\text{报告期指数}=\text{报告期成份股的调整市值}/\text{基期成份股的调整市值}\times 1\,000 \tag{5.9}$$

其中

$$\text{调整市值}=\sum(\text{市价}\times\text{调整股数}) \tag{5.10}$$

5．深证成份股指数

深证成份股指数由深圳证券交易所从上市的所有股票中抽取具有市场代表性的 40 家上市公司的股票作为计算对象，并以流通股为权数计算得出的加权股价指数，综合反映深圳证券交易所上市 A、B 股的股价走势，该指数以 1994 年 7 月 20 日为基日，基日指数为 1 000 点，于 1995 年 5 月 5 日正式启用。

6．深证 100 指数

深圳证券信息有限公司于 2003 年初发布深证 100 指数。深证 100 指数成份股选取主要考察 A 股上市公司流通市值和成交金额两项指标，从在深圳证券交易所上市的股票中选取的 100 只 A 股作为成份股，以成份股的可流通 A 股数为权数，采用派许综合法编制。根据市场动态跟踪和成份股稳定性原则，深证 100 指数将每半年调整一次成份股。深证 100 指数以 2002 年 12 月 31 日为基准日，基准指数定为 1 000 点，从 2003 年第一个交易日开始编制和发布。

7．恒生指数

恒生指数由香港恒生银行于 1969 年 11 月 24 日起编制公布，是系统反映香港股票市场行情变动最有代表性和影响最大的指数。它挑选了 33 种有代表性的上市股票为成份股，用加权平均法计算。这 33 种成份股中包括金融业 4 种、公用事业 6 种、地产业 9 种、其他工商业 14 种。这些股票分布在香港主要行业，都是最具代表性和实力雄厚的大公司。它们的市价总值要占香港所有上市股票市价总值的 70%左右。

恒生指数最初以股市交易较正常的 1964 年 7 月 31 日为基期，令基值为 100，后来因为恒生指数按行业增设了 4 个分类指数，将基期改为 1984 年 1 月 13 日，并将该日收市指数的 975.47 点定为新基期指数。由于恒生指数具有基期选择恰当、成份股代表性强、计算频率高、指数连续性好等特点，因此一直是反映和衡量香港股市变动趋势的主要指标。

8．我国台湾证券交易所发行量加权股价指数

我国台湾证券交易所目前发布的股价指数中，以发行股数加权计算的有26种，包括发行量加权股价指数、未含金融股发行量加权股价指数、未含电子股发行量加权股价指数、22种产业分类股价指数，以及与英国富时（FTSE）共同编制的台湾50指数；另外，还有以算术平均法计算的综合股价平均数和工业指数平均数。

（二）国际主要的股票市场及其价格指数

1．道-琼斯工业股价平均数

道-琼斯工业股价平均数是世界上最早、最享盛誉和最有影响的股票价格平均数，由《华尔街日报》的出版者美国道琼斯公司编制公布。道-琼斯股价平均数以1928年10月1日为基期，基期指数为100。道-琼斯指数的编制方法原为简单算术平均法，由于这一方法的不足，从1928年起采用除数修正的简单平均法，使平均数能连续、真实地反映股价变动情况。长期以来，道-琼斯股价平均数在国际股市中享有盛名，被认为是描述美国政治、经济和社会状况的主要标尺。

2．标准普尔股价指数

标准普尔股价指数由美国著名的投资顾问公司与证券研究组织标准普尔公司发布，其样本股票多达500种，包括工业、运输业、公用事业与金融业。标准普尔股价指数把1941—1943年抽样股票市价的均值乘以其发行量，作为基期市价总值，并把抽样股票的计算日市价乘以其发行量，求得计算期市价总值，然后将两者相比得出当日股价指数。由于这种指数在计算过程中以发行量作权数，弥补了简单算数平均及道-琼斯平均忽视股票个别比重的缺陷。

3．NASDAQ市场及其指数

NASDAQ的中文全称是全美证券交易商自动报价系统，于1971年正式启用。它利用现代电子计算机技术，将美国6 000多个证券商网点连接在一起，形成了一个全美统一的场外二级市场。目前有不少国家和地区模仿美国NASDAQ，建立“第二交易系统”或“二板”市场，如欧洲的EASDAQ市场、日本的JASDAQ市场、新加坡的SESDAQ市场、马来西亚的MESDAQ市场、韩国的KOSDAQ市场、罗马尼亚的RASDAQ市场等，但都不甚成功。中国于1992年7月建立的全国证券交易商自动报价系统（STAQ）和1993年4月中国证券交易系统有限公司建立的全国电子交易系统（NET），也有类似的性质。

4．金融时报证券交易所指数（FTSE100指数）

金融时报证券交易所指数是英国最具权威性的股价指数，由《金融时报》编制和公布。这一指数包括三种。

（1）金融时报工业股票指数，又称30种股票指数。该指数包括30种最优良的工

业股票价格，其中有烟草、食油、电子、化学药品、金属机械、原油等。由于这 30 家公司股票的市值在整个股市中所占的比重大，具有一定的代表性，因此该指数是反映伦敦证券市场股票行情变化的重要尺度。它以 1935 年 7 月 1 日为基期，基期指数为 100。

（2）100 种股票交易指数，又称“FT-100 指数”，该指数自 1984 年 1 月 3 日起编制并公布。这一指数挑选了 100 家有代表性的大公司股票，又因它通过伦敦股票市场自动报价电脑系统，可随时得出股票市价并每分钟计算一次，因此能迅速地反映股市行情的每一变动，自公布以来受到人们广泛重视。为了便于期货交易和期权交易，该指数基值定为 1 000。

（3）综合精算股票指数。该指数从伦敦股市上精选 700 多种股票作为样本股加以计算，它自 1962 年 4 月 10 日起编制和公布，并以这一天为基期，令基数为 100。这一指数的特点是统计面宽、范围广，能较全面地反映整个股市状况。

5．日经 225 股价指数

日经 225 股价指数是《日本经济新闻社》编制和公布的以反映日本股票市场价格变动的股价指数。该指数从 1950 年 9 月开始编制，现在日经股价指数分成两组：（1）日经 225 种股价指数。这一指数以在东京证券交易所第一市场上市的 225 种股票为样本股，包括 150 家制造业、15 家金融业、14 家运输业和 46 家其他行业。样本股原则上固定不变，以 1950 年算出的平均股价 176.21 元为基数。由于该指数从 1950 年起连续编制，具有较好的可比性，成为反映和分析日本股票市场价格长期变动趋势最常用和最可靠的指标。（2）日经 500 种股价指数。该指数从 1982 年 1 月 4 日起开始编制，样本股扩大到 500 种，约占东京证券交易所第一市场上市股票的一半，因而更具代表性。该指数的特点是采样不固定，每年根据各公司前 3 个结算年度的经营状况、股票成交量、成交金额、市价总额等情况对样本股票进行更换。正因为如此，该指数不仅能较全面地反映日本股市的行情变化，还能如实反映日本产业结构变化和市场变化情况。

第二节　股票价值评估

一、影响股票投资价值的因素

（一）内部因素

一般来讲，影响股票投资价值的内部因素主要包括公司净资产、公司盈利水平、重要原材料供应及价格变化、公司的股利政策、股份分割、增资和减资以及公司资产重组等因素。

1．公司净资产

净资产或资产净值是总资产减去总负债后的净值，它是全体股东的权益，是决定股票投资价值的重要基准。公司经过一段时间的营运，其资产净值必然有所变动。股票作为投资的凭证，每一股代表一定数量的净值。从理论上讲，净值应与股价保持一定比例，即净值增加，股价上涨；净值减少，股价下跌。

2．公司盈利水平

公司业绩好坏集中表现于盈利水平高低。公司的盈利水平是影响股票投资价值的基本因素之一。在一般情况下，预期公司盈利增加，可分配的股利也会相应增加，股票市场价格上涨；预期公司盈利减少，可分配的股利相应减少，股票市场价格下降。但值得注意的是，股票价格的涨跌和公司盈利的变化并不完全同时发生。

3．重要原材料供应及价格变化

公司正常生产所需的重要原材料的供应及价格变化将严重影响公司的正常运转，进而影响公司股票的价值。如果重要原材料缺货，将会使生产中断；如果重要原材料价格上涨，也会使成本增加，利润减少，这些都会传递出公司运营不利的信号，使股票价格下跌。

4．公司的股利政策

股份公司的股利政策直接影响股票投资价值。在一般情况下，股票价格与股利水平成正比，股利水平越高，股票价格越高；反之，股利水平越低，股票价格越低。股利来自于公司的税后盈利，但公司盈利的增加只为股利分配提供了可能，并非盈利增加股利一定增加。公司为了合理地在扩大再生产和回报股东之间分配盈利，都会有一定的股利政策。股利政策体现了公司的经营作风和发展潜力，不同的股利政策对各期股利收入有不同影响。此外，公司对股利的分配方式也会给股价波动带来影响。

5．股份分割

股份分割又称拆股、拆细，是将原有股份均等地拆成若干较小的股份。股份分割一般在年度决算月份进行，通常会刺激股价上升。股份分割给投资者带来的不是现实的利益，因为股份分割前后投资者持有的公司净资产和以前一样，得到的股利也相同。但是，投资者持有的股份数量增加了，给投资者带来了今后可多分股利和更高收益的预期，因此股份分割往往比增加股利分配对股价上涨的刺激作用更大。

6．增资和减资

公司因业务发展需要增加资本额而发行新股的行为，对不同公司股票价格的影响不尽相同。在没有产生相应效益前，增资可能会使每股净资产下降，因而可能会促使股价下跌。但对那些业绩优良、财务结构健全、具有发展潜力的公司而言，增资意味着将增加公司经营实力，会给股东带来更多回报，股价不仅不会下跌，可能还会上涨。

当公司宣布减资时，多半是因为经营不善、亏损严重、需要重新整顿，所以股价会大幅下降。

7．公司资产重组

公司资产重组总会引起公司价值的巨大变动，因而其股价也随之产生剧烈的波动。但需要分析公司重组对公司是否有利，重组后是否会改善公司的经营状况，因为这些是决定股价变动方向的决定因素。

（二）外部因素

一般来讲，影响股票投资价值的外部因素主要包括宏观经济因素、行业因素及市场因素。

1．宏观经济因素

宏观经济发展水平和状况是股票市场的背景和后盾，也是影响股票投资价值的重要因素。宏观经济影响股票价格的特点是波及范围广、干扰程度深、作用机制复杂和股价波动幅度较大。宏观经济因素主要包括经济增长、经济周期循环、通货膨胀、市场利率、汇率变化、国际收支状况、货币政策、财政政策、收入分配政策和对证券市场的监管政策等。

2．行业因素

产业的发展状况和趋势对于该产业上市公司的影响是巨大的，因而产业的发展状况和趋势、国家的产业政策和相关产业的发展等都会对该产业上市公司的股票投资价值产生影响。我国的上市公司主要分为工业类、商业类、房地产类、公用事业类和综合类。

3．市场因素

证券市场上投资者对股票走势的心理预期会对股票价格走势产生重要的影响。市场中的散户投资者往往有从众心理，对股市产生助涨助跌的作用。

二、资产价值评估方法在股票价值评估中的应用

（一）股息贴现模型的一般形式

因为在持有期内，普通股的现金流是以股息的形式支付的，所以与第四章介绍的债券价值评估原理类似，收入资本化法完全可以应用于股票价值分析中，其模型又被称为股息贴现模型（Dividend Discount Models，DDMs）。其函数表达式为

$$V=\frac{D_1}{1+k}+\frac{D_2}{(1+k)^2}+\frac{D_3}{(1+k)^3}+\cdots+\frac{D_\infty}{(1+k)^\infty}=\sum_{t=1}^{\infty}\frac{D_t}{(1+k)^t} \tag{5.11}$$

式中：V 代表普通股的内在价值，D_t 是普通股第 t 期支付的股息，k 是股息贴现率，

又称资本化率（The Capitalization Rate）。从公式（5.11）可知，股息贴现模型是假设股票永久持有，股息是投资者唯一的现金流。而事实上，绝大多数投资者可能在买进股票一段时间之后抛出该股票，则卖出股票的现金流入也应该纳入股票内在价值的计算，这样一来股息贴现模型似乎不太准确，真的是这样吗？下面的例子给了我们很好的回答。

假定某投资者在第三期末卖出所持有的股票，根据收入资本化法，该股票的内在价值应为

$$V=\frac{D_1}{1+k}+\frac{D_2}{(1+k)^2}+\frac{D_3}{(1+k)^3}+\frac{V_3}{(1+k)^3} \tag{5.12}$$

式中，V_3 代表在第三期末出售该股票的价格，那么根据收入资本化法为该股票在第三期末定价，则

$$\begin{aligned}V_3&=\frac{D_4}{1+k}+\frac{D_5}{(1+k)^2}+\frac{D_6}{(1+k)^3}+\cdots\\&=\sum_{t=1}^{\infty}\frac{D_{t+3}}{(1+k)^t}\end{aligned} \tag{5.13}$$

将式（5.13）代入式（5.12），得到

$$V=\frac{D_1}{1+k}+\frac{D_2}{(1+k)^2}+\frac{D_3}{(1+k)^3}+\frac{D_4/(1+k)\ +D_5/(1+k)^2+D_6/(1+k)^3+\cdots}{(1+k)^3} \tag{5.14}$$

因为 $\frac{D_{t+3}/(1+k)^t}{(1+k)^3}=\frac{D_{t+3}}{(1+k)^{t+3}}$，所以公式（5.14）可以简化成

$$\begin{aligned}V&=\frac{D_1}{1+k}+\frac{D_2}{(1+k)^2}+\frac{D_3}{(1+k)^3}+\frac{D_4}{(1+k)^{1+3}}+\frac{D_5}{(1+k)^{2+3}}+\frac{D_6}{(1+k)^{3+3}}+\cdots\\&=\sum_{t=1}^{\infty}\frac{D_t}{(1+k)^t}\end{aligned} \tag{5.15}$$

所以，式（5.15）与式（5.11）是完全一样的，可见股息贴现模型选用未来的股息代表股票投资唯一的现金流是正确的，并没有忽视买卖股票的资本利得对股票内在价值的影响。但是接下来的问题是投资者必须预测一支股票所有未来时期支付的股息，由于普通股票没有一个固定的生命周期，因此通常要给无穷多个时期的股息流加上一些假定，以便于计算股票的内在价值。

这些假定一般围绕股息增长率 g_t，即假定第 t 期的股息等于第 $t-1$ 期的股息与第 t 期股息增长率 g_t 的乘积。其数学表达式为

$$D_t=D_{t-1}(1+g_t) \tag{5.16}$$

或

$$g_t=\frac{D_t-D_{t-1}}{D_{t-1}} \tag{5.17}$$

【例 5.1】 若预期在 t=2 时每股股息为 4 美元，在 t=3 时每股股息为 4.2 美元，那么

$$g_t=(4.2-4)\div 4 = 5\%$$

由此可以推断，不同股息增长率的假定会派生出不同类型的股息贴现模型，本章第三节将详细介绍零增长模型、不变增长模型、三阶段增长模型、多元增长模型等不同形式的股息贴现模型。

（二）净现值法指导股票投资

股票的净现值等于内在价值与购买成本之差，即：

$$\begin{aligned}\text{NPV}&=V-P\\&=\sum_{t=1}^{\infty}\frac{D_t}{(1+k)^t}-P\end{aligned} \tag{5.18}$$

式中：P 为在 t=0 时购买股票的成本，即股票的当前市场价格。

如果 NPV＞0，意味着所有预期的股息流入的现值之和大于股票价格，即这种股票被市场低估，因此可购买这种股票。

如果 NPV＜0，意味着所有预期的股息流入的现值之和小于股票价格，即这种股票被市场高估，因此不可购买这种股票。

（三）内部收益率法指导股票投资

股票的内部收益率就是使式（5.18）等于零的贴现率，即

$$\text{NPV}=V-P=\sum_{t=1}^{\infty}\frac{D_t}{(1+k^*)^t}-P=0$$

所以

$$P=\sum_{t=1}^{\infty}\frac{D_t}{(1+k^*)^t} \tag{5.19}$$

实际上，股票的内部收益率 k^* 就是使未来股息流贴现值恰好等于股票市场价格的贴现率。将解出的 k^* 与具有同等风险水平股票的必要收益率 k 相比较：如果 $k^*>k$，则可以考虑购买这种股票；如果 $k^*<k$，则不要购买这种股票。

第三节　股息贴现模型的四种特殊形式

一、零增长模型

（一）公式推导

零增长模型假定未来时期支付的股息是固定不变的，即股息增长率 g=0。根据式

（5.16）有 $D_t=D_{t-1}$，也就是说，$D_0=D_1=D_2=D_3=\cdots=D_\infty$，我们用 D_0 来替换式（5.15）中的 D_t，得

$$V=\sum_{t=1}^{\infty}\frac{D_0}{(1+k)^t}=D_0\sum_{t=1}^{\infty}\frac{1}{(1+k)^t} \tag{5.20}$$

因为 $k>0$，按照数学中无穷级数的性质，可知

$$\sum_{t=1}^{\infty}\frac{1}{(1+k)^t}=\frac{1}{k}$$

因此，零增长模型公式为

$$V=\frac{D_0}{k} \tag{5.21}$$

式中：V 为股票的内在价值；D_0 为在未来每期支付的每股股息；k 为必要收益率。

（二）净现值法估价

零增长模型下，股票的净现值公式即变为

$$\text{NPV}=V-P=\frac{D_0}{k}-P \tag{5.22}$$

运用上式（5.22）来分析如下的例子。

【例 5.2】 假定 A 公司在未来每期支付的每股股息为 6 美元，必要收益率为 10%，当前的股票价格为 65 美元，请问投资者是否应该购买 A 公司的股票？

运用零增长模型，可知 A 公司股票的价值等于 6÷10%=60 美元；而当前每股股票的净现值等于 60−65=−5 美元。说明 A 公司的股票价格被高估 5 美元，因此不可购买该股票。

（三）内部收益率法估价

使用内部收益率法对零增长股票估价时，需要首先计算零增长股票的内部收益率。用股票的当前价格 P 代替 V，用 k^*（内部收益率）替换 k，零增长模型就变为

$$P=\sum_{t=1}^{\infty}\frac{D_0}{(1+k^*)^t}=\frac{D_0}{k^*} \tag{5.23}$$

进行转换，可得

$$k^*=\frac{D_0}{P} \tag{5.24}$$

利用这一公式计算上例中 A 公司股票的内部收益率，其结果是 k^*=6÷65=9.23%。由于该股票的内部收益率小于其必要收益率（9.23%＜10%），表明 A 公司股票价格被高估了。可见，净现值法和内部收益率法得出了相同的估价结果。

（四）应用

零增长模型的应用似乎受到相当的限制，毕竟假定对某一种股票永远支付固定的

股息是不合理的；但在决定优先股的内在价值时，这种模型相当有用，因为大多数优先股的股息是定期定额支付的。

二、不变增长模型

股息贴现模型的第二种特殊形式是不变增长模型。所谓不变增长有两种理解：一种是股息按照不变的增长率增长；另一种是股息以固定不变的绝对值增长。因为前者比后者更为常见，所以我们主要讨论股息增长率不变的这种情况。

（一）公式推导

假定股息永远按不变的增长率 g 增长，则第一期的股息 $D_1 = D_0 \times (1+g)$，第二期的股息 $D_2 = D_1 \times (1+g) = D_0 \times (1+g)^2$，依此类推，第 t 期的股息为

$$D_t = D_{t-1} \times (1+g) = D_0 \times (1+g)^t \tag{5.25}$$

将式（5.25）带入式（5.15）中，得到下式

$$V = \sum_{t=1}^{\infty} D_0 \frac{(1+g)^t}{(1+k)^t} = D_0 \sum_{t=1}^{\infty} \frac{(1+g)^t}{(1+k)^t} \tag{5.26}$$

运用数学中无穷级数的性质，如果 $k>g$，可得

$$\sum_{t=1}^{\infty} \frac{(1+g)^t}{(1+k\ )^t} = \frac{1+g}{k-g} \tag{5.27}$$

从而不变增长模型可以写成

$$V = D_0 \frac{1+g}{k-g} \tag{5.28}$$

由于 $D_1=D_0(1+g)$，有时把式（5.27）写成如下形式

$$V = \frac{D_1}{k-g} \tag{5.29}$$

（二）净现值法估价

不变增长模型下，股票的净现值公式变为

$$\text{NPV}=V-P = D_0 \frac{1+g}{k-g} - P \tag{5.30}$$

$$= \frac{D_1}{k-g} - P \tag{5.31}$$

运用上式（5.31）来分析如下的例子。

【例 5.3】　去年 B 公司支付的每股股息为 1.8 元，预计在未来日子里该公司股票的股息按每年 4%的速率增长。假定必要收益率是 9%，当前 B 公司的股票价格是 40

元，请问该股票的价格是否被高估？

运用不变增长模型，预期 B 公司下一年股息 $D_1=1.8\times(1+4\%)=1.872$ 元。股票的净现值 $NPV=\dfrac{D_1}{k-g}-P=\dfrac{1.872}{9\%-4\%}-40=37.44-40=-2.56$。因此，股票价格被高估了 2.56 元，投资者应考虑出售该股票。

（三）内部收益率法估价

不变增长模型下，运用内部收益率法对股票进行估价时也要先计算股票的内部收益率。首先，用股票的市场价格代替 V，其次，用 k^* 代替 k，其结果是

$$P=D_0\frac{1+g}{k^*-g} \tag{5.32}$$

经过变换，可得

$$k^*=D_0\frac{1+g}{P}+g=\frac{D_1}{P}+g \tag{5.33}$$

用式（5.33）来计算 B 公司股票的内部收益率，可得

$$k^*=1.80\times(1+4\%)\div 40+4\%=8.68\%$$

由于该公司股票的内在收益率小于其必要收益率 9%，显示出该公司股票价格被高估。如果是持有该公司股票的短期投资者应该考虑抛出该股票。

（四）应用

零增长模型实际上是不变增长模型的一个特例。假定增长率 g 等于零，股息将永远按固定数量支付，这时，不变增长模型就变成了零增长模型。

从这两种模型来看，虽然不变增长的假设比零增长的假设有所宽松，但是在许多情况下仍然被认为是不现实的。但由于不变增长模型是多元增长模型的基础，因此这种模型是极为重要的。

三、三阶段增长模型

零增长模型和不变增长模型都对股息的增长率进行了一定的假设。事实上，股息的增长率是变化不定的，因此，零增长模型和不变增长模型并不能很好地在现实中对股票的价值进行评估。下面，我们主要对可变增长模型中的三阶段增长模型进行介绍。

（一）公式推导

三阶段增长模型将股息的增长分成了三个不同的阶段：假定在时间 t_a 之前为第一阶段，股息以一个 g_a 的不变增长速度增长；从时间 t_a 到时间 t_b 为第二阶段，是股息增长的转折期，股息增长率以线性的方式从 g_a 变化到 g_b，如果 $g_a>g_b$，则在转折期内表

现为递减的股息增长率，反之表现为递增的股息增长率；g_b 是第三阶段（即时间 t_b 以后）的股息增长率，也是一个常数，该增长率是公司长期的正常的增长率。股息增长的三个阶段，可以用图 5.1 来表示。

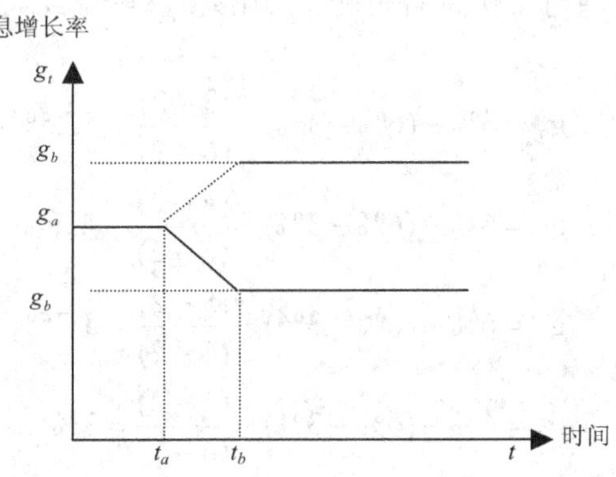

图 5.1　股票增长的三个阶段

在图 5.1 中，转折期内任何时点上的股息增长率（不管是递增还是递减）g_t 可以用下式表示

$$g_t = g_a - (g_a - g_b)\frac{t - t_a}{t_b - t_a} \tag{5.34}$$

当 $t=t_a$ 时，$g_t=g_a$，此时的股息增长率等于第一阶段的常数增长率；当 $t=t_b$ 时，$g_t=g_b$，此时的股息增长率等于第三阶段的常数增长率。

在满足三阶段增长模型的假定条件下，如果已知 g_a、g_b、t_a、t_b 和期初的股息水平 D_0，就可以根据式（5.34）算出所有各期的股息增长率和各期的股息；然后根据贴现率计算股票的内在价值。三阶段增长模型下，股票的内在价值的计算公式为

$$V = D_0\sum_{t=1}^{t_a}\left(\frac{1+g_a}{1+k}\right)^t + \sum_{t=t_a+1}^{t_b}\left[\frac{D_{t-1}(1+g_t)}{(1+k)^t}\right] + \frac{D_{t_b}(1+g_b)}{(1+k)^{t_b}(k-g_b)} \tag{5.35}$$

式（5.34）中的三项分别对应于股息增长的三个阶段。

（二）净现值法估价

三阶段增长模型下，股票的净现值可用下式表示

$$\begin{aligned}\mathrm{NPV} &= V - P \\ &= D_0\sum_{t=1}^{t_a}\left(\frac{1+g_a}{1+k}\right)^t + \sum_{t=t_a+1}^{t_b}\left[\frac{D_{t-1}(1+g_t)}{(1+k)^t}\right] + \frac{D_{t_b}(1+g_b)}{(1+k)^{t_b}(k-g_b)} - P\end{aligned} \tag{5.36}$$

请看下面关于 C 公司的案例。

【例5.4】 假设C公司目前股息为每股0.5元，预期回报率为10%，在今后两年的股息增长率为6%；股息增长率从第三年开始递减；从第六年开始每年保持3%的增长速度。当前该股票的市场价格为6.5元，请问是否被高估？

运用三阶段增长模型对案例进行分析：g_a=6%，g_b=3%，t_a=2，t_b=6，k=10%，D_0=0.5。

代入式（5.34）得

$$g_3 = 6\% - (6\% - 3\%) \times \frac{(3-2)}{(6-2)} = 5.25\%$$

$$g_4 = 6\% - (6\% - 3\%) \times \frac{(4-2)}{(6-2)} = 4.5\%$$

$$g_5 = 6\% - (6\% - 3\%) \times \frac{(5-2)}{(6-2)} = 3.75\%$$

$$g_6 = 6\% - (6\% - 3\%) \times \frac{(6-2)}{(6-2)} = 3\%$$

将上述数据整理列入表5.1。

表5.1 C公司三阶段的股息增长率

阶　段	年　份	增长率（%）	股息（元/股）	预期报酬率（%）	折现系数	股息现值（元/股）
第一阶段	1	6	0.53	10	0.909 1	0.481 8
	2	6	0.56	10	0.826 5	0.462 8
第二阶段	3	5.25	0.59	10	0.751 4	0.443 3
	4	4.5	0.62	10	0.683 1	0.423 5
	5	3.75	0.64	10	0.621	0.397 4
	6	3	0.66	10	0.564 2	0.372 4
第三阶段	第6期以后	3	9.71①	10	0.564 5	5.481 3

① 根据式（5.35）第三阶段的股息 $D = \frac{D_6(1+g)}{k-g} = \frac{0.66(1+3\%)}{10\% - 3\%} = 9.71\%$（元）

将各阶段的股息现值相加，即得到该股票的内在价值 V=8.06元，代入式（5.36）得 $NPV=V-P$=8.06−6.5=1.56元（也可将各参数直接代入公式计算得出）。

可见，公司股票价格被低估了1.56元，此时购入该股票对投资者而言较为划算。

（三）内部收益率法估价

在三阶段增长模型中，用股票的市场价格代替 V，k^* 代替 k，同样可以计算出内部收益率 k^*。不过，由于三阶段增长模型相对较为复杂，不容易直接得出内部收益率，因此，主要采取试错法来计算 k^*。

试错法的主要思路是，首先估计一个收益率水平 k^*_1，将其代入模型中。如果计算出在此收益率水平下股票的理论价值高于股票的市场价格，则认为估计的收益率水平低于实际的内部收益率 k^*；同理，如果计算出在此收益率水平下股票的理论价值低于股票的市场价格，则认为估计的收益率水平高于实际的内部收益率 k^*。这样，通过反复地试错，所估计的收益率水平将逐步逼近实际的内部收益率水平。

我们继续看上面 C 公司的例子，计算其内部收益率 k^*

$$P = D_0\sum_{t=1}^{t_a}(\frac{1+g_a}{1+k^*})^t + \sum_{t=t_a+1}^{t_b}[\frac{D_{t-1}(1+g_t)}{(1+k^*)^t}] + \frac{D_{t_b}(1+g_b)}{(1+k^*)^{t_b}(k^*-g_b)} \qquad (5.37)$$

首先估计一个收益率水平 k_1^*，假设 k_1^*=10%，将其带入式（5.37），经计算得出的理论价值为 8.06 元，高于其市场价格 6.5 元，则实际的内部收益率一定大于 10%，所以必须提高 k_1^* 再试。如此反复，直到当 k_1^*=15%时，带入式（5.37），得到

$$\text{等式右端} = 0.5\times\sum_{t=1}^{2}(\frac{1+6\%}{1+15\%})^t + \sum_{t=3}^{6}[\frac{D_{t-1}(1+g_t)}{(1+15\%)^t}] + \frac{0.66\times(1+3\%)}{(1+15\%)^6\times(15\%-3\%)}$$
$$= 6.6（元）$$

因此，当 k^*=15%时，该股票的理论价值 6.6 元与其市场价格 6.5 元较为接近，所以可以近似认为该股票的内部收益率约为 15%。

由于 15%＞10%，也就是内部收益率大于预期报酬率，说明该股票的价值被低估了，此时购买该股票是明智的。

（四）应用

从本质上来说，零增长模型和不变增长模型都可以看做是三阶段增长模型的特例。例如，在三阶段增长模型中，当三个阶段的股息增长率都为零时，三阶段增长模型就是零增长模型；当三个阶段的股息增长率相等，但不为零时，三阶段增长模型就是不变增长模型。相对于零增长模型和不变增长模型而言，三阶段增长模型更为接近实际情况。然而，对于股票的增长形态，我们可以给予更细的分析，以更贴近实际情况。

四、多元增长模型

普通股价值评估中更具有普遍意义的股息贴现模型就是多元增长模型。如果说零增长模型、不变增长模型、三阶段增长模型都是股息贴现模型的特殊形式，那么，多元增长模型就成为股息贴现模型的一般形式。

（一）公式推导

不管是行业还是公司，都有其自身的生命周期。对于一个公司而言，在不同的发展阶段，成长速度也是不断变化的。相应地，股息增长率也随之改变。公司在成立初

期，投资机会比较多，故将较多的利润留存用于再投资，股息支付率一般较低，但增长率较高。随着公司步入成熟期，竞争日益激烈，投资机会越来越少，这时公司会提高股息支付率，但由于利润增长受限，股息增长率也是逐渐放慢的。鉴于此，产生了符合公司生命周期特征的多元增长模型。

多元增长模型假定在未来的某一时刻 T 之后，股息以不变的增长率 g 增长，也就是说，从时刻 T 开始具有不变增长模型的特点；但在时刻 T 之前，股息增长率是可以变化的，没有特定的模式。我们将时刻 T 之前的股息贴现值用 V_{T^-} 表示，将时刻 T 之后的股息贴现值用 V_{T^+} 表示，则有下面的等式

$$V_{T^-}=\sum_{t=1}^{T}\frac{D_t}{(1+k)^t} \tag{5.38}$$

$$V_{T^+}=V_T[\frac{1}{(1+k)^T}]=\frac{D_{T+1}}{(k-g)(1+k)^T} \tag{5.39}$$

那么，将 V_{T^-} 与 V_{T^+} 相加就得到一只股票在未来各期的所有股息的贴现值，也就是股票的价值。所以，多元增长模型中的股票价值公式为

$$\begin{aligned}V&=V_{T^-}+V_{T^+}\\&=\sum_{t=1}^{T}\frac{D_t}{(1+k)^t}+\frac{D_{T+1}}{(k-g)(1+k)^T}\end{aligned} \tag{5.40}$$

（二）净现值法估价

多元增长模型下，股票的净现值公式可表示为

$$\begin{aligned}\mathrm{NPV}&=V-P\\&=\sum_{t=1}^{T}\frac{D_t}{(1+k)^t}+\frac{D_{T+1}}{(k-g)(1+k)^T}-P\end{aligned} \tag{5.41}$$

我们运用公式（5.41）来分析下面的这只股票。

【例 5.5】 假设 D 公司当前（2012 年）股票价格为 35.96 元，每股派发股息 0.5 元，预计 2013 年将会发放股息 1.35 元/股，2014 年将会发放股息 2 元/股，从 2015 年开始预计该公司的股息将以 10%的不变增长率增长下去。如果股东要求的必要报酬率为 15%，试问 D 公司的股票价格是否正确反映了股票价值？

首先，前两年 D 公司应该处于成长期，第 1 年的股息增长率：

$g_1=\frac{1.35-0.5}{0.5}\times100\%=170\%$；第 2 年的股息增长率 $g_2=\frac{2-1.35}{1.35}\times100\%=48\%$；从第 3 年开始，公司进入成熟期，股息以不变的增长率 10%增长，则 $g_3=10\%$，T=2，$D_{T+1}=D_3=2\times(1+10\%)=2.2$ 元/股。将这些数据代入式（5.41）有

$$NPV=V-P$$

$$= \sum_{t=1}^{T} \frac{D_t}{(1+k)^t} + \frac{D_{T+1}}{(k-g)(1+k)^T} - P$$

$$= \frac{1.35}{(1+15\%)} + \frac{2}{(1+15\%)^2} + \frac{2.2}{(15\%-10\%)\times(1+15\%)^2} - 35.96$$

$$= 0$$

由此可见，D 公司的股票价格与运用多元增长模型计算出来的股票价值一致，即该公司的股票价格正确反映了股票价值。

（三）内部收益率法估价

在多元增长模型中，用股票的市场价格代替 V，k^* 代替 k，可以计算出内部收益率 k^*，但同样由于其公式较为复杂，不容易将 k^* 直接表示出来。

$$P = \sum_{t=1}^{T} \frac{D_t}{(1+k^*)^t} + \frac{D_{T+1}}{(k^*-g)(1+k^*)^T} \tag{5.42}$$

我们继续用上面关于 D 公司的例子，将各项数据代入式（5.42），得出

$$35.96 = \frac{1.35}{(1+k^*)} + \frac{2}{(1+k^*)^2} + \frac{2.2}{(k^*-10\%)\times(1+k^*)^2}$$

同样运用试错法，将估计的收益率逐一代入上式，最终当 k^*=15%时，上述等式刚好成立，所以其内部收益率就为 15%，与股东要求的必要报酬率一致，可见市场上的投资者给予该股票非常正确的估价。

（四）应用

比起前三个股息贴现模型的特殊形式，多元增长模型对于股票的增长形态，给予了更细的分析。因此，多元增长模型更为贴近实际，更加符合公司股票发展的一般趋势，应用也最为广泛。

五、股息贴现模型的参数估计

从上述股息贴现模型的四种特殊形式中可知，股票价值是股息增长率 g 和它的折现率 k 共同作用的结果，下面就来介绍这两个变量的估计方法。

（一）股息增长率 g

前面关于股票价值评估模型的讨论是假定股利以 g 的比例增长。那么如何来估计 g 呢？

假定必须要有净投资，这样才不会导致公司下年度的盈利与今年的盈利是一样的。因为一项净投资等于总投资减去折旧，如果总投资等于折旧，则净投资就会零增长，公司的物质形态会维持，但盈利没有持续增长。反过来说，只有当一些盈余没有被当

作股利支付给投资者时，也就是一些盈余被保留时，净投资才会是正的。用等式表示为

$$E_1 = E_0 + bE_0 \cdot \text{ROE} \tag{5.43}$$

式中：E_1表示下一年的盈利；E_0表示今年的盈利；b为收益留存率；bE_0为今年的留存收益；ROE 表示留存收益的预期回报率。

可见，盈利的增长是留存收益和留存收益预期回报率共同作用的结果。

将式（5.43）两端同时除以E_0得出

$$E_1 / E_0 = 1 + b \cdot \text{ROE} \tag{5.44}$$

上式的左边可以化成 1+盈余增长率，因为盈余增长是股息增长的前提，如果股息按固定比率发放的话，则盈余增长率就等于股息增长率g，有下式

$$1 + g = 1 + b \cdot \text{ROE} \tag{5.45}$$

所以，对股息增长率g的估计就转化成对留存收益预期回报率 ROE 的估计，这对金融分析师来说也是很困难的，因为将要投资的项目很难预计其细节。但是，通常假设近年选择的项目有着与其他年度投资项目一样的回报。此处，通常用历史的权益报酬率来估计现有的留存收益的预期回报率。由式（5.45）就得到估计股息增长率g的公式：

$$g = b \cdot \text{ROE} \tag{5.46}$$

【例 5.6】 某公司报告有 2 000 万元的盈利，计划保留盈余 20%。公司历史的权益报酬率为 16%，并希望在将来一直保留。那么公司来年的盈利增长将会是多少？

先分析一下，公司将保留盈余 2 000×20%=400 万元，假设历史的权益报酬率是对未来留存收益回报率的适当估计，那么盈利预计增长 400×16%=64 万元。盈利增长的百分比是$\dfrac{\text{盈利的变化}}{\text{全部盈利}} = \dfrac{64}{2\,000} = 3.2\%$，这意味着下一年的盈利是 2 000×(1+3.2%)=2 064 万元。

如果用式（5.46）计算的话，可得 g=20%×16%=3.2%，与上述分析结果一致。

（二）必要收益率 k

这里讲的必要收益率就是用来折现某一特定股票未来现金流的比率，又称折现率。学术界提出了三种估计 k 的方法：第一种是从增长年金的现值概念导出，称作“股利增长模型法”；第二种是根据债务成本加上一定的风险溢价估算得出，称作“风险溢价法”；第三种是由资本资产定价模型求出，称作“资本资产定价模型法”。

1. 股利增长模型法

不变增长的年金现值可表示为

现值=下一年的年金/（必要收益率−增长率）

如果每一期支付的股息的增长率是不变的，就可以用下一期的股息替代下一年的年金，则上式变为

现值=下一期的股息/（必要收益率－股息增长率）

必要收益率=下一期的股息/现值+股息增长率

$$k = \frac{D_1}{P_0} + g \tag{5.47}$$

从式（5.47）可以看出，折现率分为两个部分：一部分是比率 D_1/P_0，把股利的回报以百分比的形式表示出来，称为股利收益率；另一部分是股利的增长率 g。

【例 5.7】 假设目前某公司股票市价为 36 元，估计年增长率为 10%，本年发放股利为 2 元，则

$$D_1=2\times(1+10\%)=2.2\text{（元）}$$

$$k = \frac{2.2}{36} + 10\% = 16.11\%$$

2．风险溢价法

根据“风险越大，要求的报酬率越高”的原理，普通股股东对公司的投资风险大于债券投资者，因而会在债券投资者要求的收益率上再要求一定的风险溢价。依照这一理论，普通股的必要收益率公式为

$$k = k_b + RP_c \tag{5.48}$$

式中的 k_b 表示债务收益率，RP_c 表示股东比债权人承担更大的风险所要求的风险溢价。债权人收益率就是债券投资者从公司得到的利息收入，对公司来讲就是债务成本，包括长期借款成本和债券成本，比较容易计算，难点在于确定 RP_c，即风险溢价。风险溢价可以凭借经验估计。一般认为，某公司股票对自己发行的债券的风险溢价大约在3%～5%之间，当市场利率处于历史性低点时，风险溢价通常较高，在 5%左右；当市场利率达到历史性高点时，风险溢价通常较低，在 3%左右。故通常情况下，采用 4%的平均风险溢价。这样，普通股的必要收益率为

$$k = k_b + 4\%$$

【例 5.8】 对于债务收益率为 9%的公司来讲，其股票的必要收益率为

$$k = 9\% + 4\% = 13\%$$

3．资本资产定价模型法

根据资本资产定价模型，证券市场线的函数表达式为

$$k_i = r_i = r_f + \beta_i (r_m - r_f) \tag{5.49}$$

式中：k_i 表示投资第 i 种证券的必要收益率，即折现率；r_f 和 r_m 分别表示无风险资产的收益率和市场组合的平均收益率；β_i 是第 i 种证券的贝塔系数，反映了该种证券的系统性风险的大小。因此，必要收益率取决于无风险资产的收益率、市场组合的平均收益率和证券市场的贝塔系数三个变量。

【例 5.9】 若市场无风险收益率为10%，平均风险股票必要收益率为14%，某公司股票β值为1.2，则该公司股票的必要收益率是多少？

将题中各数据代入式（5.49）得，$k_i = 10\% + 1.2 \times (14\% - 10\%) = 14.8\%$

由此可见，股利增长模型法仅适用于不变增长模型，风险溢价法要求公司的资本结构中同时包含债务和普通股，资本资产定价模型法则可以用来计算所有股票的必要收益率，应用比较广泛。所以，实践当中经常使用第三种方法来估计股票的必要收益率。

第四节　市盈率模型

一、市盈率模型的一般形式

市盈率又称价格收益比或本益比，是每股价格与每股收益之间的比率，其计算公式为

$$市盈率 = \frac{每股价格}{每股收益}$$

如果能通过模型计算出股票市盈率的理论值，并根据当前的每股价格和每股收益计算出市盈率的实际值，那么就能通过比较市盈率来判断股票价格是否被正确估计。这种评价股票价格的方法就是“市盈率估价方法”，由此产生的股票价值评估模型被称为“市盈率模型”。

市盈率模型在使用上更加简单，数据容易取得，通过价格和收益间的联系直观地反映了投入和产出的关系，同时也弥补了股息贴现模型的一些不足。首先，股息贴现模型没有考虑到不同行业公司的收益水平相差较大，而市盈率是股票价格与每股收益的比率，即单位收益的价格，所以市盈率模型可以直接用于不同收益水平的股票价格的比较；其次，股息贴现模型要求股票必须付息，而市盈率模型对于那些在某段时间内没有支付股息的股票同样适用。

但是，市盈率模型也有其自身的局限性：如果收益是负值，市盈率就失去了意义。再有，市盈率除了受企业本身基本面的影响之外，还受到整个经济景气程度的影响。在整个经济繁荣时市盈率上升，整个经济衰退时市盈率下降。如果目标公司的β为1，则评估价值正确反映了对未来的预期。如果公司的β显著大于1，经济繁荣时评估价值被夸大，经济衰退时评估价值被缩小。如果β值明显小于1，经济繁荣时评估价值偏低，经济衰退时评估价值偏高。如果是一个周期性的公司，则公司价值可能被歪曲。

因此，市盈率模型最适合连续盈利，并且β值接近于 1 的公司。

（一）公式推导

为了推导市盈率模型的一般形式，需要引入新的变量股利支付率p，则

$$D_t=p_t E_t \tag{5.50}$$

这样，就通过股利支付率将每股收益与每股股息联系起来，根据式（5.11）便可根据股息贴现模型推导出市盈率模型的一般形式

$$\begin{aligned} V &= \frac{D_1}{1+k}+\frac{D_2}{(1+k)^2}+\frac{D_3}{(1+k)^3}+\cdots+\frac{D_\infty}{(1+k)^\infty} \\ &= \frac{p_1E_1}{1+k}+\frac{p_2E_2}{(1+k)^2}+\frac{p_3E_3}{(1+k)^3}+\cdots+\frac{p_\infty E_\infty}{(1+k)^\infty} \\ &= \sum_{t=1}^{\infty}\frac{p_tE_t}{(1+k)^t} \end{aligned} \tag{5.51}$$

前面已经提到，每一期的股息都和与之相邻的上期的股息之间通过股息增长率g_t联系起来，相似地，第t期的每股收益与其上一期（即第t-1 期）的每股收益之间也通过每股收益增长率g_{et}联系起来，即

$$E_t = E_{t-1}(1+g_{et}) \tag{5.52}$$

这一等式意味着

$$\begin{gathered} E_1 = E_0(1+g_{e1}) \\ E_2 = E_1(1+g_{e2}) = E_0(1+g_{e1})(1+g_{e2}) \\ E_3 = E_2(1+g_{e3}) = E_0(1+g_{e1})(1+g_{e2})(1+g_{e3}) \\ \cdots \end{gathered}$$

其中，E_0是上年每股收益的真实水平，E_1是未来第一年的预期每股收益水平，E_2是在E_1这一年之后的下一年的每股收益水平，E_3是在E_2这一年之后的下一年的每股收益水平。依此类推，将这些等式都代入式（5.51），得到下式

$$\begin{aligned} V &= \frac{p_1[E_0(1+g_{e1})]}{1+k}+\frac{p_2[E_1(1+g_{e2})]}{(1+k)^2}+\frac{p_3[E_2(1+g_{e3})]}{(1+k)^3}+\cdots \\ &= \frac{p_1[E_0(1+g_{e1})]}{1+k}+\frac{p_2[E_0(1+g_{e1})(1+g_{e2})]}{(1+k)^2}+\frac{p_3[E_0(1+g_{e1})(1+g_{e2})(1+g_{e3})]}{(1+k)^3}+\cdots \end{aligned} \tag{5.53}$$

因为V是股票的内在价值，表示股票被正确估价时的价格，则V/E_0表示股票被正确估价时的市盈率，通常称作“正常市盈率”。将式（5.53）两端都除以E_0，得到股票的正常市盈率

$$\frac{V}{E_0}=\frac{p_1(1+g_{e1})}{1+k}+\frac{p_2(1+g_{e1})(1+g_{e2})}{(1+k)^2}+\frac{p_3(1+g_{e1})(1+g_{e2})(1+g_{e3})}{(1+k)^3}+\cdots \tag{5.54}$$

上式表明，在其他条件不变的情况下，预期的股息支付率（p_1，p_2，p_3，…）增加，或者预期的每股收益增长率（g_{e1}, g_{e2}, g_{e3}, …）增加，或者股东的必要收益率（k）降低，都会导致正常市盈率变大。

上述结论的前提条件“其他条件不变的情况下”万万不可忽视。因为单独增加预期的股息支付率，会导致预期的每股收益增长率下降，在公司不改变投资策略时，每股收益增长率的下降会将提高预期股息支付率带来的效果抵消掉，最终使股票价值并未改变。

（二）市盈率法估价

在前面介绍的股息贴现模型中，$V>P$ 时股价被低估，$V<P$ 时股价被高估。而市盈率模型是将股息贴现模型等式两端同时除以一个常数 E_0，并不改变上述性质，即 $V/E_0>P/E_0$ 时股价被低估，$V/E_0<P/E_0$ 时股价被高估。因此，如果股票的正常市盈率大于其真实市盈率，股价被低估；如果股票的正常市盈率小于其真实市盈率，股价被高估。

二、零增长的市盈率模型

（一）公式推导

零增长的市盈率模型假定每股股息一直是固定不变的，也就是股息增长率为零。那么这种情况在每股收益固定不变和股息支付率为 100%时很有可能发生。为什么如此推测呢？因为若是股息支付率小于 100%，意味着公司保留了部分盈余，从而可能被用于提高未来的每股收益及每股股息，这样就不满足零增长模型的假设前提。

根据上述假定，对以后的各期都有 $p_t=1$，且 $E_0=E_1=E_2=E_3=\cdots$，则有

$$D_0=E_0=D_1=E_1=D_2=E_2=\cdots \tag{5.55}$$

将式（5.55）代入式（5.21）得

$$V=\frac{E_0}{k} \tag{5.56}$$

将上式两端同时除以 E_0，就得到零增长的市盈率模型

$$\frac{V}{E_0}=\frac{1}{k} \tag{5.57}$$

（二）运用

【例 5.10】 依据例 5.2 中的 A 公司例子，假定 A 公司在未来每期支付的每股股息 D_0=6 美元，必要收益率为 10%，当前的股票价格为 65 美元，请问投资者是否应该购买 A 公司的股票？

运用零增长的市盈率模型，可知 A 公司股票的每股收益 E_0=6 美元。正常市盈率

$\frac{V}{E_0}=\frac{1}{k}=\frac{1}{10\%}=10$，真实市盈率 $\frac{P}{E_0}=\frac{65}{6}=10.83$，因为正常市盈率＜真实市盈率，说明 A 公司的股票被高估，因此不可购买该股票。由此可见，市盈率模型与股息贴现模型的结论相同。

三、不变增长的市盈率模型

（一）公式推导

股息贴现模型中的不变增长模型假定，股息的增长率是固定不变的 g，那么如果股息支付率也为常数的话，则可推出每股收益增长率是不变的 g_e，并且 $g_e=g$，这就是这里将要讲到的不变增长的市盈率模型。这些假定用公式表示如下

$$E_1 = E_0(1+g_e)$$

$$E_2 = E_1(1+g_e) = E_0(1+g_e)^2$$

$$E_3 = E_2(1+g_e) = E_0(1+g_{e1})^3$$

……

依此类推，第 t 期的每股收益与 E_0 的关系可表示成

$$E_t = E_0(1+g_e)^t \tag{5.58}$$

将式（5.58）代入（5.51）可得

$$V = \sum_{t=1}^{\infty} \frac{p\ E_0(1+g_e)^t}{(1+k)^t}$$

$$= pE_0 \sum_{t=1}^{\infty} \frac{(1+g_e)^t}{(1+k)^t} \tag{5.59}$$

由于 $\sum_{t=1}^{\infty}\frac{(1+g_e)^t}{(1+k\ )^t}=\frac{1+g_e}{k-g_e}$，所以式（5.59）变成

$$V = pE_0(\frac{1+g_e}{k-g_e}) \tag{5.60}$$

可以看出，不变增长的市盈率模型与不变增长的股息贴现模型非常相似，因为 $pE_0 = D_0$，$g_e=g$。

将式（5.60）两边同时除以 E_0，得到不变增长的市盈率模型

$$\frac{V}{E_0} = p(\frac{1+g_e}{k-g_e}) \tag{5.61}$$

（二）运用

【例 5.11】　依据例 5.3 中关于 B 公司的例子，去年 B 公司支付的每股股息为 1.8

元，预计在未来日子里该公司股票的股息按每年 4%的速率增长。假定必要收益率是 9%，当前其股票价格是 40 元，再假定去年的每股收益为 2.7 元，请问该股票的价格是否被高估？

运用不变增长的市盈率模型，B 公司的股息支付率 p=1.8/2.7=66.67%，g_e=4%，k=9%，则 $\dfrac{V}{E_0}=p(\dfrac{1+g_e}{k-g_e})=66.67\%\times\dfrac{1+4\%}{9\%-4\%}=13.868$；$\dfrac{P}{E_0}=\dfrac{40}{2.7}=14.81$。

因为 $\dfrac{V}{E_0}<\dfrac{P}{E_0}$，所以股票价格被高估了，投资者应考虑出售该股票。与不变增长的股息贴现模型的结论相同。

四、多元增长的市盈率模型

（一）公式推导

与多元增长的股息贴现模型一样，多元增长的市盈率模型假定在未来的某一时刻 T 之后，每股收益以不变的增长率 g_e 增长，股息支付率 p 保持不变，也就是说，从时刻 T 开始具有不变增长的市盈率模型的特点；但在时刻 T 之前，股息增长率和股息支付率是可以变化的，没有特定的模式。我们沿用式（5.40）（仍将时刻 T 之前的股息贴现值用 V_{T^-} 表示，将时刻 T 之后的股息贴现值用 V_{T^+} 表示）

$$\begin{aligned}V&=V_{T^-}+V_{T^+}\\&=\sum_{t=1}^{T}\frac{D_t}{(1+k)^t}+\frac{D_{T+1}}{(k-g)(1+k)^T}\end{aligned}\tag{5.62}$$

一般来说，第 t 期的每股收益可以用 E_0 与前 t 期各期的每股收益增长率来表示为

$$E_t=E_0(1+g_{e1})\,(1+g_{e2})\cdots(1+g_{et})\tag{5.63}$$

任何一期的股息都是每股收益与股息支付率之和，用等式表示为

$$D_t=p_tE_t=p_tE_0(1+g_{e1})\,(1+g_{e2})\cdots(1+g_{et})\tag{5.64}$$

将式（5.64）代入式（5.62），便可得到多元增长的市盈率模型的公式

$$\begin{aligned}\frac{V}{E_0}=&\frac{p_1(1+g_{e1})}{1+k}+\frac{p_2(1+g_{e1})(1+g_{e2})}{(1+k)^2}+\cdots+\frac{p_T(1+g_{e1})(1+g_{e2})\cdots(1+g_{eT})}{(1+k)^T}\\&+\frac{p(1+g_{e1})(1+g_{e2})\cdots(1+g_{eT})(1+g)}{(k-g)(1+k)^T}\end{aligned}\tag{5.65}$$

（二）运用

【例 5.12】 依据例 5.5 中 D 公司的例子，假设 D 公司当前（2012 年）股票价格为 35.96 元，每股收益 1.25 元，每股派发股息 0.5 元，预计 2013 年将会实现每股收益

3.375 元，发放股息 1.35 元/股，2014 年将会实现每股收益 4 元，发放股息 2 元/股，从 2015 年开始预计该公司的每股收益将以 10%的不变增长率增长下去，股息支付率保持不变。如果股东要求的必要报酬率为 15%，试问 D 公司的股票价格是否正确反映了股票价值？

首先，前两年 D 公司应该处于成长期，有关数据如表 5.2 所示。

表 5.2　前两年 D 公司的有关数据

每股股息	每股收益	每股收益增长率	股息支付率
D_1=1.35	E_1=3.375	g_{e1}=170%	P_1=40%
D_2=2	E_2=4	g_{e2}=18.52%	P_2=50%
D_3=2.2	E_3=4.4	g_{e3}=10%	P_3=50%
D_4=2.42	E_4=4.84	g_{e4}=10%	P_4=50%
…	…	…	…

从表 5.2 的数据可知，T=2，即从第三期开始每股收益和股息都以不变的增长率 10%增长下去，而股息支付率保持 50%不变，由此可得该股票的正常市盈率

$$\frac{V}{E_0}=\frac{40\%\times(1+170\%)}{1+15\%}+\frac{50\%\times(1+170\%)\times(1+18.52\%)}{(1+15\%)^2}+$$

$$\frac{50\%\times(1+170\%)\times(1+18.52\%)\times(1+10\%)}{(15\%-10\%)\times(1+15\%)^2}$$

$$=0.939+1.21+26.615$$

$$=28.76$$

该股票的实际市盈率 $\dfrac{P}{E_0}=\dfrac{35.96}{1.25}=28.76$

由此可见，D 公司的股票正常市盈率与真实市盈率刚好相等，可见市场给予了该只股票正确的估价，并且，与多元增长的股息贴现模型计算出来的结果一致，更加验证了市盈率模型与股息贴现模型的异曲同工之处。

五、股息支付率参数估计

市盈率模型涵盖了必要收益率、收益增长率和股息支付率三个参数的影响，具有很高的综合性。在前面的股息贴现模型的参数估计中，我们提到了必要收益率和股息增长率的估计方法，并指出盈余增长是股息增长的前提，如果股息按固定比率发放的话，则盈余增长率 g_e 就等于股息增长率 g，所以在这里仅对股息支付率这一参数的估计加以讨论。

公司的股利分配是在种种限制因素下进行的，公司不可能摆脱这些因素的影响。影响股利支付率的因素如下。

（一）法律限制

为了保护债权人和股东的利益，有关法规对公司的股利支付经常作出如下限制：（1）为了保全资本，规定公司不能用资本（包括股本和资本公积）发放股利。（2）为了公司积累，规定公司必须按净利润的一定比例提取法定盈余公积金。（3）规定公司年度累计净利润必须为正数时才可发放股利，以前年度亏损必须足额弥补。（4）由于股东接受股利缴纳的所得税高于进行股票交易的资本利得税，于是许多国家规定公司不得超额累积利润，一旦公司的保留盈余超过法律认可的水平，将被加征额外税额。我国法律对公司累积利润尚未作出限制性规定。

（二）经济限制

股东从自身经济利益需要出发，往往会影响公司的股利支付率。因为公司支付较高的股利，就会导致留存盈余的减少，这又意味着将来发行新股的可能性加大，而发行新股必然稀释公司的控制权，这是公司原有的持有控制权的股东们所不愿看到的局面。因此，若他们拿不出更多的资金购买新股以满足公司的需要，宁肯不分配股利而反对募集新股。

（三）财务限制

就公司的财务需要来讲，也存在一些限制股利支付的因素。

（1）盈余的稳定性。公司是否能获得长期稳定的盈余，是其股利决策的重要基础。盈余相对稳定的公司能够较好地把握自己，有可能支付比盈余不稳定的公司较高的股利；而盈余不稳定的公司一般采取低股利政策，以减少因盈余下降而造成的股利无法支付、股价急剧下跌的风险，又可以将更多的盈余再投资，以提高公司权益资本比重，减少财务风险。

（2）资产的流动性。较多地支付现金股利，会减少公司的现金持有量，使资产的流动性降低；而保持一定的资产流动性，是公司经营所必需的。

（3）举债能力。具有较强举债能力的公司因为能够及时地筹措到所需的资金，有可能采取较宽松的股利政策；而举债能力弱的公司则不得不多滞留盈余，因而往往采取较紧的股利政策。

（4）投资机会。有着良好投资机会的公司，需要有强大的资金支持，因而往往少发放股利，将大部分盈余用于投资；缺乏投资机会的公司，保留大量现金会造成资金的闲置，于是倾向于支付较高的股利。

（5）资本成本。与发行新股相比，保留盈余不需花费筹资费用，是一种比较经济的筹资渠道，故从资本成本的角度考虑，如果公司有扩大资金的需要，也应当采取低股利政策。

（6）债务需要。具有较高的到期债务的公司，可以通过举借新债或发行新股筹集资金偿还债务，也可直接用经营积累偿还债务。如果公司认为发行新股的资本成本较高或受其他限制难以进入资本市场，将会减少股利的支付。

由于存在上述种种影响股利支付的不确定因素，所以股利支付率这一参数很难用公式表示，只能在实践当中根据特定公司的情况具体分析，才能作出合理估计。

本章小结

1．股票是股份公司为筹集资金而发给股东作为其投资入股的证书和索取股息的凭证，其实质是公司的产权证明书。股票代表股东对公司的所有权，并作为股份公司资本的构成部分，可以进行转让、买卖或抵押。股票具有权利性、流动性、收益性、风险性和永久性等特征。

2．股票划分为不同种类：普通股股票和优先股股票；记名股票和无记名股票；国家股、法人股、社会公众股和外资股；A 股、B 股、H 股、N 股和 S 股。

3．股票的发行市场也称一级市场，是股票发行者按照一定的法律规定和发行程序，直接或通过中介机构向投资者出售新股票所形成的市场。

4．股票承销商凭借其在股票市场上的信誉和营业网点，在规定的发行有效期限内将股票销售出去，这一过程称为股票承销。根据股票承销商在承销过程中承担的责任和风险的不同，承销又可分为代销和包销两种形式。

5．股票发行有多种方式：按募集对象划分，可分为公募发行与私募发行；按销售主体不同，可分为直接发行和间接发行；按发行价格的不同，可分为平价发行、折价发行与溢价发行；增资发行。

6．股票的交易市场也称二级市场，是投资者之间买卖已发行股票的场所。投资者不能直接进入证券交易所购买股票，只能通过从事证券经纪业务的证券公司委托购买。二级市场通常可以分为证券交易所和场外交易市场，此外还存在具有混合特性的第三市场（The Third Market）和第四市场（The Fourth Market）。

7．股票交易程序包括开户、委托、成交、结算和交收。

8．股票价格指数是将计算期的股价与某一基期的股价相比较得出的相对变化指数，用以反映市场股票价格变动的整体状况。

9．一般来讲，影响股票投资价值的内部因素主要包括公司净资产、公司盈利水平、重要原材料供应及价格变化、公司的股利政策、股份分割、增资和减资以及公司资产重组等因素；外部因素主要包括宏观经济因素、行业因素及市场因素。

10．股息贴现模型是收入资本化法运用到股票价值分析中的结果。选用未来的股息代表股票投资唯一的现金流是正确的，并没有忽视买卖股票的资本利得对股票内在价值的影响。

11．股息贴现模型有四种特殊形式：零增长模型、不变增长模型、三阶段增长模型和多元增长模型。

12．对于股息贴现模型，采用净现值法估价时，如果 NPV>0，意味着所有预期的股息流入的现值之和大于股票价格，即这种股票被市场低估，因此购买这种股票可行；如果 NPV<0，意味着所有预期的股息流入的现值之和小于股票价格，即这种股票被市场高估，因此不可购买这种股票。采用内部收益率法估价时，将股票的内部收益率 k^* 与具有同等风险水平股票的必要收益率 k 相比较：如果 $k^*>k$，则可以考虑购买这种股票；如果 $k^*<k$，则不要购买这种股票。

13．如果我们能通过模型计算出股票市盈率的理论值，并根据当前的每股价格和每股收益计算出市盈率的实际值，那么我们就能通过比较市盈率来判断股票价格是否被正确估计。这种评价股票价格的方法就是“市盈率估价方法”，由此产生的股票价值评估模型被称为“市盈率模型”。市盈率模型最适合连续盈利，并且 β 值接近于 1 的公司。

14．股息贴现模型的参数估计主要指对股息增长率和必要收益率的估计。股息增长率是收益留存率和留存收益预期回报率共同作用的结果；必要收益率有三种计算方法：股利增长模型法、风险溢价法和资本资产模型定价法。

15．市盈率模型涵盖了必要收益率、收益增长率和股息支付率三个参数的影响，具有很高的综合性。股息支付率主要受到法律、经济、财务和一些其他因素的限制。

本章重要概念

股票	普通股	优先股	国家股	法人股
社会公众股	外资股	承销	代销	包销
股票的发行市场	公募发行	私募发行	股票的交易市场	
股票价格指数	内部收益率	股息贴现模型零增长模型		
不变增长模型	三阶段增长模型	多元增长模型市盈率模型		

本章复习思考题

1．股票具有哪些特征？

2. 普通股和优先股有什么区别？

3. 简述股票市场的主要功能。

4. 股票公募发行和私募发行有什么区别？

5. 证券交易所和场外市场的主要区别是什么？

6. 二板市场的定义是什么？为什么要建立二板市场？

7. 试列举影响股票投资价值的内部因素。

8. 净现值法和内部收益率法是如何指导股票价值投资的？

9. 股息贴现模型的四种特殊形式的公式及其主要应用。

10. 简述必要收益率的三种估计方法。

11. 列举市盈率模型的优点和局限性。

12. 市盈率模型中股息支付率的影响因素有哪些？

13. 无风险资产收益率为 10%，市场组合收益率为 15%，某只股票的贝塔系数为 1.2，预期明年的股息为 2 元/股，股息增长率为 5%，求该股票的内在价值。

14. 某电子行业上市公司预期未来几年的股利派发情况如下：第一年为 6 元/股，第二年仍为 6 元/股，第三年为 7 元/股，从第四年开始每年的股息增长率预期为 4%。同等风险股票的必要报酬率是 10%。问该公司股票的内在价值是多少？如果目前的市价是 100 元/股，请问该股票是否被市场高估？

15. F 是一家生产医疗设备的上市公司，不同的分析师对 F 公司股票未来的股息增长率存在争议。分析师甲认为未来的股息增长率应为 5%并且保持不变；分析师乙认为未来三年的股息增长率应为 20%，第四年及其以后则降为 4%。F 公司目前的股息为 3 元/股，同等风险股票的预期报酬率为 14%。请回答以下三个问题：

（1）根据分析师甲的估计，F 股票的内在价值为多少？

（2）根据分析师乙的估计，F 股票的内在价值为多少？

（3）假设 F 公司股票的当前市价是 39.75 元/股，如果这一价格是被市场正确估计的结果，请问其股息的不变增长率应为多少？当股利支付率为 25%时，正常市盈率为多少？

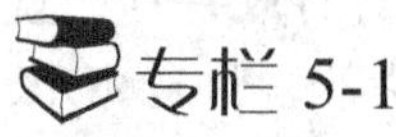

专栏 5-1

中国资本市场的六大变化

回顾“十一五”，是我国资本市场改革力度大、克服困难多的五年，也是市场发展快、市场变化大的五年。在“国九条”的决策部署下，证券期货监管方面不断加深对资本市场发展普遍规律和我国资本市场发展阶段性特征的认识，坚持不懈地强化市场基础建设，坚定不移地推进市场改革创新，有力、有效地应对各种艰难险阻的严峻考验，不断加强和改进市场监管，推动我国资本市场迈上了新的台阶。

一、影响市场发展的深层次问题得以解决

在这五年中，资本市场在证券监管方面的强力推进下完成了股权分置改革，结束了上市公司两类股份、两种价格长期并存的历史；完善了市场功能，释放了活力。为实现我国资本市场的快速和可持续发展奠定了制度基础。截至2010年底，A股市场流通市值占比由2005年底的32.8%上升到71.9%，我国股票市场已从部分流通的市场发展成为统一的全流通市场。截至2010年底，各类机构投资者持股市值占流通市值比重已达70.9%，比2005年末翻了一番。

二、市场主体行为得以规范和引导

在全面治理和化解市场重大突出问题的基础上，资本市场开展了为期三年的“上市公司治理专项活动”，受到督促完成整改的上市公司达到98%以上。为了适应股权分置改革后的新形势、新变化，监管层把重点转向对股价异动的信息披露监管和对上市公司控股股东、实际控制人及高管人员的监管，提升了监管的有效性和针对性。截至2010年底，上市公司数量比2005年底增加682家，2009年上市公司实现利润总额超过全国规模以上企业利润总额的50%；106家证券公司总资产1.97万亿元，净资本4 320亿元，分别是2005年的6.9倍和12.1倍；基金总份额从2005年底的0.47万亿份发展到2.42万亿份，增长5倍。期货公司资产规模269.76亿元，是“十五”末期的3.87倍。

三、资本市场法规制度体系得以完善

《中华人民共和国证券法》、《中华人民共和国公司法》和《中华人民共和国证券投资基金法》构建起了资本市场的法律框架。为了完善法律制度体系，监管层对发行上市、交易结算、并购重组等市场运行领域，对上市公司、证券期货经营机构、中介服务机构等参与主体的法规制度进行了整体性重构。围绕《期货交易管理条例》的修订出台，细化了期货业行为规范，积极推动期货开户、交易、保证金存管、市场监管的程序化、制度化。截至2010年底，资本市场现行有效的法律文件448件，其中73%是五年来新制定和修订的。证监会全面推进了依法行政和政务公开，对行政许可、监管措施、行政处罚等监管环节的法律制度进行了全面完善，围绕监管决策、信息公开、行政许可、案件调查与审理、强制措施、处罚听证等行为，出台程序性规则160余件，严格规范行政行为，显著提升了监管透明度。

四、抵御外部冲击，全力应对国际金融危机

面对国际金融危机前所未有的压力和挑战，在监管层的组织下，各相关机构开展

压力测试，加强资金跨境流动监测，完善应急预案，行业机构排查管控境外投资风险，严禁违规从事境外衍生品交易，成功抵御了期货市场大面积连续跌停的极端行情冲击，最大限度地减轻危机的不利影响，也积极推进了我国资本市场的对外开放。

五、市场体系和运行机制得以完善

在积极发展壮大主板、中小板市场的同时，中关村代办股份转让试点稳步有序地推进，创业板市场平稳推出，多层次的资本市场体系框架得以初步建立。股权分置改革基本完成后，"新老划断"适时启动，全流通模式下的新股发行机制，询价机制、A+H同发、超额配售等制度安排先后推出。围绕定价和发行承销方式两个关键环节，监管层连续推出了深化新股发行体制改革的一系列措施，取消了对新股定价的窗口指导，推动发行人、投资者、承销商等市场主体归位尽责。股指期货与融资融券业务试点的顺利推出，使得我国资本市场有了做空机制与信用交易机制，丰富了市场的风险管理工具。

六、资本市场服务于实体经济的能力全面提升

过去的五年，一大批优质公司挂牌上市，通过资本市场获得了快速发展，特别是支撑国民经济的骨干企业和金融机构相继上市，大幅度提升了市场作为经济晴雨表的作用。五年来，期货市场迅速增长，初步建立起了商品期货产品开发、上市、交易运行及功能发挥的评估体系，共有13个新期货品种上市，初步形成了关系国计民生的大宗商品期货品种体系，期货市场的价格发现及其传导已经在我国一些重要行业和产业链企业的内部运行机制中发挥着越来越重要的作用。五年来，我国境内股票筹资2.84万亿元，相当于市场前15年股票筹资的3.1倍，我国证券化率由五年前的17.5%跃升至约70.8%。

截至2010年底，沪深股市总市值达到26.54万亿元，相当于2005年的8.2倍，市值排名由2005年的全球第13位跃居第2位。2010年我国期货市场全年成交31.33亿手，成交金额309万亿元，分别是2005年的8.7倍和22倍，商品期货市场成交量连续两年居世界第1位。

首先，在服务经济社会发展全局上实现了重大突破。"十一五"期间，我国资本市场规模成倍增长，资本市场在完善公司治理、促进资本形成、优化资源配置、分散市场风险等方面的内生功能日益显现，在国企改革、金融体制改革、创新型国家建设、执行国家宏观调控政策、维护经济金融安全等事关全局的工作中发挥着不可替代的重要作用。我国宏观经济管理部门、相关产业和企业利用期货市场管理经济的广度和深度日益拓展，大大提高了资源优化配置和市场运行效率。我国资本市场正逐步从相对单一、封闭向多层次、开放与融合转变，与实体经济的融合度日益提升，在国际上的

影响力、吸引力不断增强，已经成为全球重要资本市场之一。

其次，在提升市场整体运行质量上实现了重大突破。经过一系列综合改革、治理规范和制度重构，证券期货行业大幅度提高了抗风险能力。上市公司规范运作和治理水平得到较大幅度的提升，上市公司在国民经济中的代表性显著增强，在经济社会发展中的主力军作用日益显现。随着以基金为代表的机构投资者的迅速发展，机构投资者已经成为市场发展的重要力量。投资者服务和教育活动广泛开展，个人投资者的风险认识和理性参与意识明显增强。与“十五”末期相比，市场约束、价格约束逐步发挥作用，国际市场状况、宏观经济景气度、上市公司质量等市场基本因素成为影响市场运行的主导力量。与此同时，资本市场对宏观经济的反映能力不断增强，导向作用不断体现。

最后，在深化发展资本市场共识上取得重大突破。这些年来，资本市场在快速发展的同时，培育了商业信用，推进了我国新会计、审计准则的实施，推动了民商法、行政刑事法律制度的完善，促进了风险理念、金融意识和理财观念的普及，使社会投资、股权文化、公开透明、公平正义等市场经济观念深入人心，推动和引领了社会主义市场经济诸多重要领域的变革。党中央、国务院对大力发展资本市场作出了一系列决策部署，相关部门和地方政府对资本市场改革发展给予大力支持和积极配合，专家学者、新闻媒体和社会各界对发展资本市场重要性的共识不断加深，促进了市场发展政策措施和外部环境的不断优化。

总体看，过去的五年，资本市场在发展与改革中不断前行，市场整体上实现了重大发展突破和转折性变化，初步具备了在更高层面加快发展、更好服务经济社会发展全局的基础和条件，为“十二五”期间资本市场再上新台阶做好了准备。

（本专栏资料来源：作者根据中国证监会网站相关资料整理。）

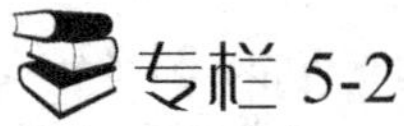

专栏 5-2

美国次贷危机的触发及传导过程

始于2007年的席卷全球的金融海啸导致全球资本市场大幅下挫，大型投资银行纷纷倒闭或被政府接盘，并引发了全球银行业危机，对全球经济造成了沉重打击。本专栏重点介绍此次全球性金融危机的始作俑者：美国次贷危机的触发及传导过程。

一、次贷危机的触发

次贷危机的触发因素包括美国基准利率的上升以及随之而来的美国房地产价格的下跌。由于实体经济明显回升、通货膨胀压力加剧，美联储在2004年6月至2006年6

月，连续 17 次调高联邦基金利率，将该利率从 1%上调至 5. 25%。一方面由于次级抵押贷款中大约 75%是浮动利率贷款（Adjustable RateMortgage，ARM），基准利率大幅上调导致贷款利率相应上调，借款者的还款压力显著上升；另一方面，基准利率的上升导致房地产价格开始下降。从 2006 年 7 月开始，美国房价指数开始下跌。2006 年 7 月至 2009 年 3 月，美国 10 个城市的房价指数由 226 下降至 151，下跌了 33%；美国 20 个城市的房价指数由 207 下降至 140，下跌了 32%。 房价大幅下跌一方面降低了抵押品价值，使得贷款供应商不能通过出售抵押品回收贷款本息；另一方面也导致借款者不能继续通过举借房屋净值贷款来偿还本息。因此，基准利率的上升与房价大幅下降，共同导致了次级抵押贷款的违约率大幅飙升，从而导致基于次级抵押贷款资产池的 MBS 与 CDO 的信用等级显著调降、市场价值大幅缩水。购买了上述金融产品的投资者出现了严重的账面损失。2007 年 8 月，以贝尔斯登宣布旗下对冲基金停止赎回为标志，次贷危机全面爆发。

二、次贷危机发生的四个阶段

次贷危机由产生到最后作用到实际经济，大致经历危机爆发、金融市场流动性短缺、信贷紧缩和实体经济下滑等四个阶段，如图 5.2 所示。

第一个阶段是美国房地产价格下降与次级抵押贷款违约率上升，以及基于次级抵押贷款的金融产品的市场价值缩水。在这个阶段内，仅持有次级抵押贷款支持金融产品的金融机构遭受账面损失。这一阶段的标志性事件是 2007 年 4 月美国最大的次级抵押贷款商之一新世界金融公司（New Century Financial）破产。

第二个阶段是流动性短缺（Liquidity Squeeze）。由于市场投资者不清楚次贷危机的损失究竟有多大，持有次贷金融产品的金融机构的损失究竟有多少，于是投资者开始从短期货币市场抽回资金，短期货币市场上出现流动性短缺，导致那些严重依赖短期货币市场的非商业银行类金融机构出现融资问题，不得不通过出售资产来偿还到期负债。这一阶段的标志性事件是 2008 年 3 月美国第五大投行贝尔斯登申请破产保护。

第三个阶段是信贷紧缩（Credit Crunch）。由于商业银行自身持有的风险资产出现巨额亏损，以及商业银行旗下的表外投资机构不能继续从短期货币市场融资，商业银行开始削减对其他银行、居民与企业的贷款，市场上出现普遍的“惜贷”现象。这一阶段的标志性事件是 2008 年 9 月美国华盛顿互惠银行与美联银行陷入危机。

第四个阶段是实体经济受到冲击。在资产价格下跌与信贷紧缩的冲击下，美国居民消费与固定资产投资全面下滑。这一阶段的标志性事件是美国经济从 2008 年第三季度起持续负增长。

（本专栏内容节选自：张明，付立春. 次贷危机的扩散传导机制研究. 世界经济，2009.8）

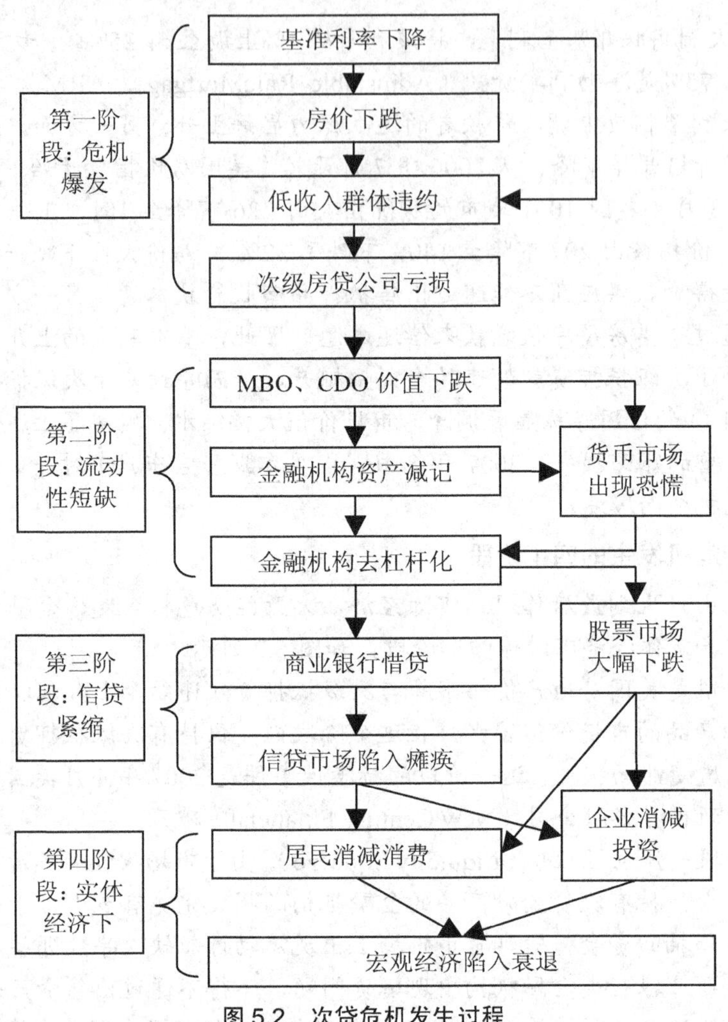

图 5.2　次贷危机发生过程

第六章　证券投资基金市场

投资基金起源于1868年的英国，是在18世纪末、19世纪初产业革命的推动后产生的，而后兴盛于美国，现在已风靡于全世界。在不同的国家，投资基金的称谓有所区别，英国和我国香港称之为“单位信托投资基金”，美国称为“共同基金”，日本则称为“证券投资信托基金”。这些不同的称谓在内涵和运作上无太大区别。投资基金在西方国家早已成为一种重要的融资、投资手段，并在当代得到了进一步发展。20世纪60年代以来，一些发展中国家积极仿效，愈来愈运用投资基金这一形式吸收国内外资金，促进本国经济的发展。

本章共分两节。第一节主要介绍证券投资基金市场的相关基础知识，例如证券投资基金的概念、性质、功能、类型等；第二节简略地介绍我国证券投资基金的运作程序，包括设立、销售与申购、变更与终止以及交易等环节。通过本章的介绍，目的是帮助读者对我国证券投资基金市场有一个宏观的、基础的认识及把握。

第一节　证券投资基金的性质、功能和分类

一、证券投资基金的性质

证券投资基金是一种利益共存、风险共担的集合证券投资方式，即通过发行基金份额，集中投资者的资金，由基金托管人托管，由基金管理人管理和运用资金，从事股票、债券等金融工具投资，并将投资收益按基金投资者的投资比例进行分配的一种间接投资方式。

根据上述定义，可以看出证券投资基金的性质体现在以下四个方面。

（1）证券投资基金是一种集合投资制度。证券投资基金是一种积少成多的整体组合投资方式，它从广大的投资者那里聚集巨额资金，组建投资管理公司进行专业化管理和经营。在这种制度下，资金的运作受到多重监督。

（2）证券投资基金是一种信托投资方式。它与一般金融信托关系一样，主要有委托人、受托人、受益人三个关系人，其中受托人与委托人之间订有信托契约。但证券

基金作为金融信托业务的一种形式，又有自己的特点。如从事有价证券投资主要当事人中还有一个不可缺少的托管机构，它不能与受托人（基金管理公司）由同一机构担任，而且基金托管人一般是法人；基金管理人并不对每个投资者的资金都分别加以运用，而是将其集合起来，形成一笔巨额资金再加以运作。

（3）证券投资基金是一种金融中介机构。它存在于投资者与投资对象之间，起着把投资者的资金转换成金融资产，通过专门机构在金融市场上再投资，从而使货币资产得到增值的作用。证券投资基金的管理者对投资者所投入的资金负有经营、管理的职责，而且必须按照合同（或契约）的要求确定资金投向，保证投资者的资金安全和收益最大化。

（4）证券投资基金是一种证券投资工具。它发行的凭证即基金券（或受益凭证、基金单位、基金股份）与股票、债券一起构成有价证券的三大品种。投资者通过购买基金券完成投资行为，并凭之分享证券投资基金的投资收益，承担证券投资基金的投资风险。

二、证券投资基金的功能

基金作为一种现代化的投资工具，主要具有以下三个功能。

（1）集合投资。基金是这样一种投资方式：它将零散的资金巧妙地汇集起来，交给专业机构投资于各种金融工具，以谋取资产的增值。基金对投资的最低限额要求不高，投资者可以根据自己的经济能力决定购买数量，有些基金甚至不限制投资额大小，完全按份额计算收益的分配，因此，基金可以最广泛地吸收社会闲散资金，集腋成裘，汇成规模巨大的投资资金。在参与证券投资时，资本越雄厚，优势越明显，而且可能享有大额投资在降低成本上的相对优势，从而获得规模效益的好处。

（2）分散风险。以科学的投资组合降低风险、提高收益是基金的另一大特点。在投资活动中，风险和收益总是并存的，因此，“不能将所有的鸡蛋都放在一个篮子里”，这是证券投资的箴言。但是，要实现投资资产的多样化，需要一定的资金实力，对小额投资者而言，由于资金有限，很难做到这一点，而基金则可以帮助中小投资者解决这个困难。基金可以凭借其雄厚的资金，在法律规定的投资范围内进行科学的组合，分散投资于多种证券，借助于资金庞大和投资者众多的公有制使每个投资者面临的投资风险变小，另一方面又利用不同的投资对象之间的互补性，达到分散投资风险的目的。

（3）专业理财。基金实行专家管理制度，这些专业管理人员都经过专门训练，具有丰富的证券投资和其他项目投资经验。他们善于利用基金与金融市场的密切联系，运用先进的技术手段分析各种信息资料，能对金融市场上各种品种的价格变动趋势作出比较正确的预测，最大限度地避免投资决策的失误，提高投资成功率。对于那些没有时间，或者对市场不太熟悉，没有能力专门研究投资决策的中小投资者来说，投资于基金，实际上就可以获得专家们在市场信息、投资经验、金融知识和操作技术等方面所拥有的优势，从而尽可能地避免盲目投资带来的失败。

三、证券投资基金的类型

（一）按设立方式分为契约型基金、公司型基金

1．契约型基金

契约型基金又称为单位信托基金，是指把投资者、管理人、托管人三者作为基金的当事人，通过签订基金契约的形式，发行受益凭证而设立的一种基金。契约型基金起源于英国，后在我国香港、新加坡、印度尼西亚等国家和地区十分流行。

契约型基金是基于契约原理而组织起来的代理投资行为，没有基金章程，也没有董事会，而是通过基金契约来规范三方当事人的行为。基金管理人负责基金的管理操作。基金托管人作为基金资产的名义持有人，负责基金资产的保管和处置，对基金管理人的运作实行监督。

2．公司型基金

公司型基金是按照公司法以公司形态组成的，该基金公司以发行股份的方式募集资金，一般投资者则为认购基金而购买该公司的股份，也就成为该公司的股东，凭其持有的股份依法享有投资收益。这种基金要设立董事会，重大事项由董事会讨论决定。

公司型基金的特点是：基金公司的设立程序类似于一般股份公司，基金公司本身依法注册为法人，但不同于一般股份公司的是，它是委托专业的财务顾问或管理公司来经营与管理；基金公司的组织结构也与一般股份公司类似，设有董事会和持有人大会，基金资产由公司所有，投资者则是这家公司的股东，承担风险并通过股东大会行使权利。

3．契约型基金与公司型基金的比较

契约型基金与公司型基金的不同点有以下几个方面。

（1）资金的性质不同。契约型基金的资金是通过发行基金份额筹集起来的信托财产；公司型基金的资金是通过发行普通股票筹集的公司法人的资本。

（2）投资者的地位不同。契约型基金的投资者购买基金份额后成为基金契约的当事人之一，投资者既是基金的委托人，即基于对基金管理人的信任，将自己的资金委托给基金管理人管理和营运，又是基金的受益人，即享有基金的受益权；公司型基金的投资者购买基金的股票后成为该公司的股东。因此，契约型基金的投资者没有管理基金资产的权力，而公司型基金的股东通过股东大会享有管理基金公司的权力。

（3）基金的营运依据不同。契约型基金依据基金契约营运基金；公司型基金依据基金公司章程营运基金。

由此可见，契约型基金和公司型基金在法律依据、组织形态以及有关当事人扮演角色上是不同的。但对投资者来说，投资于契约型基金和公司型基金并无多大区别，它们的投资方式都是把投资者的资金集中起来，按照基金设立时所规定的投资目标和策略，将基金资产分散投资于众多的金融产品上，获取收益后再分配给投资者。

从世界基金业的发展趋势看，公司型基金除了比契约型基金多了一层基金公司组织外，其他各方面都与契约型基金有趋同化的倾向。

（二）按能否赎回分为封闭式基金和开放式基金

1. 封闭式基金

封闭式基金是指基金的发起人在设立基金时，限定了基金单位的发行总额，筹集到这个总额后，基金即宣告成立，并进行封闭，在一定时期内不再接受新的投资，又称为固定型投资基金。基金单位的流通采取在证券交易所上市的办法，投资者日后买卖基金单位都必须通过证券经纪商在二级市场上进行竞价交易。

封闭式基金的期限是指基金的存续期，即基金从成立起到终止之间的时间。决定基金期限长短的因素主要有两个：一是基金本身投资期限的长短。一般如果基金目的是进行中长期投资（如创业基金）的，其存续期就可长一些；反之，如果基金目的是进行短期投资（如货币市场基金），其存续期可短一些。二是宏观经济形势。一般经济稳定增长，基金存续期可长一些；反之，若经济波浪起伏，则应相对地短一些。当然，在现实中，存续期还应考虑基金发起人和众多投资者的要求来确定。基金期限届满即为基金终止，管理人应组织清算小组对基金资金进行清产核资，并将清产核资后的基金净资产按照投资者的出资比例进行公正合理的分配。

如果基金在运行过程中，因为某些特殊的情况，使得基金的运作无法进行，报经主管部门批准，可以提前终止。提前终止的一般情况如下。

（1）国家法律和政策的改变使得该基金的继续存在为非法或者不适宜；

（2）管理人因故退任或被撤换，无新的管理人承继的；

（3）托管人因故退任或被撤换，无新的托管人承继的；

（4）基金持有人大会上通过提前终止基金的决议。

2. 开放式基金

开放式基金是指基金管理公司在设立基金时，发行基金单位的总份额不固定，可视投资者的需求追加发行。投资者也可根据市场状况和各自的投资决策，或者要求发行机构按现期净资产值扣除手续费后赎回股份或受益凭证，或者再买入股份或受益凭证，增持基金单位份额。为了应付投资者中途抽回资金，实现变现的要求，开放式基金一般都从所筹资金中拨出一定比例，以现金形式保持这部分资产。这虽然会影响基金的盈利水平，但作为开放式基金来说，这是必需的。

3．封闭式基金与开放式基金的区别

（1）期限不同。封闭式基金通常有固定的封闭期，通常在 5 年以上，一般为 10 年或 15 年，经受益人大会通过并经主管机关同意可以适当延长期限。而开放式基金没有固定期限，投资者可随时向基金管理人赎回基金单位。

（2）发行规模限制不同。封闭式基金在招募说明书中列明其基金规模，在封闭期限内未经法定程序认可不能再增加发行。开放式基金没有发行规模限制，投资者可随时提出认购或赎回申请，基金规模就随之增加或减少。

（3）基金单位交易方式不同。封闭式基金的基金单位在封闭期限内不能赎回，持有人只能寻求在证券交易场所出售给第三者。开放式基金的投资者则可以在首次发行结束一段时间（多为 3 个月）后，随时向基金管理人或中介机构提出购买或赎回申请，买卖方式灵活，除极少数开放式基金在交易所作名义上市外，通常不上市交易。

（4）基金单位的交易价格计算标准不同。封闭式基金与开放式基金的基金单位除了首次发行价都是按面值加一定百分比的购买费计算外，以后的交易计价方式不同。封闭式基金的买卖价格受市场供求关系的影响，常出现溢价或折价现象，并不必然反映基金的净资产值。开放式基金的交易价格则取决于基金每单位净资产值的大小，其申购价一般是基金单位资产值加一定的购买费，赎回价是基金单位净资产值减去一定的赎回费，不直接受市场供求影响。

（5）投资策略不同。封闭式基金的基金单位数不变，资本不会减少，因此基金可进行长期投资，基金资产的投资组合能有效在预定计划内进行。开放式基金因基金单位可随时赎回，为应付投资者随时赎回兑现，基金资产不能全部用来投资，更不能把全部资本用来进行长线投资，必须保持基金资产的流动性，在投资组合上需保留一部分现金和高流动性的金融商品。

从发达国家金融市场来看，开放式基金已成为世界投资基金的主流。世界基金发展史从某种意义上说就是从封闭式基金走向开放式基金的历史。

（三）按投资目标的不同分为成长型基金、收入型基金和平衡型基金

1．成长型基金

成长型基金是基金中最常见的一种，它追求的是基金资产的长期增值。为了达到这一目标，基金管理人通常将基金资产投资于信誉度较高、有长期成长前景或长期盈余的所谓成长公司的股票。成长型基金又可分为稳健成长型基金和积极成长型基金。

2．收入型基金

收入型基金主要投资于可带来现金收入的有价证券，以获取当期的最大收入为目

的。收入型基金资产成长的潜力较小，损失本金的风险相对也较低，一般可分为固定收入型基金和股票收入型基金。固定收入型基金的主要投资对象是债券和优先股，因而尽管收益率较高，但长期成长的潜力很小，而且当市场利率波动时，基金净值容易受到影响。股票收入型基金的成长潜力比较大，但易受股市波动的影响。

3．平衡型基金

平衡型基金将资产分别投资于两种不同特性的证券上，并在以取得收入为目的的债券及优先股和以资本增值为目的的普通股之间进行平衡。这种基金一般将25%～50%的资产投资于债券及优先股，其余的投资于普通股。平衡型基金的主要目的是从其投资组合的债券中得到适当的利息收益，与此同时又可以获得普通股的升值收益。投资者既可获得当期收入，又可得到资金的长期增值，通常是把资金分散投资于股票和债券。平衡型基金的特点是风险比较低，缺点是成长的潜力不大。

（四）按投资标的不同分为债券基金、股票基金、货币市场基金和指数基金

1．债券基金

债券基金是一种以债券为主要投资对象的证券投资基金。由于债券的年利率固定，因而这类基金的风险较低，适合于稳健型投资者。

通常债券基金收益会受货币市场利率的影响，当市场利率下调时，其收益就会上升；反之，若市场利率上调，则基金收益率下降。除此以外，汇率也会影响基金的收益，管理人在购买非本国货币的债券时，往往还在外汇市场上做套期保值。

2．股票基金

股票基金是指以股票为主要投资对象的证券投资基金。股票基金的投资目标侧重于追求资本利得和长期资本增值。基金管理人拟定投资组合，将资金投放到一个或几个国家，甚至是全球的股票市场，以达到分散投资、降低风险的目的。

投资者之所以钟爱股票基金，原因在于可以有不同的风险类型供选择，而且可以克服股票市场普遍存在的区域性投资限制的弱点。此外，还具有变现性强、流动性强等优点。由于聚集了巨额资金，几支甚至一支基金就可以引发股市动荡，所以各国政府对股票基金的监管都十分严格，不同程度地规定了基金购买某一家上市公司的股票总额不得超过基金资产净值的一定比例，防止基金过度投机和操纵股市。

3．货币市场基金

货币市场基金是以货币市场为投资对象的一种基金，其投资工具期限在1年内，包括银行短期存款、国库券、公司债券、银行承兑票据及商业票据等。通常，货币基金的收益会随着市场利率的下跌而降低，与债券基金正好相反。货币市场基金通常被认为是无风险或低风险的投资。

4．指数基金

指数基金是20世纪70年代以来出现的新的基金品种。为了使投资者能获取与市

场平均收益相接近的投资回报，产生了一种功能上近似或等于所编制的某种证券市场价格指数的基金。其特点是：它的投资组合等同于市场价格指数的权数比例，收益随着当期的价格指数上下波动。当价格指数上升时基金收益增加，反之收益减少。基金因始终保持当期的市场平均收益水平，因而收益不会太高，也不会太低。指数基金的优势是：（1）费用低廉。指数基金的管理费较低，尤其交易费用较低。（2）风险较小。由于指数基金的投资非常分散，可以完全消除投资组合的非系统风险，而且可以避免由于基金持股集中带来的流动性风险。（3）以机构投资者为主的市场中，指数基金可获得市场平均收益率，可以为股票投资者提供更好的投资回报。（4）指数基金可以作为避险套利的工具。对于投资者尤其是机构投资者来说，指数基金是他们避险套利的重要工具。指数基金由于其收益率的稳定性和投资的分散性，特别适用于社保基金等数额较大、风险承受能力较低的资金投资。

（五）按基金资本来源和运用地域的不同分为国内基金、国际基金、离岸基金和海外基金

1．国内基金

它是基金资本来源于国内并投资于国内金融市场的投资基金。一般而言，国内基金在一国基金市场上应占主导地位。

2．国际基金

它是基金资本来源于国内但投资于境外金融市场的投资基金。由于各国经济和金融市场发展的不平衡性，因而在不同国家会有不同的投资回报，通过国际基金的跨国投资，可以为本国资本带来更多的投资机会以及在更大范围内分散投资风险，但国际基金的投资成本和费用一般也较高。国际基金有国际股票基金、国际债券基金和全球商品基金等种类。

3．离岸基金

它是基金资本从国外筹集并投资于国外金融市场的基金。离岸基金的特点是两头在外。离岸基金的资产注册登记不在母国，为了吸引全球投资者的资金，离岸基金一般都在素有“避税天堂”之称的地方注册，如卢森堡、开曼群岛、百慕大等，因为这些国家和地区对个人投资的资本利得、利息和股息收入都不收税。

4．海外基金

它是基金资本从国外筹集并投资于国内金融市场的基金。利用海外基金通过发行受益凭证，把筹集到的资金交由指定的投资机构集中投资于特定国家的股票和债券，把所得收益作为再投资或作为红利分配给投资者，它所发行的受益凭证则在国际著名的证券市场挂牌上市。海外基金已成为发展中国家利用外资的一种较为理想的形式，一些资本市场没有对外开放或实行严格外汇管制的国家可以利用海外基金。

除了上述几种类型的基金，证券投资基金还可以按募集对象不同分为公募基金和私募基金；按投资货币种类不同分为美元基金、英镑基金、日元基金等；按收费与否分为收费基金和不收费基金；按投资计划可变更性分为固定型基金、半固定型基金、融通型基金；还有专门支持高科技企业、中小企业的风险基金；因交易技巧而著称的对冲基金、套利基金以及投资于其他基金的基金中基金等。

第二节　我国证券投资基金的运作程序

证券投资基金的运作程序包括设立、销售与申购、变更与终止以及交易等环节。

一、设立

我国基金事业的发展尚属初级阶段，而基金的设立又是基金运作的第一步，因此，为了保证基金成立后能够规范正常地管理、运作，需要严把基金设立关，实行严格的“核准制”。

（一）基金设立的程序

证券投资基金的设立包括四个主要步骤。

（1）确定基金性质。按组织形态不同，基金有公司型和契约型之分；按基金券可否赎回，又可分为开放型和封闭型两种，基金发起人首先应对此进行选择。

（2）选择共同发起人、基金管理人与托管人，制定各项申报文件。根据有关对基金发起人资格的规定慎重选择共同发起人，签订“合作发起设立证券投资基金协议书”，选择基金保管人，制定各种文件，规定基金管理人、托管人和投资人的责、权、利关系。

（3）向主管机关提交规定的报批文件。同时，积极进行人员培训工作，为基金成立做好各种准备。

（4）发表基金招募说明书，发售基金券。一旦招募的资金达到有关法规规定的数额或百分比，基金即告成立，否则，基金发起便告失败。

（二）申请设立基金应提交的文件和内容

根据《证券投资基金管理暂行办法》及其实施细则，基金发起人在申请设立基金时应当向证监会提供的文件如下。

1. 申请报告

主要内容包括：基金名称、拟申请设立基金的必要性和可行性、基金类型、基金规模、存续时间，发行价格、发行对象、基金的交易或申购和赎回安排、拟委托的托管人和管理人以及重要发起人签字、盖章。

2．发起人情况

包括发起人的基本情况、法人资格与业务资格证明文件。

3．发起人协议

主要内容包括：拟设立基金名称、类型、规模、募集方式和存续时间；基金发起人的权利和义务，并具体说明基金未成立时各发起人的责任、义务；发起人认购基金单位的出资方式、期限以及首次认购和在存续期间持有的基金单位份额；拟聘任的基金托管人和基金管理人；发起人对主要发起人的授权等。

4．基金契约与托管协议

5．招募说明书

6．发起人财务报告

包括主要发起人经具有从事证券相关业务资格的会计师事务所及其注册会计师审计的最近3年的财务报表和审计报告，以及其他发起人实收资本的验资证明。

7．法律意见书

具有从事证券法律业务资格的律师事务所及其律师对发起人资格、发起人协议、基金契约、托管协议、招募说明书、基金管理公司章程、拟委任的基金托管人和管理人的资格，本次发行的实质条件、发起人的重要财务状况等问题出具法律意见。

8．募集方案

包括基金发行基本情况及发行公告。

申请设立开放式基金时，除应报送上述材料外，基金管理人还应向中国证监会报送开放式基金实施方案及相关文件。

二、销售与申购

（一）申购程序

投资者在认购封闭式基金的基金份额时，须开设证券交易账户或基金账户，在指定的发行时间内，通过证券交易所的各个交易网点以公布的价格和符合规定的申购数量进行申购。如果有效申购总量超过封闭式基金发行总量，则以抽签配号方式决定投资者实际认购量。改制基金的扩募由原基金持有人按照规定比例和价格在规定时间内配售。投资者投资开放式基金时，应先到基金管理公司或其指定的代销机构开设专用基金账户及相应的资金账户；一名投资者只能在一个销售网点开户，且只能开设一个基金账户；投资由不同基金管理公司管理的不同的开放式基金时，应该到不同的基金管理公司或其代理机构分别办理手续。

（二）基金份额的销售

我国封闭式基金都是采用自办发行方式通过证券交易所交易系统进行基金券发行

的，但开放式基金由于其交易（认购、申购、赎回）是在投资者与基金管理人或其代理人之间进行的，故开放式基金券除了由基金管理人自办发行外，一般还选择一些机构（如银行、证券公司等）代理销售。

按照规定，证券投资基金的发行只有在符合以下条件时才能成立。

（1）封闭式基金的募集期限为自该基金批准之日起计算的 3 个月，只有在募集期限内募集的资金超过该基金批准规模的 80%时，该基金方可成立。

（2）开放式基金的募集期限也是 3 个月，在募集期限内净销售额超过 2 亿元时，基金方可成立。

如果基金的募集未达到上述要求，基金的发行即告失败，基金发起人应承担募集费用，并将已募集资金加计银行活期存款利息于 30 日内退还给基金认购人。

三、变更与终止

（一）基金存续期

我国《证券投资基金管理暂行办法》规定，封闭式基金的存续期不得少于 5 年，在具备下列条件时，经中国证监会审查批准可以扩募或者续期。

（1）年收益率高于全国基金平均收益率。

（2）基金托管人、基金管理人最近 3 年内无重大违法、违规行为。

（3）基金持有人大会或基金托管人同意扩募或者续期。

（4）中国证监会规定的其他条件。

申请基金扩募或续期时，应当按照中国证监会的要求提交有关文件。

对开放式基金而言，除非出现导致基金终止的情况，否则基金将长期存续。

（二）基金的变更

以下情况属于基金的变更，但事前必须报经主管机关核准。

（1）改变基金券的认购办法、交易方式及净资产值的计算方法。

（2）基金扩募或续期。

（3）更换基金管理人或基金托管人等。

（三）基金的终止

在下列情况下，经主管机关批准，基金应该终止，结束营业。

（1）基金封闭期满，未获批准续期的。

（2）因原基金管理人或原基金托管人退任而无新的基金管理人或基金托管人承接的，或在基金存续期内有超过基金招募说明书规定的连续数个工作日以上，基金持有人数量不足 100 人或基金资产净额低于 5 000 万元的。

（3）经基金持有人大会表决终止的。

（4）因重大违法违规行为，被中国证监会责令终止的。

（5）由于投资方向变更而引起基金合并、撤销的。

（6）法律、法规或中国证监会允许的其他情况。

（四）基金的清算

基金终止时，必须组成清算小组对基金资产进行清算，清算结果应当报中国证监会批准并予以公告。

四、交易

（一）交易方式

基金交易方式因基金性质的不同而不同。封闭式基金因有封闭期规定，在封闭期内基金规模稳定不变，既不接受投资者的申购也不接受投资者的赎回，因此，为满足投资者的变现需要，封闭式基金成立后通常申请在证券交易所挂牌，交易方式类似股票，即是在投资者之间转手交易。而开放式基金因其规模是“开放”的，在基金存续期内其规模是变动的，除了法规允许自基金成立日始基金成立满 3 个月期间，依基金契约和招募说明书规定，可只接受申购不办理赎回外，其余时间如无特别原因，应在每个交易日接受投资者的申购与赎回。因此，开放式基金的交易方式为场外交易，在投资者与基金管理人或其代理人之间进行交易，投资者可至基金管理公司或其代理机构的营业网点进行基金券的买卖，办理基金单位的随时申购与赎回。

（二）交易价格

1．开放式基金的价格

开放式基金的发行没有固定的规模，投资者可以随时在基金管理公司及承销机构处购买或赎回基金份额，基金经理人必须根据基金单位资产净值计算基金的申购价和赎回价并每日公布。基金资产净值是决定基金价格的重要因素。

1）基金单位资产净值的计算

在发行基金份额时，基金单位是等额的，代表发行时每份基金的价值。当共同基金运用基金资产进行投资时，基金的资产价值伴随着基金所持有的证券的价格变动而变动。为了正确反映基金的价值，合理计算基金的价格，基金经理人每天都要在营业日结束后计算基金单位资产净值（Net Asset Value，NAV）并于次日公布。

每个营业日结束后，根据基金所持有证券的收报价计算持有证券市值，加上现金类资产，计算出基金资产总额

$$\text{基金资产总额}=\text{所持证券市值总额}+\text{现金}+\text{应计利息收入} \tag{6.1}$$

在估算的基金资产总额的基础上，进一步计算基金资产净值

$$基金资产净值总额=基金资产总额-基金负债总额 \tag{6.2}$$

基金单位资产净值等于基金资产净值总额除以共同基金发行的总份额

$$基金单位资产净值=基金资产净值总额/基金发行总额 \tag{6.3}$$

2）开放式基金的价格决定

开放式基金采用申购和赎回的交易制度，故其价格分为两种，即申购价格和赎回价格。基金经理人依据基金资产净值为计价基础，每天公开报出申购价和赎回价。

（1）申购价格

$$申购价=基金单位资产净值+申购费用 \tag{6.4}$$

或

$$申购价=\frac{基金单位资产净值}{1-申购费率} \tag{6.5}$$

其中

$$申购费用=申购价\times申购费率 \tag{6.6}$$

申购费用有其固定的费率，是依据申购价而不是基金资产净值为基础计提的。

【例 6.1】 某基金单位资产净值为 1.13 元，申购费率为 1.5%，则

$$申购价=1.13/(1-1.5\%)=1.15（元）$$

（2）赎回价格

不同基金的收费政策可能会有所不同，有的基金在赎回时收取费用，有的则不收。根据赎回时收费与否，基金的赎回价有下列两种计价方式：

① 赎回时收费。有的基金按照投资者持有基金的年数不同而设立不同的赎回费率，持有基金的时间越长，赎回费率越低。赎回价是基金单位资产净值加上投资者持有的基金份额计算的相应赎回费用。

$$赎回价=基金单位资产净值+赎回费用\times(1-折扣率) \tag{6.7}$$

还有一些基金不论投资者持有基金年数长短，按统一费率收取费用。赎回价是基金单位资产净值加上赎回费用。

$$赎回价=基金单位资产净值+赎回费用 \tag{6.8}$$

② 赎回时不收费。赎回价即为基金单位资产净值。

$$赎回价=基金单位资产净值 \tag{6.9}$$

因而，开放式基金价格的决定因素是基金单位资产净值，而申购和赎回费用均有固定的费率，对基金的价格基本没有什么影响。

2．封闭式基金的价格

封闭式基金在发行期满后封闭，基金总额不再变动，并设立存续期，到期清盘，投资者不能直接从基金管理公司及其承销机构处购买或赎回。因此，大多数国家和地

区都允许封闭式基金上市，类似股票交易一般，以满足投资者的变现要求。

封闭式基金的理论价格是基金内在价值的表现。由于存在市场交易，基金价格受市场供求关系的影响较大，故其定价方式也与开放式基金有较大区别。

1）封闭式基金的理论价格

封闭式基金的收益来自每期的现金分红和到期清盘的基金单位资产净值。基金的理论价格可视为基金未来各期现金流的现值总和。

$$p=\frac{C_1}{1+r}+\frac{C_2}{(1+r)^2}+\frac{C_3}{(1+r)^3}+\cdots+\frac{C_n}{(1+r)^n}+\frac{V_n}{(1+r)^n}=\sum_{t}^{n}\frac{C_t}{(1+r)^t}+\frac{V_n}{(1+r)^n} \quad (6.10)$$

式中：C_t为每期现金分红；V_n为期末清盘时基金单位资产净值；n为封闭期限；r为预期收益率或贴现率。

2）封闭式基金的价格决定

封闭式基金的价格以基金单位资产净值为基础，由市场供求关系决定。当市场供求不平衡时，基金单位的交易价格就会发生偏离并经常波动，高于或低于基金单位资产净值。单位资产净值是基金的内在价值的体现，决定了基金价格对单位资产净值的偏离只能在一定范围之内，否则受价值规律的制约，基金价格必然向单位资产净值回归。

本章小结

1．证券投资基金是一种利益共存、风险共担的集合证券投资方式，即通过发行基金份额，集中投资者的资金，由基金托管人托管，由基金管理人管理和运用资金，从事股票、债券等金融工具投资，并将投资收益按基金投资者的投资比例进行分配的一种间接投资方式。

2．证券投资基金的性质包括：它是一种集合投资制度，也是一种信托投资方式，同样也是一种金融中介机构，最后它也是一种证券投资工具。

3．证券投资基金具有三个主要功能：一是集合投资；二是分散风险；三是专业理财。

4．证券投资基金按设立方式分为契约型基金、公司型基金。

5．证券投资基金按能否赎回分为封闭式基金和开放式基金。

6．证券投资基金按投资目标的不同可分为成长型基金、收入型基金和平衡型基金。

7．证券投资基金按投资标的不同可分为债券基金、股票基金、货币市场基金和指数基金。

8．证券投资基金按基金资本来源和运用地域的不同可分为国内基金、国际基金、离岸基金和海外基金。

9. 证券投资基金的运作程序包括设立、销售与申购、变更与终止以及交易等环节。

10. 开放式基金的发行没有固定的规模，投资者可以随时在基金管理公司及承销机构处购买或赎回基金份额，基金经理人必须根据基金单位资产净值计算基金的申购价和赎回价并每日公布。基金资产净值是决定基金价格的重要因素。

11. 封闭式基金在发行期满后封闭，基金总额不再变动，并设立存续期，到期清盘，投资者不能直接从基金管理公司及其承销机构处购买或赎回。因此大多数国家和地区都允许封闭式基金上市，类似股票交易一般，以满足投资者的变现要求。

12. 封闭式基金的理论价格是基金内在价值的表现。由于存在市场交易，基金价格受市场供求关系的影响较大，故其定价方式也与开放式基金有较大区别。

本章重要概念

注册制　核准制　公募　私募　直接销售发行
包销发行封闭式基金　开放式基金　基金终止基金清算
基金单位资产净值　申购价格　赎回价格

本章复习思考题

1. 证券投资基金的性质有哪些？
2. 证券投资基金的功能包括哪些？
3. 证券投资基金有哪些类型？
4. 开放式基金与封闭式基金的价格如何决定？

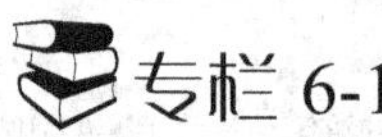

专栏 6-1

私募股权投资基金（PE）：过去、现在和未来

私募股权投资基金即 Private Equity，简称 PE，在我国目前没有明确的法律定义，借鉴国际上的通行定义是指投资于非上市股权，或者上市公司非公开交易股权的一种投资方式。中国有时也称为产业投资、股权投资、直接投资。与其他形式的投资相比，私募股权投资基金具有投资资金数额大、私募股权流动性弱、私募股权投资的高风险高回报等三个特征，因此，私募股权投资基金的投资方向主要是未上市企业的股权，其资金来源主要是私募所得，即它购买的是股权而非股票，PE 的这个性质客观上决定了较长的投资回报周期，那么私募股权基金主要通过以下三种方式退出：一是上市

（IPO）；二是被收购或与其他公司合并；三是重组。近年来，出于对流动性、透明度和募集资金的考虑，上市的私募股权投资基金的数量有所增多，2007 年 6 月 22 日在纽交所上市的黑石集团就是一个例子。从国际经验看，私募股权投资基金的主要组织形式是有限合伙制（Limited Partnership），其中私人股权投资公司作为普通合伙人，基金整体作为有限合伙存在。

一、私募股权投资基金的产生和发展

私募股权投资是近年来全球金融市场的重要现象，在金融体系中扮演着十分重要的角色，对国民经济和企业发展具有举足轻重的影响。自 1946 年美国正式成立第一家私募股权投资公司——美国研究与发展公司（ARD）以来，私募股权投资的发展已经历了 60 余年，其投资内涵也由最初的为中小企业创业融资，延伸到为大型并购活动等提供种类繁多、规模巨大的股权融资。迄今，全球已有数千家私募股权投资公司，KKR 公司、凯雷投资集团和黑石集团都是其中的佼佼者。众多的私募股权投资公司在经过了 20 世纪 90 年代的高峰发展时期和 2000 年之后的发展受挫期之后，目前重新进入上升期。据英国调查机构 Private Equity Intelligence 统计，2007 年上半年，全球私募股权基金共筹集 2 400 亿美元，预计全年将超过 2006 年的 4 590 亿美元，成为仅次于银行贷款和公开上市发行的重要融资手段。而在 1991 年，整个行业的筹资总额仅为 100 亿美元。国外私募股权投资基金经过 30 年的发展，成为仅次于银行贷款和 IPO 的重要融资手段。国外私募股权投资基金规模庞大，投资领域广泛，资金来源广泛，参与机构多样化。目前西方国家私募股权投资占其 GDP 份额已达到 4%～5%。私募股权投资是金融创新和产业创新的结果，其运作方式拓宽了企业融资渠道，推动了被投资企业的价值发现和价值增值，同时提供了高收益的投资渠道，得到越来越多投资者的认可。

二、私募股权投资基金在中国的发展

我国出现 PE（私募股权基金）投资是很晚的事情。在我国，私募股权投资领域属于新兴市场，外资一直在这一产业中扮演着主导者的角色。1999 年国际金融公司（IFC）入股上海银行可认为初步具备了 PE 特点，不过业界大多认为，中国大陆第一起典型的 PE 案例，是 2004 年 6 月美国著名的新桥资本（New Bridge Capital），以 12.53 亿元人民币从深圳市政府手中收购深圳发展银行的 17.89%的控股股权，这也是国际并购基金在中国的第一起重大案例，同时也借此产生了第一家被国际并购基金控制的中国商业银行。由此发端，很多相似的 PE 案例接踵而来， PE 投资市场渐趋活跃。

2004 年末，美国华平投资集团等机构联手收购哈药集团 55%的股权，创下第一宗国际并购基金收购大型国企案例；进入 2005 年后，PE 领域更是欣欣向荣，不断爆出重大的投资案例，其特点是国际著名 PE 机构与国内金融巨头联姻，其投资规模之大让人咋舌。首先是 2005 年第三季度，国际著名 PE 机构参与了中行、建行等商业银行的引资工作，然后在2005年9月9日，凯雷投资集团对太平洋人寿4亿美元投资议案已经获得太平洋保险集团董事会通过，凯雷因此将获得太保人寿24.975%的股权。这也是迄今为止中国最大的PE交易。另外，凯雷集团收购徐工机械绝对控股权的谈判也进入收尾期，有望成为第一起国际并购基金获大型国企绝对控股权案例。

此外，国内大型企业频频在海外进行并购活动，也有PE的影子。如联想以12.5亿美元高价并购IBM的PC部门，便有3家PE基金向联想注资3.5亿美元。此前海尔宣布以12.8亿美元，竞购美国老牌家电业者美泰克（Maytag），以海尔为首的收购团队也包括两家PE基金。在中国，PE基金投资比较关注新兴私营企业，由于后者的成长速度很快，而且股权干净，无历史遗留问题，但一般缺乏银行资金支持，从而成为PE基金垂青的目标。同时，有些PE基金也参与国企改革，对改善国企的公司治理结构、引入国外先进的经营管理理念、提升国企国际化进程作出了很大的贡献。目前在国内活跃的PE投资机构，绝大部分是国外的PE基金，国内相关的机构仍非常少，只有中金直接投资部演变而来的鼎晖（CDH）和联想旗下的弘毅投资等少数几家。这一方面由于PE概念进入中国比较晚，另一方面PE投资一般需要雄厚的资金实力，相对于国外PE动辄一个项目投资几亿美金，国内大多数企业或个人只能自愧不如，鲜有能力涉足这个行业。

近几年来，一方面，全球资本流动性过剩，私募股权投资基金规模剧增;另一方面，中国经济持续高速发展，尤其是在2006年随着中国资本市场股改接近完成，涌现出一大批优质企业，为境外设立的私募股权投资基金提供了更好的投资环境和更多可投资的选择对象。据清科研究中心统计，2010年中国PE市场募资活跃度显著回升，共有82只可投资于中国大陆市场的私募股权投资基金成功募集到位276.21亿美元，基金数量与募集规模分别为2010年水平的2.73倍与2.13倍。各机构投资活跃度显著回升，共计完成投资交易363起，投资总额103.81亿美元，分别为2009年水平的3.1倍和1.2倍。完成募集的基金数量与投资交易数量均创下历史新高。据私募股权研究机构投中集团发布的《2010年中国创业投资及私募股权投资市场统计分析报告》显示，2010年共有220家具有VC/PE投资背景的中国企业在全球资本市场实现了IPO，创历史新高;深圳创业板仍是IPO退出回报率最高的交易市场，达到12.13倍。此外，深圳中小板及上交所分别为9.38倍和7.03倍，境内市场平均投资回报率为10.40倍。境外资本方面，中国企业在纽交所的平均投资回报率最高，达5.71倍；此外纳斯达克为2.81倍，港交所最低，仅为1.64倍，境外市场平均账面回报率为3.50倍。从各行业的平均投资回报率分析，IT行业是让私募股权投资机构获得回报最高的行业，平均账面回报率达14.62倍。其次分别是金融行业、化学工业、互联网、医疗健康等行业。

目前中国私募股权投资基金运作的法律形式主要有两大类:一类是在境外以有限合

伙制组建并筹集资金，然后以外商直接投资的形式投资国内企业;还有一类是地方政府扶持的创业投资。除此之外，中国在直接投资领域还有一个独特的概念——产业投资基金。产业投资基金投资的范围除了创业投资，还包括企业的并购重组、基础设施投资，以及房地产投资等各种领域。相应地，我国此前的研究文献和立法研究也曾经将产业投资基金划分为创业投资基金、基础设施投资基金、企业重组投资基金三大类型。这一划分显然深深烙上了中国特色的印痕。

总体而言，在我国，外资一直在这一产业扮演着主导者的角色，我国本土私募股权投资基金势力弱小，民营私募股权投资基金发展尚处在萌芽状态。中国本土私募股权投资基金与外资相比，活跃程度要差得多。虽然在资金方面，目前外资私募股权投资基金与本土基金的差别已经在缩小，但由于外资股权私募基金在除资金以外其他服务上的明显优势，如优秀公司治理结构、先进管理经验、国际知名度的带来与否等，本土基金还无法与资历经验雄厚的外资基金直接抗衡。

三、我国私募股权投资基金今后的发展趋势

私募股权投资基金作为一种创新的金融投资工具，是工业化过程中我国中小企业融资的行之有效的渠道。在国际资本市场，私募股权基金已成为目前仅次于银行贷款和 IPO 的重要融资手段。私募股权基金不仅可以给投资者带来高收益率，而且对促进产业结构升级、促进多层次资本市场建设、完善公司治理结构、补充政府监管的不足、推动中小企业尤其是高新技术企业发展都有巨大的作用。因此，要从中国国情出发，从中国私募股权基金发展的历史和现实出发，借鉴国外发达国家的成功经验，采取一切措施，扫清中国私募股权基金发展道路上的障碍，促进其健康、快速发展。

（1）完善私募股权投资市场准入机制。改变目前我国私募股权投资市场仅针对一些有风险辨别能力和风险承受能力的专业机构和个人的状况，完善相关法律及政策，适当拓宽私募股权投资主体的范围，允许保险公司、社保基金、金融控股公司等参与私募股权投资，以拓宽我国私募股权投资的领域和资金的来源，同时健全相关的私募股权投资主体的审核和监督机制。

（2）建立和完善的私募股权投资组织模式。英美法系推崇有限合伙制作为私募股权组织模式，但我国关于有限合伙的理论研究和实践相对比较落后，相对而言信托机制更利于我国私募股权市场的发展。可以考虑采用以信托制为主兼采有限合伙制，加强信托机构的培养和引导，理顺私募股权投资市场运作的各个环节。政府也要重视对发展私募股权投资的关注，采取实际举措加快金融改革与创新，尽快明确私募股权投资的发展思路、监管原则和主管部门，从国家政策等层面出台私募股权投资政策，引导社会资金进入私募股权投资市场，解决私募股权投资资金入口不畅的问题。

（3）健全多层次、全方位私募股权投资资金流通市场。按照组织模式、交易条件、

交易规则和交易产品不同，以形成不同的资本市场层次，按照不同的资本市场层次制定灵活多样的私募股权投资资金退出机制。结合我国私募股权投资市场的实践，可以对私募股权市场建立专门的交易场所，与股票市场相区别，同时引进并购、管理层回购、转让股权等私募股权资金退出机制，完善私募股权交易体系，建立和实现私募股权投资市场的良性循环。

（4）完善关于私募股权投资法律、法规、政策、制度方面的建设。笔者建议修订和完善我国现行法律中关于私募股权投资的相关内容：界定私募股权投资的法律含义，使其与其他金融投资行为及非法集资等违法行为相区别；规范私募股权投资者资金进入、退出机制；制定私募股权投资者合法权益保护机制及行为规范机制；完善对私募市场专门机构的法律规制和建立审核机制；完善对私募股权市场的监督和管理机制等。使私募股权投资的法律内容更充分、更健全，使私募股权市场体系更明晰、更系统，具体操作程序更加规范化、更具可操作性。

（5）培养与国际接轨的高水平的私募股权投资领域专门人才，提高私募股权投资的科学管理水平。为确保投资者的合法权益和投资收益，必须采取多种手段提高私募股权投资市场的科学管理水平。国家可以制定行业标准，提高私募股权投资经营者准入门槛，限量发展管理机构，对从业人员进行考试准入制度，设立监管机构，努力使私募股权投资机构管理更具科学性、灵活性。

（资料来源：作者根据相关资料整理。）

第七章　外汇市场

外汇市场作为金融市场的重要组成部分，是国际经济正常运行不可或缺的前提条件。在开放经济环境下，从事货币兑换的外汇市场不仅在实现购买力的国际转移和国际结算中起到了重要作用，并且在国际资金融通中发挥着基础性作用。

本章将首先对外汇市场所涉及的基础知识作简单介绍；继而通过对外汇市场参与者和外汇市场交易层次的描述，使读者能够大致了解外汇市场的组织架构；接下来介绍几种外汇市场最常见的交易方式，内容涉及其交易惯例及定价方法；最后是对贯穿外汇市场始终、可以称为外汇市场血脉的汇率机制作一个综述。我们力求多加入一些实例和数据，以便初学者能够更加直观地了解到外汇市场的整体运作流程和机制。

第一节　外汇及外汇市场概述

一、外汇

外汇（Foreign Exchange）概念有动态和静态之分。外汇的动态概念，是指把一个国家的货币兑换成另外一个国家的货币，借以清偿国际间债权、债务关系的一种专门性的经营活动。它是国际间汇兑的简称。外汇的静态概念，是指以外国货币表示的可以用作国际清偿的支付手段和资产。我国 1997 年 1 月的《外汇管理条例》规定外汇的范围包括：

（1）外国货币，包括纸币、铸币。

（2）外币支付凭证，包括票据、银行存款凭证、公司债券、股票等。

（3）外币有价证券，包括政府债券、公司债券、股票等。

（4）特别提款权、欧洲货币单位。

（5）其他外汇资产。

人们通常所说的外汇，一般都是就其静态意义而言。

作为国际支付手段的外汇必须具备三性：可支付性、可获得性、可兑换性。凡是接受国际货币基金组织（IMF）协定第八条规定的国家的货币，在国际上被承认为可自由兑换货币。这些国家必须履行三条法规。

（1）对国际经常往来的付款和资金转移不得施加限制。

（2）不施行歧视性货币措施或多种货币汇率。

（3）在另一成员国要求下，随时有义务换回对方在经常往来中所结存的本国货币。

迄今为止，全世界已有 50 多个国家的货币可自由兑换。此外，凡是接受国际货币基金组织（IMF）协定第十四条规定的国家，其货币被视作有限度自由兑换货币，这些货币的共同特征表现为对国际经常往来的付款和资金转移施加各种限制。我国的人民币属于有限度自由兑换货币。

二、汇率

（一）定义

汇率（Exchange Rate）又称汇价、外汇牌价或外汇行市，即外汇买卖的价格。但是不同于一般商品的价格，它是两种货币之间的相对比价，也就是以别国货币表示的一国货币的价格。适用于各种不同的需要，汇率有多种分类方法，如表 7.1 所示。

表 7.1　汇率的分类标准

分 类 标 准	种　　类
按照不同的国际汇率制度	固定汇率、浮动汇率
按照汇兑方式	电汇汇率、信汇汇率、票汇汇率
按照外汇银行的营业时间	开盘汇率、收盘汇率
按照外汇买卖的交割期限	即期汇率、远期汇率
按照货币当局对汇率进行管理的角度	官方汇率、市场汇率
按照银行买卖外汇的角度	银行买入汇率、银行卖出汇率
按照制定汇率的不同方法	基准汇率、盘算汇率

（二）汇率的标价方法

在计算两种货币比价时，按照以哪一国货币作为标准，可以将汇率的标价方法分为直接标价法和间接标价法。

（1）直接标价法（Direct Quotation System）也称价格标价法（Price Quotation System），指以一定单位（1 个或 100、10 000 个单位）的外国货币作为标准，折成若干单位的本国货币来表示汇率，也就是以本国货币表示的单位外国货币的价格。汇率越高，就表示单位外币所能换取的本国货币越多，说明本国货币的币值越低。

（2）间接标价法（Indirect Quotation System）又称数量标价法（Quantity Quotation System），则是指以一定单位的本国货币为标准，折成若干单位的外国货币来表示汇率，即以外国货币来表示的单位本国货币的价格。汇率越高，说明本国货币的币值越高。

两种不同标价法下的汇率互为倒数，两者的乘积必为1。除美国和英国等少数国家使用间接标价法之外，全世界大部分国家都采用直接标价法。我国也采用直接标价法。

三、外汇市场

（一）外汇市场的含义

外汇市场（Foreign Exchange Market）是指各国中央银行、外汇银行、外汇经纪人和客户参与的，通过中介机构或电讯系统联结的，以各种货币为买卖对象的交易体系。它可以是有形的（欧洲大陆方式），即交易的各方参与者在固定的交易场所和规定的营业时间里进行外汇买卖，以巴黎、法兰克福外汇市场为代表；也可以是无形的（英美方式），即没有固定的开、收盘时间，由外汇经纪人与外汇银行利用电讯系统进行的交易，代表是伦敦和纽约外汇市场。典型的外汇市场是指无形市场。

外汇市场按交易参与者不同有广义和狭义之分。从广义上解释，开展外汇交易的地方都可以叫做外汇市场。狭义的外汇市场特指银行同业之间的外汇市场，包括外汇银行之间、外汇银行与中央银行之间以及各国中央银行之间的外汇交易。

（二）外汇市场的特点

目前，世界上大约有30多个主要的外汇市场。根据传统的地域划分，可分为亚洲、欧洲、北美洲等三大部分，伦敦是世界最大的外汇交易中心、东京是亚洲地区最大的外汇交易中心、纽约是北美洲最活跃的外汇市场。每个市场都有其固定和特有的特点，但所有市场都有共性。各个时空相隔的市场敏感地相互影响又各自独立。这些外汇市场以其所在的城市为中心，辐射周边的其他国家和地区。主要有以下几个典型的特征。

1．与宏观经济密切关联的市场

外汇市场的交易总量及本国货币相对于外国货币的价格（汇率）与一国的国民收入、就业量、物价指数和利率水平等按宏观经济变量之间存在相互作用机制，在开放经济环境中这种机制的影响力表现得尤其突出，对于开放型的小国经济来说更是如此。此外，外汇市场还受到国外宏观经济变量变动的影响。也就是说，外汇市场受到国内外宏观经济变量的相对水平的影响。

2．消除时空障碍的全球一体化市场

时区的差异使得各外汇市场在营业时间上相互衔接，它们之间通过先进的通信设备和计算机网络连成一体，市场的参与者可以在世界各地进行交易，外汇资金流动顺畅，市场间的汇率差异极小，形成了全球一体化运作、全天候运行的统一的国际外汇市场。从欧洲市场上午9时开始营业起，至欧洲时间下午14时，纽约外汇市场开始营业，以后是旧金山、东京、香港、新加坡、孟买、中东外汇市场陆续开业。每天东京、香港外汇市场即将收盘时，伦敦等欧洲外汇市场又重新开市了。如此周而复始，世界外汇市场形成了一个遍布全球各地的相互间有机联系的巨大网络，使国际外汇市场获得空前的拓展。表7.3所示为全球主要外汇市场开市时间与收市时间。

表7.3　全球主要外汇市场开市时间（GMT[①]）与收市时间（GMT）

地　区	大洋洲	亚　洲		欧　洲		北美洲	
城市	悉尼	东京	香港	法兰克福	巴黎	伦敦	纽约
开市时间（GMT）	23:00AM	0:00AM	1:00AM	8:00AM	8:00AM	9:00AM	12:00AM
收市时间（GMT）	7:00PM	8:00PM	9:00PM	16:00PM	16:00PM	17:00PM	20:00PM

3．交易价格波动剧烈的“零和游戏”市场

1973年布雷顿森林体系彻底瓦解，西方国家开始普遍实行浮动汇率制，外汇市场的交易价格——汇率波幅越来越大。国际外汇市场上外汇价格的每天波动幅度大致在0.8%～1.5%之间（即一至两分钱，用外汇市场的术语来说就是100～200点），波动幅度大时可达到5%以上（即700～1 000点）。例如1992年9月8日，1英镑兑换2.010 0美元；11月10日，1英镑兑换1.508 0美元。在短短的两个月里，英镑兑美元的汇价就下跌了5 000多点，贬值25%。

外汇市场上汇率经常性的大起大落说明：第一，外汇市场风险很大；第二，存在投资外汇市场获得巨额利润的可能性；从而吸引了越来越多的投资者加入这一市场。

由于汇率是两种货币之间的交换比率，汇率的变化也就是一种货币价值的减少与另一种货币价值的增加。例如在20多年前，1美元兑换360日元，目前，1美元兑换120日元，这说明日元币值上升，而美元币值下降，从总的价值量来说，并没有发生变化。所以说外汇交易是一种“零和游戏”，更确切地讲就是财富的转移。近年来，投入外汇市场的资金愈来愈多，汇价波幅日益扩大，促使财富转移的规模也愈来愈大，速度也愈来愈快。

4．政府干预的市场

基于外汇市场在宏观经济运行中的重要性，各国中央银行都广泛地对外汇市场进行干预，利用其所控制的资本来影响外汇市场的变动方向。并且伴随着全球外汇市场一体化进程的加速，一国外汇市场的变化往往波及全球，这样仅靠一国中央银行干预外汇市场的努力难免势单力薄，无法有效实现预期目标。因此，多国“联合干预”成为目前乃至将来中央银行干预外汇市场的重要特征。尽管这种干预在西方国家被称为“管理的”或者“肮脏的”浮动（这样的干预一直是交易员们获利的一个重要源泉），但又是不可或缺的。

[①] GMT：格林尼治时间。

（三）外汇市场的功能

1. 便于不同种货币的兑换，促使国际贸易的顺利实现

国际经济交往的结果需要债务人向债权人进行支付，国际支付过程涉及不同国家货币的兑换，这种购买力的国际支付是通过外汇市场实现的。外汇市场的存在，使得各种潜在的外汇售出者和外汇购买者的信息能够连通起来，使得购买力转移的交易得以顺利进行，从而促使各种国际商业往来和经济合作以及各国在政治、军事、文化、体育、科技等各个领域里的交流成为可能。

2. 提供国际资金融通，促进国际经济交易蓬勃发展

外汇市场在连通外汇买卖的同时也向国际经济交易者提供了资金融通的便利，从而使得国际借贷和国际投资活动能够顺利进行。不同货币之间可自由兑换，使得跨国界的投融资活动能够畅通无阻。以此为基础，外汇市场还使得人们能够在一个国家借款筹资，而向另外一个国家提供贷款或进行投资，从而使得各种形式的套利活动开展起来，各国的利率水平也因此出现趋同现象。但其前提条件是：资金的跨国界运动不受任何限制。但世界经济的现实并非如此。不过，自 20 世纪五六十年代起，几乎不受任何金融管制的离岸金融市场的形成和发展，促进了资金跨国界自由运动，也推动了国际经济交易规模的不断扩大和进出口商的资金正常周转。

3. 提供外汇资金避险和投机的场所

外汇市场汇率波动频繁，潜藏着巨大的风险。在涉及外汇的国际经济交往中，交易双方都面临外汇风险。但是人们对待风险的态度是不同的，由此产生外汇保值和投机两种不同的行为。外汇保值指交易者借助于风险管理工具的应用关闭外汇头寸，使得原有的外币资产或负债避免汇率变动的影响，从而达到保值的目的。而外汇投机则是指通过某项外汇交易，有意识地承担敞口风险，以期在日后的汇率变动中得到投机收益。两者的做法虽然正好相反，但是在外汇市场上都能找到可供操作的手段。因此，外汇市场的存在既为套期保值者提供了规避外汇风险的场所，又为投机者提供了承担风险、获取利润的机会。

第二节　外汇市场的组织

一、外汇市场的参与者

外汇市场的交易活动通常由四层不同的参与者所构成，这四个层次的参与者由低至高依次如下。

（一）货币的最后需求者与供给者

货币的最后需求者与供给者指进出口商、旅行者、留学生、投机者、移民者、投资者。这类市场参与者或是为了实施某项经济交易而买卖外汇，如经营进出口业务的国际贸易商、到外国投资的跨国公司、发行国际债券或筹借外币贷款的国内企业等；或是为了调整资产结构或利用国际金融市场的不均衡状况而进行外汇交易，如买卖外国证券的投资者，在不同国家货币市场上赚取利差、汇差收益的套利者和套期保值者，赚取汇率波动风险利润的外汇投机者等。由于这些人交易的金额通常不太大，因此又称为零散客户（Retail Consumers）。这些参与者很少直接进入外汇交易市场，通常是通过商业银行或外汇指定银行进行外汇买卖活动。

（二）银行和非银行金融机构

外汇银行又叫外汇指定银行，是指经过本国中央银行批准，可以经营外汇业务的商业银行或其他金融机构。可分为三种类型：专营或兼营外汇业务的本国商业银行；在本国的外国商业银行分行；其他经营外汇买卖业务的本国金融机构，如信托投资公司、财务公司等。外汇银行是外汇市场的主要角色，它是外汇供求的中介机构，也是主要的报价者。外汇银行不但对客户买卖外汇，而且还在同业银行之间进行大量的交易，一些大的外汇银行还是市场的创造者。外汇银行多数是一些大的商业银行，它们一般设有专门的外汇部门经营外汇业务。商业银行在市场上进行两方面的经营活动：一方面是代其客户进行外汇买卖，为客户提供全面的服务，从中获取一定的利润；另一方面是以自己的账户直接进行买卖，以调整其外汇头寸，保持外汇存贷的合理水平。

（三）投资银行、外汇经纪商

有些银行或公司专门从事和商业银行之间买卖外汇的业务，称为外汇投资银行或外汇经纪商（Broker）。外汇投资银行、经纪商主要的功能是作为商业银行之间外汇买卖的合作者，其与最后外汇需求者与供给者之间并没有直接的关系，商业银行主要通过外汇投资银行或经纪商来抛售补充其外汇头寸。在世界主要的外汇交易中心（如纽约、伦敦），外汇经纪商的数目并不多，投资银行的数目就更少，但彼此之间的竞争往往相当的激烈，所以每单位利润很小，但由于交易金额庞大，因此总利润还是相当可观的。由于外汇投资银行、经纪商在交易时其本身并不需要拥有任何的外汇，因此可免于汇率变化的风险。相反地，商业银行扮演的是外汇交易者（Dealer）的角色，必须拥有外汇，因此必须承担汇率变化的风险。

（四）中央银行

中央银行是外汇市场上另一个重要的参与者，因为各国的中央银行都持有相当数量的外汇余额作为国际储备的重要构成部分。但中央银行参与外汇市场的目的不是获利，而是通过制定和颁布一系列条例和法令来维持外汇市场的交易秩序；通过买进或抛出某种国际性货币的方式来对外汇市场进行干预，以便能把本国货币的汇率稳定在所希望的水平上或幅度内，从而实现本国货币金融政策的意图。因此，中央银行不但是外汇市场的参与者，而且是外汇市场的操纵者。

二、外汇市场交易的三个层次

根据国际外汇市场参与者交易关系的不同，可将国际外汇市场划分为如下三个层次。

（一）顾客市场，即客户与外汇银行之间的交易

顾客出于不同的动机，需要向外汇银行买卖外汇。银行在与顾客的外汇交易中，一方面从顾客手中买入外汇；另一方面又将外汇卖给顾客。实际上是充当了外汇最终供给者和最终使用者之间的中介，从外汇买卖差价中获取利润。

（二）同业市场，即金融机构之间的交易

从事外汇交易的银行在每个营业日与顾客进行交易，在大多数时刻，它买入和卖出某种外汇的量是不等的，从而产生了外汇头寸的多头（Long Position）和空头（Short Position），统称敞口头寸（Open Position）。多头表示该种外汇的买入数量大于卖出数量，空头表示该外汇的卖出数量大于买入数量。此时银行便承担了汇率变动带来的风险，为了避免外汇风险，就必须不断调整买价和卖价，通过银行同业交易来“轧平”外汇头寸，即将多头抛出，空头补进，使得所承诺的某种货币的出售数量与所承诺的某种货币的购入数量相平衡。此外，银行还出于投机、套利、套期保值等目的从事同业的外汇交易。银行同业间的外汇交易构成了绝大部分的外汇交易，占到外汇市场交易额的90%以上，从而决定着外汇汇率的走向。

在成熟的外汇市场上，外汇交易价格是通过造市商（Market Maker）创造的。造市商不同于简单的经纪人，他们同时充当买入者和卖出者，以这种创造买、卖价格并在此价格上交易的方式创造了市场。在外汇市场上充当造市商的是一些实力雄厚的大银行，据估计，全世界有约 200 家造市银行。在全球，所有外汇交易的 85%是在造市商之间运行的（国际清算银行，1990 年 2 月），缘于商业需要的外汇交易不到 15%。

（三）中央银行之间以及中央银行与商业银行之间的交易市场

中央银行参与外汇市场的目的是维持外汇市场的交易秩序，通过与外汇银行之间的交易对外汇市场进行干预，以便能把本国货币的汇率稳定在所希望的水平上或幅度内，从而实现本国货币金融政策的意图。中央银行对外汇市场干预的途径可以使用外汇储备、中央银行之间的调拨或官方借贷等。中央银行通过在外汇市场上买卖某种外币，通过改变该外币的市场供应量从而促其达到所期望的汇率水平。

第三节　外汇市场的交易方式

外汇市场上的交易按不同标准可以划分为不同的种类。若按合约交割期限或交易的形式特征来分，可以分为即期外汇交易和远期外汇交易；若按交易的目的或交易的性质来区分，有商业性外汇交易、套利交易、掉期交易、互换交易、套期保值交易、投机交易以及中央银行的外汇干预交易等；按照交易资金是否需要全额支付可以分为实盘交易和保证金交易。此外，随着国际金融业的竞争发展与金融工具的创新，外汇市场上还出现了许多新的交易方式，如外汇期货、期权交易。本章主要介绍即期、远期、掉期等传统外汇市场上常见的外汇交易。

一、即期外汇交易

（一）基本原理

1. 定义

即期外汇交易（Spot Exchange Transaction）又称现汇买卖，是指交易双方以当时的外汇市场汇率交换两种不同的货币，并在一到两个营业日后进行清算的外汇交易。即期交易的交割日的确定主要是考虑到全球外汇市场的24小时运作与时差的问题，用于外汇交易者通知将交易款项借记或贷记其国内银行账户或国外银行账户。资金交割时间有三种情况。

（1）成交当日交割，如1989年前的香港市场；

（2）成交次日交割，如东京、新加坡；

（3）成交后的第二个营业日交割，如欧美市场。即期交易是外汇市场上最常见、最普遍的买卖形式。

2. 交易惯例

即期交易的汇率是即期汇率，或称现汇汇率。通常采用美元为中心的报价方法，即以某个货币对美元的买进或卖出的形式进行报价。除了原“英联邦”国家的货币（如英镑、澳大利亚元和新西兰元等）采用间接报价法以外，其他交易货币均采用直接汇率，并同时报出买价和卖价。买价（Buying Rate or Bid Rate）是报价银行愿意以此价买入标的货币的汇价，卖价（Selling Rate or Offer Rate）是报价银行愿意以此价卖出标的货币的汇价，买价与卖价之间的价格差称为价差。在直接标价法下，银行报价中前一个数字是买价，后一个数字是卖价；在间接标价法下，银行报价中后一个数字是买价，前一个数字是卖价。

按照即期外汇交易市场的报价惯例，通常用五位数字来表示买卖价。

【例 7.1】　国际汇市 2006 年 3 月 2 日的汇价为

USD/EUR	0.848 2	0.848 4
	（买入价）	（卖出价）
USD/JPY	119.77	119.80
	（买入价）	（卖出价）

报价的最小单位（市场称为基本点）是标价货币的最小单位的 1%。如欧元的最小币值为 1 欧分（0.01 欧元），那么美元兑欧元价中 1 个基本点为 0.000 1 欧元。因此如果美元兑欧元从 0.848 2～0.848 4 上升到 0.858 2～0.858 4，市场称该汇率上升了 100 个基本点（简称 100 个点）。通常各银行的交易员在报价时只取最末两位数，因为前面几位数只有在外汇市场发生剧烈动荡时才会变化。一般情况下，频繁变动的只是最末两位数，如汇率为 119.77～119.80 时，他就报 77/80。

银行和客户间的零售交易大多按银行报出的汇价买卖外汇，少数交易为限价交易。所谓限价交易是指客户要求银行按指定汇价买卖一定数量的外汇。当市场汇价变化到符合客户要求时进行交易，否则银行不能进行交易。

3．即期外汇交易的应用

（1）柜台业务。① 货币兑换：客户与银行间。② 汇出汇入汇款：外币委托汇款。③ 出口收汇与进口付汇：这是汇款方式在国际贸易上的应用。

（2）银行间交易。通过专门交易机制进行，其交易程序为：自报家门—询价—报价—成交—证实，其中报价环节最重要。

（二）交叉汇率的计算

在国际市场上，各国一般都选择本国货币与美元之间的汇率作为基本汇率（Basic Rate），非美元货币之间的买卖必须通过美元汇率进行套算。通过套算得出的汇率叫做交叉汇率（Cross Rate）。交叉汇率的套算遵循以下几条规则。

（1）两种货币都是美元标价法，这两种货币交叉汇率可以通过基本汇率交叉相除而得。规则是：小数字除大数字得买入价；大数字除小数字得卖出价。

【例 7.2】　若目前外汇市场上的汇率是

USD/JPY	119.77	119.80
	（买入价）	（卖出价）
USD/CHF	1.487 6	1.492 6
	（买入价）	（卖出价）

这时单位瑞士法郎兑换日元的汇价为

CHF/JPY	80.242 5（119.77/1.492 6）	80.532 4（119.80/1.487 6）
	（买入价）	（卖出价）

（2）两种货币都是非美元标价法，这两种货币交叉汇率也可以通过基本汇率交叉相除而得。规则是：小数字除大数字得买入价；大数字除小数字得卖出价。

例：若目前外汇市场上的汇率是

GBP/USD	1.728 2	1.728 6
	（买入价）	（卖出价）
EUR/USD	1.178 7	1.179 0
	（买入价）	（卖出价）

这时单位英镑兑换澳元的汇率为

GBP/ EUR	1.465 8（1.728 2/1.179 0）	1.466 5（1.728 6/1.178 7）
	（买入价）	（卖出价）

（3）一种货币是美元标价法，另一货币是非美元标价法，在美元标价法和非美元标价法各占其一的情况下计算交叉汇率，是将两种货币基本汇率的买入价和卖出价同向相乘。规则是：小数字乘小数字得买入价，大数字乘大数字得卖出价。

【例7.4】 若目前外汇市场上的汇率是

GBP/USD	1.728 2	1.728 6
	（买入价）	（卖出价）
USD/JPY	119.77	119.80
	（买入价）	（卖出价）

这时单位英镑兑换日元的汇率为

GBP/ JPY	206.99（1.728 2×119.77）	207.09（1.728 6×119.80）
	（买入价）	（卖出价）

（三）即期外汇交易的方式

根据交割方式不同，可将即期外汇交易分为三种。

（1）电汇（Telegraphic Transfer，T/T）。即银行从客户收进本币资金后，通过加密押的电报或电传向国外的分行或代理行发出支付指令的汇款方式。

适用于电汇的汇率就是电汇汇率。银行办理电汇业务的整个过程最长不超过两个营业日，由于银行不能有效占用客户的资金，因此，与其他汇款方式相比，电汇汇率一般定得比较高（这里指银行卖出价）。

（2）票汇（Demand Draft，D/D）。票汇是在银行卖出外汇、收进本国货币时，开立一张由其国外分行或代理行付款的汇票给客户，由客户自行携带或自行寄至国外向付款行收款的汇款方式。票汇汇率（卖出价）低于电汇汇率，其差额相当于一个邮程的利息。

（3）信汇（Mail Transfer，M/T）。信汇是在银行售出外汇时，以航空信函通知国外分行或代理行付款的方式。由于邮程所需时日要比电汇的交割时间长，银行在此期间占用了客户的本币资金，因此信汇汇率要低于电汇汇率（卖出价）。

因外汇市场上的外汇买卖都是通过电讯联系来成交的，与此相适应，电汇汇率又成了即期外汇交易的基础汇率。

二、远期外汇交易

（一）基本原理

1．远期外汇交易的内涵

远期外汇交易是指预约购买与预约出卖外汇的业务，即买卖双方先签订合同，在合同中规定买卖外汇的币种、数额、汇率（远期汇率）和将来交割的时间，在约定的到期日由买卖双方按约定的汇率办理收付交割的外汇交易。在签订合同时，除交纳10%的保证金外，不发生任何资金的转移。远期外汇交易的期限一般有1个月、2个月、3个月、6个月或1年。

2．远期外汇交易的应用

（1）保值和避免外汇风险。在国际贸易中，从成交到结算这一期间对进出口商来讲都存在着一定的外汇风险，因汇率的波动，进出口商可能因计价货币的汇率变动而遭受损失。同样地，拥有外币的债权人和债务人可能在到期收回或偿还资金时因外汇汇率变动而遭受损失。为避免汇率风险，进出口商和外币资金借贷者就可以通过期汇买卖来防范风险，事先将外汇的成本或收益固定下来。

（2）银行利用远期交易调整头寸。客户为了规避外汇风险，与银行进行远期外汇交易实际上是将外汇风险转嫁给了银行。银行在与顾客进行远期外汇买卖时，同种货币同一交割期限的买卖金额很难平衡，一种货币的远期出现空头，另一种货币的远期可能出现多头，这使银行有可能蒙受汇率变动所造成的经济损失。为防止风险，银行常利用远期外汇交易将多头抛出，空头补进，轧平各种货币各种期限的头寸。

（3）投机。浮动汇率制下，汇率波动频繁剧烈，从而给外汇投机者进行外汇投机创造了有利的条件。所谓外汇投机是指根据对汇率变动的预期，有意持有某种外汇的多头或空头，以期从汇率变动中赚取利润的行为。其特点是：① 交易并非出于对外汇的实际需求，而是要通过对汇率变动的预期博取风险收益。② 投机者的交易动机不同于套期保值者，他们是通过有意识地承担外汇风险，以期从汇率变动中获利。期汇投机无实际交割，只需要交纳少量保证金，到期轧抵，计算盈亏，因此，不必持有巨额资金就可以进行交易。所以，期汇投机成交额巨大，但风险也很高。

根据投机者对未来汇率变动的预期，外汇投机有两种形式：① 先卖后买，即卖空（Sell Short）或称“空头”（Bear）。② 先买后卖（Buy Long），或称“多头”（Bull）。

（二）远期汇率的标价方法与计算

远期交易的汇率称为远期汇率（Forward Rate），其标价方法有两种：一种是直接标出远期汇率的实际价格；另一种是报出远期汇率的差价，即远期差价（Forward Margin），也称远期汇水。升水（Premium）是远期汇率高于即期汇率时的差额；贴水（Discount）是远期汇率低于即期汇率时的差额。

在不同的汇率标价方式下，即期汇率的计算方法不同。

直接标价法下，远期汇率=即期汇率+升水，或远期汇率=即期汇率-贴水。

间接标价法下，远期汇率=即期汇率-升水，或远期汇率=即期汇率+贴水。

远期汇率也有买入价和卖出价，所以远期汇率的升水数或贴水数，也都有大小两个数。直接标价法下，小数在前，大数在后，即为升水；大数在前，小数在后，即为贴水。间接标价法下，若是小数在后，大数在前，即为升水；小数在前，大数在后，则为贴水。

直接标价法的情况下，远期汇率如果升水，则把升水数的小数加入即期汇率的买入价，把升水数的大数加入即期汇率的卖出价。在间接标价法下，如果远期升水，则从即期汇率的卖出价减去升水数的大数，从即期汇率的买入价减去升水数的小数。

（三）远期外汇交易方式

（1）固定交割日的远期外汇交易：即交易双方事先约定在未来某个确定的日期办理货币收付的远期外汇交易。这是一种较常用的远期外汇交易方式，但是缺乏灵活性和机动性。

（2）选择交割日的远期外汇交易（择期交易）：就是客户可以在成交日的第三天起至约定期限内的任何一个工作日，按事先约定的远期汇率进行交割的外汇买卖业务。

择期交易在约定的时期内，客户可以自由选择交割的日期。应指出的是，银行必须考虑到外汇的交割可能在最不利的情况下进行，即在将来某段时间内的第一天或最后一天来计算。因此客户在做择期外汇买卖时，尽可能地缩短未来不确定时间，才能获得更有利的远期汇率。

三、掉期交易

掉期交易（Swap），即同时买进或卖出相同金额的某种外汇，但买与卖的交割期限不同的一种外汇交易。掉期业务实际由两笔外汇业务组成，两笔业务外汇买卖的金额相同，但所依据的汇率不同。运用掉期业务可以避免外汇汇率波动的风险。

掉期交易有以下三种形式：

（1）即期对远期（Spot Against Forward），即在买进或卖出一笔即期外汇的同时，卖出或买进同种货币同等金额的一笔远期外汇，两笔交易的交割日不一致。期汇交易的期限大都为 1 星期、1 个月、2 个月、3 个月、6 个月。这是最为常见的一种掉期交易。如瑞士某银行，因业务经营的需要，以瑞士法郎购买 1 亿欧元存放于法兰克福 3 个月。为防止 3 个月后欧元汇率下跌，备放于法兰克福的欧元不能换回原来数额的瑞士法郎，瑞士某银行利用掉期业务，在买进1亿欧元现汇的同时，卖出 3 个月欧元的期汇，从而转移此间欧元汇率下跌而承担的风险。

（2）明日对次日（Tomorrow-Next or Rollover），即在买进或卖出一笔现汇的同时，卖出或买进同种货币的另一笔即期交易，但两笔即期交易交割日不同，一笔是在成交后的第二个营业日（明日）交割，另一笔反向交易是在成交后第三个营业日（次日）交割。这种掉期交易主要用于银行同业的隔夜资金拆借。

（3）远期对远期（Forward to Forward），指同时买进并卖出两笔相同金额、同种货币、不同交割期限的远期外汇。这种掉期形式多为转口贸易中的中间商所使用。

第四节　汇率机制

一、汇率的决定

（一）国际金本位制度下汇率的决定

金本位制是以黄金作为本位货币的制度，它包括金铸币本位制、金块本位制和金汇兑本位制。金铸币本位制是典型的金本位制，而后两者是削弱了的、没有金币流通的金本位制。

在金本位制度下，各国规定了每一金铸币单位包括的黄金重量与成色，即含金量。两种货币的含金量对比叫铸币平价，它是决定两种货币汇率的基础。例如，在 1929 年大危机之前，世界各国普遍实行金本位制，英国规定每一英镑含纯金 7.322 4 克，美国规定每一美元含纯金 1.504 656 克，于是，英镑与美元的含金量对比为：7.322 4/1.504 656= 4.866 5，即铸币平价为 1 英镑=4.866 5 美元。可见，铸币平价是决定汇率的基础，但它不是外汇市场上买卖外汇时的实际汇率。在外汇市场上，由于受外汇供求因素的影响，汇率有时高于或低于铸币平价。

然而，汇率波动并非漫无边际，它是有一定界限的，这个界限就是黄金输送点。黄金输送点可分为黄金输出点和黄金输入点，分别为汇率上下波动的界限。之所以会形成黄金输送点，这是由于在金本位制度下，国际结算可以采用两种方法：一种是非现金结算；另一种是现金结算，这两种方法可供自由选择。一般来说，当市场上外汇汇率高于铸币平价+黄金运费时，进口商通常不购买外汇而采用现金结算（即输出黄金）；当市场汇率低于铸币平价减去黄金运费时，出口商同样不购买外汇而采用现金结算（即输入黄金）；反之，当市场汇率低于铸币平价加上黄金运费或市场汇率高于铸币平价减去黄金运费时，进、出口商通常采用非现金结算。由此可见，外汇汇率波动的界限为黄金输出点和黄金输入点（即黄金输送点）。

在金本位制度下，汇率的波动幅度是相当有限的，汇率比较稳定。

在金块、金汇兑本位制度下，黄金极少充当流通手段和支付手段的职能，其输出入受到极大限制，汇率的波动幅度已不再受制于黄金输送点，因为黄金输送点实际已不复存在，与金币本位制相比，金块、金汇兑本位制的汇率失去了稳定的条件。

（二）纸币流通下汇率的决定

金本位制崩溃以后，各国都实行了纸币流通制度。纸币流通分为两种情况：一是固定汇率制度下的纸币流通（即布雷顿森林货币体系下的纸币流通）；二是浮动汇率制度下的纸币流通（即牙买加货币体系下的纸币流通）。

（1）布雷顿森林货币体系下汇率的决定基础。在布雷顿森林货币体系下，各国政府普遍参照过去流通中金属货币的含金量，规定了单位纸币的含金量。实行双挂钩（即美元与黄金挂钩，各国货币与美元挂钩）固定汇率制，各国货币与美元挂钩即为货币平价或美元平价，决定汇率的基础是两国的货币平价或美元平价之比。但该体系规定汇率波动的界限为上下1%（1971年12月以后改为上下2.25%），各国有义务干预并维持。因此，它是一种可调整的固定汇率制。

在此种可调整的固定汇率制度下，如果汇率波动超过规定界限，各国货币当局又无力干预维持，则一国政府就要采取货币法定升值或法定贬值的措施。

（2）牙买加货币体系下汇率的决定基础。布雷顿森林货币体系瓦解后，各国普遍实行了浮动汇率制，各国货币间的汇率已不再以其含金量之比来确定，而是以该纸币所代表的实际价值来决定。汇率的波动由外汇供求关系决定。

纸币的实际价值是通过其购买力表现出来的。比较两国的购买力就可决定两国货币的比价，一国货币具有对内和对外两种价值，对内价值是通过对国内市场商品的购买力表现出来的；对外价值是一国货币所代表的商品的国际价值。货币的对内价值虽然是决定对外价值的基本因素，但并不完全表现为对外价值。因为各国的经济结构不一，劳动生产率不一，生产同一个单位商品的劳动消耗不一。在这种条件下，不能简单地比较两国的纸币购买力来决定两国货币的汇率。但是，在国际市场上，相同质量的同一种商品只能有一个价格。这是因为各国同一种商品的国际价值量决定于世界平均劳动时间，即在世界平均生产条件下，制造该商品所需的社会必要劳动时间。商品的国际价格是国际价值的货币表现。从一个较长时间看，在供求平衡的条件下，商品的国际价格和它的国际价值是相符的。因此，决定两国货币汇率的基础是两国纸币所代表的国际价值之比，汇率的波动主要取决于外汇供求关系的变化，但是影响外汇供求关系变化的因素是复杂多样的。

二、汇率制度选择

汇率制度（Exchange Rate Regime 或 Exchange Rate System）是指各国对于确定、维持、调整与管理汇率的原则方式、方法和组织机构所作的系统安排和规定。它是国际货币制度的重要组成部分。从汇率的发展过程来看，汇率经历了从有明显的固定比值，到比值不固定、在市场机制作用下随供求关系的变化而变化的演变过程。因此，按照这个发展的历史，可以划出两类不同的汇率制度，即固定汇率制（Fixed Exchange Rate System）和浮动汇率制（Floating Exchange Rate System）。

（一）固定汇率和浮动汇率

固定汇率是指货币的汇率基本固定，波动幅度被限制在较小范围之内的汇率。在国际金本位制下，以及在二战后的布雷顿森林货币体系下的汇率就是固定汇率制度。纸币流通条件下的固定汇率制，严格来说只能称为可调整地钉住汇率制（Adjustable Pegging System）。

浮动汇率是指各国货币之间的汇率波动不受限制，而根据外汇市场供求状况自行浮动和调整的汇率。浮动汇率按照政府是否干预来区分，可分为自由浮动(Free Floating)和管理浮动（Managed Floating）。全球金融体系自 1973 年 3 月以后，以美元为中心的固定汇率制度就不复存在，而被浮动汇率制度所代替。实行浮动汇率制度的国家大都是世界主要工业国，如美国、英国、德国、日本等，其所实行的都是管理浮动。

固定汇率制度的优点有：（1）维持一个国家和地区宏观经济稳定。（2）减少汇率波动风险，给企业和外国投资者创造良好的经营环境。而固定汇率的缺点有：（1）汇率风险全部由政府承担，企业和外国投资者在决策中不会考虑货币风险，产生所谓“道德风险”。（2）国内资金配置严重失衡，导致发展中国家金融危机频繁发生。（3）容易在国际范围内传播通货膨胀。（4）政府为维系汇率的稳定必须做出巨大的努力。

浮动汇率制度的优点有：（1）可以防止国际金融市场上大量游资对硬货币的冲击。（2）可以防止某些国家的外汇储备和黄金流失。（3）有利于各国实施独立的货币、经济政策。而浮动汇率制度的缺点可以概括为：（1）不利于国际贸易中长期合约的签订。（2）助长了国际金融市场上投机活动，使国际金融局势更加动荡。（3）可能导致竞争性货币贬值。

（二）汇率制度的选择

汇率制度是一国金融制度，特别是货币政策框架的重要组成部分，一个国家采用固定汇率制还是浮动汇率制，主要取决于五个因素：国家的规模、经济的开放度、国际金融自由化的程度、通货膨胀率的高低和贸易格局。然而在现实中，尤其在全球化趋势不断加快和国际经济合作越来越密切的条件下，汇率制度的选择取决于更多的因素，在保证经济平稳健康运行的同时，也要重视金融全球化浪潮下如何安排汇率制度，才能更好地应对日益增长的国际资本流动性与世界资本市场的不稳定性。国际货币汇率制度的近期发展趋势，是由固定汇率安排走向浮动汇率安排，但这个过渡时期会相当长。

究竟何种汇率制度才是最好的，一直没有定论。但可以肯定的是，没有哪种汇率制度适合所有的国家或是在任何时期适合同一个国家。汇率制度的选择应该首先取决于一国所面临的特定环境，与一国的经济实力、金融规模、金融管理水平和对外开放程度相契合，才能事半功倍。

发展中国家如果在经济发展水平和金融市场条件都不具备的情况下，便匆忙一步到位地实行浮动汇率制度，会酿成严重的金融危机。阿根廷便是一个例证。阿根廷在长达40年的时间中，在各种压力下，曾多次改变汇率制度，尝试过固定汇率、目标管理、浮动汇率、平行汇率等多种安排。1967年3月阿根廷开始实行自由浮动汇率制度，1970年实行浮动汇率之下的两种汇率模式，但由于经济基础不牢固，金融准备不足，改革非但未能取得成效，反使得阿根廷外汇供不应求，货币不断贬值，经济环境恶化，终于在2001年酿成严重的金融危机，严重损害了经济发展。

（三）各国汇率制度的情况

据国际货币基金组织的统计，1982年，在该组织147个成员中，实行钉住汇率制度（即本币与某一种或几种国际货币保持固定汇率）的成员有94个，占64%；实行浮动汇率制度的成员有53个，占36%。到1997年9月底，国际货币基金组织181个成员的汇率制度安排状况是：实行钉住汇率制度的国家和地区共66个（钉住单一货币的47个、钉住一篮子货币的19个），占成员的36%。其中，钉住美元的21个、钉住法国法郎的15个、钉住其他货币的11个、钉住特别提款权的2个、钉住自选货币的17个。而实行浮动汇率制度的国家和地区共115个，占基金组织成员的64%。其中，实行有限浮动的4个、联合浮动的12个、有管理浮动的48个、单独浮动的51个。

20世纪90年代后期与80年代初期相比较，实行固定汇率制的国家和地区由64%下降到36%，而实行浮动汇率制的国家和地区则由36%增加到64%。

由此也可以看出，自1976年国际货币基金组织建立以浮动汇率、国际储备资产和结算货币多样化为主要内容的牙买加货币体系后，国际货币汇率制度安排呈现出由固定汇率制向浮动汇率制转变的特点，浮动制成为当今国际货币制度发展的主流。

三、影响汇率变动的主要因素

影响汇率变动的因素很多，既有经济因素，又有政治因素和心理因素，而各种因素是相互联系、相互制约的，并且在不同国家、不同时期和不同汇率制度下的每种因素所起的效用是不同的。下面主要阐述在浮动汇率制度下影响汇率变动的主要因素。

（一）国际收支平衡状况

国际收支包括经常性收支和资本流动收支等，它是影响汇率变动最直接的一个因素。具体表现为：当一国国际收支发生顺差时，该国外汇收入大于支出，外币汇率会下跌，本币汇率上升；反之，当一国国际收支发生逆差时，该国外汇支出大于收入，外汇汇率就会上升，本币汇率下跌。在国际收支这一影响因素中，经常性收支尤其是贸易收支对汇率的变化起着重要的作用。例如，改革开放以来，我国在1994年以前，国际收支长期逆差，特别是贸易收支逆差致使人民币汇率非下调不可，1994年1月1日人民币汇率并轨，一夜之间人民币对美元下跌幅度达33.33%，这是人民币回到它本身应有的价值轨道。

（二）货币供给量与通货膨胀

一国的货币供给量增加过快会导致该货币的国内购买力降低。汇率与货币对内价值的关系极其密切，一国货币的对内价值发生变化必然影响对外价值变化。通货膨胀引起国内物价上涨，进而影响国际收支，促使汇率下跌。一般来说，一国货币对内贬值转移到货币对外贬值要有一个过程。从长期看，汇率终将根据货币实际购买力而自行调整到合理的水平。

（三）利率

一国利率水平的高低是反映借贷资本供求状况的主要标志，它直接关系到各种金融资产的价格、成本和利润的高低。利率若发生变化，短期资本反应最为敏感。一般来说，在资本安全性与流动性不变时，一国的利率水平相对高于他国时，该国的金融资产增值，会吸引外国资本流入该国，从而造成该国货币汇率趋于上浮。反之，则会出现外汇市场上该国货币汇率趋于下浮。例如，20世纪80年代的美国实行高利率政策（如1981年5月5日联邦储备银行将再贴现率从13%提至20.5%），使得西欧各国和日本的资本纷纷流入美国，致使美元汇率在1981年夏季至1985年春季这一段相当长时间里一直十分坚挺。这里所说的引起资本内流或外流的利率是指实际利率（即扣除通货膨胀影响后的利率）。

（四）货币行政当局对汇率的干预

各国货币行政当局为了使汇率变动有利于本国经济发展，在外汇市场上大量买进或卖出外汇，调整汇率变动方向，以便汇率水平同国际贸易、国际资本流动、国内外通货膨胀率和国内外经济状况相适应。这种干预效应有三种情况：一是在汇率变动剧烈时使它趋于缓和；二是使汇率稳定在某个水平；三是使汇率上浮或下浮到某个水平。

（五）经济增长

经济增长状况对汇率的影响是比较复杂的。从一个较长的时期来看，一个国家经济持续稳定地增长，将会增强该国的经济实力，使国际收支处于良好状态，本国货币汇率会趋升。但从较短时期来看经济增长速度加快，国内市场需求旺盛，物价上涨会增加对进口商品的需求，如果政府未能有效调控，贸易收支会出现逆差，外汇汇率会上涨。而一国国民经济发展低速、不稳定，甚至出现负增长，则该国货币必然对外贬值。

（六）宏观经济政策

各国宏观经济政策的主要目标在于增加就业、稳定物价、促进经济增长和改善国际收支。一国政府实施货币政策（如利率政策及货币供应量、再贴现政策、公开市场操作）和财政政策对经济增长率、通货膨胀率、利率和进出口及资本流动等会产生直接或间接的影响，这样势必影响外汇供求，进而导致汇率变动，尤其是利率政策的实施。紧缩的财政政策和货币政策往往会使该国货币汇率上升，而扩张性的财政政策和货币政策则可能使该国货币汇率下降。

（七）市场预期心理

影响人们预期心理的主要因素有信息、新闻和传闻。在浮动汇率制下，汇率频繁而大幅度波动，人们常根据各种经济或非经济的因素或信息、新闻及传闻预测汇率波动的方向、趋势和幅度，并根据预测情况选择购买或抛售外汇。预期心理对汇率的影响很大，有时远远大于其他因素对于汇率的影响。预期心理的因素具有十分易变、捉摸不定的特点。

（八）投机活动

自 20 世纪 90 年代以来，逐渐形成了数额高达数万亿美元的国际游资。其持有者随时都在窥视世界各国内经济金融动态，伺机而动，动辄让巨额资金在短期内大量进出某些汇市，以求暴利，同时造成有关国家货币汇率的强烈波动。1992—1993 年欧洲货币体系危机，1997 年 7 月爆发的东南亚金融危机，都有国际游资作祟的因素。

四、汇率变动对经济的影响

汇率作为调节经济的一个重要杠杆，在其他宏观经济因素影响经济的同时，其变动对一国经济，尤其是涉外经济领域也会产生广泛而复杂的影响。汇率的变动有升值和贬值两个方面，其作用也正好相反。以下均以货币贬值为例，论述汇率变动对经济的影响。

（一）对国际收支的影响

1．对国际贸易的影响

一国货币对外贬值，首先使进出口商品的相对价格发生变化。当出口值增加、进口值减少时，则货币贬值能改善贸易收支。在现实经济生活中，一国货币对外贬值、对贸易收支的改善，往往要受到一些经济因素的影响：例如，进出口商品的需求弹性，应满足“马歇尔—勒纳条件”；国内总供给的数量和结构富有弹性；国内闲置资源（如资金、土地、劳动力和科学技术）能随时用于出口品和进口替代品生产资源；该国货币对外贬值幅度应大于对内贬值的幅度。此外，还应考虑主要的贸易伙伴国的贸易条件是否发生变化，主要出口商品的非价格竞争力强弱等。

2．对国际劳务收支和转移收支的影响

一国货币对外贬值，在国内物价水平基本不变的条件下，由于外汇购买力的增强，致使外国旅游者乐于购买本国的商品和劳务，一般将有助于减少支出，增加旅游等劳务收入和侨汇等转移收入。

3．对资本国际流动的影响

（1）一国货币对外贬值，本国金融资产价值下降，本国和外国资本都会外逃，形成资本外流。

（2）一国货币对外贬值，来自国外的直接投资、合资、独资等形式的实物投资则与金融资产投资不同，因为，它们以外币形式投资时则可以折算为更多的投资国货币，这就有利于外国资本流入。但当它们要把所得的利润折成外币汇出时，则只能用贬值后的汇率折算。若一国货币对外贬值是由于该国政局或深刻的经济原因，则外国投资者出于其对安全的考虑，则不愿前来投资。

（3）一国货币对外贬值，即外汇汇率上升，致使借用外债的成本上升，还本付息的负担加重，资本的借入者踌躇不前。如果贬值国的负担过重，甚至形成了债务危机，则便会减少国际资本向这些国家流动。

4．对国际储备的影响

一国货币对外贬值，可从两方面影响该国的国际储备。一方面，当国际储备货币升值或贬值，直接增加或减少一国国际储备的价值；另一方面，可通过汇率变动对进出口贸易、资本流动等间接地增减国际储备量。

（二）对国内物价水平的影响

一般来说，一国货币对外贬值，政府奖出限入，出口有利可图，国内商品集中于出口，在国内商品供给弹性不大的条件下，国内市场的商品价格趋于上涨；同时，由于出口的增加，贸易逆差减少以致顺差增加，政府在外汇市场的结汇方面，势必增加该国的货币投放量，在其他因素不变的情况下，可能推动价格上涨。一国货币对外贬值，进口相对不利，进口会减少，促使进口商品的价格上涨，这不仅使依赖进口原材料的加工商品（如来料加工、来件装配等）的价格直接上涨，而且还会带动国内同类商品价格上涨，甚至可能导致整体物价水平上涨。

（三）对国民收入再分配和民族工业的影响

根据西方国际贸易理论，一国货币对外贬值会使国际贸易商品的制造商和销售商以及国际市场输出劳务的单位获益，而使依靠生产和出售非贸易商品而赚取收入的阶层的利益受到损害，即使贬值后贸易条件没有发生变化也是如此，从生产要素的角度分析，货币贬值使某些企业的生产规模扩大，因而使这些企业有关的生产要素的所有者获利，而其他行业的生产要素所有者则相应地有所损失。例如，贬值使一国的出口生产扩大，若该国的出口部门都是资本和技术密集型的，则资本和技术的所有者将大获其利；若出口部门都是劳动密集型的，则劳动力所有者会受益。

货币对外贬值可以保护本国民族工业，由于贬值后进口商品的要素价格上涨，削弱了进口商品的竞争力，因而为本国进口替代品的生存和发展提供了条件。但是，与此同时，也保护了那些高成本低效益生产出口商品和进口替代品的落后企业。

总之，汇率变动对一国的经济影响错综复杂，它往往与其他宏观经济变量结合在一起共同产生作用。因此，在分析研究货币贬值的效果时，一定要紧密结合当时的基本经济情况，既包括内部经济状况，又包括外部经济状况。

本章小结

1．外汇（Foreign Exchange）的概念有动态和静态之分。外汇的动态概念，是指把一个国家的货币兑换成另外一个国家的货币，借以清偿国际间债权、债务关系的一种专门性的经营活动。它是国际间汇兑的简称。外汇的静态概念，是指以外国货币表示的可以用作国际清偿的支付手段和资产。汇率（Exchange Rate）又称汇价、外汇牌价或外汇行市，即外汇买卖的价格。但是不同于一般商品的价格，它是两种货币之间的相对比价，也就是以别国货币表示的一国货币的价格。

2．外汇市场（Foreign Exchange Market）是指各国中央银行、外汇银行、外汇经纪人和客户参与的，通过中介机构或电讯系统联结的，以各种货币为买卖对象的交易体系。它可以是有形的（欧洲大陆方式），也可以是无形的（英美方式），典型的外汇市场是指无形市场。

3．目前，世界上大约有 30 多个主要的外汇市场。外汇市场的特征有：与宏观经济密切关联的市场；消除时空障碍的全球一体化市场；交易价格波动剧烈的“零和游戏”市场；政府干预的市场。

4．外汇市场的功能：便于不同种货币的兑换，促使国际贸易的顺利实现；提供国际资金融通，促进国际经济交易蓬勃发展；提供外汇资金避险和投机的场所。

5．外汇市场的交易活动通常由四层不同的参与者所构成，这四个层次的参与者由低至高依次为：货币的最后需求者与供给者；银行和非银行金融机构；投资银行、外汇经纪商、中央银行。根据国际外汇市场参与者交易关系的不同，可将国际外汇市场划分为如下三个层次：顾客市场，即客户与外汇银行之间的交易；同业市场，即金融机构之间的交易；中央银行之间以及中央银行与商业银行之间的交易市场。

6．外汇市场上的交易按不同标准可以划分为不同的种类，传统的外汇市场交易有即期外汇交易、远期外汇交易和掉期外汇交易。

7．金本位制是以黄金作为本位货币的制度，它包括金铸币本位制、金块本位制和金汇兑本位制。金本位制崩溃以后，各国都实行了纸币流通制度。纸币流通分为两种情况：固定汇率制度下的纸币流通（即布雷顿森林货币体系下的纸币流通）；浮动汇率制度下的纸币流通（即牙买加货币体系下的纸币流通）。不同的货币体系下汇率决定的基础也不同。

8．汇率制度（Exchange Rate Regime 或 Exchange Rate System）是指各国对于确定、维持、调整与管理汇率的原则方式、方法和组织机构所作的系统安排和规定。从汇率的发展历史来看，可以划出两类不同的汇率制度，即固定汇率制（Fixed Exchange Rate System）和浮动汇率制（Floating Exchange Rate System）。两种汇率制度各有千秋，很难简单地判定孰优孰劣。对汇率制度的选择应该首先取决于一国所面临的特定环境，与一国的经济实力、金融规模、金融管理水平和对外开放程度相契合。

9．国际货币基金组织的统计，20 世纪 90 年代后期与 80 年代初期相比较，实行固定汇率制的国家和地区由 64%下降到 36%，而实行浮动汇率制的国家和地区则由 36%增加到 64%。由此也可以看出国际货币汇率制度安排呈现出由固定汇率制向浮动汇率制转变的特点。

10．影响汇率变动的主要因素：国际收支平衡状况；货币供给量与通货膨胀；利率；货币行政当局对汇率的干预；经济增长；宏观经济政策；市场预期心理；投机活动。汇率变动对经济的影响主要有：对国际收支的影响；对国内物价水平的影响；对国民收入再分配和民族工业的影响。

本章重要概念

外汇　汇率　即期汇率　远期汇率　直接标价法

间接标价法　远期交易　远期差价　远期汇水　升水

贴水　掉期交易　固定汇率　浮动汇率

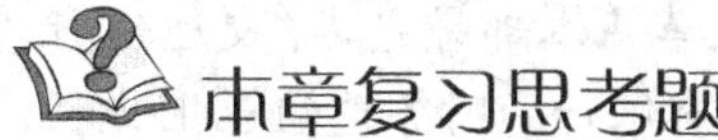

本章复习思考题

1．外汇和汇率如何定义？

2．简述直接标价法和间接标价法的区别和联系。

3．何谓外汇市场？

4．外汇市场及其参与者各起什么作用？

5．简述外汇市场的构成。

6．简述即期外汇交易和远期外汇交易的交易惯例。

7．说明如何运用远期外汇交易实现套期保值和投机的目的。

8．固定汇率和浮动汇率的优势和劣势是什么？

9．影响汇率变动的主要因素有哪些？

10．汇率变动对经济的影响主要有哪些？

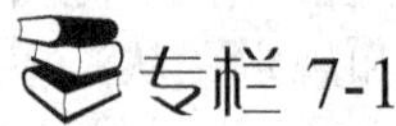

专栏 7-1

人民币汇率形成机制改革

人民币汇率是人民币的对外价格，它关系到中国国际收支的平衡和宏观经济的稳定增长，是重要的政策和经济变量。因此，了解近年来我国人民币汇率形成机制改革的背景、经验和未来发展方向是十分必要的。

一、2005年启动人民币汇率形成机制改革的背景

1993年，党的十四届三中全会指明了“建立以市场供求为基础的有管理的浮动汇率制度”的汇改方向。1994年1月，我国摒弃了官方汇率和市场汇率并存的双重汇率制度，开始实行以市场供求为基础的、单一的、有管理的浮动汇率制度。人民币汇率逐步回归较为合理的水平，提高了出口企业的竞争力，为我国对外贸易差额由逆转顺创造了有利条件。

1997年亚洲金融危机的时候，为避免各国货币竞相贬值，人民币对美元汇率基本稳定在8.3元/美元的水平；2001年，亚洲金融危机影响有所减轻，但国内出现了通货紧缩等不利因素，人民币对美元汇率继续保持稳定。在此期间，我国吸取亚洲国家的经验教训，加强了金融改革力度和基础设施建设，国内恢复汇率浮动的研究和准备工作也一直在进行。考虑到我国金融机构还未完成改革，应对汇率变化和为企业提供相关服务的能力还较弱，汇率改革需要与金融改革统筹考虑，首先推进大型国有商业银行改革的进行。

至2005年7月，作为汇改基础条件的大型金融机构改革基本部署完毕，交通银行、建设银行和中国银行完成财务重组并转变为上市公司，工商银行的财务重组已上日程，开发银行和农业银行的改革进入准备和论证阶段。加入世贸组织后我国出口企业竞争力大大增强，贸易顺差持续扩大，我国企业和金融机构对人民币汇率改革具备了相当的承受力。这些迹象表明，汇改条件相对成熟，人民币汇率形成机制改革果断推出。

2005 年 7 月 21 日，我国开始实行以市场供求为基础、参考一篮子货币进行调节、有管理的浮动汇率制度。实践证明，人民币汇改的时机是成熟的。

二、人民币汇率形成机制改革取得突破，市场供求在汇率形成中的作用进一步增强

自 2005 年 7 月 21 日起，我国开始实施以市场供求为基础、参考一篮子货币进行调节、有管理的浮动汇率制度，人民币汇率改革迈出历史性的一步。2008 年 7 月底，为了应对不断深化的国际金融危机，我国收窄了人民币汇率波动幅度，没有参与国际上的竞争性货币贬值，为稳定外需、抵御国际金融危机的冲击，为亚洲和全球经济的复苏作出了巨大贡献。2005 年汇改以来至 2010 年 11 月末，人民币对美元汇率累计升值 23.97%，对欧元汇率累计升值 14.00%，根据国际清算银行数据测算，人民币名义有效汇率累计升值 13.58%，实际有效汇率累计升值 21.20%。人民币汇率弹性不断增强，人民币汇率双向波动，弹性逐步增强，汇率形成的市场基础逐步扩大，市场供求在汇率形成中的作用不断增强。在推进结构调整、引导资源向内需部门配置方面发挥了积极作用。

人民币汇率形成机制改革的成绩主要体现在以下几个方面。

一是促使企业加大产品升级换代和创新力度，提升了核心竞争力，推动了出口结构优化和外贸发展方式转变。2006—2008 年，我国出口产品结构进一步优化，机电产品和高新技术产品出口比重持续上升，“两高一资”产品出口受到一定抑制；企业主动适应汇率浮动的意识和能力增强，大量出口企业通过提高售价转嫁汇率升值损失，实施积极财务管理。对外贸易在质量提高的基础上取得进一步发展。

二是扩大了进口支持内需，降低了进口成本，缓解了通胀压力。2005 年 6 月至 2008 年 6 月，我国累计进口 27 290 亿美元，期间由于人民币对美元的升值，相当于节约进口成本 16 497 亿元人民币。同时大量的技术、装备进口迅速提高了我国的国力和生产效率。此外，通过降低进口产品的人民币价格，特别是减少国际原材料价格上涨对我国物价的影响，直接缓解我国物价上涨。

三是推动了资源配置优化，促进了经济结构改善和更加平衡的发展。在包括汇率政策在内的宏观政策共同作用下，三大产业关系更趋合理，服务业比重增加，2008 年第三产业对 GDP 增长的贡献率为 42.9%，较 2005 年上升 2.6 个百分点。2008 年中西部地区 GDP 占全国比重为 37.1%，较 2005 年上升 1.3 个百分点。我国资源大量向出口部门分配的倾向得到改善，更多资源向内需部门分配，内需对经济增长的贡献率上升，2008 年内需对经济增长的贡献率为 90.8%，较 2005 年上升 14.9 个百分点。

四是 2005 年人民币汇率形成机制改革可能出现的不利影响得到了有效控制。企业承受力继续增强。由于坚持了主动性、可控性和渐进性的“三性”原则，即使在人民币汇率升值、出口退税率降低、劳动力成本上升等众多不利因素下，我国进出口企业的各项指标仍稳中趋升。出口未受到实质影响。2006—2008 年，我国出口年均增长

23.4%，进口年均增长19.7%，是外贸发展的黄金时期。汇率浮动促使出口从简单加工转向深加工和精加工，拉长了生产链条，细化了分工，增加了就业岗位，就业保持良性上升态势。

三、人民币汇率形成机制改革的未来取向

全球性金融海啸之后，全球经济逐步复苏，我国经济回升向好的基础进一步巩固，经济运行已趋于平稳，有必要进一步推进人民币汇率形成机制改革，增强人民币汇率弹性。在这样的背景下，2010年6月19日，中国人民银行宣布在2005年汇改的基础上进一步推进人民币汇率形成机制改革，其核心是坚持以市场供求为基础，参考一篮子货币进行调节，继续按照已公布的外汇市场汇率浮动区间，对人民币汇率浮动进行动态管理和调节。主要包括三个方面的内容。

（1）以市场供求为基础的汇率浮动，发挥汇率的价格信号作用。以市场供求为基础就是要以国际收支大体平衡为基础。要科学地对汇率浮动进行“管理”，就必须对外汇市场供求状况进行前瞻性预判。虽然外汇市场供求与整体国际收支状况相关，并不完全取决于经常项目，但总的来说经常项目状况是国家实体经济的综合反映。经常项目收支又是国际收支的主体，2007年以来，我国经常项目顺差占国际收支顺差的比重一直在75%以上；加之我国经常项目已实现可兑换，供求关系反映比较充分，因此通过经常项目分析外汇市场供求不会产生系统性的偏差。

（2）根据经常项目主要是贸易平衡状况动态调节汇率浮动幅度，发挥“有管理”的优势；对汇率浮动的管理主要体现三个取向：一是在宏观经济上要应对国际国内市场异动，防止汇率过大波动和金融市场投机；二是汇率向引导优化资源配置、趋向国际收支平衡的方向调整；三是与大多数企业在资源配置优化过程中的承受力相适应，避免出现大规模的关闭和裁员。

（3）参考一篮子货币，即从一篮子货币的角度看汇率，不片面地关注人民币与某个单一货币的双边汇率。汇率浮动主要是调节实体经济中的总进口和总出口，所以调节不能仅对一国的双边贸易状况，也不能仅看人民币和美元之间的汇率。从理论上看，最能代表贸易品国际比价的指标是实际有效汇率，即由主要贸易伙伴货币组成的一篮子货币的汇率，它既反映了美元和其他国际主要货币的交叉汇率的变化，也经过了对各国通货膨胀差异的调整。参考一篮子货币与钉住单一货币相比，更能发挥调节进出口、经常项目及国际收支的作用，也更能体现出汇率上下浮动的特点。人民币对单个货币有升有贬双向浮动，整体上则是在合理均衡的基础上保持稳定。未来可尝试定期公布名义有效汇率，引导公众改变主要关注人民币兑美元双边汇率的习惯，逐渐把有效汇率水平作为人民币汇率水平的参照系和调控的参考。

（资料来源：作者根据中国人民银行网站关于人民币汇率改革的有关内容整理。）

第八章　金融衍生品市场

金融衍生品又称金融衍生工具，是指其价值依赖于基本标的资产价格的金融工具，如金融远期、金融期货、金融期权、金融互换等。随着金融国际化和自由化的发展，金融衍生品市场飞速发展，金融衍生品不断创新，交易量迅速增长，市场规模急速扩大，在国际金融市场上发挥着巨大的作用。本章重点分析金融远期、金融期货、金融期权、金融互换等金融衍生产品的定义、特点、功能及实际操作等，以期增进读者对金融衍生品市场的认识。

第一节　金融远期市场

一、金融远期合约概述

（一）金融远期合约的定义

金融远期合约是指交易双方约定在未来某一交易日，按照事先商定的价格，以预先确定的方式买卖一定数量的某种金融资产的合约。同意在未来购买金融资产的一方为金融远期合约的买方，同意出售金融资产的一方为金融远期合约的卖方。

下面通过一个例子来说明金融远期合约的交易原理。

【例 8.1】　假设有这样一个远期合约：甲方同意在 30 天后从乙方处以 980 美元的价格购买面值为 1 000 元的美国国库券。如果 30 天后该国库券的价格为 983 美元，卖方也必须以 980 美元的价格将国库券交割给买方；如果 30 天后该国库券的价格为 976 美元，买方也必须以 980 美元的价格从卖方处购买国库券。

（二）金融远期合约的特征

（1）协议非标准化。金融远期合约通常发生在两个金融机构之间或者金融机构与客户之间。远期交易没有固定的交割时间和标准的金额，交易的资产、价格、交割时间、金额等任何的具体需求都由双方协商决定，为非标准化合约。

（2）场外交易。金融远期市场组织较为松散，没有专门的交易场所，也没有集中交易地点，交易方式也不是集中式的，是场外交易。

（3）灵活性强。交易双方可以根据自己的需要来“量身订做”远期合约，不受标准化条款的束缚。在签署远期合约之前，交易双方可以协商决定交割地点、交割时间、交割价格以及标的资产的质量等细节，以便使双方的需要均得到满足。

（4）无保证金要求。正常情况下，在商定合约时，不需要交纳保证金，也不需要进行任何金钱的交割。

（5）实物交割。远期交易属于实体交易，到了交易日一般都要进行实物交割。

（三）金融远期合约的功能

（1）规避风险功能。人们可以运用金融远期合约进行套期保值，规避风险。所谓套期保值，就是对现货保值，是指为了避免现货市场上的价格风险，而在远期市场上采取与现货市场上方向相反的买卖行为，即在现货市场上卖出一种商品，同时在远期市场上买进相同数量的同种商品；或者在现货市场上买进一种商品，同时在远期市场上卖出相同数量的同种商品。这样，当市场价格出现波动时，一个市场上的亏损可以通过另一个市场上的盈利来补偿。

（2）投机盈利功能。金融远期合约为投机者提供了一种盈利的方式。投机者可以根据自己对市场走势的判断和预期，进行远期交易，以期获利。如果该投机者预测准确，则能够获利；如果该投机者预测失误，则存在着亏损的风险。

（四）金融远期合约的不足

（1）难以找到交易对象。因为没有固定、集中的交易场所，又是非标准化合约，想找一个在交易时间、交易金额、交易价格等各方面均相匹配的交易对象是较为困难的。

（2）交易成本高。交易场所以及交易的非标准化决定了远期合约市场的低效率，因而找寻交易伙伴的成本较高，执行远期合约过程中的成本也很高。

（3）流动性差。由于每份远期合约千差万别，很难在市场上找到相应的交易条件和交易伙伴，合约的流通不便，流动性较差。

（4）存在违约风险。远期合约的双方都有不按照约定执行合约（即违约）的可能性，相应地也要承受交易对方违约的风险。对于合约双方，一旦进入远期合约就要承担合约不能履行的风险。特别是合约价格朝着不利于一方的方向变化，其潜在损失有时可能很大。

（五）金融远期合约的种类

金融远期合约主要包括远期利率协议、远期外汇合约等。

二、远期利率协议

（一）远期利率协议的定义

远期利率协议（Forward Rate Agreement，FRA）是交易双方商定在未来某一时间对某一具体期限的名义上的存款或者贷款支付利率的合同，并规定期满时，由一方向另一方支付协议利率与结算日的参考利率之间的贴现后的利息差（无须支付本金）。远期利率协议（FRA）的买方相当于名义借款人，卖方相当于名义贷款人。如果结算日的参考利率高于协议利率，则可以视为买方有权利以低于市场利率的利率借入资金，买方将收到卖方支付的贴现后的利息差。相反，如果结算日的参考利率低于协议利率，卖方将从买方收到贴现后的利息差。实际上，交易双方并不存在真实的借贷行为。

（二）远期利率协议的重要术语

英国银行家协会（BBA）于 1985 年提供了有关远期利率协议的标准术语，使得远期利率协议合约规范化。下面列出这些标准术语：

合约金额——名义借贷款本金数额。

合约币种——合约金额的面值货币。

交易日——远期利率协议成交的日期。

即期日——通常在交易日之后两天。

结算日——名义贷款或存款开始日。

基准日——参考利率确定日。

到期日——名义贷款或存款到期日。

合约期限——结算日至到期日的天数。

递延期限——即期日至基准日的期限。

合约利率——远期利率协议中确定的利率。

参考利率——用来计算结算金额的市场基准利率。

结算金额——即在结算日根据合约利率与参考利率利差算出合约一方支付给另一方的金额。

（三）远期利率协议的报价

FRA 的价格是指从利息起算日开始的一定期限的协议利率，可通过路透终端机的“FRAT”画面得到具体 FRA 行情。远期利率协议市场定价是每天随着市场变化而变化的，该市场价格仅作参考之用，实际交易的价格要由每个报价银行来决定。

表 8.1 为远期利率协议（FRA）的报价表。在表 8.1 中，第二列、第二行“3×6”

表示即期日与结算日之间的期限为 3 个月、即期日至到期日之间的期限为 6 个月的远期利率协议合约，其合约期限为 3 个月。即期日和结算日分别为交易日及基准日两天后的工作日。

表 8.1　远期利率协议（FRA）市场报价

8 月 20 日	美　元	FRA
	3×6	8.09‰～8.15‰
	2×8	8.17‰～8.22‰
	6×9	8.03‰～8.09‰
	6×12	8.19‰～8.25‰

（四）结算金额计算

在起息日如何支付利息，可按以下步骤进行。

首先，计算远期利率协议期限内利息差。该利息差就是根据当天参照利率（通常是在结算日前两个营业日使用伦敦同业拆借利率（LIBOR）来决定结算日的参照利率）与协议利率结算利息差，其计算方法与货币市场计算利息的惯例相同，等于本金额乘以利率差乘以期限（年）。

其次，要注意的是，按惯例，远期利率协议差额的支付是在协议期限的期初（即利息起算日），而不是协议利率到期日的最后一日，因此利息起算日所交付的差额要按参照利率贴现方式计算。

最后，计算的利息差有正有负，当利息差＞0 时，由 FRA 的卖方将利息差贴现值付给远期利率协议的买方；当利息差＜0 时，则由远期利率协议的买方将利息差贴现值付给远期利率协议的卖方。

（五）远期利率协议的功能与不足

1．远期利率协议的功能

（1）远期利率协议能规避利率风险。远期利率协议通过将未来支付的利率锁定为协议利率来规避利率变动的风险。

（2）远期利率协议可以作为一种资产负债管理工具。远期利率协议交易不需支付本金，利率也是按照差额结算，故其所需资金流动量较小，使银行及非银行金融机构可以在无须改变资产负债结构的基础上，有效规避利率风险、有效管理资产负债。

（3）远期利率协议简便、灵活、不需支付保证金。

2．远期利率协议的不足

远期利率协议存在着信用风险和流动性风险。

三、远期外汇合约

（一）远期外汇交易的定义

远期外汇交易也称期汇交易，指在外汇买卖成交时，交易双方先签订合同，规定买卖外汇的币种、数额、适用的汇率及未来交割的日期、地点等，并在规定的交割日期按照合同规定进行交割的外汇业务活动。远期外汇交易的期限按月计算，一般为 1 个月、3 个月或 6 个月，也可以长达 12 个月，但超过 1 年的较少，通常为 3 个月。

（二）远期外汇合约的特点

（1）交易双方签订合同后，无须立即支付外汇或本国货币，而是延至将来某个时间。

（2）买卖规模较大，合同比较规范。

（3）买卖的目的主要是为了保值，避免外汇汇率涨跌的风险。

（4）外汇银行与客户签订的合同需要由外汇经纪人提供担保。

此外，客户还应缴存一定数量的押金或抵押品。当汇率变化不大时，银行可把押金或抵押品抵补应负担的损失。当汇率变化使客户的损失超过押金或抵押品时，银行就应通知客户加存押金或抵押品，否则，合同就无效。客户所存的押金，银行视其为存款予以计息。

（三）远期汇率的报价及确定

远期外汇交易价格的确定，是通过在即期汇价的基础上，考虑汇水情况而制定出来的。汇水是远期汇价与即期汇价的差异，远期汇价比即期汇价高为升水，远期汇价比即期汇价低为贴水，远期汇价与即期汇价相等为平价。升水或贴水也叫调期率。远期汇价等于即期汇价加（或减）调期率。在直接标价法下，升水时，远期汇价等于即期汇价加升水数；贴水时，远期汇价等于即期汇价减贴水数。在间接标价法下，升水时的远期汇价等于即期汇价减升水数；贴水时的远期汇价等于即期汇价加贴水数。平价则不加不减。按交易习惯，银行一般不直接报远期汇价，而是报即期汇价和升水、贴水数。具体计算方法是，将汇水点数分别对准即期汇价的买入价和卖出价相应的点数部位，按照“前小后大往上加、前大后小往下减”的原则计算。

（四）远期外汇合约的功能

1．进出口商和对外投资者可利用远期外汇合约防范汇率风险

汇率变动是经常性的，在商品贸易往来中，时间越长，由汇率变动所带来的风险也就越大，而进出口商从签订买卖合同到交货、付款又往往需要相当长时间（通常达 30～90 天，有的更长），因此，有可能因汇率变动而遭受损失。远期收付汇的进出口商，可利用远期交易将预期收入的远期外汇和预期支付的远期外汇按照既定的远期汇率卖

出或买进，这样可以锁定进出口成本，保证预期利润。在对外短期投资方面，为防止将来资金回调时汇率发生变动而影响投资收益，投资者可以在对外投资兑换外币时，同时做一笔相应的远期交易，以固定资金回调时的汇率，保证预期收益的实现。

【例8.2】 某一中国出口商向美国进口商出口价值100万美元的商品，成本共600万元，约定3个月后付款。双方签订买卖合同时的汇率为USD1=6.5CNY。按此汇率，出口该批商品可换得650万元，扣除成本，出口商可获得50万元。但3个月后，若美元汇价跌至USD1=CNY6.3，则出口商只可换得630万元，比按原汇率计算少赚了20万元；若美元汇价跌至USD1=CNY6.0以下，扣除成本则出口商就会亏损。可见美元下跌或人民币升值将对中国出口商造成压力。因此中国出口商在订立买卖合同时，可以按USD1=CNY6.5的汇率，卖出3个月的100万美元的远期外汇合约，即把双方约定远期交割的100万美元外汇售给中国的银行，届时就可收到650万元的货款，从而避免了汇率变动的风险。

【例8.3】 某一香港进口商向美国买进价值10万美元的商品，约定3个月后交付款，如果买货时的汇率为USD1=HKD7.81，则该批货物买价为78.1万港元。但3个月后，美元升值，港元对美元的汇率为USD1＝HKD7.88，那么这批商品价款就上升为78.8万港元，进口商得多付出0.7万港元。如果美元再猛涨，涨至USDl=HKD800以上，香港进口商进口成本也猛增，甚至导致经营亏损。所以，香港的进口商为避免遭受美元汇率变动的损失，在订立买卖合约时就向美国的银行买进3个月的10万美元的远期外汇合约，以此避免美元汇率上升所承担的成本风险，因为届时只要付出78.1万港元就可以了。

2．银行可以通过远期外汇交易来保持其远期外汇持有额的平衡

远期外汇持有额就是外汇头寸。进出口商为避免外汇风险而进行远期外汇交易，实质上就是把汇率变动的风险转嫁给外汇银行。外汇银行之所以有风险，是因为它在与客户进行了多种交易以后，会产生一天的外汇“综合持有额”或总头寸，在这当中难免会出现远期外汇和现汇的超买或超卖现象。这样，外汇银行就处于汇率变动的风险之中。为此，外汇银行就设法把它的外汇头寸予以平衡，即要对不同期限不同货币头寸的余缺进行抛售或补进，由此求得外汇头寸的平衡。

【例8.4】 中国香港某外汇银行发生超卖现象，表现为美元远期外汇头寸“缺”10万美元，为此银行就设法补进。假定即期汇率为USD1=HKD7.80，6个月远期汇率为USD1=HKD7.98，即美元6个月远期汇率升水港币0.18元。6个月后，该外汇银行要付给客户10万美元，收入港币79.8万元。该银行为了平衡这笔超卖的美元远期外汇，它必须到外汇市场上立即补进同期限（6个月）、相等金额（10万）的美元远期外汇。如果该外汇银行没有马上补进，而是延至当日收盘时才成交，这样就可能因汇率已发生变化而造成损失。假定当日收市时美元即期汇率已升至USD1=HKD8.10，6个月远

期汇率仍为升水港币 0.18 元，这样，该外汇银行补进的美元远期外汇就按 USD=HKD8.28（8.10+0.18）的汇率成交，10 万美元合 82.8 万港元，结果银行因补进时间未及时而损失 3 万港元（82.8 万-79.8 万）。

所以，银行在发现超卖情况时，就应立即买入同额的某种即期外汇。如本例，即期汇率为 USD1=HKD7.80，10 万美元合 78 万港元。若这一天收盘时外汇银行补进 6 个月期的美元外汇，这样，即期港元外汇已为多余，因此，又可把这笔即期港元外汇按 USD1=HKD8.10 汇率卖出，因此可收入 81 万港元，该外汇银行可获利 3 万港元（81 万-78 万）。

由此可见：首先，在出现远期外汇头寸不平衡时，外汇银行应先买入或卖出同类同额现汇，再抛补这笔远期外汇。也就是说，用买卖同类同额的现汇来掩护这笔远期外汇头寸平衡前的外汇风险。其次，银行在平衡远期外汇头寸时，还必须着眼于即期汇率的变动和即期汇率与远期汇率差额的大小。

3．远期外汇交易可以被用作投机交易

例如，某投机者预测某种货币 2 个月后的价格将上涨，可以先按照一定的 2 个月远期汇价买入，日后如果下跌，交割后再以高价卖出，便可获得价差收入。但是，如果预测失误。价格反降不升，则投机者将蒙受损失。

在没有外汇管制的情况下，如果一国的利率低于他国，该国的资金就会流往他国以谋求高息。假设在汇率不变的情况下纽约投资市场利率比伦敦高，两者分别为 8.8%和 7.3%，则英国的投资者为追求高息，就会用英镑现款购买美元现汇，然后将其投资于 6 个月期的美国国库券，待该国库券到期后将美元本利兑换成英镑汇回国内。这样，投资者可多获得 1.5%的利息，但如果 6 个月后，美元汇率下跌，投资者就得花费更多的美元去兑换英镑，因此就有可能换不回投资的英镑数量而遭致损失。为此，英国投资者可以在买进美元现汇的同时，卖出 6 个月的美元远期外汇，这样，只要美元远期汇率贴水不超过两地的利差（1.5%），投资者的汇率风险就可以消除。当然如果超过这个利差，投资者就无利可图而且还会遭受损失。

第二节　金融期货市场

一、金融期货市场及功能

（一）金融期货合约的定义

金融期货合约是指协议双方约定在将来某一特定的时间按约定的条件（包括价格、交割地点、交割方式）买入或卖出一定标准数量的某种特定金融工具的标准化协议。

（二）金融期货交易的特点

1．合约标准化、交易规范化

（1）交易对象标准化。它是指交易对象均是无形的和虚拟化的金融商品，而且其价格、收益率和数量均具有均质性、标准性和不变性。

（2）交易单位规范化。即交易单位规定为很大的整数，以增强买卖效率。

（3）收付期限规格化。收付期限大多为3个月、6个月、9个月和12个月，最长为2年半。

（4）交易价格统一化。即交易价格统一由交易所公开拍卖决定。

2．场内交易，间接清算

金融期货交易在固定、集中、有组织的期货交易所内进行。交易双方并非直接接触，而是各自与交易所的清算部或者专设的清算公司结算。对金融期货交易的买方而言，卖方为期货交易所的结算公司；对金融期货交易的卖方而言，买方为期货交易所的结算公司。

3．保证金制度，每日结算

在期货市场上，交易者只需按期货合约价格的一定比率交纳少量资金作为履行期货合约的财力担保，便可参与期货合约的买卖，这种资金就是期货保证金。期货交易的结算，是由期货交易所统一组织进行的。期货交易所实行每日无负债结算制度，每日结算又称“逐日钉市”，是指每日交易结束后，交易所按当日结算价结算所有合约的盈亏、交易保证金及手续费等费用，对应收应付的款项同时划转，相应增加或减少会员的结算准备金。

4．流动性强

在期货市场上，买入或卖出一份期货合约相当于签署了一份远期交割合同。如果交易者将这份期货合约保留到最后交易日结束，他就必须通过实物交割或现金清算来了结这笔期货交易。然而，进行实物交割的是少数，大部分投机者和套期保值者一般都在最后交易日结束之前择机将买入的期货合约卖出，或将卖出的期货合约买回。即通过一笔数量相等、方向相反的期货交易来冲销原有的期货合约，以此终结期货交易，解除到期进行实物交割的义务。这种买回已卖出合约，或卖出已买入合约的行为就叫平仓。平仓为期货交易者提供了一种在交割日之前将期货合约结清的方式，大大地提高了金融期货合约的流动性。标准化合约的转让也增加了市场流动性。

5．违约风险低

由于金融期货交易的买方（或者卖方）的实际交易对手为期货交易所的结算公司，故对该买方（或者卖方）而言，违约风险很低，或者基本不存在违约风险。

（三）金融期货市场的功能

1．套期保值，规避风险功能

套期保值的基本做法就是买进或卖出与现货市场交易数量相当但交易地位相反的金融期货合约，以期在未来某一时间通过卖出或买进相同的期货合约，对冲平仓，结清期货交易带来的盈利或亏损，以此来补偿或抵消现货市场价格变动所带来的实际价格风险或利益，从而达到使交易者的经济收益稳定在一定的水平、规避风险的目的。

金融期货市场规避风险的功能之所以能够实现，主要有三个原因：一是金融商品持有者各自面临不同的风险，可以通过达成双方均能受益的交易来控制风险。例如，进口商担心支付货款时外汇汇率会上升，而出口商担心收到货款时外汇汇率会下跌，他们可以通过进行反向的外汇期货交易来对冲风险。二是金融商品的期货价格与现货价格一般会向同一方向变动。如果投资者在金融期货市场上建立了与金融现货市场相反的头寸，金融商品的价格发生变动时，则必然在一个市场获利，而在另一个市场受损，其盈亏可全部或部分抵消，从而达到规避风险的目的。三是金融期货市场规范化的场内交易集中了众多的投机者，投机者愿意承担风险以获利。他们通过频繁、迅速的买卖对冲，转移了金融商品持有者的价格风险，从而使金融期货市场的规避风险功能得以实现。

2．价格发现功能

金融期货市场的价格发现功能，是指金融期货市场能够提供各种金融商品的有效价格信息。

在金融期货市场上，各种金融期货合约都有着众多的买者和卖者。他们作出买卖委托后，交易所通过计算机撮合公开竞价出来的价格就是该时刻市场对未来某一特定时间现货价格的平均看法。这种情况接近于完全竞争市场，能够在相当程度上反映出投资者、投机者对金融商品价格走势的判断以及金融商品的供求状况。因此，某一金融期货合约的成交价格是公开、透明的，可以综合地反映金融市场各种因素对合约标的商品的影响程度。

随着现代电子通信技术的发展，许多金融期货的价格都能够即时播发至世界各地。因而金融期货市场上形成的价格不仅能对该市场上的投资者、投机者产生直接的指引作用，而且能为该市场以外的其他相关市场提供有用的参考信息。各相关市场的职业投资者、投机者以及各种金融商品的持有者通过参考金融期货市场的成交价格，可以形成对金融商品价格的合理预期，进而有计划地安排投资决策和生产经营决策，从而有助于减少信息搜寻成本，提高交易效率，实现公平合理、机会均等的竞争。

3．投机功能

投机者可以根据自己对金融期货市场的走势判断，利用金融期货交易来进行投机。

如果判断正确，就能达到盈利的目的；当然，如果判断失误，则将亏损。

（四）金融期货的种类

按照标的物不同，金融期货主要可以分为外汇期货、利率期货和股指期货等。

二、外汇期货

（一）外汇期货的定义

外汇期货是指交易双方约定在未来特定的日期进行外汇交割，并限定了标准币种、数量、交割月份及交割地点的标准化合约。外汇期货交易则是指在期货交易所中通过喊价成交的外汇合约买卖。

目前，外汇期货的交易币种主要包括美元、日元、英镑、瑞士法郎、加拿大元、澳大利亚元与墨西哥比索等可自由兑换的、在国际上接受程度较高的货币。

外汇期货交易和传统的远期外汇交易都先订立合约，将来再办理交割的外汇交易形式，具有相似的规避外汇风险的功能，但两者又有显著的差别，主要表现在下列方面。

（1）参与者不同。只要按规定交纳必要的保证金，几乎任何投资者均可进行外汇期货交易；远期外汇市场的参与者大多为专业化的证券交易商或资信程度良好的大厂商，小户的参与机会很少。

（2）流动性不同。由于大量投机者和套利者的参与，外汇期货市场的流动性很好；而远期外汇市场参与者多为避险者，市场流动性差，规模小，常常会有有行无市的现象。

（3）交易方式不同。外汇期货交易是在现定的时间内，在集中的交易场所采取公开竞价的方式进行的；而远期外汇交易是场外交易，一般通过电话或电传进行，市场是无形的。

（4）合约的标准化程度不同。同任何商品期货一样，外汇期货合约中除了价格以外，货币种类、交易规模、交割日期与方式等诸项条款都是由交易所规定，即标准化的；而远期外汇合约中的各项细则均由买卖双方自行商订。

（5）履约保证不同。外汇期货交易中，买卖双方必须向交易所结算机构缴纳一定的保证金。

（6）结算方式不同。外汇期货交易采用定期盈亏，如果某一方的保证金不足，必须将某合约对冲或追加保证金；远期外汇交易则是直到合约到期才会按商定的价格履行合约。

（7）交割方式不同。外汇期货交易中大部分成交的合约以对冲的方式结清，实际交割率通常只有 1%～2%；外汇远期交易正好相反，一般以实际交割为目的，成交合约中有 90%以上将于到期日被实际交割。

（二）外汇期货的特点

（1）报价具有独特性。外汇期货交易仅限于美元与另一种自由兑换货币的买卖，除澳大利亚元以外，其报价采取一个单位外币折合美元的形式进行。例如，即期外汇交易中，标价方式为 1 美元=0.812 1 欧元，在外汇期货交易中，则为 1 欧元=1.231 4 美元。

（2）合约具有标准性。外汇期货合约的合同规格、金额和交割日期都是标准化的。外汇期货合约的规格标准化，每笔交易都按规定的标准金额订立买卖合同，如 25 000 英镑和 2 500 000 日元等。外汇期货合约的交割日期常见的有 3 个月、6 个月、9 个月和 12 个月；而远期外汇交易的期限、货币、金额和交割期都要具体订明，每份合约都与其他合约不同。

（3）场内交易。外汇期货交易在有形的交易所内喊价，竞价成交；而远期外汇买卖则由银行通过电话、电传或计算机直接商谈成交。

（4）参与者广泛。外汇期货交易手续简单、每份的合同金额不大、交纳保证金即可交易，因此众多的中小机构乃至个人都可以参与交易；而远期外汇交易只有银行或大公司才能参与。

（5）违约风险低。外汇期货交易买卖双方都以交易所的清算部门为成交对方，可避免违约风险；而远期外汇买卖对每个成交对方的资信都必须深入了解以减少风险。

（6）保证金制度。期货交易双方都需交保证金；而远期外汇交易银行之间一般不收保证金，只对某些规模不大的非金融机构收取保证金。

（7）每日结算制度。期货交易每天结算盈亏，获利可以提走，亏损在保证金降到维持水平以下（最低保留值）时要立即补足原始保证金的数额，这部分保证金又叫保留值押金；而远期外汇交易的交割期一般由银行与其客户协商规定。

（8）价格波幅有限。外汇期货交易的外币都规定每日的最低价格和最高波动限额，只要达到或突破限额，当天的交易即告终止。

（三）外汇期货的功能

（1）转移汇率风险。套期保值者可把外币期货合约视为一项保险手段，以此来避免国际贸易和投资活动中面临的汇率风险，将汇率风险转移到愿意承担汇率风险、获取风险利润的投机者身上。

（2）投机。投机者可以利用外汇期货交易进行投机。由于期货市场保证金要求不高，因而投机者可以用少量资金进行较大规模的投机活动。例如在国际货币市场上，一份 125 000 欧元的期货合约只要求事先交纳 1 250 美元的保证金就可以了。如果以 1 欧元兑 0.812 1 美元的汇率购买一份马克期货，当欧元升值 3%时，投机者就可获利 3 045 美元，100 份合约即可获利 30.45 万美元。

（3）避免信用风险。期货交易所的每日结算制度可以使交易双方避免到期不能交割义务的信用风险。

（4）汇率发现。期货交易所通过集中交易、公开竞价方式可以形成统一公正的市场价格，可以充分反映市场的真实供求状况。

（5）提供信息。期货市场汇集了大量的经济信息，形成了信息资源挖掘及顺畅流动的有效系统。

（6）提高交易效率。期货市场集买卖双方于一地，通过标准化的交易方式，降低了交易成本，提高了市场的效率。

（四）外汇期货交易的交易流程

第一步：客户须在经纪人公司开设账户，交纳保证金并委托经纪人公司为其办理期货合约买卖。

第二步：客户根据对市场行情走势的判断及预测，向经纪人下达买卖的指令或书面投单，委托其执行。

第三步：经纪人公司通知其在交易场内的代表，将订单交给交易厅的经纪人，由经纪人相互间进行交易。

第四步：成交后，交易厅经纪人一方面把交易结果通知经纪人公司及客户，另一方面将成交的订单交给清算行，进行记录并最后清算。清算行是交易的结算者，它可以在法律上保证交易双方不会因一方拒付而蒙受损失。由于外汇期货交易者既可以买进，也可以卖出，因而当天实际的外汇交割量是该交易者买卖的差额。

（五）外汇期货交易的实际操作

下面举一个利用外汇期货合约进行套期保值的例子。

【例8.5】 假定6月10日美元对瑞士法郎的汇率为USD1=CHF1.343 8，一美国公司将收到货款100万瑞士法郎，若按6月10日的汇率计算该公司可以收到744 158.36美元，但是实际上货款3个月后才能收到。该公司预测瑞士法郎有贬值的趋势，所以该公司在芝加哥商业交易所的国际货币市场（IMM）上卖出瑞士法郎期货合约。由于国际货币市场（IMM）规定的瑞士法郎期货合约的交易单位为125 000瑞士法郎，该公司卖出8份9月到期的外汇期货合约，期货合约的价格为USD1 =CHF1.343 1，则合约的总价值为744 546.2美元（125 000×8÷1.343 1）。若9月10日美元对瑞士法郎的汇率上升为USD1=CHF1.351 0，则该美国公司按此汇率收回的货款为740 192.45美元，汇率变动给其造成的损失为3 965.91美元。同时9月10日该公司以USD1=CHF1.352 5的价格买入8份9月到期的瑞士法郎期货合约，则合约总价值为739 371.53美元（125 000×8÷1.352 5），该公司通过低买高卖瑞士法郎期货合约盈利了5 174.67美元，弥补了汇率变动带来的损失，有效地进行了套期保值。

三、利率期货

（一）利率期货的定义

利率期货是指标的资产价格依赖于利率水平的期货合约。利率期货交易则是指在有组织的期货交易所中通过喊价成交的、在未来某一时期进行交割的债券合约买卖。例如长期国债期货、短期国债期货和欧洲美元期货。

（二）利率期货的种类

按照合约标的的期限，利率期货可以分为短期利率期货和长期利率期货两大类。

短期利率期货是指期货合约标的的期限在 1 年以内的各种利率期货，即以货币市场的各类债务凭证为标的的利率期货均为短期利率期货，包括各种期限的商业票据、国库券期货及欧洲美元定期存款期货等。长期利率期货主要指中长期政府债券期货。

（三）利率期货的功能

1．套期保值

利率期货交易是一种规避利率风险、进行套期保值的工具。其主要的原理为在现货市场上买入的同时在期货市场上卖出，或者在现货市场上卖出的同时在期货市场上买入。当利率上涨时金融资产的价格会下跌，而在利率下跌时金融资产的价格会上涨，采取与其现货市场相反的方向买卖利率期货，能确保现在持有或者未来将要拥有的金融资产的价值或者收益率。当预测利率上升时，卖出利率期货，如果利率果然上涨，即可用利率期货的收益抵补现货买卖的损失。反之，当预测利率下跌时，买入利率期货，如果利率上涨，即可用利率期货的收益抵补现货买卖的损失。

2．投机

利率期货的投机交易以对未来利率变动的走向和幅度的预测为基础，如果预测准确则可盈利，反之则损失，存在风险。例如，某投机者预测未来市场利率下降，则金融资产价格会上升，可买入国库券期货，若利率果然下降，国库券期货的价格上升，低买高卖，即可盈利。反之，若预测未来市场利率上涨，则卖出国库券期货，以期盈利。投机交易存在极大风险，若预测失误，利率走势与预测相反，则发生损失。

（四）利率期货交易的实际操作

下面以利率期货的套期保值加以说明。

【例 8.6】　某公司在 1 月 1 日获悉，2 月份资金有多头，当时期货市场上 5 月份的国库券售价为 93.00（即收益率为七厘），但预测 2 月份投资收益率会降低，仅为六厘半，亦即国库券售价升高为 93.50。为避免利率变动损失，该公司便在 1 月份买入 5

月份期货，至 2 月中旬，资金果然出现多头，该公司在现货市场上买入 6 个月或 180 天的国库券合约，售价为 94.40（五厘六），比预测的 93.50 高出 90 点，同时把 1 月份买入的 5 月份期货合约平仓，售价 94.08（五厘九二），比买入时高出 108 点，如表 8.2 所示。

可见，实际投资收益率为六厘六八，即 93.50-(108-90)/100=93.32、100-93.32=6.68 或者 5.6+1.08=6.68。

表 8.2　利率期货套期保值

现 货 市 场	期 货 市 场
1 月 1 日 预计 2 月份有投资可用资金，预计 2 月份国库券的收益率为六厘半	1 月 1 日 买入一手 5 月份国库券期货合约，收益率为七厘
2 月 15 日 买入 6 个月即 180 天的国库券一手，收益率为五厘六	2 月 15 日 卖出一手 5 月份国库券期货合约（平仓），收益率为五厘九二
-90 点	+108 点

四、股指期货

（一）股指期货的定义

股票指数期货指期货交易所同期货买卖者签订的，约定在将来某个特定的时期，买者向交易所结算公司收付等于股价指数若干倍金额的合约。

（二）股票指数期货市场的运作

股票指数期货的交易不是在股票交易所而是在期货交易所进行。股票指数期货的市场结构，主要由期货交易所、结算公司和会员公司三个组织组成。期货交易所主要负责市场的操作，如提供交易场所、维持市场秩序、制定和修正买卖规则等；结算公司和会员公司主要负责期货合约的结算，并承担保证每笔交易的清算和保证合约买卖双方的合法权利的担保责任。

以香港恒生股票指数期货为例，参加股票指数期货交易的成员主要有五类：通用结算会员、结算会员、非结算会员、本户会员和一般客户，其中通用结算会员、结算会员、非结算会员和本户会员都是期货交易所的会员，可以直接进场进行期货合约的买卖，同时，除本户会员外，其他会员还可以代理一般客户，这些会员作为期货经纪公司代理客户履行期货交易。一般情况下，期货经纪公司通过电话通知在交易所内的出市代表，按客户指令进行价格和数量交易。恒生股票指数期货合约采用上牌和公开喊价两种方式相结合的方法进行交易，由于大多数合约持有人在实际交割日之前就以对冲的方式结算了手中的合约，所以在交易中买卖双方主要考虑价格，其次才是合约的具体月份和合约数量的减少。

股票指数期货市场的结算会员拥有直接与结算公司结算的结算权，非结算会员则没有结算权。非结算会员、本户会员及一般客户只能通过通用结算会员间接与结算公司发生关系。

（三）股票指数期货的特点

（1）股票价格指数期货的交易对象为股票指数，指数是由多种股票组成的组合。作为交易的股票价格指数要能够比较客观地反映整个股票市场的变化趋势，应该是投资者公认的、具有权威性和代表性的股价指数。

（2）股票指数期货与其他种类的金融期货不同，是唯一一种不进行实物（即股票）交割，而是以现金进行结算的期货。由于股票指数期货的交易对象是抽象的股票指数，无法进行实物交割，只能采取现金结算这一独特的交割方式。

（3）股票价格指数期货的价格变动与其标的资产的价格变动密切相关。在期货市场上，股指期货的买卖双方要承担股票价格波动的风险，波动的幅度大小以指数的升跌幅度来衡量。股指期货的交易者在买卖股指期货之前，必须对股票市场的走势作出预先的判断，因为期货交易与股票交易密切相关。当预计股价指数有上升趋势时，可买入股指期货合约，在价格上涨时出售股指期货，低买高卖获利；而当预测股指有下跌趋势时，可以先卖出股价指数合约，在价格下跌时买入期货合约，高卖低买获利。

（4）股票指数期货不仅可以防范非系统性风险，而且可以防范系统性风险。因为股票价格指数中包含的股票是经过选择的、具有代表性的一组股票，各支股票之间能够抵消部分或者全部的非系统性风险。买卖股指就相当于进行组合投资，不必像购买个别股票那样考虑非系统性风险。

（5）进行股票指数期货交易时，实际上只是把股票指数按点换算成现金进行交易。股指期货合约的价值是由交易单位乘以股价指数计算的。合约到期时，以股票市场的收市指数作为结算的标准，合约持有人只须支付或收取按购买合约时的股票指数的点数与到期的实际指数的点数之差计算折合成的现金数，即完成交割手续。实际交易中，真正到期交割的合约，只占该期货合约的1%～2%。

（6）股票指数期货具有高杠杆作用。一般的股票投资，投资人必须存有不低于股票价值 50%的保证金，而股指期货合约只需要 10%左右的保证金。这种高杠杆作用可以使投资者以小博大获取大利。此外，股指期货还有交易成本低、流动性强等特点。

（7）股票指数期货的缺点。保证金比率较低，过分地助长了投机现象，使股票市场价格机制在一定程度上失真。

（四）国内外主要股票指数期货介绍

1．标准普尔 500 股票指数期货

标准普尔 500 股票指数在芝加哥商品交易所交易，该指数是一个包括 500 种股票的组合：400 种工业股、40 种公用事业股、20 种交通事业股和 40 种金融机构股，如表 8.3 所示。

表 8.3　标准普尔 500 股票指数期货交易规格

交易单位	500 美元×标准普尔 500 股价指数
最小变动价位	0.05 个指数点（每份合约 25 美元）
每日价格波动限制	在交易刚开盘期间，最大价格波动额不得高于或低于上一个交易日结算价 5 个指数点
交割月份	3 月、6 月、9 月、12 月
最后交易日	在最后结算价格确定日之前的一个营业日
最后结算价格	根据合约月份第三个星期五的标准普尔 500 股价指数构成股票市场开盘价决定
交割方式	以最后结算价格实行现金交割

2．HSI 恒生指数期货

HSI 恒生指数在香港股票交易所交易，该指数是一个包括 33 种股票的组合，其中包括工商业、金融、地产和公用事业四个分类，总市值占香港联交所资本总额的 70%左右，如表 8.4 所示。

表 8.4　恒生指数期货交易规格

交易单位	50 港元×恒生指数
最小变动价位	1 个指数点（每份合约 50 港元）
每日价格波动限制	上下浮动 100 个指数点，即每日波动价上下浮动 50～5 000 港元
交割月份	3 月、6 月、9 月、12 月
最后交易日	交割月份的倒数第二个营业日
最后结算价格	以最后交易日每 5 分钟报出的恒生指数的平均值去掉小数点后的整数作为最后结算价格
交割方式	以最后结算价格实行现金结算

3．新加坡日经 225 指数期货

新加坡日经 225 股票指数在新加坡国际金融期货交易所交易，如表 8.5 所示。

表 8.5　日经 225 指数期货交易规格

交易单位	1 000 日元×日经 225 指数
最小变动价位	5 个指数点（每份合约 5 000 日元）
每日价格波动限制	无
交割月份	3 月、6 月、9 月、12 月
最后交易日	交割月份的第三个星期三
交割方式	以最后结算价格实行现金结算

4．主要市场指数（MMI）在芝加哥商品交易所交易，如表 8.6 所示。

表 8.6　主要市场指数期货交易规格

交易单位	250 美元×主要市场指数点
最小变动价位	0.05 个指数点（每张合约 12.50 美元）
每日价格波动限制	不高于前一交易日结算价格 80 个指数点，不低于前一交易日结算价格 5 个指数点
交割月份	最前的 3 个连续月份及 3 月、6 月、9 月、12 月合约周期内的后 3 个月份
交割方式	根据主要市场指数期货收盘价实行逐日市价按最后交易日的主要市场指数收盘价以现金结算

（五）股票指数期货市场的功能

1．套期保值

拥有股票的投资者，都面临股市价格波动引起的所持有的股票贬值的风险。股票指数期货交易是一种有效的规避风险、套期保值的手段。套期保值的方法有买入套期保值和卖出套期保值。

（1）买入套期保值。当股票持有人担心卖出股票后股市反而上升造成损失时，可以买进股票指数期货，一旦股市果然上涨便卖出股指期货，以期货交易的盈利来弥补股票交易的损失。

（2）卖出套期保值。当股票持有人预测股市将要下跌时，为弥补股票贬值的损失而卖出股票价格指数期货。一旦股市真的下跌，他可以通过以低价买入股票指数期货合约而获利，弥补股票现货交易的损失。

2．投机

股票指数期货市场除了可以套期保值规避风险外，也为参与者提供了直接买卖的投资机会。投机可分为简单套利、跨期套利、跨市场套利等。简单套利是指投机者根据自己对市场的预期，买入或者卖出股票指数期货合约。跨期套利是指在同一期货市场上，同时买卖两种不同交割月份的股票指数期货合约，从中获得价差收益的行为。跨市场套利是指某一相同或类似的股指期货合约在不同的市场会表现为不同的价格趋势，套利者利用这一点进行部位相反的交易。

（六）股指期货交易的实际操作

1．套期保值

对于股票的持有者来说，如果整个股市下跌，则其所持有的股票价值将随之降低。该持有者可以通过购买股指期货来进行套期保值。

【例 8.7】 假定某投资者现在持有每股价格为 180 美元的 A 公司股票 600 股，并打算在 2 个月内继续持有这些股票。如果该投资者预测 2 个月后 A 公司的股票价格和股市的价格指数都将下降，该投资者可以通过卖出股票指数期货合约来进行套期保值。该投资者通过经纪人在期货市场上售出 2 个月期股票指数合约 40 份。如果 2 个月后股票指数果然下跌了 10 点，股票价格也跌至 160 美元。该投资者买进同样的期货合约 40 份，在合约到期前进行平仓。股票价格下跌造成的损失为 20×600=12 000 美元。如果每点按照 50 美元计算，则空头套期保值获利为 40×10×50=20 000 美元。通过这种操作，该投资者不仅弥补了股票价格下跌造成的损失，而且净盈利 8 000 美元。

2．投机交易

【例 8.8】 假定 2 月份某投机者买入 20 份 6 月份交割的标准普尔指数期货合约，当时该合约的价格为 188.53 点。到了 4 月 30 日，标准普尔指数期货合约的价格上升为 196.70 点。该投机者认为价格上涨趋势已经到了尽头，将所购指数期货合约卖出，盈利(196.70−188.53)×500×20=81 700 美元。当然，如果投机者预测失误，则将遭受损失。例如，到了 4 月 30 日，标准普尔指数期货合约的价格不但没有上升，反而下降为 186.63 点，而且有继续下降的趋势时，该投机者卖出所购指数期货合约，则该投机者将损失(188.53−186.63)×500×20=19 000 美元。

第三节　金融期权市场

一、金融期权合约及其风险收益特征

（一）金融期权合约的定义

金融期权又称金融选择权，是指赋予其购买者在规定期限内按双方约定的价格（简称协议价格或执行价格）购买或出售一定数量某种金融资产（称为基础金融资产或标的资产）的权利的合约。

期权分为买入期权和卖出期权。买入期权又称看涨期权，是指赋予其购买者在给定时间，或在此时间之前的任一时刻按规定的价格买入一定数量某种金融资产的权利的合约。卖出期权又称看跌期权，是指赋予其购买者在给定时间，或在此时间之前的任一时刻按规定的价格卖出一定数量某种金融资产的权利的合约。

（二）金融期权合约的构成要素

（1）期权的买方与卖方。期权买方是指依据期权买卖协议支付期权费用，同时获得行使期权权利的一方。期权卖方是指依据期权买卖协议收取期权费用，同时负有按期进行期权交易义务的一方。

（2）标的资产的种类及数量。期权合同中规定的双方买入或售出的资产，称为期权的标的资产。期权合约中应指明标的资产的种类资产及其数量。

（3）施权价。期权合同中规定的购入或售出某种资产的价格，称为期权的施权价，也称协议价格。

（4）施权日期。期权合同规定的期权的最后有效日期，称为期权的施权日或到期日。

（5）通知日。通知日是指期权买方要求履行期权合约时，必须在预先确定的交割日之前的某一天通知卖方，这一天即为“通知日”或“声明日”。

（6）期权费。期权买卖双方购买或出售期权的价格，称为期权费或期权的价格。

（7）合约有效期限。期权合约的有效期限一般不超过 9 个月，以 3 个月和 6 个月最为常见，其表示方法有 1 月循环，1-4-7-10，指 1 月份推出的合约，分别在 4 月、7 月、10 月到期；2 月循环，2-5-8-11，指 2 月份推出的合约在 5 月、8 月、11 月到期；3 月循环，3-6-9-12，指 3 月份推出的合约，分别在 6 月、9 月、12 月到期。

（8）期权交易地点。标准化的期权合约一般在专门的期权交易所进行交易，也可以在期货交易所、商品交易所或者证券交易所附设的期权交易场所进行交易。非标准化期权合约的交易地点则一般由银行或者投资公司安排，交易地点也可以由交易双方协商确定。

（三）金融期权的交易制度

1．标准化合约

在集中的场内市场交易的期权合约都是标准化的。标准化的期权合约中，交易单位、施权价、最后交易日与履约日、每日价格波幅限制、最小变动价位、合约月份、交易时间等都由交易所规定。

（1）期权合约的交易单位。交易单位表示一份合约容许交易的量。期权合约不同，交易单位的规定不同；交易所不同，交易单位的规定也不同。

（2）施权价。一般而言，当交易所准备上市某种期权合约时，将首先根据合约的标的物的最近收盘价，以某一特定形式确定一个中心施权价，然后再根据既定的幅度设定该中心施权价的上下若干个间距的施权价。在合约规格中，交易所通常只规定施权价的间距。

（3）最后交易日和履约日。最后交易日是指期权合约在交易所交易的最后截止日。履约日是指期权合约中规定的期权买方实际执行该合约的日期。由于期权分为欧式期权和美式期权，不同形式的期权的履约日并不相同。欧式期权的履约日一般为合约到期日，而美式期权的履约日可以为合约到期日及其之前的任何一天。

2．保证金制度

期权的保证金制度与期货的保证金制度有所不同。期货交易中买卖双方均需交纳保证金，而在期权交易中只有期权的卖方需要交纳保证金，因为期权的买方只有履约的权利而没有履约的义务，但期权的卖方却有履行合约的义务。期权的卖方可以以现金交纳保证金，也可以预先将期权的标的资产存放在经纪人处作为履约的保证。期权保证金的计算较为复杂，不同种类的期权合约有不同的保证金计算要求，不同的交易所也有不同的计算规定。

3．对冲与履约制度

在场内期权交易中，交易者可以在最后交易日或者最后交易日之前通过反向交易进行对冲平仓。如果在最后交易日或者最后交易日之前交易者所持有的部位没有平仓，交易者若为期权的买方就要做好履约准备或者放弃权利，交易者若为期权的卖方就要做好应买方要求履行合约的准备。在场内期权交易中，期权的对冲与履约都要通过交易所的结算部门来加以配对和结清。

4．部位限制

部位限制又称持仓限制，是指交易所对每一个交易账户所持有的期权部位的最高额度限制。持仓限制的规定主要是为了防止某一投资者承担太大风险或者对市场操纵能力过大。

（四）金融期权交易的风险收益特征

任何一个期权都有买方和卖方。期权的买方购入买入期权或卖出期权，并付出期权费，就获得了处置某种资产的权利，他可以选择行使买入或卖出的权利，也可以放弃行使权利。但期权的买方如果选择行使买入或卖出的权利，期权的卖方必须接受。因此，对于期权的买方而言，付出期权费后，只有权利而没有义务；对于期权的卖方而言，接受期权费后，只有义务而没有权利。期权买方可能遭受的最大损失程度控制在期权费之内，而期权卖方出售一项期权可立即得到一笔期权费收入。买方的损失或卖方的盈利均以期权费为限，不会超过期权费。

下面分别从期权的买方角度和卖方角度分析期权的风险收益特征。

1．期权的买方角度

（1）买入看涨期权。如图 8.1 所示，看涨期权的买方只需付出期权费，其亏损的风险有限，最大亏损程度为期权费，而其收益却可能是无限大的。看涨期权买方的盈亏平衡点为施权价加上期权费。

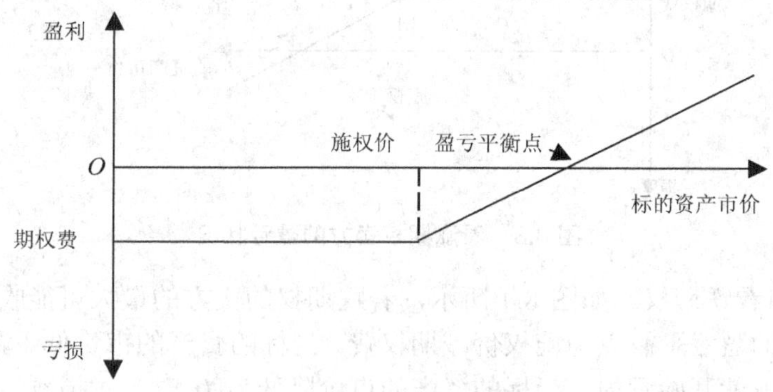

图 8.1　看涨期权买方的盈亏状况

（2）买入看跌期权。如图 8.2 所示，看跌期权的买方亏损的最大程度也为期权费，但其收益并不是无限大的。看跌期权买方的盈亏平衡点为施权价减期权费。当标的资产的价格下跌至盈亏平衡点以下时，看跌期权的买方即可获利。当标的资产的价格下跌为 0 时，看跌期权的买方收益最大，为施权价减去期权费的差再乘以每份期权合约所包含的标的资产的数量。

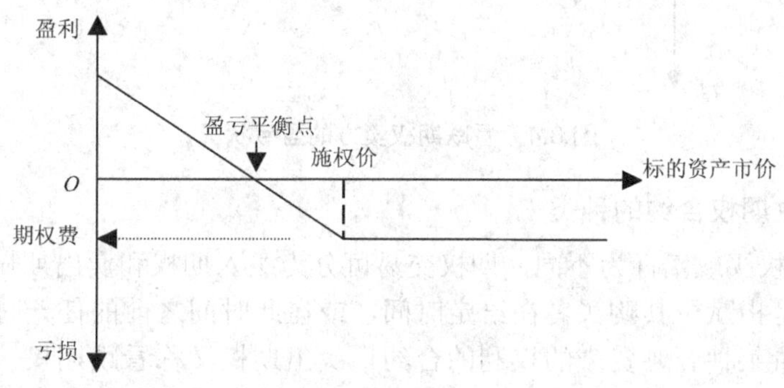

图 8.2　看跌期权买方的盈亏状况

2．期权的卖方角度

（1）卖出看涨期权。如图 8.3 所示，看涨期权的卖方的最大可能收益为期权费。但其亏损的风险却可能是无限大的。看涨期权卖方的盈亏平衡点为施权价加期权费。当标的资产的市价高于盈亏平衡点时，看涨期权的卖方就亏损，标的资产的市价超过盈亏平衡点越多，卖方的亏损就越大，当标的资产市价上升到无穷大时，卖方的亏损就无限大。

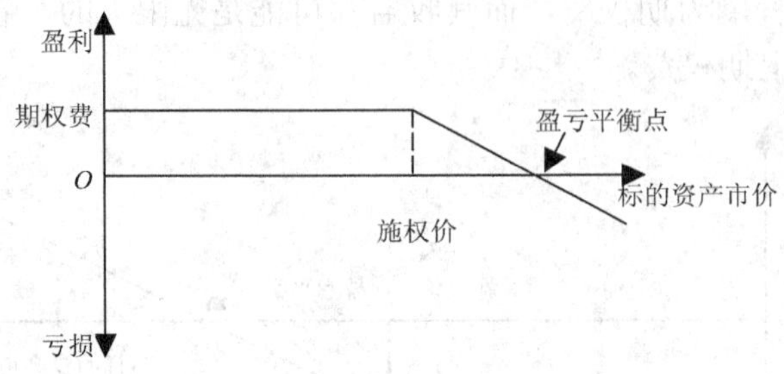

图 8.3　看涨期权卖方的盈亏状况

（2）卖出看跌期权。如图 8.4 所示，看跌期权的卖方的最大可能收益为期权费。看跌期权卖方的盈亏平衡点为施权价减期权费。当标的资产的市价低于盈亏平衡点时，看跌期权的卖方就开始亏损，当标的资产的市价降低为 0 时，亏损额达到最大，为施权价与期权费的差再乘以每份期权合约所包括的标的资产的数量。

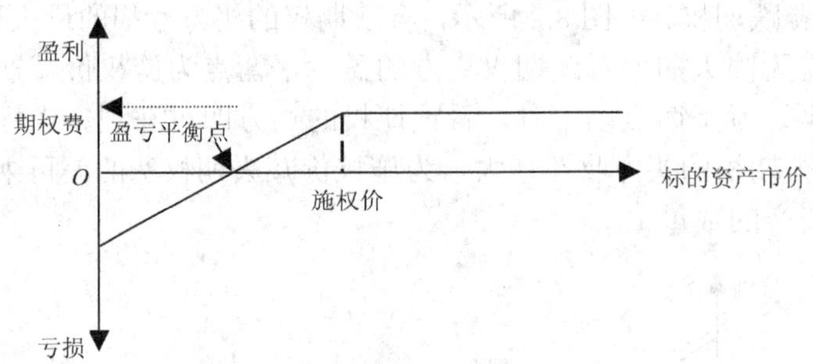

图 8.4　看跌期权卖方的盈亏状况

（五）金融期权合约的种类

（1）按期权买或卖行为不同，期权交易可分为买入期权和卖出期权。买入期权又称看涨期权，是指赋予其购买者在给定时间，或在此时间之前的任一时刻按规定的价格买入一定数量某种金融资产的权利的合约。卖出期权又称看跌期权，是指赋予其购买者在给定时间，或在此时间之前的任一时刻按规定的价格卖出一定数量某种金融资产的权利的合约。

（2）按照期权行使权利的有效期限不同，期权交易可分为美式期权和欧式期权。美式期权从它一开始购买直至到期日以前任何时刻都可以行使权利。欧式期权只有在到期日当天或在到期日以前某一规定的时间可以行使权利。

（3）按照期权合约的标的资产划分，金融期权合约可以分为外汇期权、股票指数期权、股票期权、利率期权等现货期权以及期货期权。外汇期权买卖的是外汇，即期权买方在向期权卖方支付相应期权费后获得一项权利，即有权在约定的到期日按照双方事先约定的协定汇率和金额同期权卖方买卖约定的货币，同时权利的买方也有权不执行上述买卖合约；股票指数期权是指以股票市场指数为标的物的看涨期权或者看跌期权；股票期权合约，是指赋予其购买者在规定期限内按双方约定的价格（简称施权价或者协议价格）购买或出售一定数量某种股票的权利的合约；利率期权合约赋予合约的买方在到期日或到期日之前以协定利率借入或者贷出一定数额货币的权利。卖方获得期权费收入，负有应期权买方的要求履行合约的义务；期货期权（即期货合约的期权）合约赋予买方在期权有效期限内的任何时间以约定价格从卖方买入或向卖方卖出某种期货合约的权利。

下面着重介绍几种重要的金融期权交易：股票指数期权交易、股票期权交易、利率期权交易和期货期权交易。

二、股票指数期权

（一）股票指数期权合约

股票指数期权是指以股票市场指数为标的物的看涨期权或者看跌期权。股票指数期权的标的物有美国的标准普尔 500 指数、纽约证券交易所指数、日经 225 指数、香港恒生指数和主要市场指数等。

第一份普通股股价指数期权合约是于 1983 年在芝加哥期权交易所出现的标准普尔 100 指数期权合约。随后，美国证券交易所引进了类似于道琼斯工业股票平均指数的主要市场指数，伦敦国际金融期货交易所也提供指数期权。1993 年香港期货交易所推出了恒生指数期权合约。

由于股票指数期权的标的物为普通股股价指数，其价值取决于作为标的的股价指数的价值及其变化。每种指数代表了股票市场不同组成部分的价值，计算方法也各不相同。例如，价值线指数是根据大约 1 700 种股票的价值的简单平均计算得出的。而标准普尔股票指数则是根据每一种股票的市场价值在总价值中所占的比例加权平均计算出来的。

由于股票指数期权的标的资产是虚拟的，没有可以用来实际交割的资产，必须进行现金交割。清算的现金额度为指数现值与施权价的差。假定投资者购买了一张 3 月香港恒生指数 12 000 点的看涨期权合约，其价值为 600 000 港元（$50\times12\,000=600\,000$，恒生指数的乘数是 50 港元），若到期日的结算价格为 14 000 点，则该投资者获利 100 000 港元（$50\times14\,000-50\times12\,000=100\,000$），即该投资者将得到 100 000 港元的现金。

（二）股票指数期权合约交易的实际操作

股票指数期权合约可以用来进行套期保值和投机。下面以套期保值交易为例说明股票指数期权交易的实际操作。

【例 8.9】 假定某一投资者半年后将到位一笔 450 000 000 美元的资金，并计划将其投资于股票市场。但该投资者担心半年后股价上涨，该投资将遭受损失。该投资者决定在芝加哥商品交易所购进适当数量的标准普尔股票指数买入期权来进行套期保值。如果该投资者购进的 6 月期的标准普尔股票指数买入期权的施权价为 160，报价为 6，则其购买的合约数量为 5 625 份（450 000 000/(160×500)，标准普尔股票指数的乘数为 500），支付的期权费为 16 875 000 美元（即 5 625×6×500）。假设 6 个月后的标准普尔股票指数为 180，则该投资者盈利 56 250 000 美元（即 5 625×20×500），减去期权费成本 16 875 000 美元后，净盈利 39 375 000 美元。这部分盈利可以用来抵补所要购买的股票价格上涨可能带来的损失。假设 6 个月后的标准普尔股票指数为 150，则该投资者可以放弃期权的行使权利，其最大损失为购买指数期权的期权费成本 16 875 000 美元。

三、股票期权合约

（一）股票期权合约

股票期权合约是指赋予其购买者在规定期限内，按双方约定的价格（简称施权价或者协议价格）购买或出售一定数量某种股票的权利的合约。股票期权合约是规定期权买卖双方权利、义务的标准化的合同。标准化股票期权合约有标准的标的资产数量，标准的到期日安排和标准的施权价单位。

股票期权的交易与股票交易相似，都必须委托经纪人进场交易。投资者在委托时必须明确如下内容：买或卖、合约份数、标的股票、到期月份、施权价、限价（也可以不限价）、期权类型（买入期权还是卖出期权）。股票期权的交易一般由期权清算公司进行清算。

股票期权的卖方要向经纪人交纳一定数量的保证金，这种保证金与股票交易的保证金不同。股票交易的保证金是指投资者采用信用交易方式时，向经纪人交纳购买股票所需资金的一部分，其余部分可向经纪人借款，交纳资金部分占全部金额的比率为保证金比率。股票期权的保证金是指在股票期权卖方出售某种期权时，为保证其有能力在对方执行期权时履行义务，要求其在经纪人那里存入一笔作为抵押的现金或其他流动性较强的有价证券。

（二）股票期权合约交易的实际操作

可以利用股票期权合约进行套期保值和投机。

1．买入看涨期权进行套期保值

【例 8.10】 某投资者在 3 个月后有资金到位，计划购买A公司的股票。现在A公司的股票每股股价为 22 美元，该投资者担心该股票价格会上涨，因此买入一份A公司的看涨期权合约，合约规定买方有权在 3 个月内按每股 24 美元的施权价格从卖方处买入 100 股A公司的股票，期权费为 1.5 美元/股。该投资者通过购买股票看涨期权锁定未来购买股票的成本。如果 3 个月后A公司的股票市价为 26 美元，则该投资者可以按 24 美元的价格买入 100 股，然后持有股票或者卖出股票。如果以 26 美元的价格卖出则获利 200 美元（26×100−24×100），扣除期权费成本 150 美元后，净盈利 50 美元。若 3 个月后A公司的股价低于 24 美元，则该投资者放弃行使该看涨期权的权利，净损失为期权费 150 美元。

2．利用股票期权合约进行投机

【例 8.11】 假设某投机者预测B公司的股票价格会上涨，故卖出该股票的看跌期权合约。B公司股票的现在价格为 15 美元。该合约规定，股票期权合约的买方有权在 6 个月后以每股 16 美元的价格将 100 股B公司股票卖给该投机者，该投机者收到每股 1.5 美元共计 150 美元的期权费收入。若股价上涨至 17 美元，则买方放弃行使权利，该投机者净赚期权费收入 150 美元。若股价没涨反跌至 14 美元则该投机者有义务以 16 美元买入 100 股股票，亏损 200 美元（16×100−14×100），与 150 美元的期权费收入相抵后，净亏损 50 美元。投机交易存在亏损的风险。其亏损的最大额度为施权价减去期权费的差再乘以每份期权合约包含的股票数量，即 1 450 美元（16×100−1.5×100）。

四、利率期权合约

（一）利率期权合约

利率期权合约赋予合约的买方在到期日或到期日之前以协定利率借入或者贷出一定数额货币的权利。卖方获得期权费收入，负有应期权买方的要求履行合约的义务。

利率期权是一项与利率变动相挂钩的权利。买方支付一定金额的期权费后，就可以获得这项权利：在到期日按预先约定的利率，按一定的期限借入或贷出一定金额的货币。这样当市场利率向不利方向变化时，买方可固定其利率水平；当市场利率向有利方向变化时，买方可获得利率变化的好处。利率期权的卖方向买方收取期权费，同时承担相应的责任。

利率期权是一项规避短期利率风险的有效工具。资金需求者通过买入一项利率期权，可以在利率水平向不利方向变化时得到保护，而在利率水平向有利方向变化时得益。资金供应者也可以利用利率期权将其贷出资金的收益控制在一定的水平。

（二）利率期权合约的种类

利率期权有多种形式，常见的主要有利率上限、利率下限和利率上下限。

1．利率上限

利率上限是指交易双方达成一项协议，双方确定一个利率上限水平，在此基础上，利率上限的卖方向买方承诺：在规定的期限内，如果市场参考利率高于协定的利率上限，则卖方向买方支付市场利率高于协定利率上限的差额部分；如果市场利率低于或等于协定的利率上限，卖方无任何支付义务，同时，买方由于获得了上述权利，必须向卖方支付一定数额的期权费。利率上限的买方一般为资金的需求者，通过购进利率上限来锁定筹资成本。

2．利率下限

利率下限是指交易双方达成一项协议，双方确定一个利率下限，卖方向买方承诺：在规定的有效期内，如果市场参考利率低于协定的利率下限，则卖方向买方支付市场参考利率低于协定的利率下限的差额部分，若市场参考利率大于或等于协定的利率下限，则卖方没有任何支付义务。作为补偿，卖方向买方收取一定数额的期权费。利率下限的买方一般为资金的供给者，通过购进利率下限可以锁定贷出资金的收益。

3．利率上下限

所谓利率上下限，是指将利率上限和利率下限两种金融工具结合使用。具体地说，购买一份利率上下限，是指在买进一份利率上限合约的同时，卖出一份利率下限合约，以收入的期权费（部分）来抵消需要支出的期权费，从而达到既防范利率风险又降低费用成本的目的。而卖出一份利率上下限，则是指在卖出一份利率上限合约的同时，买入一份利率下限。

（三）利率期权合约的实际操作

1．利率上限交易的实际操作

【例 8.12】 假定一份 3 个月利率上限合约的协定利率为 8%，名义本金数量为 100 万美元，参考利率为 3 个月期的 LIBOR（伦敦同业拆借利率）。如果 3 个月后 3 个月期的 LIBOR 为 8.4%，则卖方须向买方支付 1 000 美元（$(0.084/4-0.08/4)\times 1\,000\,000$）。如果 3 个月后 3 个月期的 LIBOR 为 7.7%，则卖方无须向买方支付。

2．利率下限交易的实际操作

【例 8.13】 假定一份 3 个月利率下限合约的协定利率为 8%，名义本金数量为 100 万美元，参考利率为 3 个月期的 LIBOR（伦敦同业拆借利率）。如果 3 个月后 3 个月期的 LIBOR 为 8.4%，则卖方无须向买方支付。如果 3 个月后 3 个月期的 LIBOR 为 7.7%，则卖方须向买方支付 750 美元（$(0.08/4-0.077/4)\times 1\,000\,000$）。

3．利率上下限的实际操作

（1）买入利率上限，同时卖出利率下限。例如，一个负有与 LIBOR 相挂钩的债务的投资者可以以 8%的协定利率买一份以 LIBOR 为参考利率的利率上限，同时以 4%的协定利率卖出一份 LIBOR 为参考利率的相同期限的利率下限。通过此项操作，投资者就能将其债务保值，将其借款成本锁定在 4%～8%之间。如果利率上限的期权费支出刚好等于利率下限的期权费收入，这个利率上下限就称为“零成本”上下限。

（2）买入利率下限，同时卖出利率上限。例如，一个拥有与 LIBOR 相挂钩的资产的投资者可以以 3%的协定利率买一份以 LIBOR 为参考利率的利率下限，同时以 7%的协定利率卖出一份 LIBOR 为参考利率的相同期限的利率上限。通过此项操作，投资者就能将其资产保值，将其投资收益锁定在 3%～7%之间。如果利率上限的期权费收入刚好等于利率下限的期权费支出，这个利率上下限就称为“零成本”上下限。

五、期货期权合约

（一）期货期权合约

期货期权（即期货合约的期权）合约赋予买方在期权有效期限内的任何时间以约定价格从卖方买入或向卖方卖出某种期货合约的权利。

期货期权的基础是期货合同，期货期权合同实施时要求交易的不是期货合同所代表的资产，而是期货合同本身。对于一份期货看涨期权而言，期货期权的买方将获得按照施权价买入某种指定期货合约的权利，即有权获得该期货合约的多头头寸。对于一份期货看跌期权而言，期货期权的买方将获得按照施权价卖出某种指定期货合约的权利，即有权获得该期货合约的空头头寸。

（二）期货期权的特点

（1）资金使用效益高。由于交易商品是期货，因此在建立头寸时，是以差额支付保证金，在清算时以差额结算，从这个意义上讲，期货期权可以使用较少的资金完成交易，因而提高了资金的使用效益。

（2）交易方便。由于期货期权的交易商品即期货合同已经标准化、统一化，流动性较高，因此便于进行交易。

（3）交割简便。期货期权交易很少交割期货合同，期货期权交易双方收付的结算金额为期货合同当前价格与期货期权的施权价之间的差额。

（4）违约风险小。期货期权交易通常在交易所进行，交易的对方是交易所清算机构，因而违约风险小。

（5）与现货期权相比，期货期权也有明显的缺点，其最大缺点是由于其在交易所进行交易，上市的商品种类有限，因而施权价、期限等方面的交易条件不能自由决定。

（三）期货期权合约交易的实际操作

假定某投资者以 75 美元的施权价购买某种期货的看涨期权，并假定合约到期日的该种期货市价为 85 美元，买方有权以 75 美元的价格购入期货，再以 85 美元的价格卖出，实现收益为 10 美元（不考虑期权费支出）。期货的看涨期权的卖方的损失为 10 美元（不考虑期权费收入）。

第四节 金融互换市场

一、金融互换概述

（一）金融互换的定义

按照国际清算银行（BIS）的定义，金融互换是买卖双方在一定时间内，交换一系列现金流的合约。具体地说，金融互换是指两个（或两个以上）当事人按照商定的条件，在约定的时间内，交换不同金融工具的一系列支付款项或收入款项的合约。

（二）金融互换交易的原理及特征

金融互换交易的主要原理是交易双方利用各自在筹资成本上的比较优势筹措资金，然后分享由比较优势而产生的经济利益。例如 A 公司在甲货币借贷市场上有比较优势，而在乙货币借贷市场上具有比较劣势，即 A 公司在甲市场上的筹资成本相对低于从乙市场上的筹资成本。然而，B 公司在乙货币借贷市场上有比较优势，而在甲货币借贷市场上具有比较劣势，即 B 公司在乙市场上的筹资成本相对低于从甲市场上筹资的成本。在存在比较优势的情况下，甲乙双方就可以商定，分别筹集自己具有比较优势的资金，并通过互换获得自己所需的资金，从而分享从比较优势中获得的利益，双方均降低筹资成本。

金融互换交易具有一些其他金融衍生产品不具备的优点：（1）金融互换交易的期限灵活，多为 1 年以上的中长期交易，一般为 2～10 年，最长的可以为 30 年。（2）金融互换交易为场外交易，其非标准化，可以“量体裁衣”，满足交易者的独特要求。（3）金融互换的交易者不必像期权、期货等交易那样管理标的资产的头寸。

（三）金融互换的功能

（1）合理利用经济资源，提高经济效益。投资者可以利用金融互换交易，充分利用双方的比较优势这种经济资源来提高资产收益。同样道理，筹资者也可以利用金融互换交易大幅度降低筹资成本。

（2）规避风险。投资者或者筹资者可以利用金融互换交易规避利率风险或者汇率风险。

（3）有效管理资产负债结构。银行或者企业可以利用金融互换交易筹措到所需的任何期限、币种、利率的资金。同时可以灵活地调整其资产负债的市场结构和期限结构，有效地管理资产负债。

（4）合理逃避管制。金融互换交易属于不计入资产负债表的表外业务，可以合理地逃避税收管制、利率管制、外汇管制等各类管制。

（四）金融互换交易的种类

根据基础产品的不同，金融互换可以分为货币互换、利率互换、股票互换等。由于利率互换与货币互换在互换交易中占主要地位。下面主要介绍这两种交易。

二、货币互换

（一）货币互换合约

货币互换又称外汇互换，是交易双方之间达成的一种协议或合约，在合约中，交易双方承诺在一定期限内互相交换约定的不同货币的本金额及相同或不同性质的利息。货币互换是所有互换合约中最先发展出来的。

货币互换的原因是交易双方在各自国家中的金融市场上具有比较优势。

【例 8.14】　假定英镑和美元的汇率为 1 英镑=1.8 美元。一家英国公司需要本金为 1 800 万元的 3 年期固定利率美元贷款，而一家美国公司需要本金为 1 000 万元的 3 年期固定利率英镑贷款。

假设英国公司和美国公司在本国及对方国的 3 年期贷款固定利率如表 8.7 所示。

表 8.7　英国公司和美国公司在本国和对方国的 3 年期贷款固定利率

币种 公司	£	$
英国公司	6%	10%
美国公司	8%	11%

从表 8.7 可以看出，英国公司在英国市场及美国市场上的借款利率均比美国公司低，但绝对优势大小不同。英国公司在英镑市场上的绝对优势为 2%，而在美元市场上的绝对优势为 1%。这说明英国公司在英镑市场上有比较优势，而美国公司在美元市场上有比较优势。这两家公司就可以利用各自的比较优势，英国公司从英国市场上筹集

资金，而美国公司在美国市场上借款，然后通过互换得到自己需要的资金，并通过分享利益来达到双方均降低筹资成本的目的。

（二）货币互换合约的种类

（1）固定利率对固定利率货币互换。这种货币互换是指交易双方在整个交易期间均按照固定利率互相交换支付利息。在互换交易开始时，交易双方按即期汇率互换本金，并且商定两种货币的利率及利息互换日，同时确定在未来合约到期日将本金互换回来时的汇率。然后，按照约定的日期、利率进行利息互换。合约到期日，按照约定的汇率将本金互换回来。上面的英美两家公司的例子就属于固定利率对固定利率货币互换。

（2）固定利率对浮动利率货币互换。这种货币互换是指交易双方在整个交易期间，互换的一方承担按照固定利率支付利息的义务，而另一方承担按照指定的浮动利率支付利息的义务。

（3）浮动利率对浮动利率货币互换。这种货币互换是指交易双方在整个交易期间均按照指定的浮动利率互相交换支付利息。这种货币互换能使互换双方消除货币汇率和利率变动的风险。

（三）货币互换的功能及不足

货币互换既能满足交易双方的筹资意愿，又能降低其筹资成本。同时，因为在交易开始时就已商定合约到期时本金互换回来的汇率，货币互换能够避免汇率风险，这相当于通过远期合约，锁定未来的交易汇率，大大地规避了汇率风险。

货币互换存在交易一方违约或者不履行合同的风险，如果是这样，另一方必然因利率、汇率变动而遭受损失。

（四）货币互换交易的实际操作

【例 8.15】 以上面提及的英美两家公司的互换交易为例，来说明货币互换交易的实际操作。

首先，英国公司在英国资本市场上筹集资金，借入 1 000 万英镑的 3 年期每年付息的固定利率贷款；美国公司在美国资本市场上筹集资金，借入 1 800 万美元的 3 年期每年付息的固定利率贷款。合约生效时，英国公司将借入的 1 000 万英镑资金交给互换交易商，互换交易商向美国公司支付本金 1 000 万英镑；美国公司将借入的 1 800 万美元交给互换交易商，互换交易商向英国公司支付本金 1 800 万美元。

然后，假定英国公司和美国公司商定双方平分互换收益，并且为简化起见不考虑双方支付给互换交易商的手续费，则英国公司和美国公司都将使筹资成本降低 0.5 个百分点。从合约生效之日起的 3 年内，英国公司每年通过互换交易商向美国公司支付本金为 1 800 万美元，利率为 9.5%的利息，即 171 万美元；美国公司每年通过互换交易商向英国公司支付本金为 1 000 万英镑，利率为 7.5%的利息，即 75 万英镑。

最后，合约到期日，英国公司通过互换交易商向美国公司支付本金 1 800 万美元，而美国公司通过互换交易商向英国公司支付本金 1 000 万英镑。

整个过程如图 8.5 所示。

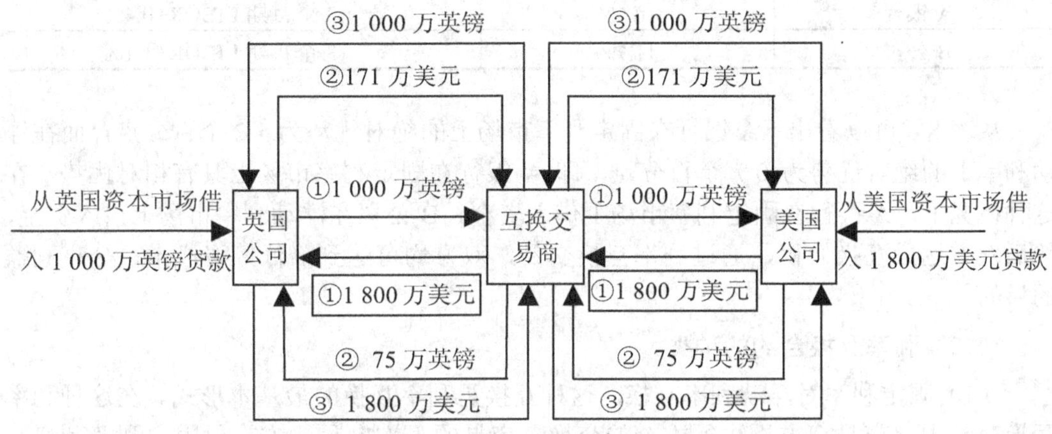

图 8.5 货币互换交易流程

三、利率互换

（一）利率互换

利率互换是指互换双方交换一系列现金流的合约。在利率互换中，交易双方的标的资产是相同数量的同种货币，根据合约的规定，一方定期向另一方支付名义本金的固定利息，而后者则定期向前者支付名义本金的浮动利息。

利率互换就是两笔货币相同、本金相同、期限相同的资金，做固定利率与浮动利率的调换。这个调换是双方的，如甲方以固定利率换取乙方的浮动利率，乙方则以浮动利率换取甲方的固定汇率，故称互换。互换的目的在于降低资金成本和利率风险。利率互换与货币互换都是于 1982 年开拓的，是适用于银行信贷和债券筹资的一种资金融通新技术，也是一种新型的避免风险的金融技巧，目前已在国际上被广泛采用。

交易双方进行利率互换的主要原因在于双方分别在固定利率市场和浮动利率市场上具有比较优势。

【例 8.16】 设互换交易双方一方为 A 银行，信用等级为 AAA，另一方为 B 跨国公司，信用等级为 BBB。A 银行希望以浮动利率筹资 50 万美元，B 公司希望用固定利率筹资 50 万美元。由于 A 银行的信用等级高，故其在固定利率市场和浮动利率市场的筹资成本均低于B公司，如表8.8所示。

表8.8　欧洲债券市场提供给A银行和B公司的借款利率

银行或公司 \ 利率	固定利率	浮动利率
A银行	10.5%	3个月期LIBOR+0.4%
B公司	11.7%	3个月期LIBOR+1.1%

从表8.8可以看出，A银行在固定利率市场上的绝对优势为1.2个百分点，而在浮动利率上的绝对优势为0.7个百分点，即A银行在固定利率市场上具有相对优势。在这种情况下，A银行在固定利率市场上借入资金，B公司在浮动利率市场上借入资金，然后双方达成互换协议，通过利率互换交易，双方均可达到降低筹资成本、分享利益的目的。

（二）利率互换合约的种类

（1）固定利率对浮动利率互换。这种互换是利率互换的最基本形式。在这种利率互换交易中，交易双方不进行本金的交换，交易的一方向另一方支付固定利率利息，从另一方处收到浮动利率利息，而另一方相应地收到固定利率利息，支付浮动利率利息。

（2）浮动利率对浮动利率的互换。这种互换以两种不同的浮动利率指数为标的。例如交易的一方支付根据3个月的美元伦敦同业拆借利率计算的利息，收到根据美国商业票据混合利率计算的利息；另一方相应地收到根据3个月的美元伦敦同业拆借利率计算的利息，支付根据美国商业票据混合利率计算的利息。交易双方也不需要进行本金的互换。

（3）交叉货币互换。这种互换是以不同货币，并按不同的利率基础，如浮动利率对固定利率进行支付的交换。一般情况下，这种货币互换是把非美元固定利率利息支付换成美元浮动利率利息支付。

（三）利率互换合约的优缺点

1．利率互换的优点

（1）控制利率波动的风险。通过利率互换交易可以改变资产收益的性质，根据各自的需要将固定收益变为浮动收益，或者将浮动收益变为固定收益，稳定合约双方的收益，控制利率波动的风险。

（2）降低筹资成本。双方通过互换，都满足了需求，同时双方利用从固定利率市场筹资或者从浮动利率市场筹资的比较优势取得利益并分享利益，达到了降低筹资成本的目的。

（3）风险较小。因为利率互换不涉及本金，双方仅是互换利率，风险也只限于应付利息这一部分，所以风险相对较小。

（4）逃避管制。这是因为利率互换对双方财务报表没有什么影响，现行的会计准则也未要求把利率互换列在报表的附注中，故可对外保密，可合理地逃避利率、税收等管制。

（5）手续比较简便，交易迅速达成。

2. 利率互换的缺点就是利率互换不像期货交易那样有标准化的合约，有时不易找到合适的交易对象。

（四）利率互换交易的实际操作

【例 8.17】 以例 8.16 中的 A 银行和 B 公司的互换交易为例来说明利率互换合约的实际操作。

A 银行发行本金为 50 万美元的每年付息的利率为 10.5%的固定利率债券，B 公司向银行借入本金为 50 万美元的每年付息的以 3 个月期的 LIBOR+1.1%为浮动利率的贷款。接下来双方进行利率互换交易。这种情况下，交易双方的总筹资成本为 11.6% + LIBOR（10.5%+ LIBOR+1.1%）。如果不进行利率互换交易，双方直接按照各自的需要进行筹资，即 A 银行以 LIBOR+0.4%浮动利率筹资、B 公司以 11.7%的固定利率借入资金，交易双方的总筹资成本为 12.1%+ LIBOR（11.7%+ LIBOR+0.4%）。利率互换交易使交易双方共节省了 0.5 个百分点的筹资成本。交易双方通过协商决定利益分享比例（不考虑支付给互换交易商的手续费）。这里我们假定双方平分利益，即双方的筹资成本均降低 0.25 个百分点，则 A 银行的实际筹资成本为相当于本金额乘以 3 个月期 LIBOR+0.15%的浮动利息，B 公司的实际筹资成本为相当于本金额乘以 11.45%的固定利息。

为了简化起见，我们不考虑交易双方支付给互换交易商的手续费。交易双方可以根据实际筹资成本与借款成本的差异计算各自向对方支付的现金流。

假定双方商定 A 银行通过互换交易商向 B 公司支付的浮动利率时：

B 公司的实际筹资成本=筹集资金时支付的浮动利率−A 银行通过互换交易商向 B 公司支付 LIBOR 的浮动利率+B 公司通过互换交易商向 A 银行支付的固定利率

假定双方商定 B 公司通过互换交易商向 A 银行支付的固定利率时：

A 银行的实际筹资成本=筹集资金时支付的固定利率−B 公司通过互换交易商向 A 银行支付的固定利率+A 银行通过互换交易商向 B 公司支付的浮动利率。

这里我们假设双方商定 A 银行通过互换交易商向 B 公司支付 LIBOR 的浮动利率，由于 B 公司筹集资金时的浮动利率为 LIBOR+1.1%，且 B 公司的实际筹资成本为支付 11.45%的固定利率，故其应向 A 银行支付的固定利率为 10.35%（11.45%+LIBOR−

(LIBOR+1.1%))；利率互换的流程如图 8.6 所示。

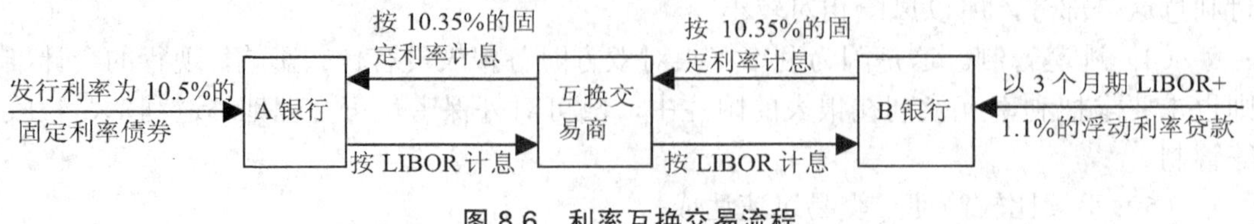

图 8.6　利率互换交易流程

本章小结

1．金融衍生品又称金融衍生工具，是指其价值依赖于基本标的资产价格的金融工具，如金融远期、金融期货、金融期权和金融互换等。

2．金融远期合约是指交易双方约定在未来某一交易日，按照事先商定的价格，以预先确定的方式买卖一定数量的某种金融资产的合约。同意在未来购买金融资产的一方为金融远期合约的买方，同意出售金融资产的一方为金融远期合约的卖方。

3．远期利率协议是交易双方商定在未来某一时间对某一具体期限的名义上的存款或者贷款支付利率的合同，并规定期满时，由一方向另一方支付协议利率与结算日的参考利率之间的贴现后的利息差（无须支付本金）。远期利率协议（FRA）的买方相当于名义借款人，卖方相当于名义贷款人。

4．金融期货合约是指协议双方约定在将来某一特定的时间，按约定的条件（包括价格、交割地点、交割方式）买入或卖出一定标准数量的某种特定金融工具的标准化协议。按照标的物不同，金融期货主要可以分为外汇期货、利率期货和股指期货等。

5．金融期货市场具有套期保值、规避风险功能，价格发现功能以及投机功能。

6．金融期权又称金融选择权，是指赋予其购买者在规定期限内按双方约定的价格（简称协议价格或执行价格）购买或出售一定数量某种金融资产（称为基础金融资产或标的资产）的权利的合约。期权分为看涨期权和看跌期权。

7．期权买方是指依据期权买卖协议支付期权费用，同时获得购买或出售某种期权权利的一方。期权卖方是指依据期权买卖协议收取期权费用，同时负有按期进行期权交易义务的一方。

8．看涨期权、看跌期权的买卖双方具有不同的风险收益特征。看涨期权的买方只需付出期权费，其亏损的风险有限，最大亏损程度为期权费，而其收益却可能是无限大的。看跌期权的买方亏损的最大程度也为期权费，但其收益并不是无限大的。当标的资产的价格下跌至盈亏平衡点以下时，看跌期权的买方即可获利。当标的资产的价格下跌为 0 时，看跌期权的买方收益最大，为施权价减去期权费的差再乘以每份期权合约所包括的标的资产的数量。看跌期权的买方亏损的最大程度也为期权费，但其收益并不是无限大的。当标的资产的价格下跌至盈亏平衡点以下时，看跌期权的买方即可获利。当标的资产的价格下跌为 0 时，看跌期权的买方收益最大，为施权价减去期权费的差再乘以每份期权合约所包括的标的资产的数量。看跌期权的卖方的最大可能收益为期权费。当标的资产的市价低于盈亏平衡点时，看跌期权的卖方就开始亏损，当标的资产的市价降低为 0 时，亏损额达到最大，为施权价与期权费的差再乘以每份期权合约所包括的标的资产的数量。

9．按照国际清算银行（BIS）的定义，金融互换是买卖双方在一定时间内，交换一系列现金流的合约。具体地说，金融互换是指两个（或两个以上）当事人按照商定的条件，在约定的时间内，交换不同金融工具的一系列支付款项或收入款项的合约。

10．金融互换交易的主要原理是交易双方利用各自在筹资成本上的比较优势进行筹措资金，然后分享由比较优势而产生的经济利益。

11．金融互换具有提高经济效益、规避风险、有效管理资产负债结构、合理规避管制等功能。

12．根据基础产品的不同，金融互换可以分为货币互换、利率互换、股票互换等。

本章重要概念

金融衍生品	金融远期合约	远期利率协议	远期外汇合约
金融期货合约	外汇期货	利率期货	股指期货
金融期权	看涨期权	看跌期权	股票价格指数期权
股票期权交易	利率期权	期货期权	金融互换
货币互换	利率互换		

本章复习思考题

1．什么是金融衍生品？

2．什么是远期利率协议？远期利率协议具有什么功能？

3．如何利用远期外汇合约防范汇率风险？

4．简述金融期货合约的定义以及金融期货市场的功能。

5．试述金融期货交易的主要类型以及各种金融期货交易的功能。

6．假定某投资者现在持有每股价格为 100 美元的 A 公司股票 500 股，并打算在 3 个月内继续持有这些股票。如果该投资者预测 3 个月后 A 公司的股票价格和股市的价格指数都将下降，该投资者可以通过卖出股票指数期货合约来进行套期保值。该投资者通过经纪人在期货市场上售出3个月期股票指数合约40份。如果3个月后股票指数果然下跌了15点，股票价格也跌至70美元。该投资者是否应该买进同样的期货合约40份，在合约到期前进行平仓？如果这样操作该投资者的盈亏情况如何（每点按50美元计算）？

7．什么是金融期权？金融期权合约的种类有哪些？

8．简析金融期权合约的买卖双方的风险收益特征。

9．假定某投资者预测甲公司的股票价格会下跌，故买入该股票的看跌期权合约。甲公司股票的现在价格为30美元。该合约规定，该投资者有权在6个月后以每股29美元的价格将100股甲公司股票卖给股票期权合约的卖方，该投资者支付每股1.5美元共计150美元的期权费收入。试分析6个月后甲公司的股票价格为33美元、27.5美元以及15美元的情况下该投资者的盈亏情况。并指出该投资者购买该期权的最大可能盈利值和最大可能损失额分别为多少？

10．货币互换有哪些基本类型？

11．假定英镑和美元的汇率为1英镑=1.7美元。一家英国公司需要本金为1 700万的2年期每年付息的固定利率美元贷款，而另一家美国公司需要本金为1 000万的2年期每年付息的固定利率英镑贷款。假设英国公司和美国公司在本国及对方国的2年期贷款固定利率如下：

	£	$
英国公司	5%	9%
美国公司	8%	11%

试分析两家公司在两国金融市场上筹资的比较优势，并为两家公司进行货币互换的安排（可假设两家公司平分互换收益，不考虑支付给互换交易商的费用）。

12．简析利率互换的优缺点。

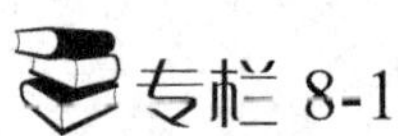

专栏 8-1

我国场内衍生品市场的发展

从国外的经验看，衍生品市场随着经济发展和金融深化，在定价和风险管理方面将起到越来越重要的作用。随着中国改革开放的推进，中国衍生品市场虽然起步较晚但也逐渐发展起来，尤其近年来呈现迅猛发展的势头。那么，中国金融衍生品市场发展的情况到底如何？本专栏通过简要回顾近年来我国场内衍生品市场的发展成就，来解答这个问题。

一、商品期货市场起步较晚，但规模扩张迅速，市场影响力不断增强

随着中国市场经济的推行和对外开放的扩大，中国商品期货市场的发展也提上日程。1990 年 10 月 27 日，中国引入期货交易机制的全国性批发市场——中国郑州粮食批发市场开业。随后各省争相成立期货公司，据有关部门统计，截至 1993 年底，全国已经批准建立 40 多家，开业 33 家。经纪公司的建立稍晚一些，1992 年 9 月我国第一家期货经纪公司——广东万能期货经纪公司成立，随后的一年多时间里仅广东就成立了上百家经纪公司。1993 年以前，中国期货发展迅速，但经营比较混乱。在经历 1993 年到 1998 年国家对期货业的清理和整顿之后，期货市场虽然得到了规范，但交易量出现了萎缩，大部分交易品种沉寂和部分交易所及经纪公司难以为继。从 1998 年开始，中国期货业进入规范发展阶段，"十一五"期间，我国期货市场实现了由量的扩张向质的提升的转变。主要表现如下。

一是法律法规逐步完善：修订了《期货交易管理条例》，同时还修改和制定了多项规章和规范性文件。二是交易组织不断集中：商品交易所撤并为三个，即只保留上海、郑州和大连三家交易所。三是交易品种不断扩大：先是在 1998 年压缩为 12 种，然后逐渐完善品种，截至 2010 年底，除原油外，国际市场大宗商品期货品种在中国都已上市，覆盖了农产品、金属、能源、化工等诸多产业领域的商品期货品种体系基本形成。四是交易规模迅猛增长：我国至 2010 年 6 月底，已经成为全球第一大商品期货市场和第一大农产品期货市场。"十一五"以来，我国期货市场成交量和成交额保持爆炸式增长。2009 年国内商品期货交易量达到了 21.57 亿手，按国际惯例单边计算的交易量达到了 10.79 亿手，商品期货交易量居世界第一，占全球 23.118 手商品期货、期权交易量的 46.67%，扣除商品期权，占全球商品期货交易量近 70%的市场份额，交易额达到了 130.51 亿元人民币。2010 年 1 月至 8 月，我国商品期货市场累计成交 18.98 亿手，成交金额 135.72 万亿元，比 2009 年同期分别增长 49%和 73.5%。五是市场影响逐步扩大：随着我国商品期货市场规模稳步扩大，市场功能得到发挥，服务国民经济发展的能力逐步的显现。期货价格在指导现货生产、消费和流通方面的先导作用日益显现，相关产业链企业对期货市场重要性的认识日益深入，越来越多的企业利用期货市场管理风险实现稳定生产经营。在国际大宗商品市场上，我国期货市场的铜、大豆（资讯，行情）、PTA、棉花等品种影响力不断增强。

二、股指期货千呼万唤始出来，运行平稳、功能凸现

随着中国经济的快速成长和股票市场规模不断扩张，渴望推出股指期货市场的呼声越来越大。但是，虽然中国商品期货取得了长足进步，中国金融期货长期处于停滞状态。这主要是因为中国股票市场还没有理顺，特别是中国流通股和非流通股二元结构的存在直接阻碍了股指期货的推出。2005 年 4 月 29 日，证监会发布《关于上市公司

股权分置改革试点有关问题的通知》，宣布启动股权分置改革试点工作。随后股票分置改革便以分批分次的形式紧锣密鼓地展开了。随着中国股权分置改革的快速推进，股指期货也顺理成章提上议事日程，中国金融期货交易所股份有限公司在2006年9月8日正式挂牌并开始进行股指期货市场的筹备。2010年4月16日，我国正式推出了沪深300股指期货。一年来，股指期货市场总体平稳有序，市场功能初步发挥，市场秩序理性规范。

一是开户数平稳均衡增长。截至2011年1月底，开户总数近6.3万户，每日新开户数稳定在200户左右，参与者多为商品期货老客户和股票市场经验比较丰富的交易者，没有出现投资者盲目入市的情况。二是交易比较活跃，持仓量稳步增加，流动性较好。股指期货推出后持仓量呈稳步增长态势，上市首日市场累计持仓3 590手，其后随着机构投资者的入市和客户参与数的增加，市场持仓量呈现逐步上升趋势。2010年5月份市场平均持仓量增至1.6万手，6月份增至2.4万手，2011年1月增至3.4万手。随着机构投资者的交易量增加，套期保值的持仓比例明显提高，成交持仓比相应下降，由上市初期的20倍逐步下降至2010年12月的7倍左右。三是价格运行理性，期现货价格关联性较好，没有出现价格“爆炒”现象。四是对现货市场影响开始显现。尽管在推出后遇到国内房贷新政、欧洲债务危机等各类加剧股市波动的不利因素，A股市场的波动性却明显降低。比较股指期货上市至今，沪深300指数日均波动幅度由2.28%下降到了2.13%，上证综指日均波动幅度由2.12%下降到1.9%，充分表明了股指期货对股市具有积极的稳定作用。价格走势上，股指期货价格始终跟随现货指数窄幅波动，期现拟合度高，基差合理稳定。各主力合约价格始终跟随沪深300指数窄幅波动，期现价格日收盘价相关系数稳定在99%以上，期指未出现独立于现货走势的行情。五是合约交割平稳、顺利，没有出现“到期日效应”，基本实现了股指期货平稳上市和安全运行的预期目标，已成功融入我国资本市场的运行和发展之中，大大超出了人们的预期。六是期货市场功能不断增强。随着机构投资者逐渐入市套期保值的交易量在不断增加，市场避险功能正在逐步发挥。截至2011年1月底，共计86个券商自营、资产管理及基金专户理财账户均已申请开立股指期货套期保值交易编码。并且，作为规避股市下跌风险的有效手段，卖出套保持仓占比持续稳步上升。股指期货的出现逐渐改变了股票投资者风险收益的分布，参与股指期货并成功套保的投资者成功规避了股市下跌的风险，股指期货将进一步增强机构投资者的分化趋势。

三、外汇期货和国债期货曾经试验，但目前尚未推出

外汇期货方面，1992年6月1日，上海外汇调剂中心推出的外汇期货是我国最早的金融期货，交易的外汇品种包括人民币对美元、英镑、德国马克、日元等。至1992年底，共成交期货合约10 813张，交易金额2.2亿美元。因当时外汇交易实行的是双轨制，国家对外汇现汇交易有诸多限制，交易在1993年被停止。2006年，交易中心与

芝加哥商业交易所达成合作协议。根据这一协议，交易中心的会员单位将可以通过交易中心交易电子平台上交易的国际货币市场汇率和利率产品交易中心将作为的超级清算会员，为交易这些货币产品的市场参与者提供交易便利和清算服务。通过这个合作项目，我国金融机构可以以优惠的费率和交易条件交易外汇期货产品，帮助我国金融机构在金融交易实践中提高自主定价和风险管理能力，更加有效地进行国际货币的汇率风险管理。

1988 年，财政部在全国 61 个城市进行国债流通转让的试点。1990 年 12 月，上海证券交易所成立，开始接受实物债券的托管，并在交易所开户后进行记账式债券交易，形成了场内和场外交易并存的市场格局。我国的国债期货交易始于 1992 年 12 月 28 日。起初，国债期货的交易仅限于证券商自营，市场规模较小，行情波动也不大。为了提高国债期货交易的活跃度，1993 年 10 月 25 日，上交所决定，国债期货交易向社会公众开放。与此同时，北京商品交易所在期货交易所中率先推出国债期货交易。1994 年至 1995 年春节前，国债期货飞速发展，全国开设国债期货的交易场所从两家陡然增加到 14 家（包括 2 个证券交易所、2 个证券交易中心以及 10 个商品交易所）。由于股票市场的低迷和钢材、煤炭、食糖等大宗商品期货品种相继被暂停，大量资金云集国债期货市场，尤其是上海证券交易所。1994 年以后，机构以代保管单的形式超发和卖空国库券的现象相当普遍，市场风险巨大。同年，交易所开辟了国债期货交易。当时，国家为了保证国债的顺利发行，对已经发行的国债也实行保值贴补的政策，保值贴补率由财政部根据通货膨胀指数每月公布。正是保值贴补率的这种不确定性，为国债期货的投机炒作提供了机会和空间，大量的机构投资者和个人投资者纷纷拥进国债期货市场，国债期货市场的行情日益火爆，成交屡创历史新高，市场规模急剧扩大。1994 年全国国债期货市场总成交量达 2.8 万亿元，几乎是各商品期货交易总金额之和。1995 年，以武汉证券交易中心等为代表的区域性国债回购市场因虚假的国债抵押泛滥而被关闭。同年 5 月，爆发非法操纵国家期货合约价值的“3 · 27”事件，国债期货市场关闭。

四、权证市场已经启动，但发展水平还处于初级阶段

自 1911 年美国电灯和能源公司发行全球第一张权证以来，世界权证市场已走过近百年的历史。早在 1992 年 6 月上海证券交易所就已推出了大飞乐配股权证，这是我国证券史上的第一只权证。但当时国内的权证市场投机氛围浓重，权证一度被恶意炒作和操纵，1996 年 6 月，中国证监会被迫紧急叫停权证交易，此后，时隔 9 年我国证券市场才又推出新的权证发行。2005 年 8 月 22 日，推进我国上市公司股权分置改革的要求，又开始设立新权证，第一只设立的是宝钢权证。为推进我国上市公司股权分置改革，权证类股权分置方案一般用送股、权证回售等方式确定最低对价，权证作为对价中的变动部分，交由市场在未来解决，部分公司还结合大股东减持和再融资。其中又

包含认购与认沽权证。截至 2009 年 4 月份，已经退市的权证有 39 种，正在交易的有 15 种。最初的权证市场由于品种稀少交易异常活跃，一天可以换手好几次。虽然品种很少，但是由于换手频繁成交额常常可以达到几百亿元甚至上千亿。另外，交易价格也常常远远偏离理论价值，甚至出现对理论价值为零的看跌权证的沉炒作。由于炒作频繁，交易所监管力度也增加，通过设涨跌停板或临时停板来减少过度的炒作。当前，由于过度投机的情况得不到很好的控制，新的权证品种的发行基本陷入停滞。

现在中国权证市场与成熟市场比还有很大差距，主要是品种少，备兑权证的发行还不顺畅。德国的权证品种有上万种，以品种计是全球第一。在中国香港权证品种上千种，而且以备兑权证为主，中国台湾和新加坡也有几百种的规模。美国权证市场品种少，成交量也不大，这主要是因为美国有发达的期权市场，期权对权证的替代效应，使发行者和投资者没有动力发行和投资权证。可见，中国权证市场投资者不成熟或品种少的原因也造成权证市场的炒作风气较浓。随着权证市场的规范和投资者更加成熟，权证市场也将逐渐走向成熟。当然，从各国经验看，我国市场可能是以权证为主，也可能是以期权为主，由于存在路径依赖，中国市场以权证为主的可能性更大些。

（资料来源：中国人民银行. 2010 年中国金融市场发展报告（2011 年版）. 北京：中国金融出版社）

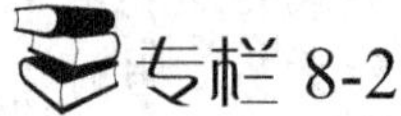

专栏 8-2

次贷危机中的金融衍生品：CDS

2007 年以来的国际金融危机中，大规模的 CDS 合约交易起到了推波助澜的作用，放大了实际风险，造成了远超过次贷本身的损失。本专栏通过回顾 CDS 在全球性金融海啸中扮演的角色来帮助读者对 CDS 这类专为金融交易提供保障的金融衍生品有一个粗浅的认识。

一、什么是 CDS

CDS，即 Credit Default Swap 的缩写，中文译为“信用违约互换”，是一种以金融产品与金融机构的信用作为交易基础的信用衍生产品，本质上是一种金融资产的违约保险。在一份标准 CDS 合约中，买方通过购买合约，将自身拥有债权的违约风险转移，合约的卖方则为买方提供这种保障，一旦发生违约，则卖方承担买方的资产损失。

CDS 合约的价格，即标的债券违约风险的“保险费”，其高低与债券违约风险的高低呈正相关关系。一般情况下，CDS 产品的价格以 BP 表示，价格越高代表双方认为债券违约的可能性越大。例如，1 000 个 BP 即相当于 1 标准合同（1 000 万美元的债券）每年要付保险费 100 万美元。美国托管信托和结算公司（DTCC）2008 年 11 月 4 日公布的数据显示，国债中 CDS 保费最高的国家是冰岛、阿根廷、巴基斯坦、乌克兰，最安全的国债则为马耳他、加拿大、德国、美国、英国、日本、法国、芬兰。中国 5 年期国债的保费费率是 140 美元，意味着 1 000 万美元中国国债每年的保费是 14 万美元，相当于等额美国国债 CDS 年保费的 4 倍左右。

虽然 CDS 本质上是一种保险，保险对象是标的债券的违约风险，但与一般的人身保险不同，CDS 合约并不要求买方与标的债券之间具有真实的债权债务关系。买卖双方订立的 CDS 合约，仅仅涉及到标的债券的信用风险的转移，并不需要征得实际债权人的同意。

CDS 开发之初，主要用来降低债权人的信贷风险，因此其最初功能无非是对冲债务的违约风险。随着 CDS 市场的发展，越来越多的投资者开始利用 CDS 进行投机与套利交易。因此，在债券发行中引入 CDS，可以实现债券发行方、CDS 买方、CDS 卖方三方的共赢。对债券发行方来说，通过发行附有 CDS 的债券，不仅可以降低债券的发行门槛，摆脱对银行担保的依赖，而且有利于提高债券的信用等级，降低融资成本。从 CDS 买方角度看，通过支付一定的费用可以实现对债券信用风险的有效规避，获取稳定的收益。从 CDS 卖方来看，通过收取相应费用实现自身的收益，并且可以通过出售 CDS 进行担保风险的对冲。

二、CDS 的发展

由于 CDS 具有的特殊功能，满足了金融机构化解风险的需求，所以其一经问世，就引起了国际金融市场的热烈追捧。据统计，全球 CDS 市场未清偿余额由 2001 年 6 月底的 6 315 亿美元飙升至 2007 年 12 月底的 62.17 万亿美元，增长了 97.5 倍，这甚至超出了 2007 年全球 GDP 的规模。而且，这一数字还只包括了商业银行向美联储报告的数据，并未涵盖投资银行和对冲基金的数据。据统计，仅对冲基金就发行了 31%的 CDS 合约。而 CDS 在全球信用衍生品市场中也占有绝对支配性地位。截至 2008 年第二季度末，CDS 在美国信用衍生品市场中占到 98.77%。在美国金融机构的 CDS 交易中，JP 摩根（J.P.Morgan）、美洲银行（Bank of America）、花旗银行（Citibank）、汇丰银行（HSBC Bank）与美联银行（Wachovia Bank）以绝对优势占据了前五位。这五家商业银行买入与卖出的 CDS 规模均占到美国所有商业银行与信托公司买入与卖出 CDS 规模的 99%以上。其中，摩根大通在美国 CDS 市场上占据着举足轻重的地位，其买入与卖出的 CDS 合约均占到所有银行 CDS 交易的 50%以上。

2007 年次贷危机全面爆发之前，CDS 参照实体违约的情况很少发生，参照实体的平均违约比例仅为 0.2%。绝大多数 CDS 交易，均为买方向卖方交纳保费，而卖方赔付的概率很低。因此尽管全球 CDS 市场未清偿余额很高，但该市场上的净现金流量要低得多。次贷危机发生后，由于参照实体违约率的上升，CDS 买方要求卖方赔付的比率不断上升，直接导致了 AIG 等金融机构的破产。

三、次贷危机中 CDS 的作用

从表面上看，美国的次贷危机是由于资产泡沫的破灭引起的，但实际上，没有了以 CDS 为标志的金融衍生品的大规模创立及交易，后果并不会如此严重。

CDS 与美国次贷危机的关系较为复杂，它并非造成次贷危机的原因，却是扩大次贷危机范围及损失的关键。华尔街金融机构在 CDO 和 CDS 等衍生品交易中，往往运用高杠杆比率进行融资。通过基于 1 万多亿美元的次级贷款（SM）创造出了超过 2 万亿美元的次级债（MBS），并进一步衍生和创造出超万亿美元的 CDO 和数十万亿美元的 CDS，金融创新的规模呈几何级数膨胀。在 SM—MBS—CDO—CDS 的价值链中，CDS 处于最末端，是风险的最终承担者，数额最大，影响范围最广。由于杠杆作用，CDS 极大地放大了基础借贷关系（次级贷款 SM）的风险，是次贷危机的放大器。一些参与 CDS 交易的金融机构，由于缺乏必要的风险控制机制，最终倒在了 CDS 的魔掌之下。

以 AIG 为例，其濒临倒闭的主要原因是该公司在英国伦敦的子公司 AIG 金融产品公司深度卷入了 CDS 市场。2001—2007 年间，AIG 金融产品公司获得了极为丰厚的保费收入，这家不足 400 人的金融机构每年的人均报酬超过 100 万美元。这导致 AlG 忽视了对风险的控制，毫无节制地销售 CDS 合约。截至 2008 年 9 月底，AIG 的总资产为 1.02 万亿美元，销售的 CDS 合约高达 0.51 万亿美元，占到总资产的 50.1%。而自次贷危机爆发以来，基于次级抵押贷款的 CDO，欧洲居民住房抵押贷款以及公司债券的违约率全面上升，使得 AIG 面临巨大的赔付压力。仅在 2008 年前 9 个月，AIG 就出现高达 245 亿美元的净亏损。如果没有政府救援，AIG 的资本金将很快被资产减记所侵蚀。

再以 2008 年 9 月破产的雷曼兄弟为例，CDS 在该公司的破产中也起到至关重要的作用。雷曼兄弟是以 CDS 为代表的衍生产品市场的一个重要交易者及参照实体，该公司的破产使得规模巨大的衍生品交易面临巨大的对手方风险，例如，市场上商业银行销售的以雷曼兄弟债券为参照实体的 CDS 合同约为 4 000 亿美元。雷曼兄弟破产后，如果按照 8.625%的现金结算方式拍卖，则卖出相关 CDS 合约的商业银行须支付 3 660 亿美元的赔偿金额。显然，商业银行并无如此巨大的赔付能力，因此最终不得不走向破产之结局。

虽然 CDS 创设之初，其作用是对冲风险，但由于种种原因，在次贷危机中，CDS 反而成为影响市场动荡的助推器，这不得不令人深思。这一过程中，既有市场监管存在漏洞的原因，也有交易主体过分投机的原因。实际上，这些监管漏洞并非危机发生后才被发现，而是伴随着资产证券化过程同时产生的，但由于在市场繁荣的时候，多方共赢是一种基本局面，所以无人顾及或关注这方面的风险，直到危机发生后才追悔莫及。

（资料来源：作者根据相关资料整理.）

第三篇

运 行 篇

目次

第九章　金融市场利率

利率是金融市场上最重要的变量，也是衡量金融市场风险和收益的基础。本章首先介绍利率决定的理论和利率的种类，然后介绍利率期限结构和风险结构理论，最后介绍利率风险的种类及其衡量方法。

第一节　利率水平与结构

一、利息的性质和利率的决定

（一）利息的概念和本质

利息是借款人向放款人支付的对本金使用的报酬。利息是和信用紧密相连的一个范畴。信用是指借贷行为，这种经济行为的特点是以收回为条件的付出，或以归还为义务的取得；而且贷者之所以贷出是因为有权取得利息，借者之所以能够借入是因为承担了支付利息的义务。在货币出现前，利息通过实物形式得以表现，在货币出现后，利息以货币形式表现。

在现代市场经济中，各种各样的信用联系普遍存在于各经济主体之间，所有的信用活动都是以利息的偿还和给付为条件的特殊的价值运动形式。没有利息的存在，就不可能有真正的借贷行为和信用活动。但是，长久以来，人们对于利息的来源与利息存在的合理性一直存在着争论，对“钱能生钱”这样的事实存在着怀疑。历史上对于利息曾经有过否定的看法，比如中国古代思想家晁错就对高利贷给人们带来的负面影响进行了揭露，而西方的《旧约·列未记》也明确说“借给人钱，不可取利；借给人粮，不可多要。”随着社会由自然经济向商品货币经济的全面发展过渡，人们日益正视利息。威廉·配第认为“假如一个人在不论自己如何需要，在到期之前却不得要求偿还的条件下出借自己的货币，则他对自己所受到的不方便可以索取补偿，这是不成问题的。这种补偿，我们通常称作利息。”

利息的存在，使人们对货币产生了一种神秘的感觉，似乎货币自己可以增值。为揭开这个谜，经济学家们付出了不懈的努力去解释利息的本质问题。

古典经济学派对利息的认识有两个角度：配第、洛克、坎蒂隆、诺思等人认为，利息是与借贷货币资本相联系的一个经济范畴，并且从借贷货币资本的表面运动来分析利息的来源和本质；从马西开始，利息的研究倾向于对利息来源的分析，认为利息是与分配理论相联系的一个范畴，利息是社会总收入的一部分，是资本所有者的报酬。

在近现代西方利息理论中，对利息性质的研究角度与古典经济学不同。相对于古典经济学家主要从借贷关系和分配关系来研究利息的产生和性质，近现代经济学家主要从资本的范畴、人的主观意愿以及心理活动等角度来研究利息的性质，主要有资本生产力论、资本使用说、节欲论、劳动论、时差论、等待论、购买力使用论、流动性偏好论等诸多利息决定理论。这些利息理论可以分为非货币因素利息决定理论和货币因素利息决定理论。非货币性因素理论认为利息是节欲或等待的报酬，是资本利润的一部分，利率由借贷资本的供求所决定。货币性因素理论的典型观点认为利息是人们放弃货币周转灵活性的报酬。凯恩斯认为人们持有货币出于交易动机、预防动机和投机动机，为了满足这三大动机而持有货币就必须放弃生息资产的收入，这种牺牲的收入就是利息。

（二）利率的概念和利率水平的决定

利率是指借贷期间内所形成的利息额与所贷资金的比率。利率是一个重要的经济范畴和经济指标，是调控经济的重要杠杆，是推动货币政策和财政政策的重要工具，是企业、金融机构以及个人投资决策的重要参数。发达的商品经济实质就是信用经济，货币信用活动是市场体系运转的基本驱动力量。而利率则充当货币信用活动的调节器，是货币传导机制的枢纽。

利率是一个复杂的经济变量，其波动对国民经济各行各业影响极大。因此利率决定问题长期以来成为各国经济学者探讨的重要课题。西方经济学家对于利率决定理论的观点，依据时间先后依次为古典利率决定理论、凯恩斯的利率决定理论、可贷资金论及 IS-LM 模型分析。这些理论都是基于市场上只有一种利率的假设，从整体经济的角度来分析如何决定平均利率水平。但是，利率是一个体系，市场利率也是多种多样的。

1．古典利率决定理论

19 世纪八九十年代，庞巴维克、马歇尔、威克塞尔和费雪等人对支配和影响资本供给和需求的因素作了深入探讨，分别提出迂回生产说、等待说、时间偏好说和投资机会说等理论，最终探明资本供给来自于储蓄、资本需求来自于投资、储蓄与投资最终决定利率。古典利率决定理论将利率区分为实物利率和货币利率，实物利率由资本的边际利润率决定，货币利率受可贷资金供求决定，货币利率围绕实物利率上下波动。

庞巴维克的时间差利息论认为利率的高低取决于资本生产时间的长短。他认为是最后投入的一批资本的生产率决定了利率，他的理论也被认为是边际生产力的利率决定说。费雪从资金的供求方面分析利率水平。他认为，自愿储蓄或自愿推迟消费的倾向是资金供应的决定性因素。这两个因素影响的资本供应取决于时间偏好，资本需求则取决于投资机会。利率水平由供求因素决定。

2．凯恩斯主义流动性偏好利率决定理论

凯恩斯主义在20世纪30年代经济危机后成为经济理论界的主导理论。凯恩斯主义认为利率属于货币经济范畴，由货币数量和流动性偏好两个因素决定，即利率决定于货币供求。凯恩斯认为古典利率理论强调储蓄和投资的实物因素对利率的决定作用，他特别重视货币因素的作用。他认为，利率决定于货币数量和一般人的流动性偏好两个因素，储蓄和投资都是经济体系的被决定因素而不是决定因素。在凯恩斯看来，货币供给是一国货币当局所控制的外生变量，没有利率弹性。货币的需求取决于流动性偏好，利率是在货币市场中由货币供求决定的。

3．可贷资金理论

瑞典学派代表人物俄林在《对斯德哥尔摩学派储蓄与投资理论的某些说明》一文中和罗勃逊在《另一种利率理论》一文中提出，利率是由可贷资金供求决定的，而不是由货币供求决定的。一方面反对古典学派忽视货币因素，仅以储蓄来分析利率决定问题的片面性；另一方面也反对凯恩斯完全否定实际因素和流量对利率作用的观点。可贷资金理论认为利率应该处于可贷资金供求的均衡水平，利率的决定公式为

$$S(r)+\Delta M=I(r)+\Delta H \tag{9.1}$$

式（9.1）表示：可贷资金需求来自投资 $I(r)$ 和净窖藏 ΔH，可贷资金供给来自储蓄 $S(r)$ 和货币供应增量 ΔM。

4．基于IS-LM模型利率决定理论

希克斯最早提出了IS-LL模型，他认为如果不考虑收入因素，则其他因素都不能决定利率水平。汉斯以此为基础提出了IS-LM模型，提出了利率和收入水平由实物市场和货币市场相互作用决定。IS曲线表示商品市场均衡，LM曲线表示货币市场的均衡，IS-LM模型充分考虑了商品市场和货币市场是基于一般均衡分析的利率决定理论。汉斯认为只有将投资函数、储蓄函数、流动性函数和货币供给函数都考虑进去，才能建立完整的利率决定理论。

二、利率的种类

（一）名义利率和实际利率

在经济生活中，商品的物价水平总是处于不断变动的状态。物价变了，就意味着货币购买力在不同的物价水平下会出现差异。在借贷过程中，债权人不仅要承担债务

人到期无法归还本金的信用风险，而且要承担物价上涨、货币贬值的通货膨胀风险。名义利率和实际利率就是在是否考虑通货膨胀因素情况下债权人能够获得的利率水平。名义利率就是一定时点上对物价变动率因素未作剔除的利率；而实际利率就是在一定时点上已对物价变动率因素进行剔除后的利率，其关系可用公式表示为

$$r = i + p \tag{9.2}$$

式中：r 是名义利率；i 是实际利率；p 是物价变动率。

因此，即使名义利率水平相对稳定，实际利率水准也会不断发生变化。实际利率是资金使用或占用的真实成本，它的变化会对货币资金的供求关系及人们的资产选择行为发生影响。

（二）固定利率与浮动利率

固定利率与浮动利率是以货币资金借贷关系持续期间内利率水平是否变动来划分的。固定利率是在借贷期内不随市场利率变动而变动的利率。浮动利率是借贷期内可定期调整的利率。浮动利率通常采取参照市场某一基准利率加点或者上浮一定比率的方式定价，重新定价日若基准利率发生变动，则合同利率同向变动。国际上通常以伦敦银行同业拆借利率（LIBOR）作为浮动利率定价的基准利率。浮动利率的调整期间可以是 1 周、1 个月、3 个月、6 个月、1 年等，国际上以 3 个月和 6 个月调整一次为主。浮动利率的调整方式又分为对年对月对日调整和固定日期调整，例如原来我国工商贷款实行对年对月对日调整利率，而个人住房贷款实行每年 1 月 1 日定期调整利率。例如一笔 5 年期贷款，若实行固定利率 5%，表示在整个贷款期限内无论市场利率如何变动，贷款的利率始终维持在 5%左右。若实行市场基准利率加 100 个基本点、6 个月浮动一次的方式定价，目前市场基准利率为 4%，贷款目前的利率水平也为 5%。若 6 个月后市场利率变为 6%，实行固定利率的贷款仍然执行 5%的利率，而实行浮动利率的贷款则将执行 7%的利率。采取浮动利率还是固定利率进行定价将对借贷双方的利率风险产生巨大影响，这一部分将在本章第三节进行详细论述。

（三）官定利率与市场利率

市场利率和官定利率是按照利率是否按市场规律自由变动的标准来划分的。官定利率是指由货币当局规定的利率。货币当局可以是中央银行，也可以是具有实际金融管理职能的政府部门。市场利率是随市场规律而自由变动的利率。在改革开放之前，中国的利率基本上是官定利率。在随后的 30 多年的改革中，随着资金分配和融资格局的变化，市场利率在利率体系中的比例已逐渐增大。是否实行严格的利率管制，这是衡量一国金融自由度的一个重要标志。原先所有实行计划统制的国家，都实行极其严格的利率管制；在发展中国家，也大都存在着较为严格的利率控制。而在发达市场经济国家，虽然中央银行也时常运用利率手段调节宏观经济，但由市场资金供求及其他

状况决定利率，特别是融资活动及金融零售业利率的水准是一种主导形式，由货币当局制定的利率常常起到指导性调节作用。截至目前，我国已经放开了银行间市场的同业拆借利率、票据回购利率、票据贴现利率和存款利率下限和贷款利率上限。

（四）单利、复利和实际有效利率

假定你有 100 元人民币准备投资于债券，在你面前有两支同样是名义年利率 10%到期一次还本付息的 5 年期债券，其中一支债券将每年的利息在年末并入本金，并以并入利息之后的本金计算下一年的利息；而另一支则不将每年利息并入本金，你会选择投资于哪支债券呢？许多人会毫不犹豫地选择前者。名义利率相同，为什么选择前者呢？可见要真正衡量利率的高低，仅有名义利率水平是不够的，还要结合利息的计算频率。与利息不同计算频率相联系的利率是单利和复利。

1．单利

单利计算方法是指在整个计息期间内利息不计入本金中重复计算利息。采取单利法计息的债券，终值可通过式（9.3）计算

$$\mathrm{FV} = \mathrm{PV}(1+rt) \tag{9.3}$$

相应地

$$r = \frac{1}{t}\left[(\frac{\mathrm{FV}}{\mathrm{PV}}) - 1\right] \tag{9.4}$$

式中：FV 为投资的终值，即本金+利息；PV 为投资的本金，即现值；r 为年利率，t 为债券期限。

以上述投资 100 元人民币于 5 年期单利债券为例，5 年之后能得到的终值为 100×(1+10%×5)=150 元人民币。

2．复利

复利是指在计息期间内按事先规定的频率将利息并入本金重复计算利息。采取复利法计算利息的债券，终值可以通过式（9.5）计算

$$\mathrm{FV} = \mathrm{PV}(1+\frac{r}{n})^{nt} \tag{9.5}$$

相应地

$$r = n\left[(\frac{\mathrm{FV}}{\mathrm{PV}})^{\frac{1}{nt}} - 1\right] \tag{9.6}$$

式中：n 为一年中计算复利的频率（次数）；其余参数意义同式（9.4）。

投资 100 元人民币于 5 年期每年计算一次复利的债券，根据式（9.5）5 年之后的收益为 161 元人民币。可见投资于按照复利计息的债券较投资于同样名义利率按单利计息的债权终值多 11 元人民币。根据式（9.5），按年利率 10%每年计算一次复利的 5

年期债券相当于 5 年期按单利计息债券年收益率 12.2%。看来选择第一只债券是完全正确的，原因是转换成单利之后计算复利的债券比计算单利债券的收益率高 2.2 个百分点。

若不断提高一年中的复利计算频率 n，当 n 趋向无穷大时，我们就得到了连续复利公式

$$r_{\mathrm{f}} = \mathrm{e}^{rt} - 1 \tag{9.7}$$

3．实际有效利率

有效利率（Effective Interest Rate）是按复利计算的实际收益率。当每年复利计算频率为 n 时，有效利率可以表示为

$$r_{\mathrm{e}} = (1 + \frac{r}{n})^{n} - 1 \tag{9.8}$$

例如，当年利率为 10%，而复利计算频率为每年 12 次，则有效利率为

$$r_{\mathrm{e}} = (1 + \frac{10\%}{12})^{12} - 1 = 10.47\%$$

（五）即期利率与远期利率

即期利率和远期利率不仅是利率期限结构中的主要讨论对象，而且在期货、期权和其他衍生金融工具的定价理论中也是十分重要的一对概念。

1．即期利率

即期利率（Spot Rate）是指从目前时点开始计算未来一定期限的利率水平。例如，如果目前投资的 1 元本金在 1 年末的累积值为 1.05 元，那就意味着 1 年期的即期年利率为 r =(1.05−1)/1=5%。如果目前投资 1 元期末累积值为 1.1 元，则可以计算 2 年期的即期利率为 4.88%。一般地，具有在时期 0 投资 PV，在到期日获得 FV 的现金流特征的证券称为纯折现证券（如国库券、商业票据、零息债券等）。一个 t 年的即期利率以 $r(\hat{t})$ 表示。在美国，即期利率相当于半年付息一次的国债利率。假定一张零息债券目前价格为 $d(t)$，则半年付息一次的即期利率 $r(\hat{t})$ 计算公式为

$$r(\hat{t}) = 2\left[\left(\frac{1}{\mathrm{d}(t)}\right)^{\frac{1}{2t}} - 1\right] \tag{9.9}$$

例如，根据式（9.9）可知一张面值为 58.779 的零息债券的即期利率为 5.385%。

可以看出，所谓的即期利率就是在复利条件下的实际利率。

2．远期利率

远期利率（Forward Rate）是指未来两个时点之间的利率水平，即现在确定的在未来某一时刻借贷某一固定期限资金的利率水平。在国际金融市场上远期利率通常指现在确定的未来某一时刻的 6 个月借贷资金利率。例如，有一份远期利率协议规定，从

现在起的 9 个月后贷款人同意向借款人按 6%的年利率贷款 100 万元，期限 6 个月。那么这个 6%就是一个 9 对 6 的远期利率。

远期利率是由一系列即期利率决定的。一个投资者投资于一张 1 年期固定利率债券，就相当于他投资于一张 6 个月的现券同时买入一张 6 个月以后的 6 个月远期债券。我们用 $r(t)$代表 t−0.5 期以后的 6 个月期远期利率。例如 $r(4.5)$代表 4 年以后的 6 个月期借贷利率（即现在确定的 4 年以后借入或贷出 6 个月资金的利率水平）。

3．通过即期利率计算远期利率

即期利率是现在执行到未来某一时点的利率。远期利率是未来某一时点执行的某一期限（这里假定 6 个月）的利率。即期利率可以通过以上介绍的方法根据市场参数计算，但远期利率市场一般没有直接的数据，需要自己计算。远期利率是利率对远期利率合约、利率期权、利率期货等利率衍生工具准确定价的基础，也是预测利率期限结构的重要参数，因此如何通过即期利率计算远期利率就至关重要。

根据金融市场有效性假设和无套利理论，可以得到以下公式

$$\left(1+\frac{r(\hat{t})}{2}\right)^{2t}=\left(1+\frac{r(0.5)}{2}\right)\times\cdots\times\left(1+\frac{r(t)}{2}\right) \tag{9.10}$$

式中：$r(\hat{t})$ 为即期利率，$r(t)$ 为第 t−0.5 期的远期利率。

由于

$$\left(1+\frac{r(t-\hat{0}.5}{2}\right)^{2t}=\left(1+\frac{r(0.5)}{2}\right)\times\cdots\times\left(1+\frac{r(t-0.5)}{2}\right)$$

则式（9.10）可以重写为

$$\left(1+\frac{r(\hat{t})}{2}\right)^{2t}=\left(1+\frac{r(\hat{t}-0.5)}{2}\right)^{2t-1}\times\left(1+\frac{r(t)}{2}\right) \tag{9.11}$$

如果知道了所有的即期利率，则可以通过式（9.10）或式（9.11）计算所有的远期利率。由于很容易在市场上获得即期利率数据，因此理论上讲可以计算任何期限的远期利率水平。根据假定的市场即期利率水平，用式（9.11）计算的远期利率如表 9.1 所示。

表 9.1　由即期利率计算远期利率表

到 期 期 限	即期利率（%）	远期利率（%）
0.5	5.01	5.01
1	4.93	4.85
1.5	4.86	4.73
2	4.89	4.95
2.5	4.89	4.89

当远期利率高于即期利率时，即期利率处于上升阶段；当远期利率低于即期利率时，即期利率处于下跌阶段。具体情况如图 9.1 所示。

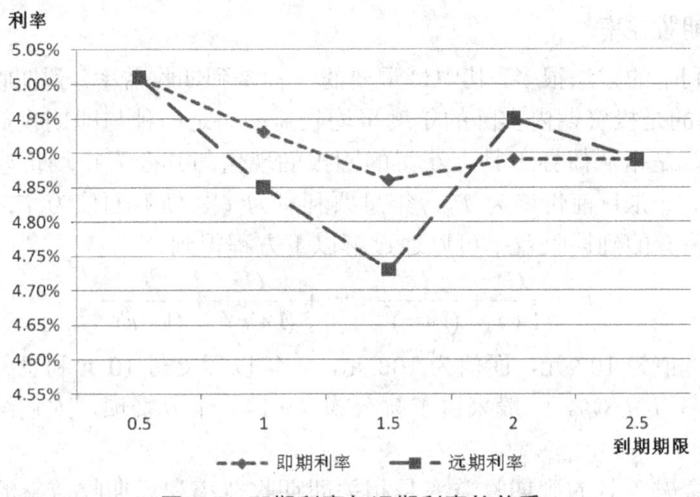

图 9.1　即期利率与远期利率的关系

三、净现值、到期收益率和贴现收益率

目前对市场利率的表述有很多种，到期收益率是其中十分重要的一种。要理解到期收益率必须先理解净现值的概念。

（一）净现值（NPV）

当市场利率为 r，n 年后获得的 1 元钱在今天的价值被称为净现值。则未来 n 年后获得的 C 元收入的净现值为

$$\text{NPV}=\frac{C}{(1+r)^n} \tag{9.12}$$

式中：NPV 为净现值；C 为未来的现金流入金额；r 为市场利率，n 为现金流入距离现在的年份。

净现值的定义告诉我们，假设在未来若干年度内投资的货币收益是 F，则这一货币收益的净现值等于在既定的年度（n）中能够创造这一总收益（F）的当前货币投资。例如，5 年之后收入的 1 000 元，假设市场利率 r=10%，则根据式（9.12）可以计算出其现值为 620.92 元。

未来多笔现金流入的净现值可以采取对每一笔现金流净现值简单相加的方法得到。即

$$\text{NPV} = \sum_{n=1}^{N} \frac{C_n}{(1+r)^n} \tag{9.13}$$

（二）到期收益率

常见计算利率的方法很多，其中最重要的一种是到期收益率。到期收益率（Yield to Maturity）反映的是投资期内实际的年度平均收益率。是一种与即期收益率和远期收益率有关的利率，是指从债券工具上获得的回报的现值与其今天市场价格相等的利率。根据上述定义，一张目前价格为 P_b，年息票利息为 C，债券面值为 F，距到期日的年数为 n 的附息债券的到期收益率可以通过解以下方程得到

$$P_b = \frac{C}{1+r} + \frac{C}{(1+r)^2} + \cdots + \frac{C}{(1+r)^n} + \frac{F}{(1+r)^n} \tag{9.14}$$

一张今天价值为 102 元，面值为 100 元，一年以后支付 10 元利息并偿还本金的债券的到期收益率为 7.8%。一般来讲求解公式（9.14）十分繁琐，人们编制了债券表以供使用者查阅。

对于一般金融工具的到期收益率是相关即期收益率和远期收益率的某种加权平均值，其权重则取决于该金融工具在所有时点上的现金流量。

（三）贴现收益率

美国国库券交易采取贴现基础上的收益率进行报价，因此有必要对贴现收益率的计算方法进行深入了解。贴现收益率由以下公式计算

$$i_{db} = \frac{F - P_d}{F} \times \frac{360}{\text{距到期日天数}} \tag{9.15}$$

式中：i_{db} 为贴现收益率；F 为贴现发行债券的面值；P_d 为该债券的购买价格。

计算贴现收益率的方法有两个特点：（1）它使用债券面值的百分比收益，而不是购买价格的百分比收益；（2）它按 1 年 360 天而不是 365 天计算年度收益率。由于这两个特点，采取贴现收益率法计算的利率一般比到期收益率要低。

第二节　利率的期限结构与风险结构

收益率曲线是由具有相同违约风险、相同流动性与税收结构以及相同选择权，但期限不同的债券利率构成的利率曲线。收益率曲线概括了某种特定债券利率的期限结构。同时由于市场上不同的债券隐含的信用风险、流动性风险和税收政策不同，就构成了相同期限不同产品的价格差异，也即利率的风险结构。深入研究利率的期限结构和风险结构有助于更加全面地理解利率的本质，在市场交易上得心应手。

一、利率的期限结构理论

所谓利率的期限结构，是指其他特征相同而期限不同的各种债券利率之间的关系。在金融资产的利率差异中，期限因素始终是最重要的。在国外的研究中，一般以即期利率或远期利率来描述利率期限结构。关于利率的期限结构，有两个值得注意的现象，即各种期限债券的利率往往是同向波动的，以及长期债券的利率往往高于短期债券的利率。

收益率曲线有三种不同的形状：上升曲线、水平曲线和下降曲线。当债券利率随债券到期期限的增加而上升时，利率收益率曲线为上升曲线；当债券利率不随债券到期期限变化时，收益率曲线为水平曲线；当债券利率随债券到期日的增加而下降时，收益率曲线为下降曲线。收益率曲线一般呈上升曲线，个别情况呈现下降或水平曲线。收益率曲线出现的这些特点可以用利率期限结构理论加以解释。目前市场上对期限结构解释的理论主要有纯预期理论、市场分割理论、期限选择和流动性升水理论以及多因素分析模型等。

（一）纯预期理论

纯预期理论把当前对未来利率的预期作为决定当前利率期限结构的关键因素。该理论认为，市场因素使长期债券的收益率等于当前短期债券收益率与当前预期的未来短期债券收益率的平均值。纯预期理论首先由费雪（1896）提出，后来由弗莱德里奇·A.卢兹（1949）等人进一步发展，是一种最古老的利率期限结构理论。目前，该理论在资本市场上，被广泛地用作利率相关证券的定价依据。

纯预期理论基于下列假设。

（1）所有投资者都是利润最大化的追求者。

（2）投资者认为各种期限的债券都是可以完全替代的。

（3）持有和买卖债券没有交易成本。

（4）绝大多数投资者都对未来利率形成准确的预期并依据这些预期指导投资行为。

（5）具有完善的货币市场。

在以上假设的前提下，纯预期理论认为，不论人们所投资的债券期限长短，投资者所取得的单一时期的预期收益率都相同。所以，如果某个人将一笔资金投资于债券的期限为 1 年，那么，他将有多种不同的投资方案可供选择，而各种投资方案使他所得的收益都相同。例如，该投资者可能面临着如下三种选择：一是直接投资于 1 年期的债券；二是最初投资于 2 年期债券并在 1 年后出售该债券；三是投资于 5 年期债券并在 1 年后出售该债券。根据纯预期理论，这三种投资方案之间不存在任何差别。也就是说，对于所有可行的期限策略来说，预期的持有期收益率都是相同的。

根据一价定律和金融市场的无套利理论，可得出纯预期理论的一般规律

$$r_{nt}=\frac{r_t+r_{t=1}^e+r_{t+2}^e+\cdots+r_{t+(n-1)}^e}{n} \quad (9.16)$$

式中：r_{nt}为第t期的长期债券利率；r_t为第t期的短期债券利率；$r_{t=1}^e$为第t+1期的短期债券预期利率。方程表明，n年期债券的现行利率等于1年期债券的现行利率和人们预期的未来n−1年内所有1年期债券利率的平均值。

例如，若第1年短期债券利率值为7.5%，预测的第2年短期利率值为8.0%，第3年为7.0%，则3年期限的长期利率可以根据式（9.16）计算出来r_{3t}=7.5%。

纯预期假说是一种精巧的理论，它能对利率的期限结构在不同时期变动的原因提供一种解释。正如上例中所看到的那样，根据纯预期理论，水平的收益率曲线意味着市场参与者预期未来短期利率等于目前的短期利率，向下倾斜的收益率曲线表示预期未来的短期利率下降。因为通过不断地对短期债券进行再投资，投资者预期不能得到任何好处，所以他们愿意购买低于短期债券收益率的长期债券。另一方面，向上倾斜的收益率曲线意味着预期未来的短期利率上升，除非收益率高于短期利率，否则，投资者将不愿购买长期债券，而去投资于短期债券并在到期时进行再投资，以取得更高收益。

因此，纯预期理论暗含着债券市场是高度有效市场的假设。当债券价格反映影响该债券价值的所有信息时，就会出现有效金融市场，这时每种证券的市场价格都根据新的信息非常迅速地被调整。有效市场意味着消除了妨碍信息迅速传播的市场缺陷，而市场参与者能对这些信息迅速作出反应。套利活动会使得所有期限债券的利率与预期值一致，从而使得投资者不论投资于何种期限的债券，都会取得相同的收益率。特别需要指出的是，根据纯预期理论，长期债券利率中并不包含任何风险补偿。

纯预期理论可以解释不同期限债券利率的同步波动，但无法解释为什么上升的收益率曲线是常态。

（二）市场分割理论

市场分割理论认为不同期限债券之间的替代性极差。它怀疑纯预期理论的第二个假设，并相应提出对特定期限有偏好的观点。这种观点比较符合可贷资金供给方（贷款人）和需求方（借款人）的实际情况。从贷款人角度来看，短期债券具有流动性高、价格稳定的特点，因此市场风险较小；另一方面，长期债券的收益相对稳定，通过购买长期债券，贷款人在许多年里都可获得一定的固定收入。这样，偏好保值超过稳定收入的贷款人愿意持有短期债券，而偏好收入稳定的贷款人则更愿意持有长期债券。

利率期限结构理论中的市场分割理论将不同期限的债券市场视为完全独立和分割开来的市场。在这个意义上说，各种期限债券的利率就完全由该种债券本身的供求关系所决定，而不受其他期限债券预期回报率的影响。

市场分割理论认为，造成市场分割的原因主要有以下几个：（1）法律上的限制。政府限制某种资金进入特定的市场，如在分业经营的条件下，中国政府限制信贷资金进入股市。（2）缺乏能够进行未来债券交易的市场，且这种债券的未来价格能够与现期价格连接起来。如中国就只有即期资金市场，而没有远期资金市场。（3）缺乏在国内市场上销售的统一的债务工具。（4）债券的风险不确定性。（5）不同期限的债券完全不能替代，以致于一种期限债券的预期回报率对另一种期限债券的需求没有影响。这种说法正好是预期假说的另一个极端，因为后者假定不同期限的债券可以完全替代。不同期限的债券之所以不能完全替代的原因在于投资者的偏好，他只喜欢这种债券，而不喜欢另一种债券，所以他只关心偏好的期限和债券的预期回报率。例如，人寿保险公司和养老基金等机构投资者对流动性要求很低，因而基本上投资于长期债券，而对流动性要求较强的公司和机构则将注意力放在短期债券上。因此，长期和短期债券的收益率实际上由各分割市场本身的供求所决定，收益曲线及其变动仅是各分割市场供求力量的反映，而不存在相互的交叉影响。

这一理论认为在市场供求关系的作用下，作为对投资者持有长期债券的补偿，长期债券利率高于短期债券利率。但是这一利率不能合理解释长期债券利率与短期债券利率同步波动，也无法解释水平状态与下降趋势的收益率曲线。

（三）期限选择和流动性升水理论

为了考虑风险因素对利率期限结构的影响，希克斯（J.R.Hicks，1939）和卡尔博特森（J.M.Culbertson，1957）对纯预期理论进行了修正。

希克斯和卡尔博特森都认为，债券期限越长，投资者本金价值波动的风险越大。由于存在这种较高风险，投资者倾向于提供短期贷款。但是，借款人则偏好借入长期借款，以降低不能如期偿还本金的风险。为了使投资者购买长期债券，借款方必须作出让步，向投资者提供风险溢价，这种溢价就使得长期利率水平高于当期短期利率和未来短期利率的平均值。因此，长期利率是对未来利率有偏差的估算，比未来利率高出一定的期限溢价额。既然长期存在期限溢价，就意味着收益率曲线是向上倾斜的。如果长期利率中确实存在正数的偏差，就不能认为各种期限的债券之间彼此相互替代，因为与投资于短期债券并在每个到期日重新进行短期投资相比，投资于长期债券会产生更高的预期收益率。

图 9.2 描述了流动性偏好理论和纯预期理论的收益曲线形状。从图 9.2 中可以看出，不论对利率的预期是多少，流动性偏好理论认为，长期债券的收益率将总是高于纯预期理论所认为的那个水平。当预期收益率上升时（在纯预期理论中收益曲线向上倾斜），流动性偏好理论的收益曲线的斜率更大，曲线更陡；当预期收益率不变时（在预期理论中为平坦收益曲线），流动性偏好理论的收益曲线则是一条微向上倾斜的曲线；当预

期收益率下降时（在纯预期理论中收益曲线向下倾斜），在流动性偏好理论中的收益曲线则是一条稍微向下倾斜的线，或者是一条几乎平坦的曲线。

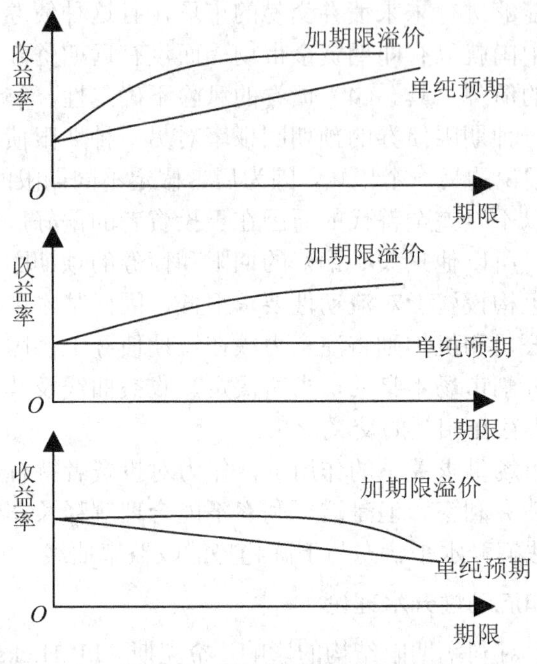

图 9.2　预期与期限溢价的比较

流动性偏好假设是对纯预期假设的扩充，它表明长期债券的利率等于该种债券到期之前短期利率预期的平均值加上该种债券由供求条件变化决定的流动性补偿。用如下公式表示为

$$r_{nt}=\frac{r_t+r_{t+1}^e+r_{t+2}^e+\cdots+r_{t+(n-1)}^e}{n}+k_{nt} \tag{9.17}$$

式中：k_{nt} 为时间 t 上 n 周期债券的期限溢价。

期限选择理论因结合了上述两种理论的特点并解释了不同期限债券利率，而得到广泛应用。

（四）以利率与现金流随机变动为假设的其他期限结构理论

根据分析角度不同，随机利率估值模型有两种。

（1）对连续时间的研究。经济学家考克斯、英格索尔和罗斯在 1981 年开发了 CIR 的利率期限结构模型，成为最简单的连续时间模型代表。CIR 模型的基础是，个人消费单一商品中取得的预期效用达到最大化，该商品是通过有限数量的技术状态生产出来的。在最大化过程中每个人选择：① 最佳消费水平；② 财富中投资于每个生产过程的最佳比率；③ 财富中投资于各种或有债权债务的最佳比率。CIR 模型的特点是，对于所有期限的债券来说，风险—收益比率相同，套利是导致这种现象的力量。

（2）对离散时间的 H-L 模型。托马斯・霍和李善宾在 1986 年得出多个期间利率，形成一个预期短期利率结构模型，即二项树模型，成为最简单的离散时间模型的代表。二项树模型采取局部均衡分析，在实际中得到广泛运用，尤其对债券期权等长期利率期权定价时显得更为有用。

二、利率的风险结构理论

（一）违约风险

违约是指在合同期满时不能履约。对某种债务工具（如某种债券）而言，违约是指在债券到期时，借款人不能全部支付规定的利息或者不能以债券的面值赎回本金。债券违约时，债券持有人可能遭受延迟支付利息甚至本息全部损失的风险。因此，人们在购买这些包含违约风险的债券时，就要求获得一定的风险补偿。

当投资者购买一张公司债券后，往往要面临很大的违约风险。相反，由于政府可以通过增加税收或印刷钞票来偿付其债务，故国债几乎没有什么违约风险。因此，国债通常被称为无违约风险的债券，国债利率被称为无风险利率。公司债券的利率与无风险利率之间的差额，称为风险升水，即人们为持有某种风险债券必须获得额外的利息以作为补偿。债券的买方根据风险收益对称原则在不同债券之间转移需求，维持了具有违约风险债券通常具有正值的风险溢价，并且违约风险越大，风险升水越大。表 9.2 是 2003 年初韩国市场各种债券的利率水平情况，表 9.3 列出了各评级债券对国债的风险溢价水平。

表 9.2　韩国市场债券利率水平表

单位：%

	3 个月	6 个月	1 年	1 年	3 年	4 年	5 年
国债利率	3.830 6	3.986 4	4.107 5	4.058 3	4.119 8	4.239 3	4.372 3
AAA	3.875 4	3.958 3	4.129	4.246 3	4.423 8	4.563 8	4.744 3
AA	3.932	4.039 5	4.268 5	4.465	4.687 4	4.781 4	4.922 9
A+	4.023 8	4.147 1	4.399 1	4.560 6	4.753	4.952	5.126
A	4.230 6	4.329 3	4.599 8	4.746 8	4.986 2	5.175 2	5.356 7
A-	4.239 3	4.332 6	4.606 6	4.768 1	5.005 5	5.199 5	5.403 5
BBB+	4.587 9	4.727 4	5.065 1	5.472 6	5.713 6	5.986 6	6.146 6
BBB	5.832 2	6.203	6.624 2	7.240 7	7.981 2	8.521 7	
BBB−	6.324 2	6.852 2	7.945 7	8.538 2	9.149 7	9.702 2	

表 9.3 风险利差

单位：%

	3 个月	6 个月	1 年	2 年	3 年	4 年	5 年
AAA	0.044 8	−0.028 1	0.021 5	0.188	0.304	0.324 5	0.372
AA	0.101 4	0.053 1	0.161	0.406 7	0.567 6	0.542 1	0.550 6
A+	0.193 2	0.160 7	0.291 6	0.502 3	0.633 2	0.712 7	0.753 7
A	0.4	0.342 9	0.492 3	0.688 5	0.866 4	0.935 9	0.984 4
A−	0.408 7	0.346 2	0.499 1	0.709 8	0.885 7	0.960 2	1.031 2
BBB+	0.757 3	0.741	0.957 6	1.414 3	1.593 8	1.747 3	1.774 3
BBB	2.001 6	2.216 6	2.516 7	3.182 4	3.861 4	4.282 4	
BBB−	2.493 6	2.865 8	3.838 2	4.479 9	5.029 9	5.462 9	

从表 9.2 和表 9.3 中可以看到，有违约风险的债券总是具有正值的风险升水，且其风险升水将随着违约风险的增加而增大。

由于信息的不对称性，一般的投资者不可能全面了解市场上交易的各种债券的具体情况，所以一些专门的调查评级机构应运而生。国际范围内比较权威的独立性评级机构包括穆迪投资者服务公司（Moody’s Investors Service）和标准普尔公司（Standard & Poor’s Corporation）等。他们的评级对象主要是债券，也包括一些股票。地方债券和企业债券在公开发行前一般都要经过评级后才能被投资者所接受。不同的评级机构使用不同的表示方法，具体评级标准如表 9.4 所示。

表 9.4 投资咨询机构的评级表示方法

穆　迪	标 准 普 尔	解　释
Aaa	AAA	最高质量
Aa	AA	高质量
A	A	中上级
Baa	BBB	中级
Ba	BB	具有投机成分
B	B	整体缺乏理想投资特征
Caa	CCC	易于违约
Ca	CC	高投机等级
C	C	极劣质
	D	处于违约之中

（二）流动性风险

债券的流动性是衡量该债券转换为现金的难易程度的指标。流动性强的债券能够在较短时间内以较低的成本转换为现金，而流动性差的债券则需要较长时间及较高的成本才能变现。流动性强的债券均具有较好的商誉、较大发行与交易总额等条件。债券的流动性对利率水平有重要影响。在其他因素不变的情况下，债券的流动性越强，需求量则越大，其利率相对较低；反之，债券的流动性越弱，其需求量则越小，利率水平较高。例如国债的流动性最强，其利率水平远低于其他债券。因此，表 9.3 和表 9.4 中的公司债与国债之间利差不仅反映了公司债的违约风险，而且反映了公司债的流动性风险。准确地讲，应该称为“风险和流动性溢价”，不过传统上仍被称为风险溢价。

（三）税收因素

相同期限的债券之间的利率差异，不仅反映了债券之间风险、流动性的不同，而且还受到税收因素的影响。债券持有人真正关心的是税后的实际收益率。因此，如果不同种类债券的利息收入的税率不同，这种差异就必然要反映到税前利率上来。税率越高的债券，其税前利率也应该越高。

在许多国家，政府当局对不同类型的债券收益可能实行不同的所得税率。例如，美国一些地方政府债券的收益免缴收入所得税。投资者在选择购买债券时，往往要考虑缴税后的净利率

$$r^* = r(1-t) \tag{9.18}$$

式中：r^*为缴税后净利率；t为边际所得税率。

在其他条件不变的情况下，收入所得税税率较低的债券具有较高的净利率。因此，这类债券对投资具有吸引力，其需求水平较高，从而具有较低的税前利率。

第三节　利 率 风 险

20 世纪 70 年代初期，美国费城的宾夕法尼亚第一银行曾经是同行业中的佼佼者。1970—1973 年，该银行的平均资本充足率达到 16%，而资产收益率为 0.85%，远远高于许多同业竞争者。但是到了 1979 年，该银行的资本收益率和资产收益率分别跌到 4.7%和 0.2%，大大低于当时的许多同类银行的收益率。到了 1981 年，该银行的经营状况进一步恶化，以至于美国联邦存款保险公司不得不安排援助贷款来防止该银行倒闭。为什么曾经有很好表现的银行会在短短几年时间内几乎陷于绝境？原因当然是多方面的，主要原因之一是该银行把大量资产投放于固定利率的长期政府债券，而负债方则依赖吸收政府的短期基金。当利率上升时，银行利息支出的增加快于利息收入的

增加，存款利率的上升使银行存贷利差缩小，从而使银行收入下降。究其原因是该银行承担了过多的利率风险，并且决策者对市场利率走势估计错误。

一、利率风险的定义、种类和表现

（一）利率风险的定义

利率风险是指由于市场利率变动的不确定性导致商业银行的净利息收入与预期收入的偏差。但是如果一家银行的存款和贷款的类型、数量和期限完全一致，利率的变动对银行存款和贷款的影响一致，就不会影响到银行的存贷利差收益，从而不存在利率风险。

（二）利率风险的种类

利率风险按照来源的不同，可以分为重新定价风险、收益率曲线风险、基准风险和期权性风险。

1．重新定价风险（Repricing Risk）

重新定价风险也称为期限错配风险，是最主要和最常见的利率风险形式，来源于银行资产、负债和表外业务到期期限（就固定利率而言）或重新定价期限（就浮动利率而言）所存在的差异。这种重新定价的不对称性使银行的收益或内在经济价值会随着利率的变化而变化。例如，如果银行以短期存款作为长期固定利率贷款的融资来源，当利率上升时，贷款的利息收入是固定的，但存款的利息支出却会随着利率的上升而增加，从而使银行的未来收益减少和经济价值降低。

2．收益率曲线风险（Yield Curve Risk）

重新定价的不对称性也会使收益率曲线斜率、形态发生变化，即收益率曲线的非平行移动，对银行的收益或内在经济价值产生不利影响，从而形成收益率曲线风险，也称为利率期限结构变化风险。例如，若以5年期政府债券的空头头寸为10年期政府债券的多头头寸进行保值，当收益率曲线变陡的时候，虽然上述安排已经对收益率曲线的平行移动进行了保值，但该10年期债券多头头寸的经济价值还是会下降。

3．基准风险（Basis Risk）

基准风险也称为利率定价基础风险，是另一种重要的利率风险来源。在利息收入和利息支出所依据的基准利率变动不一致的情况下，虽然资产、负债和表外业务的重新定价特征相似，但因其现金流和收益的利差发生了变化，也会对银行的收益或内在经济价值产生不利影响。例如，一家银行可能用1年期存款作为1年期贷款的融资来源，贷款按照美国国库券利率每月重新定价一次，而存款则按照伦敦同业拆借市场利率每月重新定价一次。虽然用1年期的存款为来源发放1年期的贷款，由于利率敏感性负债与利率敏感性资产的重新定价期限完全相同而不存在重新定价风险，但因为其基准利率的变化可能不完全相关，变化不同步，仍然会使该银行面临着因基准利率的利差发生变化而带来的基准风险。

4．期权性风险（Optionality Risk）

期权性风险是一种越来越重要的利率风险，来源于银行资产、负债和表外业务中所隐含的期权。一般而言，期权赋予其持有者买入、卖出或以某种方式改变某一金融工具或金融合同的现金流量的权利，而非义务。期权可以是单独的金融工具，如场内（交易所）交易期权和场外期权合同，也可以隐含于其他的标准化金融工具之中，如债券或存款的提前兑付、贷款的提前偿还等选择性条款。一般而言，期权和期权性条款都是在对买方有利而对卖方不利时执行，因此，此类期权性工具因具有不对称的支付特征而会给卖方带来风险。例如，若利率变动对存款人或借款人有利，存款人就可能选择重新安排存款，借款人可能选择重新安排贷款，从而对银行产生不利影响。如今，越来越多的期权品种因具有较高的杠杆效应，还会进一步增大期权头寸可能会对银行财务状况产生的不利影响。

（三）利率风险的表现

利率风险主要来自于以下两个方面：一是利率的变动使资产或负债的市场价值发生变化，而导致收益的不确定；二是利率的变动使资产或负债而产生的净利息收入或支出发生变化，导致收益或成本的不确定。

在第一种情况下，利率的变动直接影响资产或负债的价值，这一般又表现为有价证券行市的变动。例如，当利率上升时，证券价格下跌；而利率下跌时，证券价格上升，资产或负债的市场价值随利率的变动而变动。在第二种情况下，利息收入或支出因利率的变动而发生变化。例如，对某种重新定价的资产来说，若到期日利率下降，则面临利息收入减少的风险；而对某一重新定价的负债来说，若到期日利率上升，则面临利息支出上升的风险。对于支付固定利率的资产或负债来说，尽管利息收支是确定的，但利率的变动也可能带来损失。因为按固定利率收取利息的债权人将面临市场利率可能高于原先确定的利率水平的风险，因此可能减少实际的利息收入。同样按固定利率支付利息的债务人将面临市场利率可能低于原先确定的利率水平的风险，从而可能增加实际的利息支出。

二、利率风险的计量

（一）利率敏感性缺口（Interest Rate Sensitive Gap ）

利率敏感性缺口指利率敏感性资产与利率敏感性负债的差额，用公式表示为

利率敏感性缺口=利率敏感性资产−利率敏感性负债

利率敏感性资产和利率敏感性负债是指在一定时间到期或重新确定利率的资产和负债。

缺口分析是衡量利率变动对银行当期收益的影响的一种方法。具体而言，就是将银行的所有生息资产和付息负债按照重新定价的期限划分到不同的时间段（如 1 个月以下，1～3 个月，3 个月～1 年，1～5 年，5 年以上等）。在每个时间段内，将利率敏感性资产减去利率敏感性负债，再加上表外业务头寸，就得到该时间段内的重新定价“缺口”。以该缺口乘以假定的利率变动，即得出这一利率变动对净利息收入变动的大致影响。当某一时段内的负债大于资产（包括表外业务头寸）时，就产生了负缺口，即负债敏感性缺口，此时市场利率上升会导致银行的净利息收入下降。相反，当某一时段内的资产（包括表外业务头寸）大于负债时，就产生了正缺口，即资产敏感性缺口，此时市场利率下降会导致银行的净利息收入下降。缺口分析中的假定利率变动可以通过多种方式来确定，如根据历史经验确定、根据银行管理层的判断确定和模拟潜在的未来利率变动等方式。

缺口分析是对利率变动进行敏感性分析的方法之一，是银行业较早采用的利率风险计量方法。因为其计算简便、清晰易懂，目前仍然被广泛使用。但是，缺口分析也存在一定的局限性：第一，缺口分析假定同一时间段内的所有头寸到期时间或重新定价时间相同，因此忽略了同一时段内不同头寸的到期时间或利率重新定价期限的差异。在同一时间段内的加总程度越高，对计量结果精确性的影响就越大。第二，缺口分析只考虑了由重新定价期限的不同而带来的利率风险，即重新定价风险，未考虑当利率水平变化时，因各种金融产品基准利率的调整幅度不同而带来的利率风险，即基准风险。同时，缺口分析也未考虑因利率环境改变而引起的支付时间的变化，即忽略了与期权有关的头寸在收入敏感性方面的差异。第三，非利息收入和费用是银行当期收益的重要来源，但大多数缺口分析未能反映利率变动对非利息收入和费用的影响。第四，缺口分析主要衡量利率变动对银行当期收益的影响，未考虑利率变动对银行经济价值的影响，所以只能反映利率变动的短期影响。因此，缺口分析只是一种初级的、粗略的利率风险计量方法。

（二）久期（Duration）

本书在第四章中已经介绍过久期概念。这里再简要复习一下：久期是指以现值所表现的金融工具价值的平均期限，这可按收到现金流的加权平均时间来计算

$$D=[\sum C_t \times t(1+rR_t)^{-t}\ ]/P \tag{9.19}$$

公式表示金融工具利息收入的现值与金融工具现值之比。

式中：D 表示久期；t 表示金融工具期限；C_t 表示金融工具在时期 t 中的现金流；R_t 表示贴现率，即时期 t 中的市场利率；P 表示金融工具的现值。

由于金融工具的现值就是金融工具在未来时间内可实现收入的贴现值，可以表示为

$$P=\sum C_t \times t(1+R_t)^{-t}$$

它是金融工具市场价值的决定公式。对式（9.19）求导，并代入前式得到

$$\mathrm{d}P / P = -D \bullet \mathrm{d}R / (1+R) \tag{9.20}$$

式（9.20）表明，金融工具现值的变动取决于利率的变动和金融工具的久期。一般而言，金融工具的到期日或距下一次重新定价日的时间越长，并且在到期日之前支付的金额越小，则久期的绝对值越高，表明利率变动将会对银行的经济价值产生较大的影响，也意味着利率风险敞口就越大。对于市场中的经济主体而言，由于资产负债久期的不同，在利率变动对资产或负债的市场价值产生影响后，经济主体收益变动的情况就有很大不同。

与缺口分析相比较，久期分析是一种更为先进的利率风险计量方法。缺口分析侧重于计量利率变动对银行短期收益的影响；而久期分析则能计量利率风险对银行经济价值的影响，即估算利率变动对所有头寸的未来现金流现值的潜在影响，从而能够对利率变动的长期影响进行评估，更为准确地估算利率风险对银行的影响。但是，久期分析仍然存在一定的局限性：第一，如果在计算敏感性权重时对每一时段使用平均久期，即采用标准久期分析法，久期分析仍然只能反映重新定价风险，不能反映基准风险，以及因利率和支付时间的不同而导致的头寸的实际利率敏感性差异，也不能很好地反映期权性风险。第二，对于利率的大幅变动（大于 1%），由于头寸价格的变化与利率的变动无法近似为线性关系，因此，久期分析的结果就不再准确。

（三）套期保值和利率风险的管理

从以上分析可见，若企业、银行或公司持有利率敏感性缺口，利率的波动性和不确定性构成了经营中的极大风险。由于市场利率发生不利变动将使持有利率风险敞口头寸的交易主体面临巨大损失，出于稳健经营而非投机目的的企业一般选择对利率风险进行对冲。自 1970 年起，由于主要西方工业化国家放松金融管制，市场利率出现频繁波动，利率风险成为主要的市场风险，一些减小或规避利率风险的金融工具应运而生。这类常用的金融工具有利率期货、利率期权和利率互换、远期利率合约。

1．利率期货（Interest Rate Future）

利率期货交易是指买卖双方以预先确定的价格，在将来某一特定的日期买进或卖出某一特定的金融产品的一种交易方式。基本形式与远期合约非常相似，期货合约是

标准化的在交易所交易的金融工具，比利率远期合约具有更大的流动性。

利率期货的套期保值主要是通过期货的买卖来抵消因利率变动对现货交易可能造成的损失。由于期货利率和现货利率的变动方向是一致的，投资人只要在现货市场买进或卖出一种有息金融资产的同时，在期货市场卖出或买进数额相等的同一有息资产，就可以达到保值的目的。利率期货交易通过锁定利率，锁定了成本、稳定了收益。但现实中，投资者不仅在套期保值的交易量和交割日的选择上难以符合自己的实际需要，而且在套期保值中还面临一定的基差风险。现货商品和期货商品的相关性是影响基差的主要因素。如果相关性程度低，两者的利率变化就出现不一致，只能是不完全的套期保值，此时则需要应用交叉套期保值。

交叉套期保值是一种金融工具的期货合约对另一种金融工具进行套期保值。为了避免交叉套期保值的基差风险，必须对要保值的现货资产或负债进行加权，以确定期货和现货合约数量的适当比率。

套期保值比率是指在对鲜货资产或负债进行套期保值时，计算所需买进或卖出的期货合约的数量的比率。

$$N = S / F \cdot D_f \cdot \beta \tag{9.21}$$

式中：N 为套期保值所需的合约份数；S 为现货部位的面值；F 为期货部位的面值；D_f 为期货合约到期日的调整系数；β 为现货市场和期货市场的相关系数；S/F 为决定套期保值所需合约书的基本要素。

但是，仅依靠该比率决定所需的合约数难以达到套期保值的目的，必须用合约到期日的调整系数来加以修正。这是因为作为套期保值对象的现货与作为套期保值工具的期货合约的标的物具有不同期限的缘故。在利率期货的套期保值比率的确定中，β实际上是一种加权系数，是很重要的一个因素。

2．利率期权（Interest Rate Option）

利率期权是交易双方买卖的在未来指定的未来日期购买或出售某种价格的有息资产的权利。根据期权交易的特点，利率期权在期权购买者支付期权费后，可在合同有效期内根据市场情况决定是否履行合同。而期权卖出者在获得期权费之后将被动地履行合同规定的义务。期权买者向卖者支付的期权费即期权价格。期权价格和其他商品的价格一样，时涨时跌，由市场的供求所决定。澳大利亚悉尼期货交易所在1982年3月首次将期权交易运用于对银行票据利率风险的防范。同年10月美国芝加哥交易所开始了长期债券利率期权，美国股票交易所几乎同时推出了中短期债券利率期权。

期权合约都是标准化的合约，对交易单位、协定价格、最小变动价位、每日价格波动限制、合约月份和最后交易日等都有统一规定。每份欧洲美元存款利率期货合约金额为100万美元，每份美国中长期国债期权为10万美元。单位交易金额较小是场内交易的一个特点。协议价格由交易所根据一种特定形式先确定一个中心协定价格，然后再按既定的幅度来设定该中心协定价格上下若干个级距。交易所对最小变动价位和每日价格波动限制也各有相应的规定。对于合约或交割月份的设定，一般与期货合约相同，也为每年的 3 月、6 月、9 月和 12 月。

3．利率互换（Interest Rate Swap）

利率互换是指交易双方各自向不同的贷款人借取一笔资金，其币种、金额和期限相同，计息方法不同，通常为固定利率和浮动利率，然后直接或通过中介银行达成协议，各自以对方的利率替对方偿还利息。首次利率互换出现在 1982 年 8 月，由当时德意志银行发行的 7 年期固定利率欧洲债券与三家银行进行互换，换成以伦敦银行同业拆放利率（LIBOR）为基准的浮动利率，总金额为 3 亿美元。

浮动利率对固定利率的互换是一种最基本的形式。由于信用等级的不同，交易双方在货币市场上借款的利率差别很大。信用等级较高的借款人比较容易借到利率较低的固定利率资金，借入长期资金的相对成本较低。对于信用等级较低的借款人借到固定利率的长期资金就比较困难，借入浮动利率资金相对较为容易。在此情况下，双方可利用各自在市场上筹资的相对优势进行利率互换。然后根据各自的利率敏感性缺口情况进行利率互换交易，一方面可以得到降低融资成本的好处，另一方面可以规避各自的利率风险。

在具体进行利率互换的交易中，首先要确定交易日和生效日。交易日通常为双方达成互换协议之日。生效日，即固定和浮动利息开始计算之日，通常在交易日后的第二天。这一时滞主要针对在欧洲货币市场上交易日与起息日有一个时间间隔而言。对于固定和浮动利息支付的方式也必须作出安排。通常以每年、每半年或每季度支付一次利息，但也可以按实际天数。例如，英镑利率互换通常以“实际天数/365”这一方法计算，而美元利率互换一般以“实际天数/360”进行计算。在确定固定利息支付额的固定利率时，也必须确定浮动利率。通常在第一个定息日来确定下一期的浮动利率。第二个定息日则在互换协议第二极端开始前两个营业日，再确定下一期的浮动利率，此后即按照这一模式。浮动利率一般是来用 LIBOR 作为市场参照利率。由于每一阶段的浮动利率都提前确定，这样交易双方都能了解，以便各阶段结束时支付利息金额。

付息日一般为互换协议每一阶段的最后一天。在互换的交易中，每一阶段总有协议一方为净债权人，另一方为净债务人。根据协议将由净债务人向净债权人支付利息差额，而不用各自向对方支付全部的利息金额。利息支付金额公式为

$$\mathrm{INT} = Prt \tag{9.22}$$

式中：INT 表示利息支付金额；P 表示名义本金额；r 表示本阶段的年利率；t 表示日期。

4. 远期利率合约

远期利率合约是交易双方商定某种利率，在将来某日即清算日，根据市场利率的变动，按规定期限由一方向另一方支付某一商定的名义本金的利息差额。买方是名义上的借款人，卖方是名义上的贷款人，名义上的贷款利率由双方商定。从本质上讲，远期利率合约是在一固定利率下的远期对远期贷款，只是没有发生实际的贷款交付。如果清算日的市场利率高于商定利率，那么卖方必须向买方支付利差；如果清算日市场利率低于商定利率，买方应该向卖方支付利差。远期利率协议有以下特点。

（1）远期利率合约比利率期货更为灵活和便利。利率期货交易对交易的货币种类、资金数额和交割期限都有统一标准，而在实际交易中借贷款的数额、用途和期限又各不相同。远期利率合约没有固定资金数额标准、没有固定的交割期限的规定，在交易中任何具体的需求均可通过交易双方协商而达成协议。而且，远期利率合约无须像期货合约那样在成交前要支付一定比例的保证金。

（2）远期利率合约属于场外交易，成交于银行同业之间，通过各金融中心、各银行的电话网络直接商谈成交。利率期货交易属于场内交易，有严格的规章条理，交易按规定程序进行。

（3）利率期货交易的出价和要价差额一般小于远期利率协议，因为期货交易是在高度竞价条件下进行的。在期货市场上交易者通常按出价和要价差额进行报价和交易，而实际成交差价因竞争的因素比报价的差额还要小。利率远期合约可以在同一时点按买入和卖出价分别成交，因此报价差额比较大。尽管实际成交价受市场因素的影响，但变动不大。

（4）利率期货交易具有场内市场的优势，通过买进或卖出，随时可用一个相反的合同对冲原合同，所以到期实际交割率比较低。而远期利率协议由于不存在二级市场，其交易都是相对独立的交易，很难找到相反的交易对冲。即使有相反的合同，若不是针对同一家银行，也是无法冲销的，所以远期利率合约实际交割率一般比较高。

（5）远期利率合约与利率期货、利率期权相比具有较大的信用风险。利率期货、利率期权是委托交易所经济人进行交易，并在交易所进行结算，交易者只需交纳一定数量的保证金，所以信用风险很小。而远期利率合约有的也由经济人牵线，但最后是由交易双方直接商谈而成交，故存在一定的信用风险。远期利率合约风险的大小取决于清算日之前这段时间利率变动的方向和幅度。

本章小结

1. 利息是一个古老的概念，但对于利息的本质和利息的决定却存在一定的争议和分歧，要深入理解利息的本质应该从不同经济学流派的形成过程和产生背景寻找原因。

2. 利率是借贷资金的价格，是借款人向贷款人支付资金占贷款本金的比率。利率的高低受市场资金供求、人们持币心理、宏观经济运行情况等诸多因素影响，可贷资金理论、货币供求理论、基于宏观经济运行的 IS-LM 模型均对利率水平的决定提出了理论解释，但各经济学流派对利率水平的决定因素还无法达成最终一致。

3. 即期利率和远期利率不仅是利率期限结构中的主要讨论对象，而且在期货、期权和其他衍生金融工具的定价理论中也是十分重要的一对概念。即期利率可以通过市场直接获得，远期利率需要通过公式计算获得。

4. 实际利率等于名义利率减去预期通货膨胀率。与名义利率相比，实际利率能够更好地反映借贷的成本。

5. 到期收益率是使债务工具未来收款的现值等于今天价格的利率。这一原理的运用表明，债券价格和利率负相关；利率上升，债券价格下降，反之亦然。

6. 收益率曲线是由具有相同违约风险、相同流动性与税收结构以及相同选择权，但期限不同的债券利率构成的利率曲线。收益率曲线概括了某种特定债券利率的期限结构。同时由于市场上不同的债券隐含的信用风险、流动性风险和税收政策不同，就构成了相同期限不同产品的价格差异，也即利率的风险结构。不同收益率曲线的形状受到上述两个因素的交叉影响。

7. 利率风险分为重定价风险、收益率曲线风险、基准风险和期权风险。单独考虑从定价风险可能会低估银行所面临的风险水平。

8. 利率风险已经成为目前市场上主要的市场风险，对利率风险的识别和计量主要通过缺口分析和久期分析，两种分析方法各有利弊。一般通过利率期货、利率期权、利率掉期和远期利率协议对利率风险进行对冲。

本章重要概念

利息	利率	可贷资金理论	货币供求理论
名义利率	实际利率	固定利率	浮动利率
官定利率	市场利率	单利	复利
有效利率		即期利率	远期利率
净现值	到期收益率	贴现收益率	利率期限结构
利率风险结构		纯预期理论	市场分割理论
流动性理论	利率风险	重定价风险	收益率曲线风险

基准风险　　期权风险　　利率敏感性缺口　久期
利率期货　　利率期权　　利率掉期　　远期利率协议

本章复习思考题

1．简述可贷资金理论的主要内容。

2．假定利率是 10%，有一个债券明年向你支付 1 100 元，后年向你支付 1 210 元，第三年向你支付 1 331 元，问该债券的现值是多少？

3．一张 20 年期的息票债券，票息利率 10%，面值 1 000 元，售价 2 000 元，试写出它的到期收益率计算公式，并进行计算。

4．一张 1 年期的贴现发行债券，面值 1 000 元，售价 800 元，其到期收益率是多少？

5．名义上货币供应不变时，价格水平的上升如何导致利率上升？

6．假定预期市场利率下跌，你倾向于持有什么样的利率风险敞口？为什么？

7．假定有如表 9.5 所示的即期利率水平，请计算各期远期利率水平。

表 9.5　相关数据表

到期期限（年）	即期利率（%）	远期利率（%）
0.5	6.05	
1	6.21	
1.5	6.37	
2	6.67	
2.5	7.22	

8．为什么人民币国债利率低于存款利率？

9．如果收益率曲线突然变陡，你将如何修订对利率的预期？

10．什么是利率风险？讨论影响市场利率的主要因素。

11．假设银行的资产负债表如表 9.6 所示。

表 9.6　银行的资产负债表

资　　产	市场价值（万元）	利率（%）	负债和所有者权益	市场价值（万元）	利率（%）
现金	100		1 年期定期存款	240	9
3 年期商业票据	700	14	4 年期可转让定期存款（每年付息）	400	10

续表

资　　产	市场价值（万元）	利率（%）	负债和所有者权益	市场价值（万元）	利率（%）
9 年期政府债券		12	5 年期可转让定期存款（到期一次还本付息）	280	10
			总负债	920	
			股东权益	80	
合计	1 000		合计	1 000	

（1）计算每笔资产和负债的有效久期。

（2）计算平均有效久期的缺口。

专栏 9-1

中国的利率市场化

利率市场化是指金融机构在货币市场经营融资的利率水平。它是由市场供求来决定，包括利率决定、利率传导、利率结构和利率管理的市场化。实际上，它就是将利率的决策权交给金融机构，由金融机构自己根据资金状况和对金融市场动向的判断来自主调节利率水平，最终形成以中央银行基准利率为基础，以货币市场利率为中介，由市场供求决定金融结构存贷款利率的市场利率体系和利率形成机制。

改革开放以来，中国的金融业得到了极大的发展，在金融机构体系、金融工具体系、金融资产等多个方面都取得了巨大成就，但作为金融价格体系核心的利率到目前为止并没有完全由市场决定。虽然自新千年以来，中国的利率市场化进程不断加快，银行间市场利率、国债和政策性金融债发行利率都已经实现了由市场决定，但居于利率体系核心的银行存贷款利率则仍处于管制状态。经济学常识告诉我们，金融资源的市场配置带来的市场效率是最高的，管制必然会带来福利损失。从国际案例看，虽然在没有做好准备的情况下的仓促利率市场化无异于给金融业带来灾难，但无疑，利率市场化都是各国金融体系发展所追求的终极目标，其中成功的案例也不算少数。本专栏通过回顾中国利率市场化进程、国际成功案例、所需条件等，希望能帮助读者对“十二五”期间中国利率市场化的前景有一个较为清晰的了解。

一、我国的利率市场化进程

20 世纪 90 年代中期以来，随着中国银行业向商业银行的转化，中国人民银行的央行地位进一步加强，中国的利率市场化因此不断加速，即使 1997 年遇到了亚洲金融危机，也没有中断这一进程。

第一，1996年6月1日，人民银行放开了银行间同业拆借利率，1997年6月放开银行间债券回购利率。1998年8月，国家开发银行在银行间债券市场首次进行了市场化发债，1999年10月，国债发行也开始采用市场招标形式，从而实现了银行间市场利率、国债和政策性金融债发行利率的市场化。

第二，1998年，人民银行改革了贴现利率生成机制，贴现利率和转贴现利率在再贴现利率的基础上加点生成，在不超过同期贷款利率（含浮动）的前提下由商业银行自定。再贴现利率成为中央银行一项独立的货币政策工具，服务于货币政策需要。

第三，积极推进境内外币利率的市场化。这主要发生在2004年之前。2000年9月，放开外币贷款利率和300万美元（含300万）以上的大额外币存款利率；300万美元以下的小额外币存款利率仍由中国人民银行统一管理。2002年3月，中国人民银行统一了中、外资金融机构外币利率管理政策，实现中外资金融机构在外币利率政策上的公平待遇。2003年7月，放开了英镑、瑞士法郎和加拿大元的外币小额存款利率管理，由商业银行自主确定。2003年11月，对美元、日元、港币、欧元小额存款利率实行上限管理，商业银行可根据国际金融市场利率变化，在不超过上限的前提下自主确定。

第四，扩大银行的贷款定价权和存款定价权。2003年之前，银行定价权浮动范围只限30%以内，2004年贷款上浮范围扩大到基准利率的1.7倍。2004年10月，贷款上浮取消封顶；下浮的幅度为基准利率的0.9倍，还没有完全放开。与此同时，允许银行的存款利率都可以下浮，下不设底。

第五，在企业债、金融债、商业票据方面以及货币市场交易中全部实行市场定价，对价格不再设任何限制。随着各种票据、公司类债券的发展，特别是OTC市场和二级市场交易不断扩大使价格更为市场化，很多企业，特别是质量比较好的企业，可以选择发行票据和企业债来进行融资，其价格已经完全不受贷款基准利率的限制了。

第六，扩大商业性个人住房贷款的利率浮动范围。2006年8月，浮动范围扩大至基准利率的0.85倍；2008年5月汶川特大地震发生后，为支持灾后重建，人民银行于当年10月进一步提升了金融机构住房抵押贷款的自主定价权，将商业性个人住房贷款利率下限扩大到基准利率的0.7倍。但是，我们也看到，实际上金融企业并不是特别地愿意自己对住房抵押贷款定价。

二、如何推进利率市场化改革

中国已经具备了实施利率市场化的条件了吗？答案是肯定的。中国已经成为世界第二大经济体，同时，利率市场也已经初步放开，金融机构的竞争力近十年来也得到了显著提高，金融系统的坏账水平也被控制在较低的水平上。这些都为利率市场化改革奠定了坚实的基础。从国际经验看，与5个发展中国家：印度、印度尼西亚、韩国、马来西亚以及泰国利率市场化的起始阶段相比，中国拥有更为成熟的金融体系，宏观经济也更为稳定，金融调控能力也更为强大，已经具备了实施利率市场化的环境和土壤。只要在“十二五”期间积极而又审慎地推进这一进程，完全可以避免风险，获得利率自主决定所带来的好处。

那么，如何进一步推进利率市场化的改革呢？中国人民银行行长周小川在2010年12月17日财经年会上发表的演讲对该问题有非常精彩而深入的论述，现摘录如下以飨读者。

一是选择具有硬约束的金融机构，让它们在竞争性市场中产生定价，在一定程度上把财务软约束机构排除在外。我国自2003年开始不断推进国有商业银行改革，工行、建行、中行和交行等实现了首批剥离不良资产、补充资本金和改制上市。2010年，中国农业银行、中国光大银行又相继上市。截至“十一五”期末，我国主要的国有大型商业银行治理结构得到了改善，资本充足率得到了提升，财务重组和股份制改革取得阶段性成果，为推进下一轮的利率市场化改革奠定了重要基础。

二是按照宏观审慎管理的要求，确立达标金融企业必须具备的硬约束条件，不达标的企业就是约束程度不够。利率市场化过程中，只有达到自我约束标准的金融机构方可给予更多的定价权。要把宏观审慎性几项标准作为一个标尺，建立一个适应宏观审慎管理需要的稳健性标准，同时还要区别系统重要性机构和非系统重要性机构，也要区分资本类型和质量，这关系到公平竞争的基础和损失吸收能力。

三是要有实现正当公平的竞争主体，既包括银行，也包括客户等市场竞争者。在选择具备正当公平竞争能力的市场主体时，还要审视其是否还有未消化的历史包袱和未暴露的表外包袱。无论是银行还是客户，如果还有若干历史问题没有消化，这些机构的定价行为就可能有违真正的公平竞争，需要被排除在选择范围之外。

四是要考虑逐步放开替代性金融产品的价格。这也许无法一步到位，但总体而言，利率市场化改革应整体推进，在放开存贷款利率的同时，其他一系列上、下游产品和替代产品的定价权也应同时交由市场决定。这还涉及行政与监管当局对套利行为的态度。

五是尽量避免银行产品的过分交叉补贴。有的金融机构为了在竞争中保持市场份额，采取业务交叉补贴的做法，表面上某种产品定价是按规矩确定的，但同时通过其他手段对这一价格进行补贴，从而获得不正当的竞争力，扰乱定价体系。产品市场也有类似的情况，表面上某种产品的定价没有问题，但如通过配件或易耗品价格对产成品价格实施补贴，就会导致产品市场的定价和竞争出现问题。

六是要大力加强对客户的宣传教育。除了一些大型客户对金融产品具有一定议价能力外，多数中小企业和居民客户只是价格的接受者，他们要去适应竞争性市场的价格形成，也要让他们了解他们有自主选择和自我保护的权利，而不是指望政府行政干预来实现自己的期望值。这与证券市场上的投资者教育是一个道理。

七是建立健全自律性竞争秩序。怎样能够达到公平、公正的竞争及其所形成的价格呢？当然需要有人维持秩序，也需要考虑到有些时候竞争会是不正当的，有时候竞争是恶性的，有时候会用交叉补贴的办法来从事不正当的竞争，也仍有可能在经济下滑的阶段，会有一些机构陷入困难，它们会采用“病号型”或者“重病型”的竞争方式。自律组织的作用和自律管理在这方面具有无法替代的功能，自律性管理能够在一定程度上管理正常的价格竞争区间，制约违规行为。

八是进一步确立市场定价权，使金融机构进一步增强风险定价的能力。要为金融机构实现财务硬约束和自主经营、自担风险提供正向激励机制，促使其健康地朝这一方向发展，更好地推动利率市场化。

总之，要有规划、有步骤、坚定不移地推进利率市场化改革。我国还是转轨经济，可能仍然还存在着一定程度上的财务软约束，政府的角色定位也有一个转型的过程，货币政策传导机制还不充分畅通和健全，一些客户对某些金融产品和服务定价的理解还不到位等问题，进一步推进利率市场化改革也要求在多个领域互动和相互促进，这些都是整个经济转轨过程中必须面对的问题。要把这些相关问题的解决看成是利率市场化改革过程的组成部分，强调它们之间的相互联系。在下一步讨论“十二五”规划纲要过程中，需要在划定范围、提供激励、加强自律的思路下，把利率市场化改革向前推进。

（资料来源：作者根据相关资料整理。）

第十章　金融市场的风险与收益衡量

金融风险是指金融市场主体在从事金融活动的过程中，实际收益偏离预期收益的可能性。风险的衡量以收益衡量为基础，它们之间存在一定的关系；金融风险正是通过影响金融市场参与者的利益约束其行为的，这个过程也被称为风险机制。

第一节　金融风险的定义与种类

一、金融风险的定义

金融风险是指金融市场主体在从事金融活动的过程中，由于市场环境的变化或自身的决策失误等原因造成其收益的不确定性。换言之，就是实际收益偏离预期收益的可能性。例如，当人们用自己的货币以一定的价格购买金融资产时，这种金融资产提供的收入流量并不是现时的收入流量，而是在未来一定时期内陆续实现的货币收入流量，因此，在这种待实现的货币收入流量转化为实际货币收入流量时必须考虑时间因素。现实世界是个充满竞争和意外因素的世界，一定量的金融资产在未来的时期内到底能产生多大的货币收入流量，还有相当的不确定性。这种不确定性既可能偏高，也可能偏低，因此，风险并不只包含对金融市场参与者不利的因素，风险也包含着对市场主体有利的一面。

在市场经济条件下，金融风险和其他风险一样，随时随地都存在，具有不确定性和可测性等特点。

二、金融风险的种类

（一）按风险来源分类

（1）信用风险，又称违约风险，是指由于金融市场主体不能履约所导致的风险。

例如，借款人不愿意还款或因倒闭不能还款而给银行带来的风险。可见，造成信用风险的原因可能是主观的，也可能是客观的。主观的原因有债务人的品质、能力；客观的原因有经济条件恶化、财务状况不佳等。

（2）市场风险，是指整个金融市场的变动引起金融资产价格的波动，从而导致的风险。由于金融市场会受到政治因素、经济因素、社会因素和心理因素等多种因素的影响，处于不断的变化之中，因而作为金融市场一部分的任何单一的金融资产也必会受到影响。如整个证券市场不景气，多数证券的价格会下跌，给投资者带来损失。

（3）流动性风险，是指金融资产不能及时或不能足值变现，从而给持有者带来的风险。如果一种金融资产有发达的流通市场，投资者可以随时将持有的该金融资产在市场上变现并且资产价值没有损失，在这种情况下，我们就可以说该金融资产有很好的流动性，其流动性风险小。

（4）利率风险，是指利率变动导致投资人受到损失的风险。利率是调节资金供求的杠杆，可以被视为资金的价格。由于受到货币政策、经济活动水平以及投资者预期等多种因素的影响，利率会经常发生变化。对于证券而言，证券的价格变动方向通常与利率变动方向相反。

（5）汇率风险，又称为货币风险，是指汇率变动使资产价值遭受损失的风险。当投资人持有的金融资产的未来收益是用某种外币支付时，该种外币与本币的比价（即汇率）的变化将会影响投资人的收益。当该外币相对于本币贬值时，投资人将受到损失；反之，则获得额外的收益。

（6）经营风险，又称营运风险，是指日常操作和工作流程失误而导致的风险。

（7）环境风险，是指金融市场主体所处税收、法律环境等变化所导致金融资产收益变化的风险。税收政策和法律的变化会通过宏观调控的手段对金融资产的实际收益产生实质的影响，从而使金融资产的投资活动存在着一定的风险。

（二）按风险能否分散分类

（1）系统性风险，是指影响整个金融市场的因素所导致的风险。这些因素包括宏观经济状况（如经济周期）的变动、宏观经济政策的变化以及自然灾害、战争等。这一部分风险是全体经济主体都要面对的风险，因而无法通过分散投资消除，所以也称为不可分散风险。

（2）非系统性风险，是指只影响部分经济主体（如特定的公司或行业）的因素导致的风险。例如，某公司投资新的业务领域失败会给该公司带来风险，而对其他公司没有影响或影响很小；电信产业政策的变化会给该行业的经济主体带来风险，而对其他行业没有影响或影响很小。可见，非系统性风险并不会影响所有的金融变量，因而可以通过适当的投资组合将其消除，所以也称为可分散风险。正因为非系统风险可以通过分散投资得以消除，在证券投资的风险中，无法分散的系统性风险就显得很重要。

第二节　单一证券的风险与收益

一、单一证券的收益及衡量

从一般意义上讲，任何一项投资都可以用收益率来衡量其结果。收益率是指该项投资所带来的收益（收入-支出）与投资支出的比值，用公式可表示为

$$收益率=\frac{收入-支出}{支出}\times 100\%$$

收益率通常用“年”表示。不同的投资活动，其“收入”的含义不同。对于证券来说，“收入”来自两部分：一是股利或利息；二是买卖价差（也称资本利得）。因此，证券的年收益率 r 表示为

$$r=\frac{股利（利息）+（期末市值-期初市值）}{期初市值}\times 100\%$$

但必须注意到，我们之所以能够对收益率进行计算，是因为我们确切知道计算收益率所需要知道的两个要素——“收入”和“支出”。这说明只有在收益真正实现时才能知道该项资产的收益率，这种收益率是一种实际收益率。但这显然不能满足我们的要求，因为我们在选择某项金融资产时，就需要知道它可能带来的收益，从而决定是否购买。因此，我们需要对一项金融资产的未来收益进行估计，得出其收益率，这是一种预期收益率。

估计未来收益最普遍的方法就是通过分析影响该投资的主要事件发生的可能性，继而对未来出现的不同结果（对应不同的收益率）的可能性作出估计，这就是概率预测。例如，可以根据经济周期将影响投资的主要事件分成繁荣、萧条、恢复和稳定四种，其可能性都为 0.25，但根据分析这四种情况下投资的收益率分别为 20%、-5%、2%和 10%，这样就可以得出该项投资的收益率的概率预测，如表 10.1 所示。

表 10.1　收益率的概率预测

经济周期	概　率	收益率（%）
繁荣	0.4	20
萧条	0.2	-5
恢复	0.1	2
稳定	0.3	10

虽然我们得出了一个有关收益率概率预测的表，但人们可能更希望用一两个数来综合地反映上述所面临的形势。从而就产生了期望收益率。期望收益率是以相应概率为权数的所有可能收益结果的加权平均值。它包含了每个可能收益率的大小及相应的概率，是对概率预测信息的综合反映。用公式表示为

$$\text{期望收益率}\ E(r)=\sum_{i=1}^{n} r_i p_i \qquad (10.1)$$

式中：r_i 为第 i 种可能的收益率；p_i 为收益率 r_i 发生的概率。

【例 10.1】 根据前面的概率预测可以得出该项投资的期望收益率为

$$20\%\times 0.4+(-5\%)\times 0.2+2\%\times 0.1+10\%\times 0.3=10.2\%$$

二、单一证券的风险及衡量

（一）标准差

收益与风险相伴而生，投资者在投资某个证券时，不仅要考虑收益，也要考虑风险。与衡量收益一样，我们也希望用一个数来反映投资的风险大小。对于投资者来说，他们的风险就是收益的不确定，这种不确定性越大，风险就越大；也就是说，风险由未来收益率与预期收益率的偏离程度来衡量。数学上用标准差（或方差）来衡量这种偏离，方差是以相应概率为加权，每一可能收益率减去期望收益率的差的平方的加权平均；而标准差是方差的平方根，用公式表示为

$$\sigma=\sqrt{\sum (r_i-r)^2 p_i} \qquad (10.2)$$

式中：r_I 为第 i 种可能的收益率；p_I 为收益率 r_i 发生的概率；r 为期望收益率。

【例 10.2】 经预测证券 A 与证券 B 的概率分布如表 10.2 所示。

表 10.2 证券 A 与证券 B 的概率分布

证券 A 概率（%）	证券 A 收益率（%）	证券 B 概率（%）	证券 B 收益率（%）
1/4	2	1/5	2.5
1/4	4	2/5	5
1/4	6	1/5	7.5
1/4	8	1/5	10

则 $r_A=2\%\times(1/4)+4\%\times(1/4)+6\%\times(1/4)+8\%\times(1/4)=5\%$

$r_B=2.5\%\times(1/5)+5\%\times(2/5)+7.5\%\times(1/5)+10\%\times(1/5)=6\%$

$$\sigma_A{}^2=(2\%-5\%)^2\times(1/4)+(4\%-5\%)^2\times(1/4)+(6\%-5\%)^2\times(1/4)+(8\%-5\%)^2\times(1/4)$$
$$=0.05\%$$

$$\sigma_A = (0.05\%)^{1/2} = 2.24\%$$

$$\sigma_B{}^2 = (2.5\% - 6\%)^2 \times (1/5) + (5\% - 6\%)^2 \times (2/5) + (7.5\% - 6\%)^2 \times (1/5) + (10\% - 6\%)^2 \times (1/5) = 0.065\%$$

$$\sigma_B = (0.065\%)^{1/2} = 2.55\%$$

（二）变差系数

在比较两种证券的风险时，如果仅仅根据标准差来比较，得出的结论就过于绝对化。如上例，如果仅看标准差，很显然，证券 B 的绝对风险要大于 A。但是在两种证券的收益率不同的情况下，应当将风险和收益率联合起来考虑，这就要求有一个既考虑到标准差又考虑到期望收益的数，在此，称之为变差系数。它是标准差与期望收益率的比值，反映出了单位期望收益率所包含的风险，更加清晰地呈现出项目的相对风险

$$\text{变差系数(CV)} = \frac{\sigma}{R} \tag{10.3}$$

式中：σ 为标准差；R 为期望收益率。

现在，我们分别计算出证券 B 和证券 A 的变差系数

$$CV_B = 2.55\%/6\% = 0.375$$

$$CV_A = 2.24\%/5\% = 0.448$$

经过计算，我们发现证券 B 的相对风险要小于证券 A，也就是说证券 B 为我们带来一单位收益所要求我们承担的风险要小于证券 A，这与先前的结论正好相反。

第三节　证券组合的风险与收益

证券组合是指投资者将两种或两种以上的证券按一定的比例组合在一起作为投资对象。前面我们已经介绍了用期望收益率和标准差来计量单个证券的收益率和风险，而对于证券组合，我们则更关心在不同比例下的证券组合作为一个整体的收益率和风险。同样地，证券组合的收益率和风险也可以用期望收益率和方差（或标准差）来计算。证券组合的收益率、方差与单个证券的收益率、方差及各证券的比例有关。

一、两种证券组合的收益和风险

（一）收益

假设市场上有 A、B 两种证券可供投资，投资者分别将比例为 x_A 的资金投资于 A 证券，比例为 x_B 的资金投资于 B 证券，$x_A + x_B = 1$；形成证券组合 P，则该组合的期望收

益率是证券A、B期望收益率的简单加权平均值，其中的权数分别为x_A、x_B。公式为

$$E(r_P)=x_A E(r_A)+x_B E(r_B) \tag{10.4}$$

【例 10.3】 假设投资A、B的资金比例各为一半，A、B的期望收益率分别为10%、15%，则该证券组合的期望收益率计算为

$$E(r_P)=0.5\times10\%+0.5\times15\%=12.5\%$$

有时，投资者预测到某种证券价格将会下跌，他就可能到证券商那儿去借这种股票，按现行的行市售出，等行市下跌后再以低价购回，从中赚取价差，这种投资策略叫卖空。如果允许卖空证券的话，x_A（或x_B）可为负；当x_A（或x_B）为负时，表示卖空证券A（或B）获得x_A（或x_B）比例的资金，并将这部分资金与原有资金一起投资于证券B（或A），也就是说$x_A+x_B=1$仍成立。

【例 10.4】 假设我们有100万元的本金，市场上有A、B两种证券可以投资，如果我们预测证券A的价格会上升，证券B的价格会下跌，A、B的期望收益率分别为20%、10%；那么我们将会向证券商借入一定金额（例如40万元）的证券B售出，并将所得资金和本金一起投资于证券A，形成一个证券组合。这个证券组合的期望收益率为

$$E(r_P)=1.4\times20\%+(-0.4)\times10\%=24\%$$

（二）风险

前面我们说过，证券组合的风险也用方差（或标准差）来表示，但证券组合的方差并不等于各证券方差的简单加权平均，而是证券组合的收益与其期望收益偏离数的平方。依然利用上面的假设，组合P的方差为

$$\sigma_P^{\ 2}=x_A^{\ 2}\sigma_A^{\ 2}+x_B^{\ 2}\sigma_B^{\ 2}+2x_A x_B\sigma_A\sigma_B\rho_{AB} \tag{10.5}$$

式中：ρ_{AB}为相关系数；$\sigma_A\sigma_B\rho_{AB}$为协方差，记为Cov(A，B)。

相关系数是反映两个随机变量的联系程度的，其计算公式为

$$\rho_{AB}=\sigma_{AB}/\sigma_A\sigma_B=E[(r_A)][r_B-E(r_B)]/\sigma_A\sigma_B$$

ρ_{AB}表示证券A与证券B的相关系数，取值范围为[−1，+1]，正号表示正相关，负号表示负相关；绝对值越大表示相关程度越大；特别地，当$\rho_{AB}=1$时，A的变动方向与B的变动方向和大小都一样，称为完全正相关；当$\rho_{AB}=-1$时，A的变动大小和B的变动大小一致但方向相反，称为完全负相关；当$\rho_{AB}=0$时，A与B毫无关系，称为互不相关。

【例 10.5】 由证券A、B组成证券组合，投资比例分别为30%和70%，它们的期望收益率分别为20%和10%，标准差分别为10%和18%，相关系数为0.4，则该组合的方差为多少？

$$\begin{aligned}\sigma_P^{\ 2}&=x_A^{\ 2}\sigma_A^{\ 2}+x_B^{\ 2}\sigma_B^{\ 2}+2x_A x_B\sigma_A\sigma_B\rho_{AB}\\&=30\%^2\times10\%^2+70\%^2\times18\%^2+2\times30\%\times70\%\times10\%\times18\%\times0.4\\&=(14.07\%)^2\end{aligned}$$

从计算中可以看出，证券组合的方差并不等于各证券方差的加权平均，这是因为证券组合的风险不仅与单个证券的风险有关，而且还与证券之间的相互影响（相关系数）有关。

从公式中可以看出，证券的正相关度越大（即 ρ_{AB} 越大），证券组合的风险（即 $\sigma^2{}_P$）就越大。选择互不相关或负相关的证券进行组合可降低风险。在实际经济生活中，绝对负相关或不相关的证券是很难找的，只能尽可能选择相关系数较低的证券进行组合。

通过以上的分析可以看出，两种证券组合的风险与收益与投资比重 x_A、x_B 有密切关系，投资者可以根据各自对风险和收益的不同要求，通过调整投资于不同证券的资金比例来选择自己满意的组合。

（三）收益、风险、相关系数的关系

对于两种证券的投资组合，其收益（$E(r_P)$）、风险（σ_P）、相关系数(ρ)之间存在如图 10.1 所示的关系。

（1）当 ρ=1 时，将 ρ=1 代入式（10.5）得

$$\begin{aligned}\sigma_P{}^2 &= x_A{}^2\sigma_A{}^2 + x_B{}^2\sigma_B{}^2 + 2x_Ax_B\sigma_A\sigma_B \\ &= [x_A\sigma_A + x_B\sigma_B]^2\end{aligned}$$

由式（10.4）得

$$x_A = [E(r_A) - E(r_P)] / [E(r_B) - E(r_A)]$$

代入上式，开方得

$$\sigma_P = |(\sigma_A - \sigma_B) \times [E(r_A) - E(r_P)] / [E(r_B) - E(r_A)] + \sigma_B|$$

将绝对值符号去掉，可以得到

$$E(r_P) = E(r_B) + (\sigma_B \pm \sigma_P) \times [E(r_B) - E(r_A)] / (\sigma_A - \sigma_B) \qquad ①$$

可以看出，完全正相关的两种证券组合的收益与风险之间是线性关系，是两条经过点$[0,\ E(r_B) + \sigma_B \times [E(r_B) - E(r_A)] / (\sigma_A - \sigma_B)]$、斜率为$\pm|[E(r_B) - E(r_A)] / (\sigma_A - \sigma_B)|$的直线，但由于标准差只能为非负数，所以只能取两条直线在纵轴的右边部分。

（2）当 $\rho=-1$ 时，将 $\rho=-1$ 代入公式（10.5）得

$$\begin{aligned}\sigma_P{}^2 &= x_A{}^2\sigma_A{}^2 + x_B{}^2\sigma_B{}^2 - 2x_Ax_B\sigma_A\sigma_B \\ &= [x_A\sigma_A - x_B\sigma_B]^2\end{aligned}$$

由式（10.4）得

$$x_A = [E(r_A) - E(r_P)] / [E(r_B) - E(r_A)]$$

代入上式，开方得

$$\sigma_P = |(\sigma_A + \sigma_B) \times [E(r_B) - E(r_P)] / [E(r_B) - E(r_A)] - \sigma_B|$$

将绝对值符号去掉，可以得到

$$E(r_P)= E(r_{\rm B})+(\sigma_{\rm B} \pm\sigma_P)\times[E(r_{\rm A})-E(r_{\rm B})]/(\sigma_{\rm A}-\sigma_{\rm B}) \quad ②$$

可以看出，完全负相关的两种证券组合的收益与风险之间是线性关系，是两条经过点$[0, E(r_{\rm B})+\sigma_{\rm B}\times[E(r_{\rm B})-E(r_{\rm A})]/(\sigma_{\rm A}-\sigma_{\rm B})]$、斜率为$\pm|[E(r_{\rm B})-E(r_{\rm A})]/(\sigma_{\rm A}-\sigma_{\rm B})|$的直线，但由于标准差只能为非负数，所以只能取两条直线在纵轴的右边部分。

联合①②可得：$[\sigma_{\rm B}, E(r_{\rm B})]$和$[\sigma_{\rm A}, E(r_{\rm A})]$，分别对应图 10.1 中的 *B* 点和 *A* 点，此时该组合完全由证券 B 或完全由证券 A 构成。

（3）当$-1<\rho<1$时，将$x_{\rm A}=[E(r_{\rm A})-E(r_P)]/[E(r_{\rm B})-E(r_{\rm A})]$代入式（10.5），经整理得出一个二次曲线公式

$$[E(r_{\rm B})-E(r_{\rm A})]^2\times\sigma_P{}^2 = E(r_P)^2\times(\sigma_{\rm A}{}^2+\sigma_{\rm B}{}^2-2\rho_{AB})+2E(r_P)\times[\rho_{\rm AB}\sigma_{\rm A}\sigma_{\rm B}(E(r_{\rm B})+E(r_{\rm A}))$$
$$=E(r_{\rm B})^2\sigma_{\rm A}{}^2-E(r_{\rm A})^2\sigma_{\rm B}{}^2]+E(r_{\rm B})^2\sigma_{\rm A}{}^2+E(r_{\rm A})^2\sigma_{\rm B}{}^2-2\rho_{\rm AB}E(r_{\rm B})E(r_{\rm A})$$

判别式$\Delta=4[E(r_{\rm B})-E(r_{\rm A})]^2[\sigma_{\rm A}{}^2+\sigma_{\rm B}{}^2-2\rho_{\rm AB}\sigma_{\rm A}\sigma_{\rm B}]\geqslant 0$，可知该公式代表的是一条双曲线，同样只能取纵轴的右边部分。

同样可以验证，该双曲线经过 *A*、*B* 两点。

经过上述分析，可以用图 10.1 表示两证券组合收益与风险的关系。

根据图 10.1 可以得到：两证券组合曲线都通过 *A*、*B* 两点。无论相关系数（ρ）取何值，曲线都向左突出，程度与ρ有关：ρ越小，越突出；ρ越大，越平滑。特别地，当ρ=−1 时，达到最大曲度，为线段 *AB*；当ρ=1 时，最平滑，为折线 *BCA*。

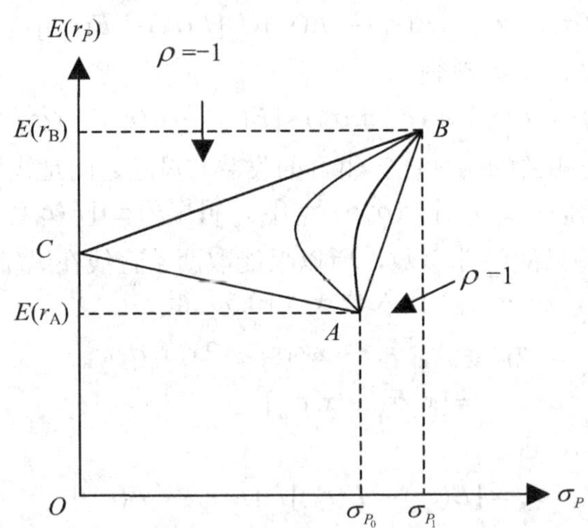

图 10.1　两种证券投资组合收益、风险、相关系数之间的关系

二、多种证券组合的收益和风险

（一）收益

将前面两种证券组合进行扩展，可以得出：如果市场上存在 N 种证券，投资者将不同比例的资金投资于这 N 种证券形成组合 P，则该组合的预期收益为

$$E(r_P)=\sum_{i=1}^{N}x_iE(r_i) \tag{10.6}$$

式中：x_i 为投资于第 i 种证券的资金所占比重；$E(r_i)$为证券 i 的期望收益率。

（二）风险

同样地，可以推导出多种证券组合的风险（用方差表示）

$$\begin{aligned}\sigma_p{}^2&=\sum_{i=1}^{N}\sum_{j=1}^{N}x_ix_j\mathrm{Cov}(x_i,x_j)\\&=\sum_{i=1}^{N}\sum_{j=1}^{N}x_ix_j\sigma_i\sigma_j\rho_{ij}\end{aligned} \tag{10.7}$$

式中：σ_i 为证券 i 的标准差；ρ_{ij} 为 i 与 j 的相关系数（i、j=1，2，…，N）。

从式（10.7）中可以看出，N 种证券组成的资产组合的方差是由组合中证券的方差与证券间的协方差构成的。

【例 10.6】 资产组合 P 由三种证券 A、B、C 组成，比例分别为 0.2、0.5、0.3；期望收益率分别为 12%、8%、16%；方差（单位为万分之一）分别为 35、67、50；协方差（单位为万分之一）Cov(A，B)=43，Cov(A，C)=28，Cov(B，C)=59。求该组合的期望收益和标准差。

求期望收益率

$$\begin{aligned}E(r_P)&=\sum_{i=1}^{N}x_iE(r_i)\\&=0.2\times12\%+0.5\times8\%+0.3\times16\%\\&=11.2\%\end{aligned}$$

求方差

$$\begin{aligned}\sigma_p{}^2&=\sum_{i=1}^{N}\sum_{j=1}^{N}x_ix_j\mathrm{Cov}(x_i,x_j)\\&=0.2^2\times35\times10^{-4}+0.5^2\times67\times10^{-4}+0.3^2\times50\times10^{-4}+2\times0.2\times0.5\times43\times10^{-4}\\&\quad+2\times0.2\times0.3\times28\times10^{-4}+2\times0.5\times0.3\times59\times10^{-4}\\&=52.31\times10^{-4}\end{aligned}$$

$$\rho_p = 7.23\%$$

第四节　市场模型与 β 系数估计

一、系统性风险的衡量

（一）单一证券的系统性风险

当投资组合为市场组合（见第十一章第二节“投资组合理论”）时，非系统性风险将降为 0，即只剩下系统性风险。因此，可以用单个证券的收益率和市场组合收益率之间的关系来表示。β 系数是反映证券收益水平对市场平均收益水平变化的敏感性，是衡量证券承担系统风险水平的指数。单个证券的 β 系数 β_i 是指该证券的收益率和市场组合收益率的协方差 σ_{im}，除以市场收益率的方差 ${\sigma_m}^2$

$$\beta_i = \frac{\sigma_{im}}{{\sigma_m}^2} \tag{10.8}$$

（二）证券组合的系统性风险

由于投资组合无法分散系统性风险，因此证券组合的 β 系数就是该组合中各证券 β 系数的加权平均值，权重为各种证券的市值占整个组合总价值的比重；用公式表示为

$$\beta_P = \sum_{i=1}^{n} x_i p_i \tag{10.9}$$

β 系数的绝对值越大（小），表明证券承担的系统风险越大（小）。特别地，当 β=1 时，证券或投资组合的风险等于市场平均风险（即市场组合的风险）；当 β=0 时，没有系统性风险。

二、市场模型与 β 估计

1963 年，夏普（W.Sharp）提出了市场模型，用以测量系统性风险。该模型假设某证券在给定的时期内的收益率与同一时期的市场指数存在线性关系，即：

$$R_i = \alpha_i + \beta_i R_m + \varepsilon_i$$

式中：R_i 为第 i 种证券的收益率；R_m 为市场组合（代表市场指数）的收益率；α_i、β_i、ε_i 分别代表截距、斜率和随机误差项。

以市场模型为基础，可以利用对历史数据的回归分析估计出市场模型中的参数，从而得出β值。例如，可以根据 1992 年 8 月至 2001 年 7 月共 108 个月个股和指数的收益率数据，估计出代号为 600601 的股票的β值约为 1.08。

本章小结

金融风险是指金融市场主体在从事金融活动的过程中，由于市场环境的变化或自身的决策失误等原因造成其收益的不确定性。金融风险按风险来源分为信用风险、市场风险、流动性风险、利率风险、汇率风险、经营风险和环境风险；按能否分散风险分为非系统性风险和系统性风险。

系统性风险是指影响整个金融市场的因素所导致的风险，这一部分风险是全体经济主体都要面对的风险，它会影响所有的金融变量，因而无法通过分散投资消除；非系统性风险，是指只影响部分经济主体（如特定的公司或行业）的因素导致的风险，非系统性风险并不会影响所有的金融变量，因而可以通过适当的投资组合将其消除。

任何金融资产的收益率都存在不确定性。因此，通常用数学中的期望收益来衡量证券或证券投资组合的收益；由于标准差（或方差）是用来衡量实际值与期望值的偏离，因此也用标准差（或方差）来衡量证券或证券投资组合的风险，投资组合的风险不是组合中各个证券风险的简单加权平均。

为了比较不同收益率水平的投资方案的相对风险大小，从而判断方案的优劣，可以引进变差系数；它是标准差与期望收益的风险，表示单位预期收益所承担的风险。

β系数是反映证券收益水平对市场平均收益水平变化的敏感性，是衡量证券承担系统风险水平的指数。可以通过市场模型，利用历史数据进行回归分析估计证券的β系数。

本章重要概念

金融风险	系统性风险和非系统性风险	预期收益率标准差（方差）
变差系数	β系数	市场模型

本章复习思考题

1．A 公司计划以 200 万元进行投资。根据调查，预计在三种不同的市场情况下可能获得的年净收益率及其概率的资料如表 10.3 所示。

表 10.3　相关数据表

市场情况	预期年净收益（R_i）（万元）	概率（P_i）
繁荣	60	0.2
一般	40	0.5
萧条	20	0.3

要求：

（1）投资的期望收益；

（2）投资的风险（标准差）。

2．现有 A、B 两个投资项目，其在不同市场情况下的预期收益率及概率如表 10.4 所示。

表 10.4　相关数据表

市场情况	项目 A		项目 B	
	预期收益	概率	预期收益	概率
1	600	0.2	1 000	0.3
2	400	0.3	800	0.5
3	200	0.4	0	0.1
4	100	0.1	−200	0.1

要求：比较两项目的风险大小。

3．由 A、B、C 三种证券组成的一个投资组合，三种证券所占比重分别为 50%、30%和 20%，方差分别为 459、312 和 179，AB、BC 和 AC 的协方差分别为−211、215 和 112，求该证券组合的标准差。

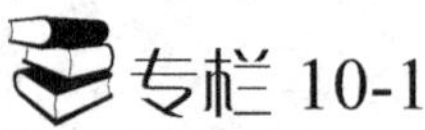

专栏 10-1

雷曼兄弟的破产

2008 年 9 月 15 日，美国第四大投资银行雷曼兄弟按照美国公司破产法案的相关规定提交了破产申请，成为了美国有史以来倒闭的最大金融公司。

拥有 158 年历史的雷曼兄弟公司是华尔街第四大投资银行。2007 年，雷曼兄弟在世界 500 强排名第 132 位，2007 年年报显示净利润高达 42 亿美元，总资产近 7 000 亿美元。从 2008 年 9 月 9 日，雷曼兄弟公司股票一周内股价暴跌 77%，公司市值从 112 亿美元大幅缩水至 25 亿美元。第一个季度中，雷曼兄弟卖掉了 1/5 的杠杆贷款，同时又用公司的资产作抵押，大量借贷现金为客户交易其他固定收益产品。第二个季度变卖了 1 470 亿美元的资产，并连续多次进行大规模裁员来压缩开支。然而雷曼兄弟的自救并没有把自己带出困境。华尔街的“信心危机”，金融投机者操纵市场，一些有收购意向的公司则因为政府拒绝担保没有出手。雷曼兄弟最终还是没能逃离破产的厄运。

一、雷曼兄弟破产的外部原因

次贷问题及所引发的支付危机，最根本原因是美国房价下跌引起的次级贷款对象的偿付能力下降。因此，其背后深层次的问题在于美国房市的调整。美联储在IT泡沫破灭之后大幅度降息，实行宽松的货币政策。全球经济的强劲增长和追逐高回报，促使了金融创新，出现很多金融工具，增加了全球投资者对风险的偏好程度。2000 年以后，实际利率降低，全球流动性过剩，借贷很容易获得。这些都促使了美国和全球出现的房市的繁荣。而房地产市场的上涨，导致美国消费者财富增加，增加了消费力，使得美国经济持续快速增长，又进一步促进了美国房价的上涨。2000 年至 2006 年美国房价指数上涨了 130%，是历次上升周期中涨幅最大的。房价大涨和低利率环境下，借贷双方风险意识日趋薄弱，次级贷款在美国快速增长。同时，浮动利率房贷占比和各种优惠贷款比例不断提高，各种高风险放贷工具增速迅猛。

但从 2004 年中开始，美国连续加息 17 次，2006 年起房地产价格止升回落，一年内全国平均房价下跌 3.5%，为自 1930 年代大萧条以来首次，尤其是部分地区的房价下降超过了 20%。全球失衡到达了无法维系的程度是本轮房价下跌及经济步入下行周期的深层次原因。全球经常账户余额的绝对值占 GDP 的百分比自 2001 年持续增长，而美国居民储蓄率却持续下降。当美国居民债台高筑难以支撑房市泡沫的时候，房市调整就在所难免。这亦导致次级和优级浮动利率按揭贷款的拖欠率明显上升，无力还贷的房贷人越来越多。一旦这些按揭贷款被清收，最终造成信贷损失。

和过去所有房地产市场波动的主要不同是，此次次贷危机，造成整个证券市场，尤其是衍生产品的重新定价。而衍生产品估值往往是由一些非常复杂的数学或者是数据性公式和模型做出来的，对风险偏好十分敏感，需要不断调整，这样就给整个次级债市场带来很大的不确定性。投资者难以对产品价值及风险直接评估，从而十分依赖评级机构对其进行风险评估。然而评级机构面对越来越复杂的金融产品并未采取足够的审慎态度。而定价的不确定性造成风险溢价的急剧上升，并蔓延到货币和商业票据市场，使整个商业票据市场流动性迅速减少。由于金融市场中充斥着资产抵押证券，美联储的大幅注资依然难以彻底消除流动性抽紧的状况。到商业票据购买方不能继续提供资金的时候，流动性危机就形成了。更糟糕的是由于这些次级债经常会被通过债务抵押债券方式用于产生新的债券，尤其是与优先级债券相混合产生 CDO。当以次级房贷为基础的次级债证券的市场价值急剧下降，市场对整个以抵押物为支持的证券市场价值出现怀疑，优先级债券的市场价值也会大幅下跌。次级债证券市场的全球化导致整个次级债危机变成一个全球性的问题。

这一轮由次级贷款问题演变成的信贷危机中，众多金融机构因资本金被侵蚀和面临清盘的窘境，其中包括金融市场中雄极一时的巨无霸们。贝尔斯登、“两房”（房利美与房地美）、雷曼兄弟、美林、AIG皆面临财务危机或被政府接管，或被收购或破产收场，而他们曾是美国前五大投行中的三家，全球最大的保险公司和大型政府资助机构。在支付危机爆发后，除了美林的股价还占52周最高股价的1/5，其余各家机构股价均较52周最高值下降98%或以上。六家金融机构的总资产超过4.8万亿美元。贝尔斯登、雷曼兄弟和美林在次贷危机中分别减值32亿美元、138亿美元及522亿美元，总计近700亿美元，而全球金融市场减记更高达5 573亿美元。因减值造成资本金不足，所以全球各主要银行和券商寻求新的投资者来注入新的资本，试图渡过难关。

二、雷曼兄弟自身的原因

1. 进入不熟悉的业务，且发展太快，业务过于集中

作为一家顶级的投资银行，雷曼兄弟在很长一段时间内注重于传统的投资银行业务（证券发行承销，兼并收购顾问等）。进入20世纪90年代后，随着固定收益产品、金融衍生品的流行和交易的飞速发展，雷曼兄弟也大力拓展了这些领域的业务，并取得了巨大的成功，被称为华尔街上的“债券之王”。

在2000年后房地产和信贷这些非传统的业务蓬勃发展之后，雷曼兄弟和其他华尔街上的银行一样，开始涉足此类业务。这本无可厚非，但雷曼兄弟的扩张速度太快（美林、贝尔斯登、摩根士丹利等也存在相同的问题）。近年来，雷曼兄弟一直是住宅抵押债券和商业地产债券的顶级承销商和账簿管理人。即使是在房地产市场下滑的2007年，雷曼兄弟的商业地产债券业务仍然增长了约13%。这样一来，雷曼兄弟面临的系统性风险非常大。在市场情况好的年份，整个市场都在向上，市场流动性泛滥，投资者被乐观情绪所蒙蔽，巨大的系统性风险给雷曼兄弟带来了巨大的收益；可是当市场崩溃的时候，如此大的系统风险必然带来巨大的负面影响。

另外，雷曼兄弟“债券之王”的称号固然是对它的褒奖，但同时也暗示了它的业务过于集中于固定收益部分。近几年，虽然雷曼兄弟也在其他业务领域（兼并收购、股票交易）方面有了进步，但缺乏其他竞争对手所具有的业务多元化。对比一下，同样处于困境的美林证券可以在短期内迅速将它所投资的彭博和黑岩公司的股权脱手而换得急需的现金，但雷曼兄弟就没有这样的应急手段。这一点上，雷曼兄弟和之前被收购的贝尔斯登颇为类似。

2. 自身资本太少，杠杆率太高

以雷曼兄弟为代表的投资银行与综合性银行（如花旗、摩根大通、美洲银行等）

不同。它们的自有资本太少，资本充足率太低。为了筹集资金来扩大业务，它们只好依赖债券市场和银行间拆借市场；在债券市场发债来满足中长期资金的需求，在银行间拆借市场通过抵押回购等方法来满足短期资金的需求（隔夜、7 天、一个月等）。然后将这些资金用于业务和投资，赚取收益，扣除要偿付的融资代价后，就是公司运营的回报。也就是说，公司用很少的自有资本和大量借贷的方法来维持运营的资金需求，这就是杠杆效应的基本原理。借贷越多，自有资本越少，杠杆率（总资产除以自有资本）就越大。杠杆效应的特点就是，在赚钱的时候，收益是随杠杆率放大的；但当亏损的时候，损失也是按杠杆率放大的。杠杆效应是一柄双刃剑。近年来由于业务的扩大发展，华尔街上的各投行已将杠杆率提高到了危险的程度。

（资料来源：作者根据相关数据整理。）

第十一章 资产组合定价

信息是影响资产定价的重要因素。现代金融理论体系在衡量资本市场传递信息的效率方面最有影响的便是效率市场假说（Effective Market Hypothesis，EMH）。该理论的提出始于巴舍利尔（1900）[①]对商品价格变动的研究。后由考利斯（1933）[②]和沃金（1934）[③]等人做了大量实证方面的研究。经萨缪尔森（1965）[④]和法马（1970）[⑤]的进一步深化和发展，该理论日臻成熟，并成为现代资产定价模型的前提基础。

前两章介绍了债券和股票的定价，在资产定价理论中，还有两个重要的定价理论是资本资产定价理论和套利定价理论，其是在效率市场假说和马柯维茨投资组合理论的基础上发展起来。夏普[⑥]、林特纳[⑦]、斯蒂芬・罗斯[⑧]等人对此做了大量的贡献，他们用模型讨论了风险资产的定价问题，即当市场达到均衡状态时人们承担风险的报酬。

第一节 效率市场假说

一、效率市场假说的含义

（一）效率市场假说的假设条件

任何一个理论的成立都是以一定的假设条件为前提的，效率市场假说也不例外。一个有效市场赖以成立的假设条件主要包括：（1）资本市场上的投资者都是具有完全

---

① Bachelier, Louis .Theory of Speculation: The Random Character of Stock Prices. Cambridge: MIT, Translated from the 1900 doctoral thesis

② Alfred Cowles.Can Stock Market Forecasters Forecast?.3rd edition. Econometrica ,1933

③ Holbrook Working.A Random Difference Series for Use in the Analysis of Time Series. JASA，1934

④ Samuelson, Paul A. Rational theory of warrant pricing. Industrial Management Review, 1965, 13～31

⑤ E.F. Fama, Efficient Capital Markets: A Review of Theory and Empirical Work. Journal of Finance , 1970（5）

⑥ William F.Sharp. Capital Asset Prices: A Theory of Market Equilibrium under Conditions of Risk. Journal of Finance ,1964（9）

⑦ John Lintner. The Valuation of Risky Investments in Stock Portfolios and Capital Budgets. Review of Economics and Statistics，1965（2）

⑧ Stephen A. Ross. The Arbitrage Theory of Capital Asset Pricing. Journal of Economic Theory , 1976（12）

理性的参与者。即在任何情况下，投资者都会进行风险、收益的比较并追求效用最大化。(2)新信息是以随机的形式进入市场的，并且证券价格在每个信息公布之后的调整是相互独立的。(3)资本市场没有交易费用，信息的传播没有摩擦，其获得成本可以忽略不计。不能完全满足以上三个假设条件的市场不符合效率市场假说。

（二）效率市场假说的主要内容

效率市场假说是围绕着资本市场根据新信息调整证券价格的效率而展开的。在一个所谓“有效”的资本市场上，证券的价格能够对新信息做出迅速、全面、准确的反应，若投资者按照当前的价格简单地买入或卖出一项金融资产，他将不能获得任何套利利润；反之，如果证券价格对信息的调整速度很慢而且很不准确，那么投资者就可以通过对信息的分析来获取利润，这样的市场就是无效市场。

以股票市场为例，图 11.1 展示了新信息公布后股票价格的几种可能的走势。图 11.1 中的实线体现了有效市场下股票价格的调整方向。由于有关股票的所有信息都及时的反映在了股价上，因此股价迅速地发生了明显的变化，这是有效市场的一个典型特征。虚线表示了股价对信息的缓慢延迟反映，从图 11.1 中可以看出，直到 30 天市场才完全吸收新信息。点线代表的股价经历了走高再回落的过程，反映了市场对新信息由过度反映继而调整到应有水平的过程。值得注意的是，虚线和点线都表示在无效市场上股价可能的走势。

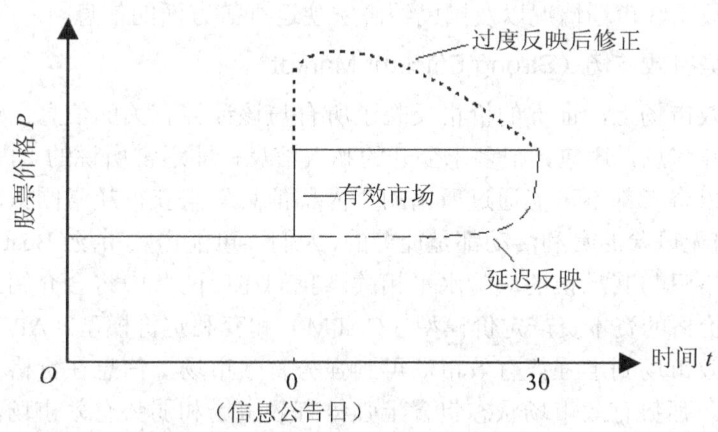

图 11.1　有效和无效市场对新信息的反映

二、有效资本市场的类型及相互关系

从效率市场假说的含义可以看出，资本市场的有效性体现在证券价格对信息调整的及时性、准确性和完整性上。若价格对信息的反映不迅速或不准确，那么这样的市场是无效市场。在及时性和准确性得以保证的前提下，根据价格对信息反映的完整性，可以把有效的资本市场划分为以下三种类型：

（一）弱势有效市场（Weak Efficient Market）

在弱势有效市场中，证券的价格反映了历史价格和过去的交易信息，即历史信息的价值已经包含在证券当前的价格中。因此，投资者力图通过历史价格变动来推测未来变动规律的“技术分析”方法无法预测证券价格的走势，这意味着技术分析不能为投资者带来超额利润。明日市场上证券的价格只与明日的信息有关，而与今日的价格无关。通常用以下的数学公式来表示弱势有效市场

$$P_t = P_{t-1} + \text{期望收益} + \mu_t \tag{11.1}$$

在式（11.1）中：P_t表示证券在时刻 t 的价格；P_{t-1}表示证券在时刻 $t-1$ 的价格。期望收益与证券所承受的风险有关，是风险的函数。μ_t表示随机误差项，代表与证券有关的随机信息对价格的影响，就像上面论述的一样，这一随机误差项是无法根据证券的历史价格来预测的。

（二）半强势有效市场（Semi-efficient Market）

半强势有效市场能使证券的价格对所有公开的信息作出迅速的调整，即所有的公开信息都已经包含在证券的价格中。这里公开信息不仅包括证券价格的历史信息，还包括公司会计数据、市场情况以及国民经济宏观运行等方面的信息。

（三）强势有效市场（Strong Efficient Market）

在强势有效市场上，证券的价格反映了所有与该证券有关的信息。这里所说的信息不仅包括公开信息，还包括很多未公开的私人信息，即通常所说的“内幕信息”。这意味着任何的投资者都不可能通过所谓的“内幕信息”来获得超常回报。在有效的资本市场上，任何无风险的套利活动都是徒劳的，人们不可能击败市场（Beat The Market）。这时证券的价格只与其承担的风险水平相关。我们在后两节中将会介绍到运用风险水平来确定证券价格的资本资产定价模型（CAPM）和套利定价模型（APT）。

从弱势有效市场到半强势有效市场再到强势有效市场，信息在价格中反映的效率是越来越高的。强势有效市场状态包含半强势有效市场和弱势有效市场，半强势有效市场的状态又包含弱势有效市场。这三个市场的最大区别在于价格所反映的信息集（价格所能反映的信息的集合）大小的不同，如图 11.2 所示。从图 11.2 中可以清楚地看到三种有效市场信息集和效率的包含关系。与强势有效市场对应的所有相关信息集包含了半强势有效市场的公开信息集，而半强势有效市场的公开信息集又包含了弱势有效市场的历史价格信息集。

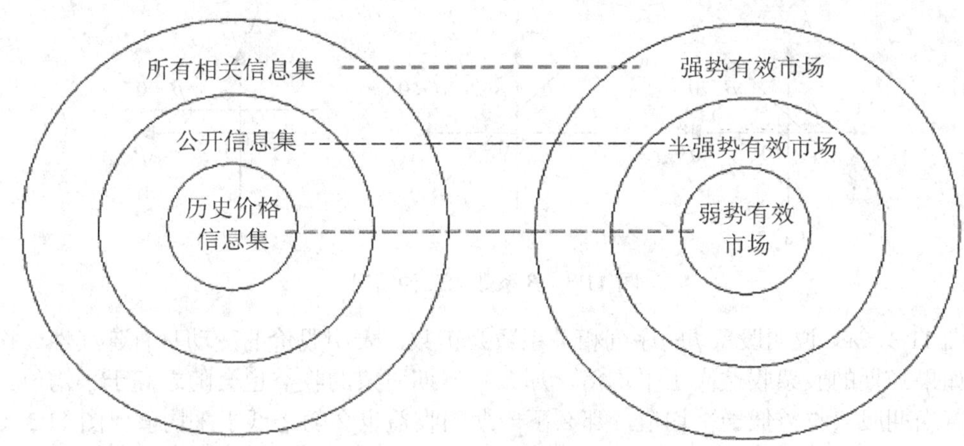

图 11.2　三种有效市场和信息集的相互关系

三、效率市场假说的实证检验

（一）国外学者对市场有效性的实证检验

1．对弱势有效市场的实证检验

在弱势有效市场中，由于技术分析不能给投资者带来额外收入，证券价格的波动是以类似物理微粒的布朗运动“随机游走”的，即过去证券价格的变动与未来证券价格的变动无关。可以通过连续的时间序列来检验一种证券现在的价格变动和过去价格变动之间的相关关系，也称之为“时间序列相关性”的检验。这里简单介绍一下。

以股票市场为例。首先选取某只股票一个连续时间段的股价作为样本，记 $P_{j,t}$ 为股票 j 在 t 时刻的股价，$P_{j,t-1}$ 为股票 j 在 t−1 时刻的股价，则 t 时刻股价的变动为 $\Delta P_{j,t}$。其计算公式为

$$\Delta P_{j,t} = P_{j,t} - P_{j,t-1} \tag{11.2}$$

同理有

$$\Delta P_{j,t-1} = P_{j,t-1} - P_{j,t-2}$$

根据样本数据，利用回归方法和相关的软件，得到如下回归方程

$$\Delta P_{j,t} = \alpha + \beta \Delta P_{j,t-1} + e_t \tag{11.3}$$

式（11.3）中：α 为截距项；β 为斜率，也称为序列相关系数；e_t 为误差项，它的期望值 $E(e_t)=0$。在方程和系数的显著性检验都通过的情况下，β 有如图 11.3 所示的三种可能情况。

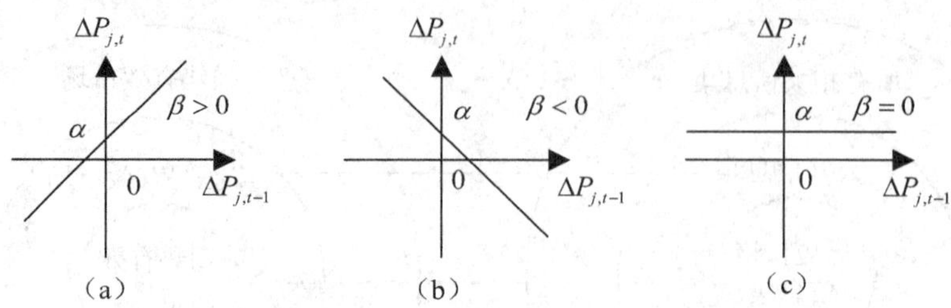

图 11.3　β 系数的三种情况

图 11.3（a）说明股票 j 的序列相关系数为正数，表明股价的变动具有延续性。换言之，如果当期的股票收益高于平均值，那么下一期股票的收益也会随之高于平均值。同理，若当期股票收益低于平均值，那么下一期的收益也会随之低于平均值。图 11.3（b）说明股票 j 的序列相关系数为负数，表明股价的变动具有相反的趋势。如果当期的股票收益高于平均值，那么下一期股票的收益反而会低于平均值。同理，若当期股票收益低于平均值，那么下一期的收益反而会高于平均值。图 11.3（c）说明股票 j 的序列相关系数为 0，说明当期股价的变动不受过去股价变动的影响。对多支股票价格的变动做以上相同的回归分析。需要注意的是无论序列相关系数显著为正还是为负，都说明现在股价的变动会受到过去股价变动的影响，与弱势有效市场假说不符，这样的股票市场是无效的。只有当序列相关系数接近于 0 时，股票市场才符合随机游走规律和弱势有效市场假说。

对价格随机游走的最早的实证研究始于巴舍利尔（1900），他虽然没有明确提出“随机游走”的概念，但是通过检验得出了商品价格变动遵循随机的形式。接下来沃金（1934）、考利斯与琼斯（1937）、坎道尔（1953）等人发现连续的价格变动之间的序列相关系数接近于 0。后来格兰杰和摩根斯坦（1963）采用光谱分析的方法也未找出股票价格有任何波动的形式。摩尔随机选取了华尔街挂牌的 29 支股票，通过计算每支股票价格每周的变化，计算出其平均相关系数为-0.06，基本趋于 0。法马根据道·琼斯工业指数样本 30 支股票，选取间隔天数为 1、2、3、4、5 天不等，也验证其相关系数基本趋于 0，由此说明股价的变动符合随机游走的规律。

但是，弱势有效市场假说也受到了来自现实的巨大挑战。其中最为著名的就是开姆等人（1983）发现的所谓“一月效应”——无论是大盘股还是小盘股，都存在一月份的收益高于其他月份的现象；后来人们又陆续发现了类似的“周末效应”、“星期一效应”等时间异常的现象，尤其是这些时间异常现象在不同的国度得到证实后就更有说服力。但是考虑到交易费用，这些收益的时间差异都没有超过交易费用，所以考虑它们的实际意义并不大。

2．对半强势有效市场的实证检验

半强势有效市场认为证券价格能迅速调整并反映所有可公开信息，所以根据所有公开信息，投资者不会从无风险交易中获得超过一般水平的收益。国外学者主要通过考察证券价格对重要信息调整的时间长短来检验半强势有效市场假说的成立。他们通常用证券的累积超常回报率（Cumulative Abnormal Returns，CAR）模型进行实证分析。仍以股票市场为例，具体分析过程如下。

首先选取股票 j 在某一重大信息（例如股权分割、首次公开招股、法人事件等）公布前后一段连续时间的价格为样本。定义其收益率 $R_{j,t}$ 为

$$R_{j,t} = \left(P_{j,t} - P_{j,t-1}\right) / P_{j,t-1}$$

式中：$P_{j,t}$ 为股票 j 在 t 时刻的价格；$P_{j,t-1}$ 为股票 j 在 t−1 时刻的价格。以无风险债券的收益率作为证券市场的收益率 $R_{m,t}$。利用统计软件回归以下方程

$$R_{j,t} = \alpha + \beta R_{m,t} + e_{j,t} \tag{11.4}$$

式（11.4）中：α 为截距项；β 为斜率；$e_{j,t}$ 为误差项，也称为超常回报率（Abnormal Returns）。把回归结果中自动生成的误差项保存下来，通过下面的式（11.5）计算一定时期（1，t）内的累积超常回报率 CAR_j

$$\mathrm{CAR}_j = \sum_{t=1}^{t} e_{j,t} \tag{11.5}$$

如果 $\mathrm{CAR}_j=0$，则证明价格对信息的反应是迅速的。

法马曾就股份分割对股价进行了检验：发现股份分割前 30 个交易日股价开始上涨，分割后股价趋于平稳。保罗和沃尔逊（1984）考察了公司发布分红消息当天股价的波动，发现股票价格在信息披露 15 分钟内完成了调整。很多学者也做了类似的研究，结果都支持半强势有效市场的假设。

然而，半强势有效市场受到了比弱势有效市场更大的争议，很多研究人员发现在市场中存在着许多与半强势有效市场假说不符合的现象。例如，巴苏（1977）发现股票的平均收益与股票的市盈率（P/E）存在正相关的关系。本茨（1981）发现股票的市场价格还与上市公司的规模有关；斯坦特曼（1980）发现股票的市净率（P/B 比率）也是影响股票价格的重要因素。这些都是与半强势有效市场相矛盾的实证。

3．对强势有效市场的实证检验

强势有效市场认为股票价格反映了所有公开的和未公开的信息，在这样的条件下，没有任何一个投资者可以通过内幕信息获得超额利润。所以对强势有效市场的研究也是通过对公司内幕人员、专业证券分析师、专业基金经理等信息最灵通、最全面的专业人士能否获得超额利润而进行实证检验的。弗兰德（1962）等人发现共同基金和无专业管理的证券组合在构成相同的时候，盈利水平没什么差别。法马（1990）发现若考虑成本后，一些共同基金的收益是微不足道的。这些都证明了有效市场假说的成立。然而，人们一般相信“内幕信息”能够带来利益，而且任何一个国家都把内幕交易视

为非法行为，从这个程度上说人们似乎并不承认强势有效市场的存在。通过对相关内部人员和证券交易所的证券商盈利的实证研究，结果也证实了这些内部人员确实能获得高于平均水平的利润，这点也否认了有效市场假说的成立。

近几年，关于市场有效性的检验方法又有了新的发展。因为弱势有效市场中投资者根据历史信息对证券的收益率是无法预测的，而各种即时公开信息和“内幕信息”却可以让投资者获利；在半强势有效市场上，所有公开信息和历史信息都不能用于预测证券收益率，只有掌握私人信息可以获利；在强势有效市场上无论任何信息，都不能使投资者获益。所以，现代市场有效性理论发展出了一种通用的实证检验方法，即检验在一定信息集条件下证券收益率的可预测性。大量学者做了这方面的实证检验。约翰·Y.坎贝尔（2000）通过分析发现股票收益率检验方面存在着以下规律。

（1）较长时期的收益率比较短时期的收益率更好预测。

（2）预期收益率随时间的波动可以比较准确的预测。然而，对有效市场实证检验的结论始终没有达成一致。普遍认同的观点是发达资本市场已经达到了弱势有效，但对半强势有效市场和强势有效市场还需进一步的实证检验。

（二）国内学者对中国证券市场有效性的实证分析

首先，从效率市场假说成立的三个条件来考察中国证券市场的有效性。根据前面介绍，一个有效市场必须满足三个假设条件。

（1）资本市场上的投资者都是具有完全理性的参与者。

（2）新信息是以随机的形式进入市场的，且证券价格在每个信息公布之后的调整是相互独立的。

（3）资本市场没有交易费用，信息的传播没有摩擦，其获得成本可以忽略不计。

结合实际来看，目前中国证券市场还不具有有效市场的假设条件。深圳交易所综合研究所2002年初公开的一份调查研究报告显示，深沪股市的个人投资者中70%以上没有接受过正规高等教育，更谈不上具有风险投资组合理论和概率论基础，中国投资者的投资行为大都表现出非理性的特点，投机性强。除此之外中国资本市场现行的单边市场体制不允许卖空，也无衍生品市场，这就使套利活动难以展开，其用于“熨平”市场价格的作用得不到发挥。同时，我国股票市场上严重的内幕交易，使得信息进入市场不再遵循随机的形式。交易过程中的交易费用也相当高，并不能忽略不计。这些都说明我国资本市场目前不满足有效市场的假设条件，市场仍然是无效的。

其次，根据中国学者近几年对中国证券市场的实际模型检验来看，其结论基本上都认为我国证券市场或者是无效的，或者是弱势有效的。俞乔（1994）根据1994年4月以前的深沪市日收益率序列，采用时间序列相关性检验法得出中国资本市场无效的结论。宋颂兴（1995）等人根据1993年至1994年沪市周收益率序列，用同样的方法证明了沪市的弱势有效性。东北大学教授李凯等也运用序列相关性和游程检验方法，对我国股票市场的有效性进行了检验，两种方法检验结果表明两个市场均具有弱有效性的特点。总体来说，我国资本市场的有效性还比较低，但正逐步朝着规范的方向发展。

我国资本市场有效性较低的现状，说明我国股票市场中还存在很多不完善的地方。所以，我国要强化信息披露机制，增加信息的透明度，惩戒发布虚假信息、进行内幕交易等扰乱市场秩序的非法行为。同时还要培养富有理性的机构投资者，营造一个正常的、公平竞争的资本市场环境。

最后，需要说明的是，本节对效率市场假说的介绍都是在投资者是理性经济人这个假设上展开的，这是一种理想化的状态。现实生活中人们往往由于感情、政治、文化、信仰、生理等方面的原因产生冲动，导致不理性行为的发生。近些年兴起的行为金融学研究的就是有限理性、有限控制力和有限自利假设条件下人们的行为。这并不是对理性人假设的否定，而是对此假设的修正，使之与现实生活更接近。需要同学们注意的是，下面两节介绍的资本资产定价模型和套利定价模型都是在理性人（即人们追求效用最大化）的前提基础上推导的，请不要过分注重其与现实的矛盾而分散了对经典理论的学习。

第二节　投资组合理论

一、概述

投资者的投资决策通常基于对两个目标——预期收益最大化和不确定性（风险）最小化。但是，较高的收益往往伴随着较大的风险。为了分散风险或减少风险，投资者可以投资于证券组合（Portfolio），以期在自身可承受的风险水平下通过分散化投资获取最大的预期收益，或者获取一定预期收益时达到风险最小。1952 年，诺贝尔奖获得者哈 里·马柯维茨（Harry M. Markowitz）在其“Portfolio Selection”一文中，第一次从风险资产的收益率与风险之间的关系出发，讨论了不确定经济系统中最优资产组合的选择问题，得到了著名的基金分离定理，为资产定价理论奠定了坚实的基础，被公认为“现代组合理论”的开端。

一个证券投资组合的预期收益率是其所含基本证券的预期收益率的加权平均值，每一基本证券对证券投资组合预期收益率的贡献依赖于它的预期收益率，以及它在证券投资组合初始价值中所占的份额；而一个证券投资组合的风险测度则用投资组合的标准差来表示。那么，投资组合的收益和风险之间是否存在着一定的关系呢？这便是本章所要讨论的内容。让我们从证券组合分析开始。

二、证券组合分析

（一）马柯维茨有效集

1．可行集

为了说明有效集定理，有必要先介绍一下可行集（Feasible Set）的概念，可行集也称为机会集，它代表由 N 种基本证券所形成的所有组合的集合，它包括了现实生活中所有可能的组合。

一般来说，可行集的形状像伞形，如图 11.4（横轴为标准差 σ_P，纵轴为预期收益率 $E(R_P)$）所示。所有可能的证券组合可以位于可行集的边界上或内部。在现实生活中，由于各种证券的特性（预期收益率和标准差）千差万别，因此可行集依赖于所包含的特定证券，可能宽窄高低不同，不过它们的形状大多如此。

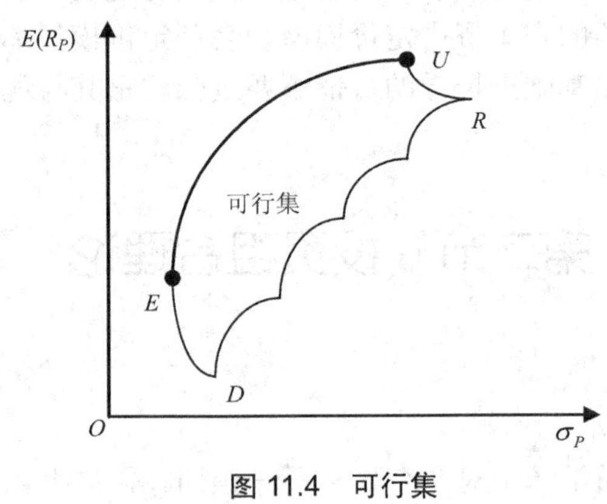

图 11.4 可行集

2．有效集

可行集中满足下列两个条件的证券组合称为马柯维茨有效集（有效边界）（Efficient Set（Frontier））：一是对于同样的风险水平，能提供最大预期收益率；二是对于同样的预期收益率水平，能提供最小的风险。

根据上述两个条件，有效集显然为可行集的一个子集，它包含于可行集当中。那么如何确定有效集的位置呢？

首先，满足第一个条件的组合集合必须先被确定，如图 11.4 所示，没有哪一个组合能提供比组合 E 更小的风险，同时也没有一个组合提供比 R 更大的风险。于是，随着风险水平的变化，提供最大预期收益率的组合集将介于 E 和 U 之间的上方边界上的组合集。

接下来考虑第二个条件，没有哪个组合能提供比组合 U 更大的预期收益率，同样，没有哪个组合能提供比组合 D 更低的预期收益率。于是随着预期收益率水平的变化，提供最小风险的组合集是可行集介于 D 和 U 之间的左方边界上的组合集。

为了确定有效集，两个条件必须同时得到满足。从图 11.4 中，可以看到只有位于 E 和 U 之间的左上方边界上的组合同时满足上述两个条件。因而，这些组合就构成了有效集，投资者将在这些组合中寻找最佳的组合，而其他可行组合则为无效组合。

3．有效集的形状

假设有两种证券，A 证券的预期收益率为 10%，标准差也为 10%；B 证券的预期收益率和标准差则分别为 20%和 30%，那么按照证券 A、证券 B 不同的相关系数和权重，我们将得到证券组合（$E(R_P)$，σ_P）的不同值，如图 11.5 所示。

图 11.5 中，折线 ACB 为 $\rho=-1$ 时的证券组合；直线 AB 为 $\rho=1$ 时的证券组合。证券组合边界的上限和下限分别出现在两种证券的相关系数为+1 和–1 的时候，这就意味着，这两种证券的任何组合的标准差不会位于连接着两种证券的直线 AB 的右边；也不会位于连接这两种证券的折线 ACB 的左边。

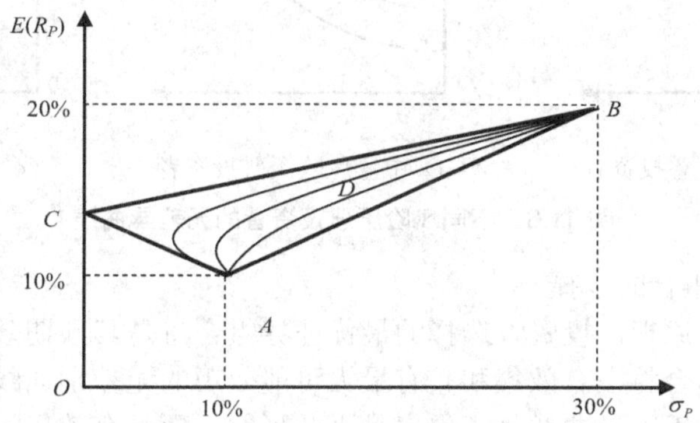

图 11.5　证券 A 和证券 B 构成的证券组合

我们还可以从图 11.5 中看到，曲线 ADB 为 $\rho=0$ 时的证券组合；$-1<\rho<0$ 时的证券组合在折线 ACB 和折曲线 ADB 之间；$0<\rho<1$ 时的证券组合在曲线 ADB 和直线 AB 之间。即如果相关系数小于 0，组合曲线将更加向左弯曲；如果相关系数大于 0，向左弯曲程度减弱。这意味着，如果证券的相关系数越小，证券组合分散风险的能力越强。证券组合随着基本证券之间相关系数的减小而凸向纵轴。特别地，当两证券的相关系数为-1 时，某一比例组合将会完全抵消风险，即到达 C 点。

（二）最优证券组合（Optimal Portfolio）

1．无差异曲线

在分析最优证券组合前，我们先要了解一下无差异曲线。无差异曲线是代表给一个投资者带来同样满足程度的风险和预期收益率的所有组合。它有一些特性，我们可以结合图 11.6（不同类型风险厌恶投资者的无差异曲线）分析。

（1）一条给定无差异曲线上的所有组合对投资者来说，其提供的满足程度是相同的。

（2）左上方的无差异曲线上的组合比右下方的无差异曲线上的组合更令人满意（I_3 优于 I_2，I_2 优于 I_1）。我们假设投资者是风险厌恶的（Risk Averse），从这个假设可以得到无差别曲线有正的斜率并且是凸的。这是因为要使投资者多冒等量的风险，给予他的补偿，即预期收益率应越来越高。

（3）同一投资者有无数条无差异曲线。这意味着对于任何组合，投资者对其的偏好程度都能与其他组合相比。

（4）无差异曲线不能相交。

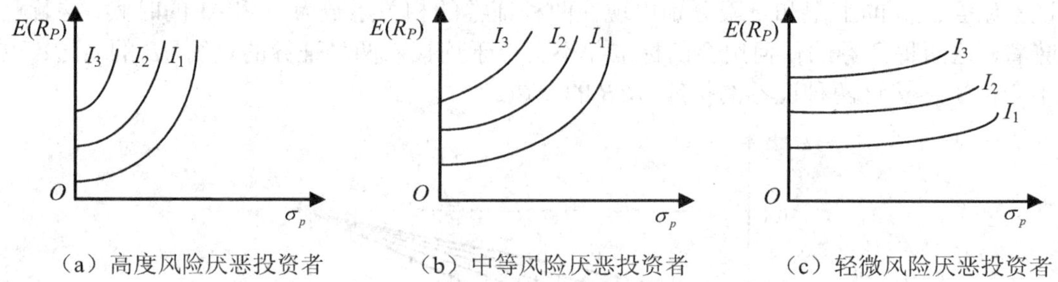

图 11.6 不同风险厌恶投资者的无差异曲线

2．最优证券组合的选择

根据预期效用原理，投资者选择的最优证券组合将是其预期效用最大化的组合。因而，最优证券组合将在有效集和具有最大可能效用的无差别曲线的切点上。由于风险厌恶的投资者的无差异曲线是正斜率且下凸形的，而且有效集一般具有正斜率且下凹的特征，这就意味着投资者的无差异曲线与有效集只有一个切点，如图 11.7 所示的 E 点，它即为投资的最优证券投资组合。

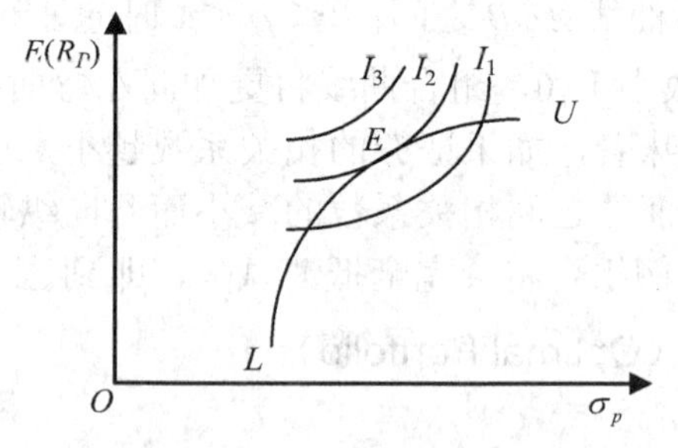

图 11.7 最优证券组合的选择

三、无风险资产对马柯维茨有效集的影响

前面，我们讨论了有风险证券的最优证券组合的选择。现实生活中，投资者经常将无风险资产和有风险资产进行组合，以求期望最大化和风险最小化。这里的无风险资产，指的是有确定的预期收益率，且方差为零的资产。且由于每一个时期的无风险利率等于它的预期值，无风险资产和任何风险资产的协方差都为零，即无风险资产与风险资产不相关。

在现实生活中，无风险资产必须具备两个特点：一是没有任何违约可能；二是没有市场风险。因而，一般可以以到期日与投资期相等的国债看作无风险资产为例。

（一）允许无风险贷出

无风险贷出相当于投资于无风险资产，其收益率是确定的。在单一投资期情况下，这意味着如果投资者在期初持有一种无风险资产，那么他可以确切地知道该资产的期末值。

1．投资于一个无风险资产和风险资产（或组合）

对于任意一个由无风险资产和风险资产所构成的组合，其相应的预期收益率和标准差都将落在连接无风险资产和风险资产的直线上；其在直线上的确切位置将取决于投资于这两种资产的相对比例。如图 11.8 所示，A 为无风险资产，B 为风险资产，投资于这两种资产的组合就在直线 AB 上。

无风险资产与风险资产组合的投资组合与无风险资产和某个单个风险资产的组合之间可以认为没有区别。最终投资组合的预期收益率和标准差都将落在连接两个端点的直线上。如图 11.9 所示，B 为风险资产 C 与 D 构成的风险组合，由 B 与无风险资产 A 构成的组合就在直线 AB 上，它们在直线上的具体位置将由对 AB 和无风险资产这两者的投资比例来决定。

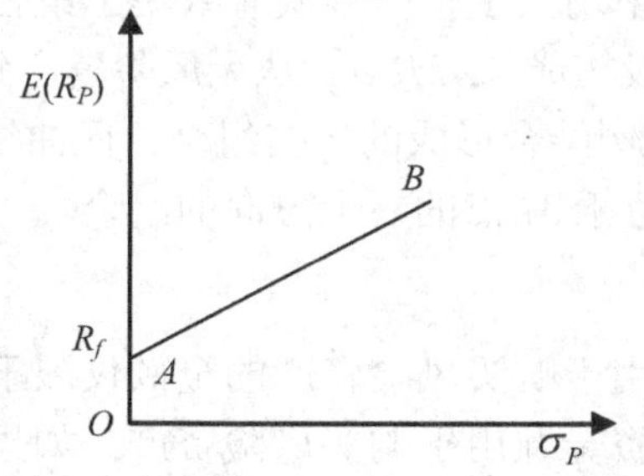

图 11.8　无风险贷出和风险资产投资的组合

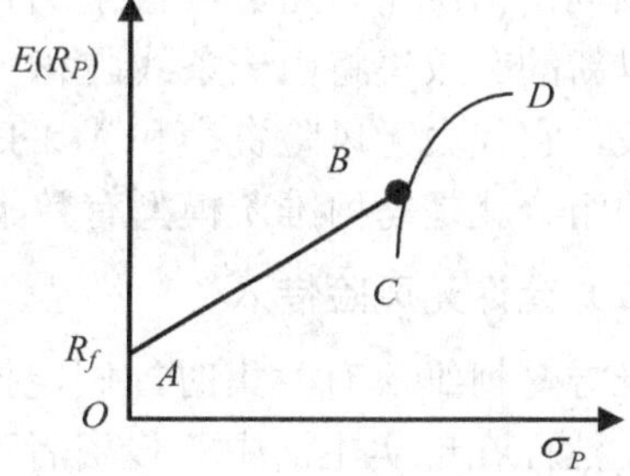

图 11.9　无风险贷出与风险组合投资的组合

2．无风险贷出对有效集的影响

随着无风险贷出的引入，可行集将会有明显变化。图 11.10 展示了它是如何改变有效集。所有的风险资产和组合，都能以各种可行的方式同风险资产进行组合，即无风险资产可以与有效集上的任一点进行组合，它们的连线可形成新的组合。

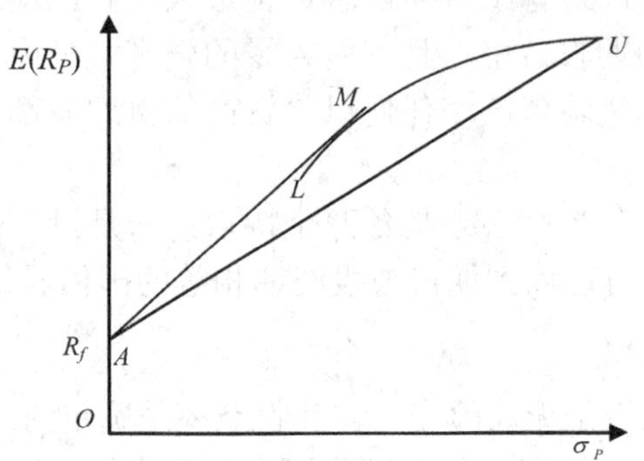

图 11.10　引入无风险贷出时的可行集和有效集

图 11.10 中，*LU* 为有效风险组合，*A* 为无风险资产。我们可看到有两条直线形边界 *AM* 与 *AU*，这两条直线都是从无风险资产发出的，可行集就是夹在两条直线与曲线 *MU* 中间的全部区域。底部那条直线代表无风险资产与 *U* 构成的所有投资组合。另一条从无风险资产发出的直线则代表了无风险资产与马柯维茨模型中有效集上某一特殊组合的结合。这条直线与有效集相切于点 *M*。

尽管马柯维茨模型中其他的有效风险资产组合也能与无风险资产相组合，但是对于所有由风险资产构成的组合来说，没有哪个点与无风险资产相连形成的直线会落在 *M* 点与无风险资产的连线的左上方。此时，马柯维茨模型有效集中从最小风险组合到 *M* 的那部分组合（即曲线 *LM* 段）将不再有效，因为对于 *M* 点左边的有效集而言，在预期收益率相等的情况下，*AM* 线段上的风险均小于马柯维茨有效集上组合的风险，而在风险相同的情况下，*AM* 线段上的预期收益率均大于马柯维茨有效集上组合的收益率。所以新的有效集将由一条线段和一条曲线段构成（*AMU*）。从无风险资产到 *M* 点的直线段，它代表无风险资产和 *M* 的以各种比例结合形成的一些组合。而曲线段 *MU* 所代表的组合就是马柯维茨模型有效集中那些位于 *M* 点的右上方向的组合。

（二）允许无风险借入

在推导马柯维茨有效集时，假定投资者可用于购买风险资产的金额仅限于其期初的资产。然而在现实生活中，投资者可以借入资金并用于购买风险资产。如果投资者借入资金时，利率是已知的，而且偿还贷款也没有任何不确定性，那么就称投资者的这种行为为“无风险借入”。下面就来分析一下无风险借入对有效集的影响。

1．借入资金并投资于风险资产（或组合）

先来考虑一下投资者以无风险利率借入资金，和其自有资金一起全部投资于某一风险资产（或组合）的情形。通过与前一部分类似的推导，它们构成的组合的预期收益率和标准差正好能使该组合位于连接无风险资产和风险资产（或组合）的线段的延长线上，其具体位置则将由借入无风险资产的数量来决定，如图 11.11 与图 11.12 所示。

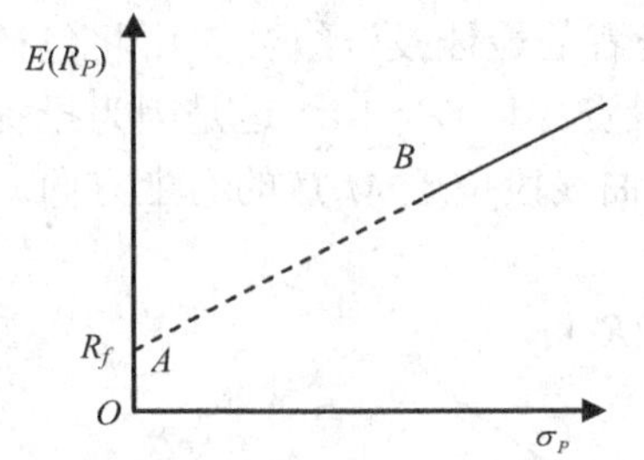

图 11.11　无风险借入和风险资产投资的组合

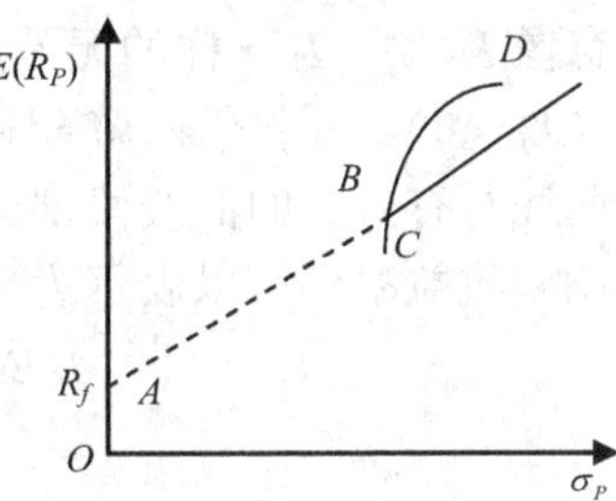

图 11.12　无风险借入与风险组合投资的组合

随着无风险借入的引入，投资者可以利用杠杆手段。投资者可以用他的全部自有资金，再加上以无风险利率借入的资金，投资一个风险组合。从而实现比风险组合更高的收益，当然也要因此承担更高的风险。

2．引入无风险借入对有效集的进一步改进

图 11.13 显示了允许无风险借入和无风险贷出时，可行集是如何变化的。可行集就是夹在两条射线中间的全部区域，这两条射线都是由无风险利率处发出，一条通过组合 U，另一条通过组合 M。如果投资者借入资金的数量不受限制，那么这两条射线可以无限地向右延伸。

通过组合 M 的直线代表着有效集，其正好与马柯维茨模型有效集相切。在引入无风险借入和贷出后，除组合 M 外，马柯维茨有效集上的其他组合将不再有效。

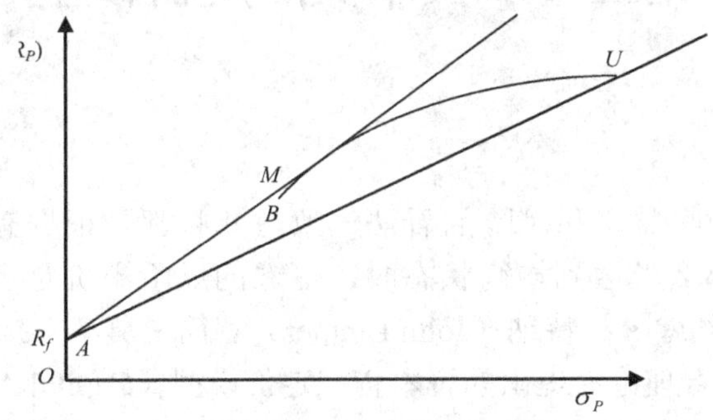

图 11.13　引入无风险借入和贷出后的可行集和有效集

（三）无风险借入和贷出对投资组合选择的影响

图 11.14 中，如果投资者的无差异曲线为 I_3^*、I_2^*、I_1^*，即较厌恶风险者，那么投资者的最佳投资组合 E^*将包括两部分投资，一部分（$X_f>0$, X_f为投资比重）是对无风险资产的投资，剩下的部分（$1-X_f<1$）是对 M 的投资。这是由于投资者的无差异曲线在无风险资产和 M 点之间与有效集相切。另外还有一种情况，如果投资者更倾向于冒险，具有像 I_3、I_2、I_1 一样的无差异曲线，那么投资者的最佳投资组合 E 中将包括无风险借入（$X_f<0$），并将借入资金和自有资金对 M 投资（$1-X_f>1$）。这是因为投资者的无差异曲线与有效集的曲线段部分相切，而这部分曲线段位于 M 点的右上方向。两种情况的期望收益率都可以表示为

$$E(R_P)=X_fR_f+(1-X_f)E(R_T)$$

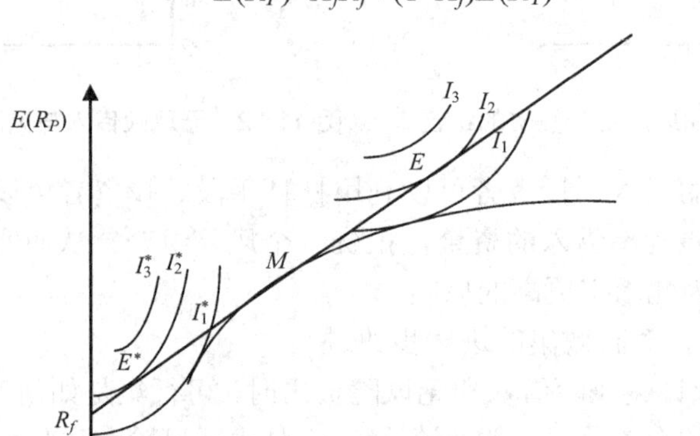

图 11.14　允许无风险借入和贷出时的组合选择

第三节　资本资产定价模型

一、概述

如果人们对预期收益率和风险的看法一致，并且都是根据有效分散化原则来选择最优投资组合，那么当达到均衡状态时，证券的风险溢价是多少呢？威廉·夏普（William Sharpe）、约翰·林特纳（John Lintner）和简·莫辛（Jan Mossin）等人基于马柯维茨证券投资组合理论而提出的资本资产定价模型（Capital Asset Pricing Model，CAPM）正是回答了这样一个问题，其基本思想是当市场达到均衡状态时人们承担风险的报酬。基于资产价格的调整使供求相等的假设，推导出风险资产预期收益率必然存

在的数量关系。

CAPM 在现代金融理论和实务中处于很重要的位置，其原因主要有两个：首先，它为一种广泛采用的消极投资法——指数法提供了理论证明，而指数法在养老基金、共同基金等机构投资者的投资中应用十分广泛，同时指数法还提供了一个简单可行的基准，可用来积极管理策略的业绩表现；其次，CAPM 还给出了各种金融应用中使用的预期收益率的估计方法。如股票现金流折现估价模型中使用的风险调整预期收益率。

二、资本资产定价模型的假设条件

就像微观经济学市场分析从完全竞争市场开始分析起一样，资本资产定价理论也是先从简单形式入手，提出了许多假设。这些基本假定的核心是尽量使有着不同的初始财富和风险厌恶程度的个人相同化，从而使分析大为简化。这些假设如下。

（1）投资者通过投资组合在单一投资期内的预期收益率和标准差来评价这些投资组合。

（2）投资者永不满足，当面临其他条件相同的两种选择时，他们将选择具有较高预期收益率的那一种。

（3）投资者是厌恶风险的，当面临其他条件相同的两种选择时，他们将选择具有较小标准差的那一种。

（4）每种资产都是无限可分的，这意味着如果投资者愿意，他可以购买一个股份的一部分。

（5）投资者可以按同一无风险利率贷出或借入资金。

（6）税收和交易成本均忽略不计。

（7）所有投资者都有相同的投资期限。

（8）对于所有投资者，无风险利率相同。

（9）对于所有投资者，信息是免费的并且是立即可得的。

（10）投资者具有相同的预期，即他们对预期收益率、标准差和协方差的预期是一致的。

假设有很多，但一般可概括为下列三项。

假设一：投资者依据期望收益率评价证券组合的收益水平，用标准差评价证券组合的风险水平。

假设二：投资者拥有相同的信息，并且对证券的收益和风险有完全相同的预期。

假设三：资本市场中不存在摩擦，即市场对资本和信息自由流动没有阻碍，是一个完全市场。

这样，通过对投资者的规范和对现实市场的简化，单个投资者如何投资分析的问题就可以转化为如果每个投资者都按相同的方式投资，那么证券价格将会是怎样的问题。通过考察市场上所有投资者的集体行为，从而导出每种证券风险和收益之间的均衡关系。

三、分离定理和最优投资组合

从本章第三节我们知道，每个投资者依据自己的偏好，在资本市场上投资风险资产和无风险借贷从而形成最优投资组合，那么投资者具体应如何决策呢？根据 CAPM 的假设，所有投资者对证券的预期收益率、标准差和协方差以及无风险利率的大小的预期都是完全一致的。这意味着每一个投资者选择的风险资产都是同一个资产组合，也就是每个投资者在其投资组合中每种风险资产的比例都一样。而无风险贷出和借入只是为了满足投资者个人对总风险和收益率的选择偏好。这样就可以得到分离定理。

分离定理是指个别投资者对风险和收益的偏好状况与该投资者风险资产组合的最优构成是无关的。最优投资组合的确定仅取决于各种可能的风险组合的预期收益率和标准差。

因此投资者投资决策可分为两个独立的部分。

（1）决定一个最优证券组合 M。决策时不必考虑其他投资者对风险的看法，证券价格已包含了收益率和风险的足够信息，投资者可据此作出决策，如图 11.14 所示中的无风险资产 R_f 与有效集的切点 M。这点在一个具有共同期望的世界中，对所有的投资者都是一样的。在现实中，M 点就是所有现存证券按照市场价值加权计算所得到的组合，称为市场组合。有时用综合指数（如指数、纽约证券交易所的综合指数）来代表。

（2）决定无风险证券和这个证券组合的投资比例。只有这部分需依赖不同投资者各自的效用曲线，如果厌恶风险就多投资无风险资产（如点 E^*），如果偏好风险就借入无风险资产，多投资于风险资产（如点 E）。

四、资本市场线

根据以上的分析，我们可以得到有效证券组合的预期收益率和标准差的均衡状态的关系。如图 11.15 所示，R_f 代表无风险利率，点 M 代表市场组合，有效组合落在从 R_f 出发穿过 M 的直线上。这一由通过市场组合与无风险贷出或借入而得到的收益和方差的搭配构成的线性有效集，就是大家所知的“资本市场线”（Capital Market Line，CML）。这条直线反映了在均衡状态时，有效组合的期望收益和风险之间简单的正相关关系（纵轴为期望收益，横轴为标准差），根据假设条件，投资者都为风险厌恶型，只有当风险资产的收益可以抵消其风险时，投资者才会持有这种风险资产。

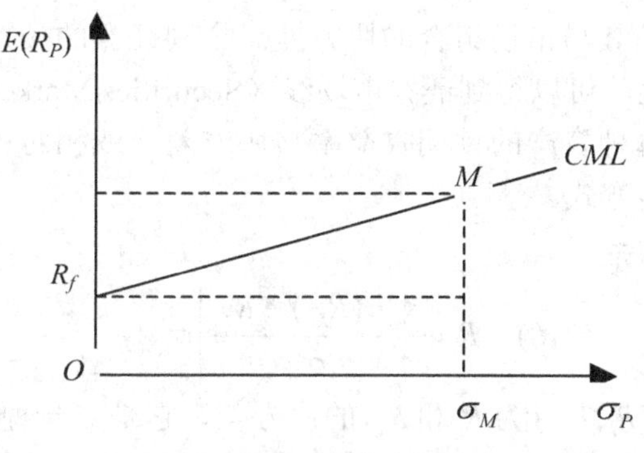

图 11.15　资本市场线

由于投资者准备投资风险资产，他需要一个风险溢价（证券组合的收益率与无风险收益率之差）来补偿增加的风险，所以风险溢价假定是正值。那么风险溢价的正值是多少呢？资本市场线的表达方程给予了量化的结果

$$E(R_P)=R_f+\frac{E(R_M)-R_f}{\sigma_M}\sigma_P \tag{11.6}$$

即表示 CML 上的任何有效组合的预期收益=无风险收益率+风险的市场价格×组合的标准差。

其中，$E(R_M)-R_F$ 是市场组合 M 的风险溢价，表示市场的期望收益率是无风险资产的收益率加上因市场组合内在风险所需的补偿。

$\dfrac{E(R_M)-R_F}{\sigma_M}$ 是 CML 的斜率，表示一个组合的风险（标准差）每增加 1%，需要增加的收益数。通常该比率被称为风险的市场价格（Market Price of Risk），因为它测度的是投资者对资产组合风险所要求的额外收益值。风险溢价与标准差的比率告诉我们单位资产组合风险下的额外收益率的大小。

五、证券市场线

由于资本市场线仅代表有效组合预期收益率和标准差之间的均衡关系。单个的风险证券将始终位于该线的下方，本身可能是一个非有效的组合，那么单个证券的预期收益与总风险有什么样的关系呢？

我们知道，资产的总风险可分为系统风险和非系统风险：非系统化风险是可以通过多样化进行分散的；而系统风险则不能用多样化方法消除，它是由市场偏差产生的。如果一个证券组合是完全多样化的，那么其风险则仅有市场风险。因此，任何一个资产贡献给一个组合的风险就是其市场风险。在考虑市场组合风险时，重要的不是各种

证券的整体风险，而是其与市场组合的协方差。个别证券的预期收益率取决于其与市场组合的协方差。据此，可以得到证券市场线（Securities Market Line，SML）。

证券市场线代表每种资产的预期收益率与协方差（或相对市场风险）之间的均衡关系。通常有两种表达方式。

（一）用协方差表示

$$E(R_i)=R_f+\left[\frac{E(R_M)-R_f}{\sigma_M^2}\right]\sigma_{i,M} \tag{11.7}$$

其中，$\sigma_{i,M}=\mathrm{Cov}(R_i,R_M)$ 为 R_i 和 R_M 的协方差，它是对一种证券风险的相对测度，表示对市场组合 M 的风险有贡献的资产 i 与市场组合 M 有关，具有较大协方差值的证券将被投资者认为对市场组合的风险有较大的贡献，同时需注意的是不能认为那些具有较大标准差的证券，相对于那些具有较小标准差的证券，必然会为市场组合贡献更大的风险。

$\dfrac{E(R_M)-R_f}{\sigma_M^2}$ 也可被称之为风险的市场价格。风险溢价与方差的比率告诉我们单位资产组合风险下的额外收益率的大小。

当 $\sigma_{i,M}=0$ 时，风险证券的预期收益率等于无风险证券的收益率；$\sigma_{i,M}<0$ 的风险证券将具有比无风险利率还低的预期收益率，投资于这些证券的资金越多，市场组合的风险就越小；当 $\sigma_{i,M}=\sigma_M^2$ 时，风险证券将对市场组合作出平均程度的贡献，它具有同市场组合相等的预期收益率。如图 11.16 所示为用协方差表示的证券市场线。

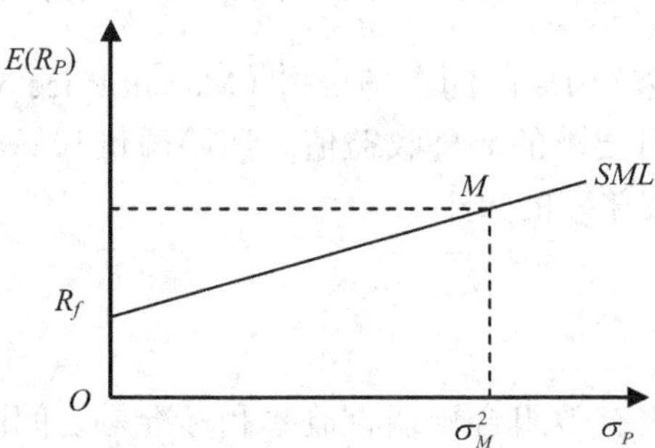

图 11.16　用协方差表示的证券市场线

（二）用贝塔表示

$$E(R_i)=R_f+[E(R_M)-R_f]\beta_i \tag{11.8}$$

即资产的预期收益率=无风险收益率+市场组合的风险价格 $\times\beta_i$

其中，$\beta_i=\mathrm{Cov}(R_i,R_M)/\sigma_M^2$，$\beta_i$ 是衡量该证券为市场组合所增加的风险的另一种

测度。或者说是个别资产相对于市场组合的测度，它可以比较不同资产的相对的市场风险。因为市场风险为$\beta_i^2\sigma_M^2$，而在一定时期内σ_M^2是一常数，它和用市场风险比较的结果相同，资产的β值较大，风险较大；β值较小，风险较小。

这个公式被称为资本资产定价模型（CAPM），应用较为广泛。长期来看，市场的平均收益率高于平均的无风险收益率，因此$[E(R_M)-R_f]$应是个正数，单个证券的期望收益率与该种证券的贝塔系数线性正相关。如图 11.17 所示为用贝塔表示的证券市场线。

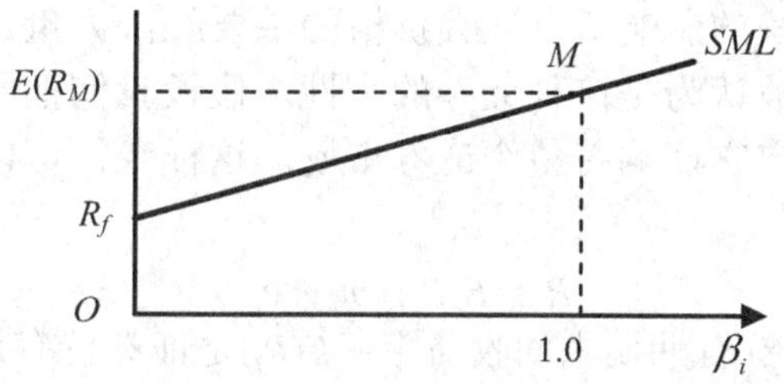

图 11.17　用贝塔表示的证券市场线

【例 11.1】　给定市场组合的期望收益率为 8%，无风险收益率为 5%，证券 A 的贝塔值为 0.8，证券 B 的贝塔值为 1.2，那么证券 A 和证券 B 的均衡期望收益率分别是多少？

证券市场线为：$E(R_i)=R_f+[E(R_M)-R_f]\beta_i=5\%+(8\%-5\%)\beta_i$

$$\text{A：}\ E(R_{\text{A}})=R_f+[E(R_M)-R_f]\beta_{\text{B}}=5\%+3\%\times0.8=7.4\%$$

$$\text{B：}\ E(R_{\text{B}})=R_f+[E(R_M)-R_f]\beta_{\text{B}}=5\%+3\%\times1.2=8.6\%$$

第四节　套利定价理论

1976 年，斯蒂芬·罗斯利用套利定价原理，提出了套利定价理论（Arbitrage Pricing Theory，APT）。与第三节介绍的资产资本定价模型不同，该模型是从因素分析的角度讨论风险资产的定价问题，并为系统风险与公司特有风险的性质提供重要的新视角。

一、因素模型

套利定价理论认为，证券收益是和某些因素相关的。这些因素包括一系列产业方面和市场方面的因素。当两种证券的收益都受到某些因素的影响时，两种证券之间就存在相关性。

通常影响着几乎所有企业的主要经济因素包括：经济周期、利率、通货膨胀率、技术革新等。如果这些变量发生了非预期的变化，则整个股票市场的收益率也相应地会发生非预期的变化。除了这些通常的影响外，股票收益的所有剩余的不确定性是公司特有的。公司特有事件可能包括新的发明、重要领导辞职或去世，以及其他一些只影响单一企业命运而未能以一个可测度的方式影响整个经济的因素。因此，证券之间的相关性除了通常的经济因素外就没有其他来源了。

（一）单因素模型

因素模型就是建立在证券收益率对各种因素或指数变动的敏感度这一个假设之上的，其试图提取那些系统的影响所有证券价格的主要经济力量。证券收益率中不能被因素模型所解释的部分被认为是该种证券的个性。假设我们把所有相关经济因素组成一个宏观经济因素，假定它影响着整个证券市场。这样我们可以通过把证券的持有期收益写成

$$R_i = E(R_i)+m_i + e_i \tag{11.9}$$

式中：R_i 为证券 i 持有期期末的收益率；$E(R_i)$是证券持有期期初的期望收益；m_i 是在证券持有期间非预期的宏观事件对证券收益的影响；e_i 是非预期的公司特有事件的影响。m_i 和 e_i 都具有零期望值，因为它们都是非预期事件的影响，根据定义其平均值必然为零。我们还可以得出进一步的结论，即不同企业对宏观经济事件有不同的敏感度。因此，如果我们记宏观因素的非预测成分为 F，记证券 i 对宏观经济事件的敏感度为 b_i；则证券 i 的宏观成分为 $m_i= b_iF$，则式（11.9）变为

$$R_i = a_i + b_iF + e_i \tag{11.10}$$

上式被称为证券收益的单因素模型（Single-factor Model）。式中：R_i 为证券 i 的收益率；F 为该因素的预测值；e_i 为随机误差项，其均值为 0；b_i 为证券 i 对因素 F 的敏感度，有时叫做因子载荷；a_i 为常数，表示因素值为 0 时证券 i 的预期收益率，也即是持有期期初的期望收益。

（二）因素模型的推论公式

因素模型有两个基本的假设：（1）随机误差与因素不相关；（2）任意两种证券的随机误差之间不相关，即两种证券的收益率仅仅通过对因素的共同反应而相互关联。在这两个假设前提下，又因为通常我们把 F 看成系统风险，e_i 看成非系统风险。在一个投资组合中，当证券的个数不断增加时，非系统风险将逐步下降，直至最终消失，但是系统风险不会因此而下降。我们有以下公式

预期收益率：
$$E(R_i) = a_i + b_iE(F) \tag{11.11}$$

方差（证券的因素风险）：
$$\sigma_i^2 = b_i^2\sigma_F^2 + \sigma_{\varepsilon_i}^2 \tag{11.12}$$

协方差：
$$\sigma_{ij} = b_ib_j\sigma_F^2 \tag{11.13}$$

如果证券组合由 n 种证券组成，权重为 w_i，可得证券组合的因素风险：

$$\sigma_P^2 = b_P^2\sigma_F^2 + \sigma_{\varepsilon_P}^2 \tag{11.14}$$

其中

$$b_P = \sum_{i=1}^{n} w_i b_i \text{ ，} \quad \sigma_{\varepsilon_P}^2 = \sum_{i=1}^{n} w_i^2 \sigma_{\varepsilon_i}^2 \tag{11.15}$$

（三）多因素模型

一个更现实的证券收益分析等式会要求有比公式（11.10）更多的因素，于是需要多因素模型。多因素模型的基本特性和单因素差不多，只是影响证券的收益率的因素可能有多个，使用两个以上因素构成的模型可能更为精确。多因素模型可记为

$$R_i = a_i + b_{i1}F_1 + b_{i2}F_2 + \cdots + b_{ik}F_k + e_i \tag{11.16}$$

式中：F_1，F_2,…，F_k 为对证券 i 的收益率有普遍影响的 k 个因素；b_{i1}，b_{i2},…，b_{ik} 分别是这 k 个因素的因子载荷；a_i 是每个因素为零时证券 i 的预期收益率；e_i 为随机误差项，其均值为 0，代表证券 i 的个别收益率。

【例 11.2】　假如我们已经确认了三种重要的系统风险因素：通货膨胀、GNP 和利率，且这三种因素是影响证券收益的主要因素。可以得到模型

$$R_i = a_i + b_{iI}F_I + b_{i\text{GNP}}F_{\text{GNP}} + b_{ir}F_r + e_i$$

式中：b_{iI} 表示通货膨胀的敏感系数；$b_{i\text{GNP}}$ 表示国民生产总值敏感系数；b_{ir} 表示利率敏感系数；F_I 表示通货膨胀异动；F_{GNP} 表示国民生产总值异动；F_r 表示利率异动。在实践中，估计这类模型通常可以通过时间序列法、横截面法或因素分析法等实证方法得出。

二、套利定价理论

套利定价理论假定证券收益率由因素模型生成，但并不具体确定因素。它的基本假设是：每个投资者都会去利用在不增加风险的情况下能够增加组合的收益率的机会，利用这种机会的具体做法是使用套利组合。我们知道套利是利用同一种实物资产的不同价格来赚取无风险利润的行为。最具代表性的套利行为是以较高的价格出售证券，并在同时以较低价格购进相同的证券（或功能上等价的证券）。低价购买使资产价格上涨，高价出售使价格下跌，最后价格趋于相等，使获利机会消失。

可见，在均衡状态下是不可能存在无风险套利机会的。因此，套利定价理论（APT）和资本资产定价模型（CAPM）一样，也是一个证券价格的均衡模型，只是套利定价理论从因素分析的角度探讨市场均衡时收益和风险的关系。

（一）套利定价模型

套利定价理论假设证券收益可以用单因素模型来解释

$$R_i = a_i + b_iF + e_i \tag{11.17}$$

该模型表明，具有相同的因素敏感性的证券或组合除了非因素风险以外将以相同的方式行动。因而，具有相同因素敏感度的证券或组合必须要求有相同的预期收益率。如不然，“准套利”机会就会存在，投资者将利用这些机会，最终使得其消失。

套利组合是在不增加风险的情况下，增加组合的预期收益率。满足下列三个条件即为套利组合

（1）它是一个不需要投资者任何额外资金的组合。

（2）一个套利组合对任何因素都没有敏感性，严格地讲，一个套利组合的非因素风险也应该等于零。

（3）套利组合的预期收益率为正。

总而言之，套利组合对任何一个渴望高收益且不关心非因素风险的投资者是具有吸引力的。

【例 11.3】 设证券的收益率由单因素模型生成。某人拥有一个投资组合，其基本证券具有如表 11.1 所示的特征。

表 11.1 某投资组合证券的特征

证　券	因素敏感性	比　例	期望收益率（%）
A	2.0	0.20	20
B	3.0	0.30	10
C	1.0	0.50	5

该投资者决定通过增加证券 A 的持有比例 0.3 来创造一个套利组合。那么他能否在不增加风险的情况下增加预期收益率呢？

根据套利组合的条件，设三种证券持有比例变化为 w_i（i=1，2，3），由于它是一个不需要投资者任何额外资金的组合，因此有

$$w_1 + w_2 + w_3 = 0$$

$$w_1 = 0.3$$

由于一个套利组合对任何因素都没有敏感性，即套利组合没有因素风险，根据式（11.15）有

$$w_1 b_1 + w_2 b_2 + w_3 b_3 = 0$$

$$2.0 \times w_1 + 3.0 \times w_2 + 1.0 \times w_3 = 0$$

解得：$w_1 = 0.3$，$w_2 = -0.15$，$w_3 = -0.15$。

则套利组合的预期收益率为：

$$w_1 E(R_1) + w_2 E(R_2) + w_3 E(R_3) = 0.3 \times 0.2 - 0.15 \times 0.1 - 0.15 \times 0.05 = 3.75\% > 0$$

可见，通过改变证券组合中各种证券的比例，增持证券 A，减持证券 B 和 C，在风险不增长的情况下，收益率提高了 3.75%。

（二）套利组合对定价的影响

上例中买入证券 A 并卖出证券 B 和 C 的结果使证券的市场价格将受到影响，相应地它们的预期收益率也将作出调整。购买证券将提高它的价格，于是导致其收益率下降；反之，出售证券将降低它的当前价格，并导致其预期收益率的上升。

这种买卖行为将持续到套利组合预期收益率最大化，所有套利机会明显减少或消失为止。此时，可以证明，预期收益率和敏感性将近似地满足如下的线性关系，即套利定价理论的资产定价方程

$$E(R_i) = \lambda_0 + \lambda_1 b_i \tag{11.18}$$

式中：λ_0 是资产对因素无敏感性的收益率，它是无风险资产收益率，记作 R_F；λ_1 是单位敏感性的组合的预期超额收益率（即高出无风险利率的那部分预期收益率）。它也被称为因素风险溢价和因素预期收益率溢酬。

再令 $\delta_1 = E(R_P)$ 表示对因素由单位敏感性的组合的预期收益率，则 $\lambda_1 = \delta_1 - R_F$；由此，可得到套利定价理论中定价方程的第二种形式

$$E(R_i) = R_f + (\delta_1 - R_f) b_i \tag{11.19}$$

（三）套利定价线

根据方程（11.19）可得到套利定价线。

APT 资产定价线的斜率就是 λ_1，是因子敏感度为 1 的一个证券组合的超额收益，叫做因子风险报酬。对于一个因素敏感性和预期收益率都没有落在该直线上的证券，其定价是不合理的，这就给予投资者一个构造套利组合的机会。接上例证券 A 在线的上方，其预期收益率较高，证券 B、C 在线的下方，其预期收益率较低。投资者买入证券 A，其价格不断上升，预期收益率随之下降，投资者卖出证券 B、C，它们价格不断下降，预期收益率随之上升，最后使得套利机会消失，证券最终落在套利定价线上，实现均衡，如图 11.18 所示。

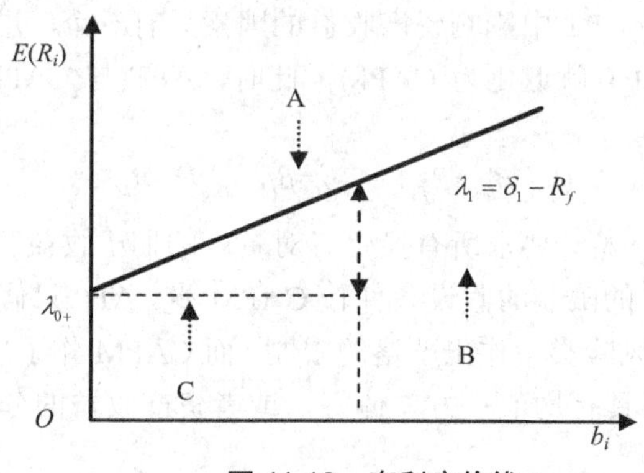

图 11.18　套利定价线

（四）套利定价理论的多因素模型

和单因素模型类似，假设每个证券的收益率满足多因素模型

$$R_i = E(R_i) + b_{i1}F_1 + b_{i2}F_2 + \cdots + b_{ik}F_k + e_i \tag{11.20}$$

存在满足如下三个条件的套利组合

（1）$\sum_{i=1}^{n} w_i = 0$；（2）$\sum_{i=1}^{n} w_i b_{ij} = 0$；（3）$\sum_{i=1}^{n} w_i E(R_i) = 0$。

均衡时，我们可得到套利定价理论的资产定价方程

$$E(R_i) = \lambda_0 + \lambda_1 b_{i1} + \lambda_2 b_{i2} + \cdots + \lambda_k b_{ik} \tag{11.21}$$

式中，λ_0 表示无风险收益率，对任何因素均无敏感性，记作 R_f。λ_j 表示第 j 个因素的风险报酬。

令 $\lambda_j = \delta_j - R_f$，（$j$=1，…，$k$），其中，每一个 δ_j 的值代表一个证券组合的预期收益率，该组合只对因素 j 有单位敏感性而对其他因素无敏感性。结果方程进一步转换为下列形式

$$E(R_i) = R_f + (\delta_1 - R_f)b_{i1} + (\delta_2 - R_f)b_{i2} + \cdots + (\delta_k - R_f)b_{ik} \tag{11.22}$$

因此，证券的预期收益率等于无风险利率加上证券对 k 个因素敏感性的风险溢价。

三、APT 与 CAPM 的比较

比较 APT 和第三节的 CAPM，我们会发现两个模型有很多相似性。其实，APT 是比 CAPM 更为一般的资产定价模型，主要体现如下。

APT 是因素模型，它假设均衡中的资产收益取决于多个不同的外生因素，而 CAPM 中的资产收益只取决于一个单一的因素，即市场组合收益。从这个意义上说，CAPM 是 APT 的一个特例。如果 APT 中影响资产收益的因素只有一个，并且就是市场组合的期望收益，这个特殊的 APT 就退化为 CAPM。此时，APT 与 CAPM 之间存在如下的特定关系

$$a_i = (1 - \beta_{iM})R_f, \quad b_i = \beta_i, \quad F = R_M$$

虽然 APT 与 CAPM 一样，要求所有投资者对资产的期望收益和方差、协方差的估计值是一致的，但是 APT 的限制的假设条件较 CAPM 少。ATP 只假定了投资者偏好较高的收益，没有对他们的风险类型作出严格的限制，而 CAPM 作了严格的限制；CAPM 的成立条件之一有投资者具有均值—方差偏好，或者资产收益的分布呈正态分布，而 APT 则不作这些限制。

本章小结

1．效率市场假说是围绕着资本市场根据新信息调整证券价格的效率而展开的。在一个所谓“有效”的资本市场上，证券的价格能够对新信息做出迅速、全面、准确的反应。其假设条件主要如下。

（1）资本市场上的投资者都是具有完全理性的参与者。

（2）新信息是以随机的形式进入市场的，且证券价格在每个信息公布之后的调整是相互独立的。

（3）资本市场没有交易费用，信息的传播没有摩擦，其获得成本可以忽略不计。

2．资本市场的有效性体现在证券价格对信息调整的及时性、准确性和完整性上。根据价格对信息反映的完整性，可以把有效资本市场划分为弱势有效市场、半强势有效市场和强势有效市场三种类型。

3．对弱势有效市场的检验可以从检验价格是否遵循随机游走规律入手；对半强势有效市场则可以利用 CAR 模型检验价格对重要公开信息反映的快慢；对强势有效市场可以通过研究具有信息优势的内部人员能否获得超额利润来验证其成立性。

4．根据国外学者对效率市场假说的大量实证检验，一般认为发达资本市场已经达到弱势有效，而对于半强势有效市场和强势有效市场还需进一步的检验。对我国股票市场的实证研究表明我国证券市场有效性还比较低（无效或弱势有效）。

5．可行集中满足下列两个条件的证券组合称为马柯维茨有效集（有效边界）[Efficient Set（Frontier）]：一是对于同样的风险水平，能提供最大预期收益率；二是对于同样的预期收益率水平，能提供最小的风险。

6．最优证券组合将在有效集和具有最大可能效用的无差别曲线的切点上。

7．风险资产组合的有效集合可以与无风险贷出和借入相结合。在这种情况下，每一个理性的投资者都会选择持有风险证券的组合。

8．个别投资者对风险和收益的偏好状况与该投资者风险资产组合的最优构成是无关的。最优证券组合的确定仅取决于各种可能的风险组合的预期收益率和标准差。这就是分离定理。

9．资本资产定价模型是基于风险资产的期望收益均衡基础上的预测模型。模型对于资产风险及其预期收益率之间的关系给出了精确的预测。这一关系提供了一种对潜在投资项目估计其收益率的方法，并使得我们能对不在市场交易的资产同样作出合理的估价。

10．资本市场线代表有效组合的预期收益率与标准差之间的均衡关系。其公式为

$$E(R_P) = R_f + \frac{E(R_M) - R_f}{\sigma_M}\sigma_P$$

11．证券市场线代表每种资产的预期收益率与协方差（或相对市场风险）之间的均衡关系。证券市场线有以下两种表达方式。

（1）用协方差表示

$$E(R_i) = R_f + \left[\frac{E(R_M) - R_f}{\sigma_M^2}\right]\sigma_{i,M}$$

（2）用贝塔表示

$$E(R_i) = R_f + [E(R_M) - R_f]\beta_i$$

12．因素模型认为各种证券的收益率受某个或某些共同因素影响。因为如此，各种证券的收益率是相关的。

13．当存在两种或两种以上的证券价格能使投资者构造一个能获得无风险利润的零投资组合时，(无风险）套利机会就会出现。

14．套利定价理论假定证券收益率由因素模型生成，但并不具体确定因素。它的基本假设是：每个投资者都会去利用在不增加风险的情况下能够增加组合的收益率的机会，利用这种机会的具体做法是使用套利组合。

15．套利组合是在不增加风险的情况下，增加组合的预期收益率。满足下列三个条件即为套利组合。

（1）它是一个不需要投资者任何额外资金的组合。

（2）一个套利组合对任何因素都没有敏感性，严格地讲，一个套利组合的非因素风险也应该等于零。

（3）套利组合的预期收益率为正。

16．套利定价理论认为，一种证券的预期收益率可以用因素模型来描述

$$R_i = E(R_i) + b_{i1}F_1 + b_{i2}F_2 + \cdots + b_{ik}F_k + e_i$$

17．进行变换后的套利定价模型（单因素模型）与资本资产定价模型一致

$$E(R_i) = R_f + (\delta_1 - R_f)b_i$$

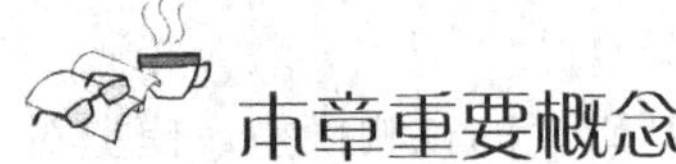

本章重要概念

效率市场假说（EMH）　弱势有效市场　随机游走

半强势有效市场　强势有效市场　累积超常回报率（CAR）

可行集　有效集　有效组合

最小方差组合	无风险资产	最优投资组合
分离定理	资本市场线（CML）	证券市场线（SML）
β系数	资本资产定价模型（CAPM）	因素模型
套利定价理论（APT）	套利组合	

本章复习思考题

1．简述效率市场假说的主要内容，它有哪些假设条件？

2．有效市场可以分为哪些类型？这些类型的市场之间是什么关系？

3．选取实际数据，利用“时间序列相关性”检验法验证我国资本市场是否是弱势有效市场？

4．选取实际数据，利用 CAR 模型检验我国资本市场是否是半强势有效市场？

5．在预期收益与标准差的图表上做出资产组合的资本市场线（ CAL ），资本市场线的斜率是多少？

6．假如投资者意识到股票市场上存在着更高的波动性，投资者认为股票的预期收益率会有何变化？

7．投资者越厌恶风险，证券市场线的斜率越大吗？

8．CAPM 认为资产组合收益可以由全部风险还是系统风险得到很好的解释？

9．资本市场线和证券市场线有什么不同？

10．设市场组合的期望收益率为 15%，标准差为 20%，无风险收益率为 6%。一个被很好分散化（没有非市场风险）期望收益率为 16%的组合的标准差是多少？

11．市场组合的期望收益率为 10%，无风险收益率为 7%，某证券 A 的贝塔值为 1.25，那么该证券的期望收益率是多少？

12．一证券的期望收益率为 18%，标准差为 28%，无风险收益率为 8%，市场组合的期望收益率为 13%，那么资本市场线的斜率是多少？

13．如果某证券位于资本市场线的下方，投资者应该买入还是卖出该证券？

14．如果 R_f=6%，$E(R_M)$=14%，$E(R_P)$=18%的资产组合的值等于多少？

15. X 股票期望收益率为 12%，而风险值 β=1，Y 股票期望收益率为 13%，β=1.5，市场期望收益率为 11%，r_f=5%。

（1）根据 CAPM 模型，购买哪支股票更好？

（2）每支股票的收益率是多少？画出证券市场线，并在图上画出每支股票的风险—收益点及标注出值。

16．如何用因素模型来表示一个投资组合的收益？

17．考虑表11.2中的单因素经济体系的资料，所有资产组合均已充分分散化。

表11.2 相关数据表

资产组合	E(r)（%）	贝塔
A	12	1.2
F	6	0

现假定另一资产组合E也充分分散化，贝塔值为0.6，期望收益率为8%，是否存在套利机会？如果存在，则具体方案如何？

18．表11.3所示是某公司一证券分析家构建的三支股票的投资方案。

表11.3 三支股票的投资方案

股票	价格（美元）	不同情况下的收益率/%		
		衰退	平均	繁荣
A	10	−15	20	30
B	15	25	10	−10
C	50	12	15	12

（1）使用这三支股票构建一套利资产组合。

（2）当恢复平衡时，这些股票价格可能会如何变化？举例说明，假定C股票的资金收益率保持不变，如何使C股票的价格变化以恢复均衡？

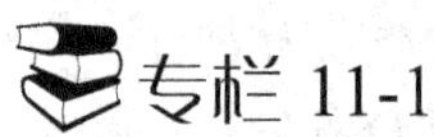

专栏11-1

AIG的清盘危机

美国国际集团（AIG）成立于1919年，曾经是全球首屈一指的国际性金融保险服务机构。在2008年之前不到40年的时间内，AIG的市值从3亿美元攀升至最高的近2 000亿美元，长期位于美国利润最丰厚的十大公司之列。然而，AIG在此次金融危机中遭受重创。2008年，经营亏损达到992.89亿美元。截至2009年7月末，其市值已经由2006年底的1 900亿美元下降至17.5亿美元。巨额亏损、股价暴跌、信用评级下调、交易对手追索抵押品，这些危机环环相扣，导致AIG陷入绝境，最终不得已接受美联储注资，实质上被政府接管。深入探寻AIG陷入危机的原因，不仅有助于我们了解美国金融市场的运行特点和弊端，也为促进我国金融保险业的健康发展提供了有益的启示。

一、次贷危机对AIG的影响机理

AIG危机全面爆发时，旗下的保险业务基本正常，真正的危机来自其投资业务领域。

1．全面涉足住房按揭市场

AIG 几乎参与了美国住房按揭市场的各个环节（见图 11.19），主要扮演了 CDS 发行者和次级贷款投资者两个重要角色。特别是，AIG 旗下的金融产品部门（AIGFP）大量出售超高级信用违约掉期产品（CDS）。该产品约定，只要购买了 AIGFP 的 CDS 之后，AIG 就承诺当承保的证券出现违约时，向买家进行赔偿。AIG 最高为超过 6 000 亿美元的债券提供了 CDS 保险。2007 年和 2008 年，此项业务亏损分别达到 114.72 亿美元和 286.02 亿美元。

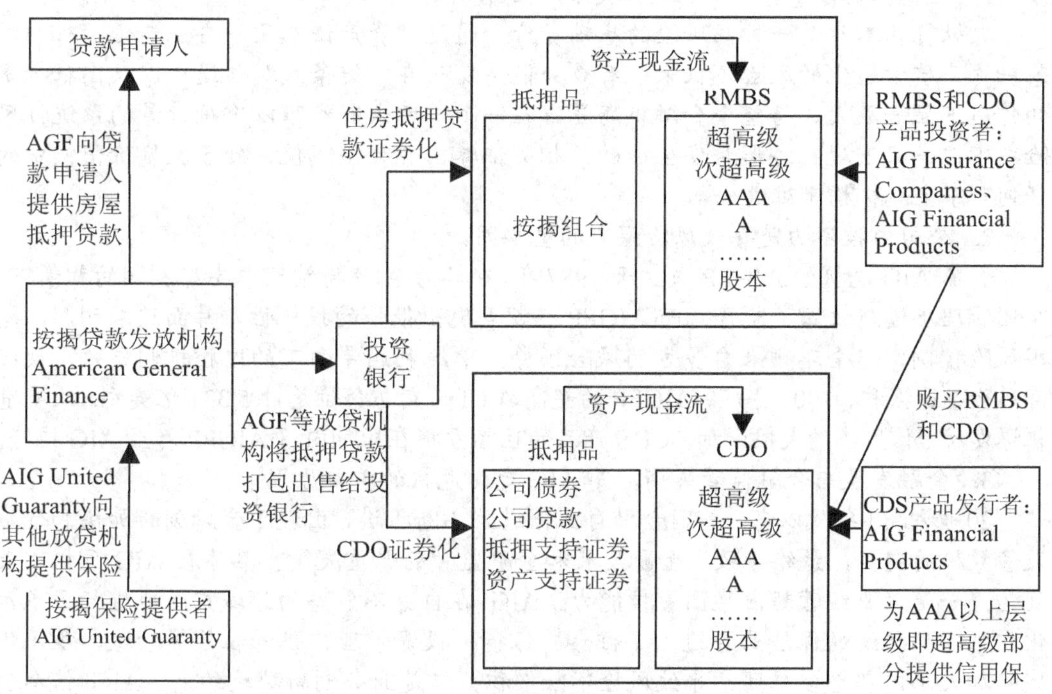

图 11.19　AIG 全面涉足住房按揭市场的各个环节

2. 公司内部风险过于集中

除直接涉足住房按揭市场外，AIG 还开展了大量的融券业务。通过出借证券，AIG 可以获得证券公允价值 102%的保证金，并用于投资固定收益证券。2007 年底，AIG 收到的融券保证金总额为 820 亿美元，大部分资金投向了 MBS、CDO 和 ABS 等高风险品种，整个投资组合的公允价值为 757 亿美元。这其中，AIG 的所有业务板块都有涉及，其寿险和养老金板块涉足融券业务最深。2008 年，AIG 融券业务总损失超过 182 亿美元。

迄今为止，美国政府对 AIG 开展了多次援救，注资总额达到 1 825 亿美元，开创了美国历史上政府对私人部门干预的最高纪录。AIG 之所以得到政府救助，其根本原因在于，AIG 是一家具有“系统性意义”的公司，交易对手和客户群体涉及面广，如果放任其破产倒闭，将导致大量商业银行表外风险暴露，可能导致美国金融体系崩溃，甚至引发社会危机。从这个意义上讲，美联储对 AIG 的巨资援救，是化解系统性危机的必要举措。

二、AIG 危机深层原因分析

AIG 危机作为美国金融危机的一个重要节点，深刻揭示了当代国际金融体系运行的时代背景和弊端。

1. 金融机构很难在系统性金融危机中独善其身

次级贷款本身是一种高风险的基础资产，通过“资产证券化—再证券化”机制，基础资产质量恶化的风险不仅未能有效分散，反而在“链条式”传送中以及高杠杆率的作用下显著放大，将整个金融市场暴露在一个前所未有和难以准确计量的系统性风险之下。一旦宏观经济形势发生逆转，相关证券出现大幅减值，处于次贷价值链中的任何一家金融机构都难逃一劫。

2. 公司内控不力是导致风险误判的重要因素

引爆 AIG 危机的 AIGFP 成立于 1987 年，在其为 AIG 持续获取丰厚利润的背景下，集团管理层逐渐放松了监督。而 AIGFP 经营表现出很强的投机性，片面追求利润，忽视风险控制，完全不顾来自多方的风险预警。单纯利润导向下的内控机制失效，使经营风险迅速累积。2007 年底，AIGFP 的超高级 CDS 交易仓位总计 5 331 亿美元。次贷危机爆发后，信用违约大幅增加，CDS 产品的巨额亏损在短期内将 AIGFP 乃至 AIG 拖垮。

3. 金融发展与金融监管失衡，是 AIG 走向危机的重要原因

20 世纪 80 年代以来，美国金融自由化进程不断推进，出现了金融创新加快和金融监管放松的趋势，最终导致了金融发展和金融监管的严重失衡。具体在 AIG 危机上表现为：一是混业经营超出集团管控能力。AIG 在自身不熟悉的领域广泛地进行了多元化扩张，从传统的保险业务进入了证券、银行、投资管理、融资租赁等领域，多元化战略加大了内部整合难度，导致风险不断累积。二是业务创新缺乏约束。AIG 信奉创新至上的理念，但在创新的道路上越走越远，逐渐背弃了风险防范至上的铁律，为根本不符合承保条件的金融衍生产品提供保险，最终付出了沉重代价。三是过于宽松的金融监管。AIG 从事 CDS 相关业务，保险监管机构和证券监管机构都没有明确的监管要求。究其本质，在于美国金融监管部门过度相信市场的自我调节作用，强调并依赖市场自律和金融机构的内部控制，对本国金融机构及市场的竞争力和创新力过于乐观。

从更深层次看，AIG 陷入困境和美国爆发金融危机，与当代世界经济结构失衡和不合理的国际货币体系密切相关。长期以来，美国凭借美元的特殊地位，维持其双赤字和超前消费。美国国内的流动性泛滥，不仅催生了严重的资产价格泡沫，也导致了美国金融机构的行为异化。最终，美国虚拟经济和实体经济出现严重背离，美国住房市场危机通过多种途径迅速扩散至整个金融体系。

（本专栏主要内容改写自：袁力. AIG 危机的原因与启示. 中国金融四十人论坛）

第十二章　远期、期货与期权合约定价

基本的衍生工具主要包括远期合约、期货、期权等。金融远期是指双方约定在将来的某一确定时间，按确定的价格买卖一定数量的某种金融资产。金融期货可看做是标准化的金融远期。金融远期和期货的定价以无套利均衡原理为基础，套利过程对衍生工具的定价具有重要作用。期权是指给予其买者在未来特定的一段时期内或某一特定时点按双方预先协议的价格买卖一定数量某种金融资产的权利的合约，大多数金融工具期权都是在有组织的交易所进行交易的。普通期权可以通过二项式模型（二叉树模型）和布莱克－斯克尔斯模型这两种方式来进行定价。

第一节　远期与期货合约的定价

第十一章已经对远期合约与期货合约的定义及特征以及二者之间的比较进行了详尽的分析。本章将根据标的资产种类的不同，分别对标的物为无收益资产、已知现金收益资产及已知收益率资产的远期和期货合约的定价进行研究。

一、无套利定价原理

在研究远期和期货定价之前，先介绍一下金融工程的基本原理——无套利均衡原理，因为基础资产相同的远期合约和现货合约的关系是以公认的无套利市场（Arbitrage－free Market）准则为基础的。该准则要求两笔具有相同现金流的交易其价格也应相同，也就是说，如果两种投资组合的终值相等，则其现值一定相等。这是因为如果它们的现值不相等，就可以进行套利，即卖出现值较高的投资组合，买入现值较低的投资组合，并持有到期末，获得收益。套利者无须进行任何净投资，不会导致资产损失，因而这种套利也称为无风险套利。众多套利者这样做的结果是：将使较高现值的投资组合价格下降，而较低现值的投资组合价格上升，直至套利机会消失，此时两种组合的现值相等（具体可参考相关金融工程专业书籍，不再详细介绍）。

二、无收益资产远期合约的定价

我们将在到期日前不产生现金回报的资产认为是无收益资产，如某期间内不分红的股票、贴现债券等都是无收益资产。

远期价格就是未来的交割价格。在订立远期合约时，买卖双方都不用支付，合约的面值则是合约预订的数量乘以远期价格。显然，在合约中同意买进的一方称为远期合约的多头，同意卖出的一方则称为空头。

在到期日（即交割日）时，如果当时市场的（即期）价格高于合约的远期价格，则多头获利而空头亏损；如果当时市场的（即期）价格低于合约的远期价格，则反之。它们的盈亏状况如图 12.1 所示。

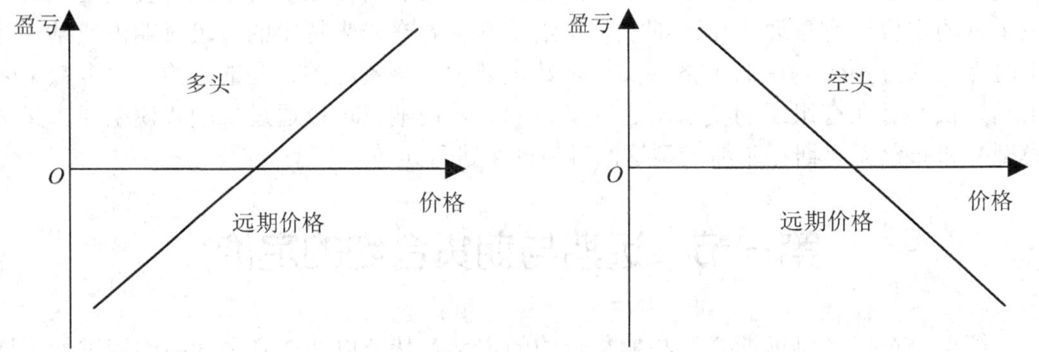

图 12.1 远期空、多头盈亏状况

为了给无收益资产的远期定价，根据无套利均衡原理可以构建如下两种投资组合。

组合 A：一份远期合约（该合约规定多头在到期日可按交割价格 K 购买一单位标的资产）多头加上一笔数额为 $Ke^{-r(T-t)}$ 的现金。

组合 B：一单位标的资产。

其中，T 表示远期合约的到期时间。t 表示现在的时间。变量 T 和 t 是从合约生效之前的某个日期开始计算的，$T-t$ 代表远期和期货合约中以年为单位的剩下的时间。r 表示 t 时刻至 T 时刻间的以连续复利计算的无风险利率（年利率）。K 表示远期合约中的交割价格。

在组合 A 中 $Ke^{-r(T-t)}$ 的现金以无风险利率投资，投资期为 $(T-t)$。因为无风险利率以连续复利方式计算，可知 $Ke^{-r(T-t)}e^{r(T-t)}=K$，所以在 T 时刻，组合 A 金额将达到 K。

在远期合约到期时，这笔现金刚好可用来交割换来一单位标的资产。这样在 T 时刻，两种组合都等于一单位标的资产。根据无套利原则，这两种组合在 t 时刻的价值必

然相等。即

$$f + K\mathrm{e}^{-r(T-t)} = S$$

$$f = S - K\mathrm{e}^{-r(T-t)} \tag{12.1}$$

式中：S 表示标的资产在 t 时刻的价格；f 表示远期合约多头在 t 时刻的价值，也就是远期多头 t 时刻的价格。

公式（12.1）表明，无收益资产远期合约多头的价值等于标的资产现货价格减去交割价格的现值。也就是说，一单位无收益资产远期合约多头的价值等价于一单位标的资产多头加上 $K\mathrm{e}^{-r(T-t)}$ 单位无风险负债。

（一）现货—远期平价定理

由于远期价格（F[①]）就是使合约价值（f）为零的交割价格（K），也就是说当 $f=0$ 时，$K=F$。据此可以令式（12.1）中 $f=0$，则

$$F = S\mathrm{e}^{r(T-t)} \tag{12.2}$$

这就是无收益资产的现货—远期平价定理（Spot-Forward Parity Theorem），式（12.2）表明，对于无收益资产而言，远期价格等于其标的资产现货价格的终值。

用反证法来证明式（12.2）。

假设 $F > S\mathrm{e}^{r(T-t)}$，也就是说交割价格大于现货价格的终值。此时，套利者可按无风险利率 r 借入 S 现金，借款的期限为 $T-t$。然后用 S 购买一单位标的资产，同时卖出一份该资产的远期合约，交割价格设定为 F。T 时刻，该套利者就可将一单位标的资产用于交割获得 F 现金，并同时归还借款本息 $S\mathrm{e}^{r(T-t)}$，这就实现了 $F - S\mathrm{e}^{r(T-t)}$ 的无风险利润。

同理，若 $F < S\mathrm{e}^{r(T-t)}$，套利者就可进行反向操作，即卖空标的资产，将所得收入以无风险利率进行投资，时间期限为 $T-t$，同时买进一份交割价为 F 标的资产的远期合约。在 T 时刻，套利者将获得投资本息，并以 F 现金购买一单位标的资产，用于归还卖空时借入的标的资产，从而实现 $S\mathrm{e}^{r(T-t)} - F$ 的无风险利润。

因此，远期价格一定等于其标的资产现货价格的终值，市场上保持均衡。

【例 12.1】　有一支股票，准备持有期为 6 个月，期间不分红，股票现货价格为 10 元，连续复利的无风险年利率为 4%。那么该股票 6 个月后的远期交割价格应该为

$$F = 10\mathrm{e}^{0.04\times0.5} = 10.20\ （元）$$

如果市场上该股票 6 个月远期合约的交割价格为 10.5 元，套利者则可以借钱买入股票并卖出远期合约，期末可获得 10.5−10.2=0.3 元的无风险利润。

反之，如果市场上该合约的交割价格为 10.1 元，则套利者可以卖出股票并将所得

① 我们将 F 定义为 t 时刻的远期合约和期货合约中标的资产的远期理论价格和期货理论价格，在本书中如无特别注明，分别简称为远期价格和期货价格。

收入以无风险利率进行投资，期末也可以获得无风险利润，现金流情况如表 12.1 所示。

表 12.1　远期交易现金流情况表

单位：元

套 利 头 寸	即时现金流	6 个月后现金流
卖空股票	+10	
买入该股票 6 个月远期合约	0	−10.1
购买无风险债券（无风险利率）	−10	+10.2
净现金流	0	+0.1

这样就能无风险套取利润。因此，该股票 6 个月的远期合约交割价格必然等于 10.2 元。

利用式（12.1），可以计算现有无收益证券远期合约的价值。

【例 12.2】　设一份标的证券为 1 年期的贴息债券，剩余期限为 9 个月的远期合约多头，其交割价格为 955 美元，8 个月期的无风险年利率（连续复利）为 5%，该债券的现价为 930 美元。求该远期合约多头的价值。

则根据式（12.1），可以算出

$$f = 930 - 955\mathrm{e}^{-0.05\times 0.8} = 12.45 \text{（美元）}$$

利用式（12.2），可以算出无收益证券的远期合约中合理的交割价格。

【例 12.3】　假设 1 年期的贴现债券价格为 970 美元，4 个月期无风险年利率为 6%，则 4 个月期的该债券合约的交割价格为

$$F = 970\mathrm{e}^{0.06\times 0.4} = 993.6 \text{（美元）}$$

（二）远期合约的期限结构

根据无收益资产的现货—远期平价定理，可以推算出不同期限远期价格之间的关系。设 F 为在 T 时刻交割的远期价格，F^*为在 T^*时刻交割的远期价格，r 为 T 时刻到期的无风险利率，r^*为 T^*时刻到期的无风险利率，$\hat{r}$ 为 T^*时刻的无风险远期利率。对于无收益资产而言，从式（12.2）可知

$$F = S\mathrm{e}^{r(T-t)}$$

$$F^* = S\mathrm{e}^{r^*(T^*-t)}$$

两式相除消去 S 后

$$F^* = F\mathrm{e}^{r^*(T^*-t)-r(T-t)} \tag{12.3}$$

因此，可以得到不同期限远期价格之间的关系

$$F^* = F\mathrm{e}^{\hat{r}(T^*-t)} \text{①} \tag{12.4}$$

① 当即期利率和远期利率所用的利率均为连续复利时，有 $\mathrm{e}^{r(T-t)}\times\mathrm{e}^{\hat{r}(T^*-T)}=\mathrm{e}^{r^*(T^*-t)}$，所以有 $r(T-t)+\hat{r}(T^*-T)=r^*(T^*-t)$，即 $\hat{r}(T^*-T)=r^*(T^*-t)-r(T-t)$。

【例 12.4】　假设某贴现债券 4 个月远期的价格为 950 美元，目前市场上 4 个月至 1 年的远期利率为 6%，求该债券 1 年期的远期价格。

根据式（12.4），该债券 1 年期远期价格为

$$F^* = 950\mathrm{e}^{0.06\times(1-0.4)} = 984.8 \text{（美元）}$$

三、支付已知现金收益资产远期合约的定价

在到期前会产生完全可预测的现金流的资产就是已知现金收益的资产，如附息债券和支付已知现金红利的股票等。

为了说明支付已知现金收益资产的远期定价，构建如下两个投资组合。

组合 A：一份远期合约多头加上一笔数额为 $K\mathrm{e}^{-r(T-t)}$ 的现金。

组合 B：一单位标的证券加上利率为无风险利率、期限为从现在到现金收益派发日、本金为 I[①]的负债。

从上面的分析可知，在 T 时刻，组合 A 刚好用到期金额为 K 的现金去购买交割价为 K 的标的资产。因此，组合 A 在 T 时刻的价值等于一单位标的证券。而组合 B 由于标的证券的收益刚好用来偿还负债的本息，所以在 T 时刻，该组合的价值也等于一单位标的证券。因此在 t 时刻，这两个组合的价值应相等，即

$$f + K\mathrm{e}^{-r(T-t)} = S - I$$

$$f = S - I - K\mathrm{e}^{-r(T-t)} \tag{12.5}$$

式（12.5）表明，支付已知现金收益资产的远期合约多头价值等于标的资产现货价格减去现金收益现值后的余额再减去交割价格现值。也就是说，一单位支付已知现金收益资产的远期合约多头可由一单位标的资产与 $I + K\mathrm{e}^{-r(T-t)}$ 单位无风险负债构成。

【例 12.5】　假设 1 年期和 2 年期的无风险年利率分别为 3%和 4.5%，而某股票现价为 25 美元，该股票将在 1 年和 2 年后分别收到 2 美元的现金股利（假设没有税收），该股票 2 年期远期合约的交割价格为 30 美元，且第二次付息日在远期合约交割日之前，求该合约的价值。

根据已知条件，可以先算出该股票红利收益的现值

$$I = 2\mathrm{e}^{-0.03\times1} + 2\mathrm{e}^{-0.04\times2} = 3.86 \text{（美元）}$$

根据式（12.5），可算出该远期合约多头的价值为

$$f = 25 - 3.86 - 26\mathrm{e}^{-0.04\times2} = -2.86 \text{（美元）}$$

也就是说，该合约空头的价值为 2.86 美元。

根据 F 的定义可知：$F = K$，由式（12.5）可求出

---

① 这里假设已知现金收益的现值为 I。

$$F=(S-I)\mathrm{e}^{r(T-t)} \tag{12.6}$$

这就是支付已知现金收益资产的现货—远期平价公式。式（12.6）表明，支付已知现金收益资产的远期价格等于标的资产现货价格与已知现金收益现值差额的终值。

【例 12.6】 假设某带息债券现价为 985 美元，6 个月后将发放 58 美元的现金利息，已知无风险利率为 5%，则半年后到期的股票远期价格为多少？

$$I=58\mathrm{e}^{-0.05\times0.5}=56.57\text{（美元）}$$

$$F=(985-56.57)\mathrm{e}^{0.05\times0.5}=951.94\text{（美元）}$$

对于式（12.6），读者可根据式（12.2）的证明方法自己证明。

四、支付已知收益率资产远期合约的定价

在标的资产到期前将产生与该资产现货价格成一定比率的收益的资产，就是支付已知收益率的资产。本部分将分别介绍几种典型的已知收益率资产，如外汇、远期利率协议和远期外汇综合协议等金融工具。

（一）支付已知收益率资产远期合约定价的一般方法

为了介绍定价的一般方法，我们还是根据无套利均衡原理，在 t 时刻构建以下两个投资组合。

组合 A：一份远期合约多头加上一笔数额为 $K\mathrm{e}^{-r(T-t)}$ 的现金。

组合 B：$\mathrm{e}^{-q(T-t)}$ 单位已知收益率的标的证券并且其所有收入都再投资于该证券。

其中 q 为该资产按连续复利计算的已知收益率。

从上面的分析可知，在 T 时刻组合 A 可以用 K 的现金完成远期合约多头的交割，获得一单位标的证券，而组合 B 含有的证券数量随着获得收益的增加而增加，在 T 时刻刚好等于一单位标的证券，因此两者在 T 时刻价值相等，从而在 t 时刻两者的价值也应相等，即

$$f+K\mathrm{e}^{-r(T-t)}=S\mathrm{e}^{-q(T-t)}$$

$$f=S\mathrm{e}^{-q(T-t)}-K\mathrm{e}^{-r(T-t)} \tag{12.7}$$

式（12.7）表明，已知收益率资产的远期合约多头价值等于 $\mathrm{e}^{-q(T-t)}$ 单位证券的现值减去远期合约交割价现值。也就是说，一单位支付已知收益率资产的远期合约可由 $\mathrm{e}^{-q(T-t)}$ 单位标的资产和数量为 $K\mathrm{e}^{-r(T-t)}$ 无风险负债构成。

根据远期价格 F 的定义，可知：$F=K$，由式（12.7）可求出支付已知收益率资产的远期价格

$$F=S\mathrm{e}^{(r-q)(T-t)} \tag{12.8}$$

这就是支付已知收益率资产的现货—远期平价公式。式（12.8）表明，支付已知收益率资产的理论远期价格应等于按无风险利率与已知收益率之差计算的现货价格在 T

时刻的终值。

【例 12.7】　某债券目前的市场价格是 995 美元，年利率为 2.5%，无风险利率为 2%，若该债券 1 年期的远期合约交割价格为 980 美元，求该远期合约的价值及远期价格

$$f = Se^{-q(T-t)} - Ke^{-r(T-t)} = 995e^{-0.025\times1.0} - 980e^{-0.02\times1.0} = 9.84 \text{（美元）}$$

所以该远期合约多头的价值为 9.84 美元。其理论远期价格为

$$F = Se^{(r-q)(T-t)} = 995e^{-0.005\times1.0} = 990 \text{（美元）}$$

（二）外汇资产远期和期货的定价

外汇资产是最为典型的已知收益率资产，因为其收益率就是该外汇发行国的无风险利率。用 r_f 来表示外汇发行国的连续无风险利率。

用 S 表示以本币表示的一单位外汇的即期价格，K 表示远期合约中约定的以本币表示的一单位外汇的交割价格，即 S、K 均为用直接标价法表示的外汇的汇率。根据式（12.7），可以得出外汇远期合约的价值

$$f = Se^{-r_f(T-t)} - Ke^{-r(T-t)} \qquad (12.9)$$

同理，根据远期价格 F 的定义及式（12.9），可得到外汇远期和期货价格的确定公式

$$F = Se^{(r-r_f)(T-t)} \qquad (12.10)$$

该式被称为利率平价关系。它表明，如果外汇所在国的利率大于本国利率（$r_f > r$），则该外汇的远期和期货汇率应小于现货汇率；若外汇所在国的利率小于本国的利率（$r_f < r$），则该外汇的远期和期货汇率应大于现货汇率。

（三）远期利率协议的定价

远期利率协议（Forward Rate Agreement，FRA）是 1983 年以来在欧洲货币市场上出现的为管理远期利率风险并调整利率不匹配[①]而产生的最新金融衍生工具之一。远期利率协议交易实际上是从远期对远期存款市场发展而来的，是一种新的场外交易的远期利率合约方式。协议的买方为了避免利率上升的风险，而卖方则是为了避免利率下降的风险。双方商定在未来某个期限内的一笔一定数额（假设为 A）的名义资金使用约定的协议利率（假设为 r_K）计息，双方在结算日根据实际利率（双方会事先商定一个参考利率[②]作为实际利率）与约定的协议利率结算利差，并由利息金额大的一方支付一个利息差额现值给利息金额小的一方，进行利息补偿。

虽然远期利率协议在到期时只需进行利息差的交割，但实际上，该协议可看做是空方承诺在未来的某个时刻（T 时刻），将一定数额的名义本金（A）按约定的合同利

① 指资产与负债的浮动利率和固定利率形式不一致。

② 通常是在结算日前两个营业日使用伦敦同业拆借利率来决定。

率（r_K）在一定的期限（T^*-T）贷给多方的远期协议，而在到期（T^*）时，多方返还本金并支付以协议利率计算的利息，我们注意到本金 A 在借贷期间会产生固定的收益率 r，因此其属于支付已知收益率资产的远期合约。

远期利率协议多方（即借入名义本金的一方）的现金流为

T 时刻：A

T^*时刻：$-Ae^{r_K(T^*-T)}$

这些现金流的现值也就是远期利率多头协议的价值。为此，我们要将两个时刻的现金流都贴现到现在时刻 t，假设 T 至 T^*期间的远期利率为 $\hat{r}$，则

$$
\begin{aligned}
f &= Ae^{-r(T-t)} - Ae^{r_K(T^*-T)} \times e^{-\hat{r}(T^*-T)} \times e^{-r(T-t)} \\
&= Ae^{-r(T-t)} \times [1 - e^{(r_K-\hat{r})(T^*-T)}]
\end{aligned}
$$

在远期利率协议中，远期价格就是合同利率即 $F = K = r_F$。（12.11）

根据远期价格的定义，远期利率就是使远期合约价值 f 为零的协议价格。所以，理论上的远期利率（r_F）应等于 $\hat{r}$，即

$$r_F = \hat{r} \tag{12.12}$$

由上面的证明可知

$$\hat{r}(T^*-T) = r^*(T^*-t) - r(T-t)$$

即

$$r_F = \frac{r^*(T^*-t) - r(T-t)}{T^*-T} \tag{12.13}$$

【例 12.8】 假设 6 个月即期年利率（连续复利，下同）为 3.5%，1 年期即期年利率为 4%，本金为 5 000 万美元的 6 个月对 12 个月远期利率协议的合同利率为 3.75%，请问该远期利率协议的价值和理论上的合同利率等于多少？

根据式（12.12）和公式（12.13），该合约理论上的合同利率为

$$r_F = \hat{r} = \frac{0.037\,5 \times 1 - 0.035 \times 0.5}{1 - 0.5} = 4.0\%$$

根据式（12.11），该合约价值为

$$f = 5\,000 \times e^{-0.035 \times 0.5} \times [1 - e^{(0.037\,5 - 0.04)(1-0.5)}] = 6.14 \text{（万美元）}$$

（四）远期外汇综合协议的定价

远期外汇综合协议是指，在现在时刻（t 时刻）买卖双方约定，在时刻 T 买方按照事前约定的汇率 K 以第二货币（本币）购买一定数量 A 的原货币（外币），然后在到期日（T^*时刻）买方按照约定的汇率 K^*，以原货币 A 从卖方那里购回第二货币的一种协议。在这里，所有的汇率均指用第二货币表示的一单位原货币的汇率。因此，多头的现金流发生在两个时间段。

在时刻 T：$A-AK$；在时刻 T^*：AK^*-A。这些现金流在时刻 t 的现值之和，构成综合协议的价值（f）。

但是，由于远期汇率协议比较复杂，有两个问题需要注意：一个是综合协议价值以本币（第二货币）表示，所以外币（原货币）在时刻 t 的贴现值要按照时刻 t 的现货汇率 S 折算成本币；第二个问题是贴现时段有两个：t—T 时段和 t—T^*时段。所用贴现率有 4 个，分别是本币、外币分别对应于两个时段的无风险利率。为此，令 r_f代表在 T 时刻到期的外币即期利率，r_f^*代表在 T^*时刻到期的外币即期利率，则

$$f = ASe^{-r(T-t)} - AKe^{-r(T-t)} + AK^*e^{-r_f^*(T^*-t)} - ASe^{-r_f^*(T^*-t)}$$

$$f = Ae^{-r(T-t)}[Se^{(r-r_f)(T-t)} - K] + Ae^{-r^*(T^*-t)}[K^* - Se^{(r-r_f^*)(T^*-t)}] \quad (12.14)$$

由于远期汇率就是合约价值（f）为零的协议价格（这里为 K 和 K^*），因此 T 时刻交割的理论远期汇率（F）和 T^*时刻交割的理论远期汇率（F^*）分别为

$$F = K = Se^{(r-r_f)(T-t)} \quad (12.15)$$

$$F^* = K^* = Se^{(r^*-r_f^*)(T^*-t)} \quad (12.16)$$

其结论与式（12.10）是一致的。将式（12.15）和式（12.16）代入式（12.14）得

$$f = Ae^{-r(T-t)}(F-K) + Ae^{-r^*(T^*-t)}(K^*-F^*) \quad (12.17)$$

有的远期外汇综合协议直接用远期差价规定买卖原货币时所用的汇率，用 W^*表示 T 时刻到 T^*时刻的远期差价。定义 $W^* = F^* - F$，表示远期差价。将式(12.15)和式(12.16)代入得

$$W^* = Se^{(r-r_f)(T-t)} - Se^{(r^*-r_f^*)(T^*-t)}$$

$$W^* = Se^{(r-r_f)(T-t)}[e^{(\hat{r}-\hat{r}_f)(T^*-T)} - 1] \quad (12.18)$$

式中，$\hat{r}$ 和 $\hat{r}_f$ 分别表示 T 时刻到 T^*时刻本币和外币的远期利率。用 W 表示 t 时刻到 t^*时刻本币和外币的远期差价，可以得到

$$W = F - S$$

$$W = S[e^{(r-r_f)(T-t)} - 1] \quad (12.19)$$

【例 12.9】　假设美国 1 年期即期年利率（连续复利，下同）为 6%，2 年期即期年利率为 7%，日本 1 年期即期年利率为 4.5%，2 年期即期年利率为 5.6%，日元对美元的即期汇率为 0.008 3 美元/日元。本金 5 亿日元的 1 年至 2 年远期外汇综合协议的 1 年合同远期汇率为 0.008 7 美元/日元，2 年合同远期汇率为 0.008 9 美元/日元，请问该合约的多头价值、理论上的远期汇率和远期差价等于多少？

根据式（12.15），1 年期理论远期汇率（F）为

$$F = 0.008\,3 \times e^{(0.06-0.045)\times 1} = 0.008\,4 \text{（美元/日元）}$$

根据式（12.16），2 年期理论远期汇率（F^*）为

$$F^{*}=0.0083\times e^{(0.07-0.056)\times 2}=0.0085\ （美元/日元）$$

根据式（12.18），1年至2年理论远期差价（W^{*}）为

$$W^{*}=F^{*}-F=0.0001\ （美元/日元）$$

根据式（12.19），1年理论远期差价（W）为

$$W=F-S=0.0084-0.0083=0.0001\ （美元/日元）$$

根据式（12.17），该远期外汇综合协议多头价值（f）为

$$f=5\times e^{-0.006\times 1}\times(0.0084-0.0087)+5\times e^{-0.007\times 2}\times(0.0089-0.0085)$$
$$=48116\ （美元）$$

第二节　期权定价方法

期权定价有两种相互补充的方法：二项式模型（Binomial Model）和布莱克－斯克尔斯期权定价模型（Black-Scholes Option Valuation Model）。二项式模型推导比较简单，更适合于说明期权定价的基本概念。布莱克－斯克尔斯期权定价模型则较为复杂，但由于其给出了一个可以相对容易地计算出期权价值的更简单的公式。因此，该模型已经被广泛应用于上市期权的定价。下面我们依次用这两种模型介绍期权定价的方法。

一、期权简介

如前所述，期权是一种典型的金融衍生工具，它由所要购买或出售的资产衍生出来。它赋予期权持有者在未来某个时刻按预先约定的价格购买或者出售一定数量资产的选择权，而不必承担义务。正因为期权的这种特性，所以在市场上成为具有一定价值的金融工具（有价证券），它的价值也就是未来选择权的价格。

（一）期权买方和期权卖方

1．期权买方

买进期权合约的一方称期权买方。买进期权未平仓者称为期权多头。在期权交易中，期权买方在支付一笔较小的费用（期权金）之后，获得期权合约所赋予的在合约规定的特定时间内，按照事先确定的执行价格向期权卖方买进或卖出一定数量相关期货合约的权利。期权买方只有权利，没有义务。

2．期权卖方

卖出期权合约的一方称期权卖方。卖出期权未平仓者称为期权空头。在期权交易中，期权卖方在收取期权买方的期权金之后，负有在期权合约规定的特定时间内，只要期权买方要求执行期权，期权卖方必须按照事先确定的执行价格向期权买方买进或

卖出一定数量相关期货合约的义务。期权卖方只有义务，没有权利。

可以看出，期权交易中，买卖双方的权利、义务是不对等的。买方支付权利金后，获得买进或卖出的权利，而不负有必须买进或卖出的义务。卖方收取权利金后，负有应买方要求，必须买进或卖出的义务，而没有不买或不卖的权利。

（二）期权类型

期权的基本类型如下。

1．买权和卖权

（1）买权（Call）

买权又称看涨期权，是指期权买方有权按照执行价格和规定时间向期权卖方买进一定数量的相关期货合约。期权卖方有义务在期权规定的有效期限内，应期权买方要求，以期权合约预先规定的执行价格卖出相关的期货合约。

（2）卖权（Put）

卖权又称看跌期权，是指期权买方有权按照执行价格和规定时间向期权卖方卖出一定数量的相关期货合约。期权卖方有义务在期权规定的有效期限内，应期权买方要求，以期权合约预先规定的执行价格买进相关的期货合约。综合期权的四种情况如表 12-2 所示。

表 12.2　期权的四种情况

期　权			
买　权		卖　权	
买入买权	卖出买权	买入卖权	卖出卖权
当执行买权时	当买方决定买进时	当执行卖权时	当买方决定卖出时
只有权利	只有义务	只有权利	只有义务
以执行价格 买入期货合约	以执行价格 卖出期货合约	以执行价格 卖出期货合约	以执行价格 买入期货合约
买权多头头寸	买权空头头寸	卖权多头头寸	卖权空头头寸

2．按执行时间划分，期权可以分为欧式期权和美式期权

欧式期权是指期权合约买方在合约到期日才能决定其是否执行权利的一种期权。美式期权是指期权合约的买方在期权合约的有效期内的任何一个交易日，均可决定是否执行权利的一种期权。

美式与欧式期权的差别是根据期权执行权利的时间区分的，与期权交易所在的地理位置毫无关系。在美国境内可以进行欧式期权交易，在欧洲也可以交易美式期权。

3．实值期权、平值期权和虚值期权

期权按执行价格与标的物市价的关系可分为实值期权、平值期权和虚值期权，如

表 12.3 所示。

（1）期货价格高于执行价格的买权以及期货价格低于执行价格的卖权为实值期权（in-the-money），即处于盈利状态的期权头寸。

例如：目前的期货价格为 1 220 元/吨，执行价格为 1 200 元/吨的买权为实值期权；执行价格为 1 240 元/吨的卖权为实值期权。

（2）期货价格等于执行价格的期权，称为平值期权（at-the-money）。

例如：目前的期货价格为 1 220 元/吨，执行价格为 1 220 元/吨的买权和 1 220 元/吨的卖权均为平值期权。

（3）期货价格低于执行价格的买权以及期货价格高于执行价格的卖权为虚值期权（out-of-the-money），即处于亏损状态下的期权头寸。

例如：目前的期货价格为 1 220 元/吨，执行价格为 1 240 元/吨的买权为虚值期权；执行价格为 1 200 元/吨的卖权为虚值期权。

期货价格与执行价格相差越大，实值额或虚值额越大，称之为深度实值期权或深度虚值期权。

期权交易过程中，实值期权、平值期权和虚值期权随期货价格变化而发生变化。

表 12.3 期权的三种状态

	买　权	卖　权
实值期权	执行价格＜期货价格	执行价格＞期货价格
平值期权	执行价格=期货价格	执行价格=期货价格
虚值期权	执行价格＞期货价格	执行价格＜期货价格

（三）期权的内涵价值和时间价值

假想期权现在马上要失效，此时期权的价值称为期权的“内涵价值”（Intrinsic Value）。处于虚值状态的期权的内涵价值总为零。在处于实值状态的期权未到期时，卖权的内涵价值是预定价减去当时标的资产市价的差，买权的内涵价值则是标的资产市价减去预定价的差。请注意，在期权未失效前，期权费（期权市场价格）往往大于期权的内涵价值。期权费减去期权的内涵价值的差是期权的时间价值。在到期日，所有期权的时间价值都变为零。处于虚值状态的期权只有时间价值而没有内涵价值。因此期权在失效前，即使处于虚值状态，标的资产的价格在剩下的时间里还有可能变到实值状态，所以有时间价值存在。这就是为什么处于虚值状态的期权在市场上也能以正的价格出售的缘故。

（四）有关标准化的期权合约有以下专用术语

（1）预先敲定的交易价格称为预定价或执行价（执行期权时就按该价格进行

买卖）。

（2）期权到一定的日期后会失效，这一日期被称为失效日或到期日。美式期权是指在到期日前都可以执行的期权，而欧式期权只能在到期日行权。用小写字母 c 和 p 表示欧式买权和卖权，用大写字母 C 和 P 表示美式买权和卖权。

可以发现，对于买权来说，预定价越高，期权费（即期权价格）就越低，卖权则反之。

二、期权定价的基本无套利关系

（一）基本的无套利关系

与远期及期货的定价一样，期权也是根据无套利均衡原理推导得出的，因此期权的价格（期权费）必须要服从以下基本的无套利关系。

（1）买权的价值从不高于标的资产本身的价值，卖权的价值不高于交割价。

（2）期权的价值决不为负。

（3）美式期权的价值决不低于欧式期权。

（4）距失效日时间长的美式期权价值决不低于距失效日时间短的同一个美式期权的价值。

（5）美式期权的价值决不低于现在马上就执行该期权所实现的期权价值，即有

$$C(t) \geqslant \max\{S(t) - X, 0\}$$

$$P(t) \geqslant \max\{X - S(t), 0\}$$

式中：t 为目前时刻；$S(t)$ 为目前标的资产的价格；X 为预定交割价；$C(t)$ 和 $P(t)$ 分别为目前美式买权和卖权的市场均衡价。

对于无套利关系（1）、（2）、（4）这几点都比较好理解，来看关系（3），对于其他要素都相同的美式期权与欧式期权，由于美式期权可以在到期日之前的任意时刻交割，它拥有比欧式期权更多的权利和选择，因此，美式期权的价值决不低于欧式期权。

用一简单的例子来说明无套利关系（5）。假如现在某股票的价格是 10 元，预定交割价是 9 元，6 个月后到期的美式股票买权，如果市场价格为 0.9 元，就出现套利机会，因为不满足上述关系式。此时可立即执行期权，以 9 元的预定价买入股票后立即在市场上以 10 元出售，可以赚取 1 元差价，马上拿出 0.9 元再买入同样的买权，就可以无风险套取 0.1 元的利润。显然，欧式期权不具有这一性质。因为欧式期权只有到期才能执行，令 T 为到期日的时间，欧式期权遵循的规律是

$$c(T) = \max\{S(T) - X, 0\}$$

$$p(T) = \max\{X - S(T), 0\}$$

欧式期权的价格用小写字母表示。

（二）欧式期权和美式期权的关系

上面这两个式子是到期日时欧式期权与到期时标的资产及预定价之间的关系，需要考察未到期时欧式期权与美式期权之间的关系。假设标的资产在期权的有效期内是不分红的。

为了便于论述，下面将 $v_{(T-t)}$[①]记作以无风险利率 r 为折现率，从时刻 T 折到时刻 t 的折现因子。显然，只要 $r>0$，就有 $v_{(T-t)}<1$。

对于欧式期权而言，有

$$c(t) \geqslant \max\{S(t)-Xe^{-r(T-t)},0\}$$

因为期权的价值不会为负，所以只需要证明 $c(t) \geqslant S(t)-Xv_{(T-t)}$ 即可。用反证法，假定 $c(t)<\max S(t)-Xv_{(T-t)}$，在时间 t 构筑如下的对冲头寸：卖空 1 股股票，购买 1 份欧式买权，同时购买价值为 $Xv_{(T-t)}$ 的无风险证券。即时现金流和到期时的现金流量如表 12.4 所示。

表 12.4　组合现金流量状况

交　　易	即时现金流（t 时刻）	T 时刻现金流
卖空 1 股股票	$S(t)$	$-S(T)$
购买 1 份欧式买权	$-c(t)$	$\max\{S(T)-X,0\}$
购买无风险债券	$-Xv_{(T-t)}$	X
净现金流	$S(t)-c(t)-Xv_{(T-t)}$	$\max\{S(T)-X,0\}-[S(T)-X]$

因为到期时的净现金流 $\max\{S(T)-X,0\}-[S(T)-X] \geqslant 0$，按假定即时净现金流 $S(t)-c(t)-Xv_{(T-t)} \geqslant 0$，显然出现无风险套利机会。由此反证，上述不等式关系成立。

再由前面的无套利基本关系 1 可知，必定有

$$\max\{S(t)-Xv_{(T-t)},0\} \leqslant c(t) \leqslant S(t)$$

现在来看美式买权。美式买权可以在到期前提前执行，当然并不妨碍它到期再执行。因此，美式买权的价值不应小于欧式买权，即有

$$C(t) \geqslant \max\{S(t)-Xv_{(T-t)},0\}$$

但是，如果提前执行美式期权，在时刻 t，执行美式买权实现的价值是 $\max\{S(t)-X,0\}$，因为 $v_{(T-t)} \leqslant 1$，所以 $S(t)-Xv_{(T-t)} \geqslant S(t)-X$，所以提前执行美式期权显然是不划算的，因为实现的价值小于期权应有的价值。因此，可以得出结论：不分红股票的美式买权不可能提前执行。

---

① 由前面的介绍可知，$v_{(T-t)}=e^{-r(T-t)}$

既然美式买权不可能提前执行，那就和欧式买权没有区别，即有

$$C(t)=c(t)$$

卖权的情况如何呢？同样的论证方法可以证明，对于欧式卖权，一定有

$$p(t)\geqslant \max\{Xv_{(T-t)}-S(t),0\}$$

但对美式卖权来说，情况很不一样。首先，肯定应该有 $P(t)\geqslant p(t)$，所以也有

$$P(t)\geqslant \max\{Xv_{(T-t)}-S(t),0\}$$

如果提前执行美式卖权，在时刻 t，执行美式卖权实现的价值是 $\max\{X\text{-}S(t),\ 0\}$，如果卖权处于实值状态，由前面的无套利基本关系（1）可知，一定有 $p(t)\leqslant X$ 和 $P(t)\leqslant X$，此时如果股票价格 $S(t)$ 很低，就有可能出现 $p(t)<X-S(t)$ 和 $P(t)<X-S(t)$ 的情况。但美式卖权可以立即提前执行，所以理性的持有者不会让 $P(t)<X-S(t)$ 的情况出现。所以美式卖权的价值不会低于其内涵价值。欧式卖权则不然，这说明欧式卖权在这种情况下实际上具有负的时间价值。

归结起来，欧式期权与美式期权有这样的关系

$$C(t)=c(t)$$

$$P(t)\geqslant p(t)$$

对于有收益资产的美式、欧式期权间的关系这里不再论述，请读者参考相关金融工程书籍。

三、二项式期权定价模型

（一）单期间二项式期权定价模型

单期间二项式模型建立在一个假设基础上：在给定的时间间隔内证券的价格运动有两个可能性，上涨或者是下跌。在这种方法中，购买 1 股当前交易价为 S 的基础股票，该期权经过单个期间到期。假设在这一期间结束时，这种股票的价格以系数 u 上升到 S_u（其概率为 q），或者以系数 d 下降到 S_d（其概率为 $1-q$）。这样，在期间结束时股票的价格只有两种可能性。可以进一步建立下面的简单化的假设。

（1）投资者可以在每个期间以无风险利率 r 借入或借出货币。

（2）投资者可以买卖任何一小部分的基础股票。

【例 12.10】　一个以 100 美元买入 1 股目前价格为 S 股票的期权，假设这个期权经过单个期间到期，在期间结束时，股票价格可能上升 25%（u=1+0.25=1.25）或下降 25%（d=1−0.25=0.75）。这样，在期间结束时，股票价格是 S_u=100×1.25=125 美元或 S_d=100×0.75=75 美元。如果期权到期时股票价格为 S_u，到期的价值将是

$$C_u=\max(S_u-X,\ 0)=\max(125-100,\ 0)=25\text{（美元）}$$

类似地，如果期权到期时股票的价格是 S_d，期权的价值是

$$C_d=\max(S_d-X,\ 0)=\max(75-100,\ 0)=0$$

在对应期间结束时，股票价值 S_u 和 S_d 对应的看涨期权价值 C_u 和 C_d，如图 12.2 所示。

现在来考虑建立一个由卖出看涨期权和 h 股基础标的股票组成的对冲投资组合。建立这个头寸的初始成本是 hS 减去卖出期权收到的期权费 C，即 $hS-C$。期间结束时，如果股票价格是 S_u，上述头寸的价值将是 hS_u-C_u；如果股票价格是 S_d，上述头寸的价值将是 hS_d-C_d。只有当期间结束时，无论股票价格上升到 S_u 或下降到 S_d，投资组合的回报都相同的情况下，投资组合才是无风险的。这个条件可以用下述等式来表示

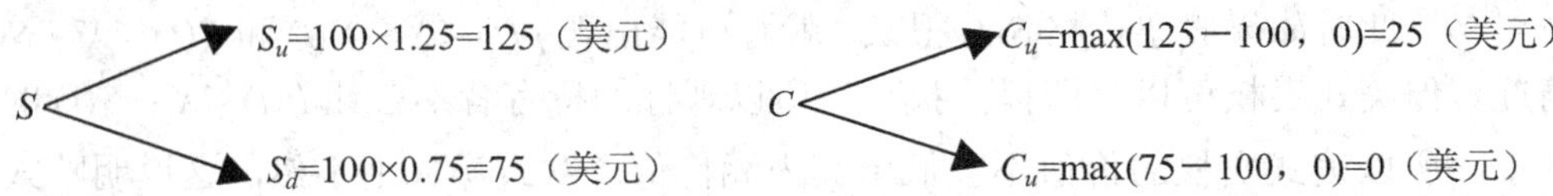

图 12.2　股票价值与对应看涨期权价值的二叉树

$$hS_u-C_u=hS_d-C_d$$

股票的比例或对冲比例 h，可以从这个等式计算出

$$h=\frac{C_u-C_d}{S_u-S_d} \tag{12.20}$$

在上面的例子中对冲比例为

$$h=\frac{25-0}{125-75}=0.50$$

因此，每卖出 1 个看涨期权，就需要买入半股的基础股票，使两个头寸的回报差异相等。表 12.5 显示，在期间结束时，无论股票价格上涨到 125 美元，还是下降到 75 美元，投资组合的价值都是 37. 50 美元。

表 12.5　期间结束时对冲投资组合的回报

	期间结束时的股票价格=125（美元）	期间结束时的股票价格=75（美元）
买入 1/2 股票的价值	62.50	37.50
卖出 1 个看涨期权的价值	−25.00	0.00
投资组合的净价值	37.50	37.50

通过选择 h 使无论股票价格上涨或下跌，投资组合在期间结束时都有相同的价值，就建立了一个无风险的或者称为“对冲的”头寸。为避免套利，在这个投资组合上的任何净投资都应该获得这一期间的无风险利率的回报。换句话说，建立这个头寸的初始成本 $hS-C$，按无风险利率在期间结束时的回报，应当与对冲投资组合在期间结束时的价值相等。也就是

$$(hs-C)(1+r)=hS_u-C_u$$

经过变形，可以计算出现在看涨期权的价值 C

$$C=\frac{hS(1+r)+C_u-hS_u}{1+r} \tag{12.21}$$

假设看涨期权期限的无风险利率是 10%，我们例子中期权的价格为

$$C=\frac{0.50\times(100)(1+0.10)+25-0.5(125)}{1+0.10}=15.91\text{（美元）}$$

式中：S=100 美元；u=1. 25；S_u=100×1. 25=125（美元）；r=0.10 或 10%。

将式（12.20）中的 h 代入式（12.21）可得

$$C=\frac{C_u(\frac{1+r-d}{u-d})+C_d(\frac{u-(1+r)}{u-d})}{1+r} \tag{12.22}$$

设
$$p=\frac{(1+r)-d}{u-d}\text{，且}1-p=\frac{u-(1+r)}{u-d}$$

则
$$C=\frac{C_u p+C_d(1-p)}{1+r} \tag{12.23}$$

将式（12.22）用到上面的例子中得到

$$C=\frac{25\times\left[\frac{(1+0.10)-0.75}{1.25-0.75}\right]+0\times\left[\frac{1.25-(1+0.10)}{1.25-0.75}\right]}{1+0.10}=15.91$$

结果与式（12.21）的结果相同。

p 可以看做对冲概率，因为它的值在 0～1 之间，具有概率的特征。实际上，如果假设投资者是风险中性的，而且市场均衡，p 就是 q 的值。例如，一个风险中性[①]的投资者只要求现在市场价格为 S，期间结束时价格有 q 概率会涨到 S_u，有$(1-q)$概率降到 S_d 的股票的投资回报等于无风险利率。也就是说：$S(1+r)=S_u q(1+q)S_d$

所以
$$q=\frac{(1+r)-d}{u-d} \tag{12.24}$$

因此，对风险中性的投资者来说 $p=q$，并且等式（12.23）可以解释为风险中性条件下看涨期权未来价值贴现的期望。参数 u 和 d 代表基础股票价格的波动率。

在上面的基本例子中，看涨期权现在的价值是 15.91 美元。现在可以看到，在假设的条件下，无论期权购买者认为基础股票是看涨还是看跌，这个价格一定是看涨期权的同一价格。对这个价格的任何偏离都会带来获得无风险利润的机会。考虑建立对冲

[①] 因为风险中性的投资者并不需要额外的收益来吸引他们承担风险，所以风险中性的投资者的预期收益率都可以等于无风险利率 r。同样，在风险中性条件下，所有现金流量都可以通过无风险利率进行贴现求得现值。这就是风险中性定价原理。

投资组合所需的净投资 $hS-C$，即 34. 09 美元（0.50×100−15. 91=34. 09）。假设投资者借入这笔资金来建立这个对冲投资组合，那么投资者整个投资组合的净投资额为 0。因此，为了避免套利，在期权到期时，投资者在各种情况下的净现金流入都应当为 0，过程如表 12.6 所示。

表 12.6 零成本对冲投资组合的到期价值

单位：美元

	现在价值	在 S_r=125 时的价值	在 S_r=75 时的价值
买入 1/2 股股票的价值	−50.0	62.50	37.50
卖出看涨期权的价值	15.91	−25.0	0
以 10%的利率借入融资	34.09	−37.50	−37.50
投资组合的净价值	0	0	0

为了证明例子中看涨期权的公平价格是 15. 91 美元，假设期权以 10 美元卖出。在这种情况下，可以买入被低标价格的看涨期权，并按对冲比例卖出基础股票，获取无风险利润，即买入 1 个看涨期权，卖出半股基础股票，并借出 34. 09 美元，这样就产生 5. 91 美元的无风险利润，过程如表 12.7 所示。

表 12.7 期权定价不正确时的套利行为

单位：美元

	现 在 价 值	在 S_r=125 时的价值	在 S_r=75 时的价值
1/2 股股票的价值	50.00	−62.50	−37.50
看涨期权的价值	−10.00	25.00	0
以 10%的利率借出资金	−34.09	37.50	37.50
套利收益	−5.91	0	0

套利可以证明，用上述的方法给出的看涨期权的价格是期权的公平市场价格。

（二）多期间二项式期权定价模型

单期间二项式期权定价技术的不足之处在于：第一，它假设只有一个特定的交易期限；第二，只有两种可能的价格，但实际上股票可以有任何价格，因而是完全不符合实际的。可以将价格变动扩展至更多的交易期来改善其假设，即多期二项式过程（a Multiplicative Binomial Process），并允许在增加交易期时使每一期的期限越来越短。这样，就可以给出对股票价格运动比较符合实际的描述。

首先，考虑在到期前的两个期间的看涨期权。假设基础股票目前价格为 S 美元，每个期间结束时，以系数 u 上升的概率是 q，以系数 d 下降的概率是（$1-q$）。第一个期间结束时，股票价格为 S_u 或 S_d，第二个期间结束时（也就是期权的到期日），股票价

格会再以系数 u 上升或以系数 d 下降。这时，股票价格是 S_{uu}（如果价格上升两次）、S_{ud}（如果价格上升一次下降一次）或 S_{dd}（如果价格下降两次）。

设 C 为经过两个期间到期的看涨期权的当前价格。第一期间结束时股票价格上升或下降对应的期权价格为 C_u 或 C_d。期权到期时，如果股票价格在两个期间都上升，则看涨期权的价格为 C_{uu}；如果股票价格在一个期间上升，在另一个期间下降，则看涨期权的价格为 C_{ud}；如果股票价格在两个期间都下降，则看涨期权的价格为 C_{dd}。

【例 12.11】 图 12.3 描述了假设在当前股票价格 S=100 美元、执行价格 X=100 美元、u=1. 25、d=0. 75、r=10%的情况下，股票价格可能的变动和对应的期权价格。

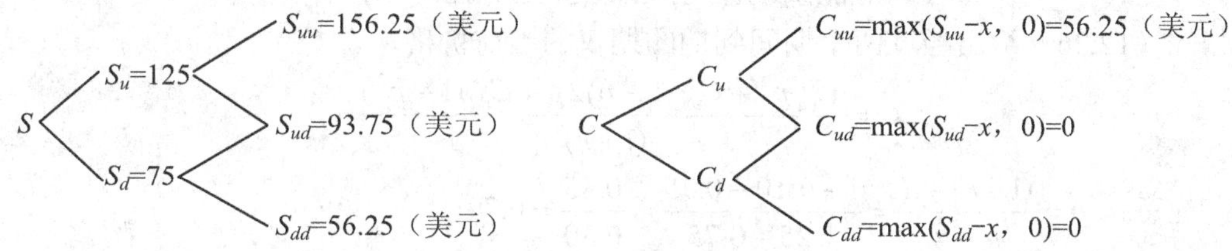

图 12.3 双期间二叉树

首先，用公式（12.23）导出第一期间末的期权价值。下面分别给出股票价格上升或下降时的 C_u 和 C_d。

$$C_u = \frac{C_{uu} + C_{ud}(1-p)}{1+r} \tag{12.25}$$

且

$$C_d = \frac{C_{ud}p + C_{dd}(1-p)}{1+r} \tag{12.26}$$

再建立一个由卖出期权和 hS 股基础股票组成的对冲投资组合，使得无论股票价格上升还是下降，投资组合在期间结束时的回报都相同，对冲比例的函数形式仍不变。将新的 C_u 和 C_d 值代入式（12.24），可以计算出对冲比例。注意，对于经过多个期间到期的期权，对冲比例要每个期间调整，维持头寸的等值。

由于每个期间的对冲比例有相同的函数形式，用 C_u 和 C_d 得到的看涨期权的当前价值仍为

$$C = \frac{C_u p + C_d(1-p)}{1+r}$$

将式（12.25）和式（12.26）代入上式，并注意 $C_{du} = C_{ud}$，得到

$$C = \frac{C_{uu}p^2 + C_{ud}(1-p)2p + C_{dd}(1-p)^2}{(1+r)^2} \tag{12.27}$$

式（12.27）是式（12.23）给出的单期定价公式的二期等价形式。式（12.27）括号中的各项是公式（12.23）括号中各项的二项展开。式（12.27）可以解释为二期回报期

望按无风险利率计算的贴现值。期望值是建立在对冲概率 p 和（$1-p$）之上的。现在可以计算图 12.3 中期权到期前两个期间的看涨期权价值。期权到期时，股票价格是

$$S_{uu}=100\times1.25\times1.25=156.25\text{（美元）}$$

$$S_{ud}=100\times1.25\times0.75=93.75\text{（美元）}$$

或

$$S_{ud}=100\times0.75\times0.75=56.25\text{（美元）}$$

与这些股票价格对应的看涨期权价格为

$$C=\max(S_{uu}-X,\ 0)=\max(156.25-100,\ 0)=56.25\text{（美元）}$$

$$C=\max(S_{ud}-X,\ 0)=\max(93.75-100,\ 0)=0$$

$$C=\max(S_{ud}-X,\ 0)=\max(56.25-100,\ 0)=0$$

式（12.26）给出经过两个期间到期的期权的当前价格

$$C=\frac{C_{uu}p^2+C_{ud}(1-p)2p+C_{dd}(1-p^2)}{(1+r)^2}$$

注意：$p=\dfrac{(1+r)-d}{u-d}=\dfrac{1+0.10-0.75}{1.25-0.75}=\dfrac{0.35}{0.50}=0.70$

$$C=\frac{56.25\times(0.70)^2+0\times(1-0.70)\times2\times(0.70)+0\times(1-0.70)^2}{(1+0.10)^2}=22.78\text{（美元）}$$

用同样的递归程序可以把二期的情况推广到多期的情况。从期权到期日开始倒推，可以写出经过 n 个期间到期的看涨期权的一般定价公式。二项模型的 n 期一般化是，每个最终结果的概率乘以这种情况下期权的价值之和，按无风险利率的 n 期贴现。看涨期权回报的一般形式可以写成

$$\max(S_u^j d^{n-1}-X,\ 0)$$

其中 n 是期权到期前的时间期间数，j 是股票价格上升的期间数（j=0，1，2，…，n）。每种回报的概率的一般形式由二项分布给出

$$\frac{n!}{n!(n-j)!}p^j(1-p)^{n-j}$$

各种回报乘以其概率再求和就得到

$$C=\sum_{j=0}^{n}\frac{n!}{j!(n-j)!}p^j(1-p)^{n-j}\frac{\max(Su^jd^{n-j}-X,0)}{(1+r)^n}\tag{12.28}$$

这就是完整的一般二项定价公式。

四、布莱克－斯克尔斯期权定价模型

（一）无收益资产布莱克—斯克尔斯期权定价模型

当将时间间隔缩短成足够短时，交易期数就趋于无限，以至于可以将交易活动看

成是近似于连续的活动，也可允许股价为任何可能的数字，这两个改变导致著名的封闭式布莱克－斯克尔斯期权定价模型的产生。但商业银行一般交易的是支付利息的资产和负债，因而更加关注的是利率期权，而非股票期权。然而正如下文将要看到的那样，运用封闭式期权定价模型（如布莱克－斯克尔斯模型）给债务证券期权定价却是不可行的。同时，布莱克－斯克尔斯期权定价模型的推导较为繁杂，本书限于篇幅和难度，只给出其粗略的推导过程，较为系统的推导请参阅相应的衍生金融工具定价书籍。

布莱克－斯克尔斯模型是二项式期权定价模型的连续时间形式。因为当二项试验的次数 n 趋于无限大时，股票价格的百分比变动的概率分布接近正态分布。

布莱克－斯克尔斯期权定价模型的关键是“无风险对冲”的概念。为了导出定价公式，布莱克和斯克尔斯给出如下假设。

（1）交易连续进行。

（2）投资者可以自由买卖证券。

（3）短期利率 r 是已知的不随时间变动的常数，且投资者可以以这个利率自由借入或借出资金。

（4）股票不支付股息。

（5）市场是无摩擦的，买卖股票或买卖期权无交易成本。

（6）股票价格是方差与股票价格平方成正比的连续时间随机变量，股票价格在任意有限的时间间隔结束时呈对数正态分布。

对于欧式无收益看涨期权布莱克－斯克尔斯定价公式为

$$c = SN(d_1) - X\mathrm{e}^{-r(T-t)}N(d_2) \tag{12.29}$$

根据欧式看跌期权和看涨期权之间存在的平价关系，可以得到欧式无收益看跌期权布莱克－斯克尔斯定价公式为

$$p = X\mathrm{e}^{-r(T-t)}N(-d_2) - SN(-d_1)$$

其中

$$d_1 = \frac{\ln\left(\frac{S}{X}\right) + \left(r + \frac{1}{2}\sigma^2\right)(T-t)}{\sigma\sqrt{T-t}} \tag{12.30}$$

且

$$d_2 = d_1 - \sigma\sqrt{T-t} \tag{12.31}$$

$N(d_1)$和 $N(d_2)$两项是单位正态变量 z 的累计概率

$$N(d_1) = \int_{-\infty}^{d_1} f(z)d_z \tag{12.32}$$

其中 $f(z)$是均值为 0、标准差为 1 的正态分布，ln 是自然对数，e 是自然对数底（e=2.7183），T 是到期日的时间，σ^2 是衡量股票波动率的股票价格瞬时方差。

在上述公式中，注意看涨期权的价值等于股票价格 S 乘以一个概率，减去执行价

格的贴现值 Xe^{-rT} 与一个概率的乘积。股票价格是乘以对冲比例 $N(d_1)$，对于每个看涨期权，无风险对冲投资组合包含 $N(d_1)$股股票。而执行价格的贴现值则乘以表示期权以有利价结束的概率 $N(d_2)$。

在标的资产无收益的情况下，$C=c$，因此公式（12.29）其实也给出了美式无收益看涨期权的价值公式。由于美式看跌期权与看涨期权之间不存在严密的平价关系，因此美式看跌期权的定价还没有得到一个精确的解析公式。

（二）有收益资产布莱克—斯克尔斯期权定价模型

对于有收益的欧式期权，在收益已知的情况下，可以把标的证券价格分解成两部分：期权有效期内已知现金收益的现值部分（记作 I[①]）和有风险部分。当期权到期时，已知收益现值会由于标的资产支付现金收益而消失。因此，只要用（S-I）代替公式（12.29）中的 S 即可

$$\text{即 } c=(S-I)N(d_1)-X\mathrm{e}^{-r(T-t)}N(d_2)$$

$$p=X\mathrm{e}^{-r(T-t)}N(-d_2)-(S-I)N(-d_1)$$

$$d_1=\frac{\ln\left(\dfrac{S-I}{X}\right)+\left(r+\dfrac{1}{2}\sigma^2\right)(T-t)}{\sigma\sqrt{T-t}},\quad d_2=d_1-\sigma\sqrt{T-t}\text{。}$$

对于美式看涨期权，因为有提前执行的可能性，因此有收益资产美式期权的定价较为复杂，布莱克教授提出了一种近似处理方法。该方法是先确定提前执行美式看涨期权是否合理。若不合理，则按照欧式期权处理；若在 t^*时刻有可能提前执行，则要分别计算在 T 时刻和 t^*时刻到期的欧式看涨期权的价格，然后将二者之间较大者作为美式期权的价格。在大多数情况下，这种近似计算的效果都不错。

至于有收益的美式看跌期权只能通过较为复杂的数值方法求出，这里不再论述。

本章小结

1．无收益资产远期合约多头的价值为 $f=S-K\mathrm{e}^{-r(T-t)}$，远期价格为：$F=S\mathrm{e}^{r(T-t)}$。

2．不同期限远期价格之间的关系为 $F^*=F\mathrm{e}^{\hat{r}(T^*-t)}$。

3．支付已知现金收益资产的远期合约价值为 $f=S-I-K\mathrm{e}^{-r(T-t)}$，远期价格为：$F=(S-I)\mathrm{e}^{r(T-t)}$。

4．支付已知收益资产的远期合约价值为 $f=S\mathrm{e}^{-q(T-t)}-K\mathrm{e}^{-r(T-t)}$，远期价格为：

① 设已知数额的红利为 D，则 $I=D\mathrm{e}^{-r(T-t)}$。

$F = Se^{(r-q)(T-t)}$。

当我们用外汇发行国的无风险利率 r_f 代替 q 时，就可以得到利率平价关系：$F = Se^{(r-r_f)(T-t)}$。

5．远期利率多头协议的价值为 $f = Ae^{-r(T-t)} \times [1 - e^{(r_K - \hat{r})(T^* - T)}]$，当合同利率等于 $r_F = \hat{r} = \dfrac{r^*(T^* - t) - r(T-t)}{T^* - T}$ 时，远期利率协议价值为零。

6．远期外汇综合协议多头价值为

$$f = Ae^{-r(T-t)}(F - K) + Ae^{-r^*(T^*-t)}(K^* - F^*)。$$

为使远期外汇综合协议价值为零，合约中规定的远期汇率和远期差价应等于

$$F = Se^{(r-r_f)(T-t)}$$

$$F^* = Se^{(r^*-r_f^*)(T^*-t)}$$

$$W = S[e^{(r-r_f)(T-t)} - 1]$$

$$W^* = Se^{(r-r_f)(T-t)}[e^{(\hat{r}-\hat{r}_f)(T^*-T)} - 1]$$

7．美式期权的价值决不低于现在马上就执行该期权所实现的期权价值，即有

$$C(t) \geqslant \max\{S(t) - X, 0\}$$

$$P(t) \geqslant \max\{X - S(t), 0\}$$

欧式期权遵循的规律是

$$c(T) = \max\{S(T) - X, 0\}$$

$$p(T) = \max\{X - S(T), 0\}$$

8．欧式期权与美式期权有这样的关系

$$C(t) = c(t)$$

$$P(t) \geqslant p(t)$$

9．单期间二项式期权定价模型

$$C = \frac{C_u p + C_d(1-p)}{1+r}$$

两期间二项式期权定价模型

$$C = \frac{C_{uu}p^2 + C_{ud}(1-p)2p + C_{dd}(1-p)^2}{(1+r)^2}$$

多期间二项式期权定价模型

$$C = \sum_{j=0}^{n} \frac{n!}{j!(n-j)!} p^j (1-p)^{n-j} \frac{max[Su^j d^{n-j} - X, 0]}{(1+r)^n}$$

10．欧式无收益看涨期权布莱克—斯克尔斯定价公式为

$$c = SN(d_1) - Xe^{-r(T-t)}N(d_2)$$

欧式无收益看跌期权布莱克－斯克尔斯定价公式为

$$p = Xe^{-r(T-t)}N(-d_2) - SN(-d_1)$$

其中

$$d_1 = \frac{\ln(\frac{S}{X}) + (r + \frac{1}{2}\sigma^2)(T-t)}{\sigma\sqrt{T-t}}$$

且

$$d_2 = d_1 - \sigma\sqrt{T-t}$$

有收益资产布莱克－斯克尔斯期权定价模型

$$c = (S-I)N(d_1) - X\mathrm{e}^{-r(T-t)}N(d_2)$$

$$p = X\mathrm{e}^{-r(T-t)}N(-d_2) - (S-I)N(-d_1)$$

$$d_1 = \frac{\ln(\frac{S-I}{X}) + (r + \frac{1}{2}\sigma^2)(T-t)}{\sigma\sqrt{T-t}}，\quad d_2 = d_1 - \sigma\sqrt{T-t}。$$

本章重要概念

远期合约	金融期货合约	期权
多头	空头	无收益资产
现货—远期平价定理	期货价格	交割价格
卖空交易	卖空交易	远期利率协议
远期外汇综合协议	二项式模型	虚值期权
布莱克－斯克尔斯期权定价模型	欧式期权	美式期权
两平期权	实值期权	风险中性

本章复习思考题

1．金融期货与远期的区别有哪些？

2．套利与套期保值有何区别，如何理解套利在衍生工具定价中的重要作用？

3．试分析看涨期权和看跌期权中交易双方的损益情况。

4．为什么完全相同的美式期权的价值总是大于等于欧式期权？

5．请证明欧式卖权的价值从不高于预订价用无风险利率折现的现值。

6．请整理欧式、美式看涨、看跌期权分别在有收益和无收益情况下的上下限。

7．假设某贴息债券的现货价值为945元，连续无风险年利率为10%，求该债券协议价格为960元，剩余5个月到期的该债券远期合约多头的价格。

8．假设不分红股票现价为 60 美元，8 个月期无风险年利率为 8%，求 8 个月期的该股票远期合约的协议交割价格。

9．假设中国和美国 6 个月连续复利年利率分别为 2%和 5%，人民币的现货汇率为 0.123 6 美元，6 个月期的人民币期货价格为 0.124 8 美元，请问有无套利机会？

10．某股票预计在 6 个月和 1 年后每股分别派发 2 元红利，该股票现价 56 元，无风险连续复利年利率为 8%，若某投资者刚取得该股票 1 年期的远期合约空头，问：该远期价格为多少？6 个月后，该股票上涨到 60 元，无风险利率不变，此时该合约空头价值多少？

11．某股票目前价格为 30 元，假设该股票 2 个月后的价格可能为 38 元或 28 元。连续复利无风险利率为 10%。请问 2 个月期的协议交割价格等于 31 元的欧式看涨期权价格等于多少？

12．假设当前英镑的即期汇率为 1.500 0 美元兑 1 英镑，美国和英国的无风险连续复利年利率分别为 5%、7%，英镑汇率波动率为 8%，求 1 年期协议价格为 1.520 0 美元兑 1 英镑的英镑欧式看涨期权价格。

中信泰富炒汇巨亏事件

继中航油之后，中信泰富成为了复杂衍生产品牺牲品的又一家中资企业，无疑让人十分痛心。更令人担忧的是，由于体制、文化、经营水平等原因，中信泰富的故事在中资企业中绝不是特例，而有着相当的普遍性。因此，如何防范复杂衍生品投机带来的风险，已成为中国政府与企业亟需解决的重大课题。需要指出的是，当前的全球金融危机告诉我们，复杂衍生产品和普通的简单衍生产品创新（如资产证券化、股指期货等）有着很大不同。过于复杂的衍生产品因其创新过快，远超现有监管体制可容纳的框架，多在场外进行，非标准化且极不透明，弊端显著，对金融市场与实体经济可能产生很大的负面冲击波。金融市场的发展固然离不开衍生品的创新与发展，但对于复杂衍生产品则应更加小心，慎之又慎，初涉市场者切不可对自己无法理解的复杂产品轻易出手，一时自作聪明可能从此踏入万劫不复的深渊。

一、事件

2008 年 10 月 20 日中国香港恒指成分股中信泰富突然惊爆，因投资杠杆式外汇产品而巨亏 155 亿港元！其中包括约 8.07 亿港元的已实现亏损和 147 亿港元的估计亏损，而且亏损有可能继续扩大。中信泰富的两名高层即时辞职，包括集团财务董事张立宪和集团财务总监周至贤。莫伟龙获任集团财务董事，负责集团财务及内部监控。

2008年10月21日中信泰富股价开盘即暴跌38%，盘中更一度跌至6.47港元，跌幅超过55.4%，当日收报于6.52港元，跌幅达55.1%，远远超过业界预计的20%左右的跌幅。

2008年10月22日香港证监会确认，已经对中信泰富的业务展开调查，而由于中信泰富的股价在两天内已经跌了近80%，联交所公布的公告显示，中信泰富主席荣智健及母公司中信集团，于场内分别增持100万股及200万股，来维持股价稳定。

2008年11月中国香港中信泰富在炒外汇衍生工具遭受巨额亏损后，终于获母公司北京中信集团出手相助。中信集团向中信泰富授出116亿港元的备用信贷、认购中信泰富发行的可换股债券，以及承担中信泰富在外汇累计期权合约的损失。

2009年3月26日中信泰富公布2008年全年业绩，大亏126.62亿港元，董事会主席荣智健强调集团财政状况仍稳健，暂时无供股需要。

2009年4月3日中信泰富继早前被香港证监会调查后，3日再度接受警方调查。警方商业罪案调查科前往中信泰富总部调查，在逗留一小时之后运走大批文件。

2009年4月8日中信泰富在港交所网站发布公告称，荣智健卸任中信泰富主席，北京中信集团副董事长兼总经理常振明接任。

二、解读中信泰富合约

根据公司公告与国际媒体报道的信息，导致中信泰富亏损的主要衍生产品是“含敲出障碍（Knock Out）期权及看跌期权的澳元/美元累计远期合约”，以及更复杂的“含敲出障碍期权及看跌期权的欧元—澳元/美元双外汇累计远期合约”。中信泰富主要的澳元合约内容大致如下：早先，中信泰富与汇丰、花旗和法国巴黎百富勤等外资银行签约承诺，在此后两年多内，每月（部分是每日）以0.87美元/澳元的平均兑换汇率，向交易对手支付美元接收澳元，最高累计金额可达约94.4亿澳元。市场普遍认为，签约时的澳元市场价要高于0.87美元。

这些合约对中信泰富向上利润有限，但向下亏损却要加倍而无限：假如澳元高于0.87美元/澳元，中信泰富会获得利润，但其总利润被“敲出障碍期权”封顶，最多只能有4亿多港元。更可怕的是，一旦每月利润超过一定额度，则交易对手可选择取消合同，导致仅有的利润也化为乌有。但是，一旦澳元低于0.87美元/澳元时，中信泰富需要加倍以0.87美元的高价接澳元仓位，而且没有相应敲出条款给亏损封顶。这些极不对称的条款，在合约签订的一刻就已经注定了中信泰富盈利极其有限，但有可能蒙受巨额亏损。

不幸的是，澳元最近已下跌到约0.70美元/澳元，从而导致约155亿港元亏损！

这类被称为Accumulator（累计期权）的衍生品，在销售时很具有诱惑力：客户可以在此后几十个月低于签约时市场价格的价格买入澳元，而客户只需送给投行一个“敲出障碍期权"与一系列"看跌期权"，这样也能"帮助"投行降价卖给客户澳元。喜欢"占便宜"的客户马上就会被诱惑，丝毫不知道这两大期权比所占"便宜"要贵重得多，也危险得多。

中信泰富涉及的衍生产品有两个特点。

第一是复杂性。中信泰富签订的这类合约，在金融学上被称为奇异衍生品，含有复杂的"敲出障碍期权"、"双外汇选低期权"与"看跌期权"。这些产品，无论从定价到对冲机制上都很复杂，一般实体企业或机构投资者根本不知道这类产品应如何估值，不知道如何计算与控制风险，因此很容易在高价买进这类产品的同时，低估其潜在风险。而作为交易对手的投资银行或商业银行，则拥有大量专业人才，对于衍生品的数学模型有着多年研究，充分掌握估值与风险对冲技术。因此，交易双方之间存在严重的知识与信息不对称。单从定价的角度考虑，与国际银行做复杂衍生产品交易，就好像普通人与乔丹一对一进行篮球比赛。

第二是其高杠杆和高风险性。所有衍生产品都是保证金交易，因而拥有高倍杠杆，但前述衍生产品尤其危险。首先，如上文所介绍，它的盈利空间与亏损风险因为"敲出障碍期权"条款而极其不对称。其次，长达20多个月的定期交换使得风险放大了数十倍。最后，在签订这一衍生品合约的时候，企业需要交付的资本保证金数额一般不大，交易过程中一旦发生亏损，会给投资者造成一种仍在承受能力范围之内的错觉，因而诱使投资者不断补仓，直到把自有价值全部押进去。这与非杠杆的股票市场投资有很大区别。在衍生品市场，只投入几千万的保证金，就可能要承受几十亿的风险，最终造成无可挽回的巨额亏损。

三、不对称风险

中信泰富为什么做如此复杂与高风险的交易呢？该公司公告中称，交易是为对冲澳元升值风险，锁定公司位于澳洲铁矿项目开支成本。

这一解释难以自洽。首先，中信泰富的澳元开支预算只有16亿澳元，远低于它在衍生产品中接收澳元总额（94亿澳元以上）；其次，假如真为了套期保值，完全可以用最简单的远期货和外汇互换合约实现，这样不仅定价简单，而且符合会计准则中的对冲会计处理要求，即使衍生产品仓位有亏损也可以与开支预算合并，不必单独报亏损。更重要的是，中信泰富的复杂衍生产品根本不能"规避澳元上涨风险"，假如澳元真的大幅上涨，也就是中信泰富最需要依赖此合约时，交易对手却可以通过"敲出障碍期权"而取消合约，完全消除其套期保值功能。

很显然，中信泰富是在做高杠杆投机，而非套期保值。

中信泰富进行投机的动机不得而知，但从一般经验来看，无外乎几种：一是确实以套期保值为初衷，但不懂衍生产品，过度相信了交易对手推荐的衍生产品，结果变成了高杠杆投机。二是从一开始就在投机（甚至受不合理的内部激励机制驱动），有了小的亏损后，为了补回损失而放大赌博的额度，最终欲罢不能；在这过程中，也有可能是在对风险的估算方面被交易对手误导，甚至可能被欺诈。无论什么原因，中信泰富的内部风险管理都没有起到“看门人”的作用。

事实上，衍生产品越复杂，国际机构的金融专业知识与定价能力优势就越大，而产品设计方之间的竞争也越少，因而设计者的潜在利润就会越高，当然，这也意味着买方的风险就越大。

一般企业买了衍生产品进行投机，往往是承受敞口风险，仓位随市场价格波动而承担风险。但专业金融机构在兜售衍生产品后，会马上到衍生产品所挂钩的基础市场上做一个反向对冲，如中信泰富的衍生产品对家就会在澳元与美元市场上建仓对冲，而对冲仓位数量则按照其研发出来的复杂数学模型而计算出来，而且随着市场价格变动（或时间推移）而计算并不断变动。在这样一套对冲流程的支持下，衍生产品销售者就会锁定高价销售衍生产品带来的利润（衍生产品价格减去对冲衍生产品成本），而不承担市场价格波动的风险。

更有甚者，有时候国际银行/投行自身拥有相应的风险需要解脱，可以通过衍生产品而转嫁给客户，也避免了承担风险。

故而，在复杂的衍生产品市场，买卖双方可能存在着极大的风险不对称。从这个意义上说，衍生品交易是具有极大知识含量的特殊交易。简单的衍生产品（如场内期货、期权和场外远期货、互换等）具有标准化特点，市场竞争激烈，容易定价，交易双方的知识不对称度偏低，利润有限；而复杂衍生产品交易中，银行/投行间竞争少，与客户的知识不对称也很大，利润空间较大。

中国企业在全球化环境中需要规避相应风险，较好的工具是简单的衍生品，进入复杂衍生品领域只是将自己置于劣势地位。当然，无论何种性质的衍生品，用于杠杆投机都意味着风险加倍放大。巴林银行的交易员里森赌日本股指期货、中国国储局交易员刘其兵赌铜期货巨亏，都是足以使人铭心刻骨的先例。

（本专栏内容改写自．黄明．防范复杂衍生品陷阱．财新网）

第四篇

监 管 篇

目次

第十三章　金融市场的监管

金融市场作为资金融通的场所和机制，能否保持高效、安全、健康、稳定的运行和发展，对整个经济的发展至关重要。理论和实践都已经证明，缺乏监督和管理不善的金融市场效率十分低下，各种功能也难以发挥。要充分发挥金融市场的积极作用，限制其消极作用，提高金融市场的效率、深度、广度和弹性，必须对金融市场实行监督管理。

金融监管是一个完整的系统，涵盖了全面的理论知识和丰富的实践知识，日益走向科学化和规范化。在本章节中，将介绍金融市场监管的理论依据、主要要素及内容，让读者对金融市场监管体系有初步了解。同时，还将介绍几个金融市场相对完善的国家金融市场监管体制的例子，引发读者对金融市场监管模式发展的思考。

第一节　金融市场监管的概念及原则

一、金融市场监管的理论依据

在界定金融监管的内涵之前，首先研究一下金融监管的理论基础。自金融监管走上历史舞台以来，金融监管的理论依据大致有以下三种，通过对它们的分析说明，可以初步了解金融监管的理论根源。

（一）公共效益论

在关于监管的经济理论中， 公共效益论是最早出现也是发展得最为完善的理论。首先，它有以下两点假设：一是市场本身是有缺陷的，由于市场中存在着垄断、外部性（包括外部经济和外部不经济）和信息不对称等因素，因此它的单独运行是缺乏效率的；二是政府通过法律、行政、经济等手段的干预，可以避免市场的缺陷，使之运行得更有效率。

基于以上两个假设，监管的产生就是政府对公众要求纠正某些社会个体和社会组织的不公平、不公正和无效率或低效率做法的一种回应。通过监管可以消除市场失灵带来的价格扭曲，从而弥补市场机制在资源配置过程中的效率损失。也就是说，政府对金融市场的监管是出于市场失灵的原因，其最终结果是维护了市场的合理配置及公平性，维护了公众的利益。

那么，政府的干预是否就一定能够达到纠正市场机制无效率或低效率的目的，政府的干预用什么手段实施到什么程度才是合适的，最优的呢？解决这些疑问的方法就是设立一个衡量标准或是指标工具。经济效率就是这样一个工具，它能够确定某个监管措施能给社会带来多少成本和效益。在实际经济研究中，我们可以从许多方面来定义经济效率。例如，在经济学中，可以用帕累托最优原则来解释经济效率，即如果每一个人因为某种监管措施而使自己的情况变化，或是至少有一个人因此而情况变好且没有人因此而情况变坏，那么，这样的监管措施就是好的措施。但是，由于现实生活中很难实现没有人的利益受到损害，因此，帕累托最优原则有时也难以全面衡量。为此，传统经济学中的补偿原则成为了一种新的衡量指标。如果某种监管措施给获利一方带来的好处足以弥补遭受伤害一方的损失还有剩余，从而使得每一个人的情况都好转，那么这个措施就被认为是一种好的监管措施。

除了以上观点，公共效益论还阐述了可能的监管范围和监管的总体目标，是目前关于监管的一个最为成熟和规范的理论。然而，该理论本身也存在着一定的缺陷，它不能说明这种监管的需求是如何转化为监管实际的，也不能说明为什么监管者会背离初衷与被监管者形成相互依赖的关系。更难以解释的是，根据该理论，监管应该集中在垄断程度较高、外部性较大或者是信息高度不对称的行业。但是，今天的许多实际研究却告诉我们，许多被监管的行业并不具备上述的任一特征。

（二）俘虏论

20 世纪 70 年代以后，随着监管实践的不断深入，再加上公共效益论的一些自身缺陷，人们开始怀疑监管者是否履行了职责。于是，经济学家研究的重心就从如何监管市场失灵而转向监管者的决策过程中来。一种新的监管理论——“俘虏论”形成了。俘虏论是继公共效益论之后形成的又一个重要的监管理论，它从监管机构本身的行为出发，比较完整地阐述了其产生和发展的整个过程，特别是公共政策的制定过程。

俘虏论认为，随着时间的推移，监管机构会越来越为监管对象所支配，监管者会越来越迁就被监管者的利益而不是保护所谓的“公共利益”。有些经济学家甚至认为，某些监管机构的产生就是出于维护某些集团利益的初衷。某些利益集团为了逃避市场竞争和维护自己的利益，要求政府进行监管。然而，监管机构又往往被这些利益集团或是行业巨头所俘虏，成为他们实现自身利益的有力支持者。在这样的恶性循环中，资源的合理配置被严重破坏，资源在行业和部门之间的流动缺乏合理性与科学性。

俘虏论的积极意义在于它解释了公共效益论没能解释的一些问题，它引导人们重视对监管者行为和动机的考察，说明了导致监管需求的原因。然而，它的不足之处还有许多，例如，它不能说明监管的供给是如何产生的、监管机构行为变异的原因，以及监管机构与被监管者如何形成相互依赖的关系。同时，俘虏论的论证也欠规范和完整。

（三）监管经济学

监管经济学是在公共效益论和俘虏论的基础上发展起来的一种新的监管理论，它保留了公共效益论关于市场失灵的假设，同时，也利用了俘虏论关于监管需求原因的观点。监管经济学的核心观点是把监管看成是一种商品。既然是商品，那么就一定存在着供求关系，监管的需求来自于国家和企业。国家通过监管可以改善某些利益集团的经济地位；企业通过监管可以获得直接的货币补贴、控制竞争者进入、获得影响替代品和互补品的能力以及定价能力。与此同时，监管的供应来自于政治家，他们需要选票，从而达到其当选的目的。在这种供求关系的相互作用下，监管产生了。

监管经济学进而解释了哪些人可以通过监管获得好处，哪些人需要承担监管的成本，监管将以何种形式实施，以及监管对资源配置的影响。这其中，我们有必要重点讨论一下监管的生产成本。由于监管这种商品的特殊性，它的成本除了必要的行政费用支出外，还会有四个方面的隐成本，分别是道德风险、合规成本、社会经济福利的损失以及动态成本。道德风险是指由于制度方面或者其他方面的变化而引发的私人部门行为的变化，进而产生有害的而且往往是消极的作用或是进一步加大了逆向选择。合规成本是被监管者为了遵守或者符合有关监管规定而额外承担的成本。社会经济福利的损失是指在存在监管的情况下，各经济主体的产量可能会低于不存在监管时的产量的现象。这三种成本都属于监管的静态成本。动态成本则指出，监管有时起着保护低效率生产结构的作用，因而会成为管理和技术关心的障碍，造成动态经济效率的下降。

作为商品的监管，是通过市场机制来发挥作用的。那么既然市场机制会产生失灵，那么监管也必然产生失灵的现象，最典型的就是监管所带来的高额成本和对竞争条件的破坏。因此，监管并不是一种包治百病的灵丹妙药，监管经济学也存在着自身的缺陷。①

（四）金融监管理论的现实意义

金融体系内在的脆弱性、金融行业的特殊性、金融市场主体行为的有限理性和金融资产价格的内在波动性，这些都使金融市场产生内在不稳定性，并可能导致资源配置不合理、收入分配不公平和经济大幅波动等负面影响。因此，金融监管主体必须采取有效的监管措施，改变金融机构与系统的脆弱性，增强主体行为的理性，降低金融资产价格的波动性，以提高金融市场的效率，增强金融系统稳定性，保护市场参与者的合法利益，为经济发展创造良好的金融环境。

---

① 张亦春．现代金融市场学．北京：中国金融出版社，2002

对金融市场监管也是实现货币政策的需要。中央银行往往运用公开市场业务或通过金融市场渠道来实施其货币政策。同时，一国的货币政策又是与外汇紧密联系在一起的，因此，货币政策的实施离不开金融市场的监管。对金融市场的监管也是整个金融业监管的需要，各类金融机构是金融市场上最活跃的主体，对金融市场的监管往往同对各类金融机构及其业务活动的监管联系在一起，以此保证金融市场稳健、高效运行。

二、金融监管的概念及要素

一般认为，监管就是由监管主体为了实现监管目标而利用各种监管手段对监管对象所采取的一种有意识的、主动的干预和控制活动。对金融监管的完整定义，应包括监管的主体、对象、目标和手段等内容。以其涵盖范围的大小，有广义和狭义之分。

狭义的金融监管就是金融监管当局对金融机构的监督和管理，它包括了金融监督和金融管理。广义的金融监管则把金融监管的主体和对象的范围都扩大，监管主体除了金融主管当局外，还包括金融行业自律组织、社会中介组织以及被监管对象的自我监控部门。监管的对象除了金融机构外，还应包括参与金融活动的个人和机构，如上市公司、投资者等。我们在本章讨论的金融监管是指广义的金融监管。

（一）金融监管的主体

从理论上说，金融监管的主体是政府，金融监管是一种政府行为。从金融监管的实践来看，目前的大多数监管活动是以政府为主体进行的，然而也存在着由非政府机构的金融行业组织甚至是某个企业来完成的。可见，实施监管的主体是多元化的，主要有两种。

（1）政府机构。它的权力由政府授予，负责制定金融市场监管方面的各种规章制度以及规章制度的实施。

（2）各种非官方性质的民间机构或者私人机构。它们的权力来自于其成员对机构决策的普遍认可，出现违规行为并不会受到法律的惩罚，但有可能受到机构的纪律处罚。

一国的金融监管主体是历史和国情的产物，并不是固定不变的。由于政府监管具有涉及面广、权威性强等特点，因此，对于那些具有很强外部性、带有普遍性和后果严重的市场失灵问题，一般由政府监管。但是，政府监管成本较高，缺乏灵活性，反应也比较慢，因此，需要灵活性高的自律组织和证券交易所等其他机构和企业配合监管。

我国的金融市场监管主体也有两类。

（1）政府机构。主要有中国人民银行、中国银行业监督管理委员会、中国证券监督管理委员会、中国保险监督管理委员会等。

（2）自律性监管机构。主要有中国证券业协会、中国银行业协会、中国保险业协会和上海、深圳证券交易所等。

（二）金融监管的对象

广义上来说，金融监管的对象是人类的金融行为和金融活动领域。但是，由于金融监管对象的具体内容和范围的确定在不同时间、地点和环境下都有可能不同，因此，人们对它的认识也存在着较大的分歧。对具体的问题，如金融产品或金融服务的产量和价格、是否实施政府控制、提供补贴或采取不同的税收政策、对金融中介的各种活动是否进行监督等方面，经济学家们的看法很不一致。大家能够一致认同的观点是金融监管当局应当对那些明显损害他人利益和共同利益的金融犯罪行为实施干预。

对金融监管对象的研究主要取决于三个方面。

（1）金融监管对象本身的性质和特点。

（2）人们对金融监管目标的认识。

（3）所使用的金融监管手段、工具及其成本。因此，必须根据具体情况进行具体分析，在确定金融监管的对象和范围时，从市场机制本身的缺陷、金融产品和市场的特殊性、金融市场的发育程度以及监管者所面临的特殊环境和条件等各个方面进行具体分析。从经济学的角度看，在资本密集型、信息密集型、高风险型和属于公共产品或准公共产品的行业中，由于存在垄断、外部性、信息不对称、过度竞争等特性，容易引起价格信息扭曲甚至市场机制失灵的现象。金融业中的商业银行业、保险业、证券业均属于这类行业。所以必须通过一定的手段消除或部分消除金融市场失灵，以实现经济资源的有效配置。

（三）金融监管的目标

金融监管的目标可分为一般目标和具体目标。一般目标是指维护金融体系的稳定、健全和高效，保证金融机构和金融市场稳定健康地发展，保护金融活动主体特别是存款人的利益，推动金融和经济的发展。这是世界上几乎所有国家希望达到的目标，也是金融监管的最终目标。

然而，由于各国的历史、经济、文化发展的背景和水平很不相同，一国在不同的发展时期经济和金融体系的发展状况有所区别，因此，金融监管的具体目标会有所不同。有的国家更注重金融体系的安全，有的则更加注重效率。同样一个国家，有的时期更注重安全，而在有的时期可能会更注重效率问题。在“效率”和“公平”这个两难选择中，监管当局通过结合实际，不断调整来实现监管的充分有效性。

各国金融监管的具体目标都体现在其中央银行法或银行法当中。我国在1995年颁布的《中华人民共和国中国人民银行法》中规定，中国人民银行依法对金融机构及其业务实施监督管理，维护金融业的合法、稳健运行。具体地说，我国的金融监管目标体现在四个方面：（1）保证金融机构的正常经营，维护整个金融体系的安全和稳定。（2）防范和化解金融风险，保护存款人的利益。（3）创造公平的竞争环境，促使金融业在竞争的基础上提高效率。(4) 保证金融货币政策和宏观经济政策的有效实施。

（四）金融监管的手段

金融市场监管手段是监管主体得以行使其职责、实现其金融市场监管目标的工具。它必须根据金融监管对象的性质和特点、监管主体的层次等级、监管目标实现的难易程度以及金融监管目标所付出代价的高低而定。

金融市场监管的手段主要包括法律手段、经济手段、行政手段和自律管理四种。

1．法律手段

法律手段是指通过经济立法和司法来管理金融市场，即通过法律规范来约束金融市场的行为，以法律形式维护金融市场良好的运行秩序。法律手段约束力强，是金融市场监管的基础手段。

依法监管的一个重要前提条件就是相关法律、法规体系的建设。我国的经济金融法律、法规体系建设已取得很大的进步。目前，一些主要的金融法律如《中华人民共和国中国人民银行法》、《中华人民共和国商业银行法》、《中华人民共和国保险法》、《中华人民共和国证券法》、《中华人民共和国信托法》、《中华人民共和国票据法》等都已实施。另外，还颁布了与这些法律法规相配套的百余件金融规章制度，这为金融监管的有效实施提供了有力的制度保证。

2．经济手段

经济手段是指政府以管理和调控金融市场为主要目的，利用利率政策、公开市场业务、税收政策等经济手段间接调控金融市场运行和参与主体的行为。如中央银行通过调节准备金率、再贴现率、公开市场业务等手段调节和稳定金融市场价格，政府通过财政政策和外贸政策影响汇率等。目前，在经济手段中最重要的有金融货币手段和税收手段两种。

经济手段监管的优点是相对比较灵活，但调节的过程比较慢，存在着政策时滞。

3．行政手段

行政手段是指依靠国家行政机关系统，通过命令、指令、规定、条例等对金融市场进行的直接干预和管理。行政手段对金融市场的监管具有强制性和直接性的特点。

行政手段在某些特殊时期、特定环境下使用，效果比较明显。一些市场机制、法律、法规体系还不健全的发展中国家和体制转轨国家，经常会采用这种手段。但是，市场经济是法制经济，无论监管者还是被监管者，都要依法行事。为了维护金融监管的权威性和公正性，必须依法监管。因此，从发展趋势上看，行政性监管手段将逐步取消，最终过渡到完全依据法律、法规来实施金融监管。

4．自律管理

自律管理即自我约束、自我管理，通过资源方式以行业协会的形式组成管理机构，制定共同遵守的行为规则和管理规章，以约束会员的经营行为。

金融市场交易的高度专业化，从业人员之间的利益相关性与金融市场运作本身的庞杂性，决定了对自律监管的客观需要。但政府监管与自律监管之间存在着主从关系，自律监管是政府监管的有效补充，自律管理机构本身也是政府监管框架中的一个监管对象。

三、金融市场监管的原则

无论采取什么样的监管手段，在金融监管过程中，都要遵守以下几个原则。

（一）合法性原则

合法性原则对于监管机构来说，是指监管机构要依法监管，严格执法；对于监管对象来说，是要求一切金融活动和金融行为都必须合法进行。

（二）全面性原则

全面性原则是指所有金融市场都受到监管。在前面的章节中，我们了解到，金融市场是由若干个“子市场”构成的，包括货币市场、资本市场、外汇市场、金融衍生市场等。在金融全球化、一体化趋势下，各个金融子市场之间的界限越来越模糊，它们相互之间的联系也更加紧密。一个金融子市场的波动可能会给整个金融体系带来影响，1997 年的金融危机已经证实了这一点。因此，金融监管必须是贯彻全面性原则，以保证金融机制有序运行。

（三）公开、公平、公正原则

金融市场监管中的公开是指有关制度、信息、程序和行为不加隐瞒地向社会公众公布。公正是指金融监管部门在实施金融监管的过程中，必须站在公正的立场上，秉公办事，以保证金融活动的正常程序，保护各方面的合法权益。公平是指金融监管的实施要考虑到金融市场全部参与者的利益，保证交易各方在交易过程中的平等地位，不得有任何偏袒。

公开、公平、公正原则是市场经济的基本原则，也是金融市场运行的基本原则，同时还是金融监管当局的重要原则。

（四）系统性风险控制原则

在金融市场中，各类金融机构和参与者承担着个体风险，他们的决策和实施过程能够影响个体风险的强度。然而他们无法左右的是金融系统风险。这就需要金融监管机构在平时的监管过程中，从国民经济的全局出发，服从社会政治、经济的发展的需要。

（五）监管适度与适度竞争原则

监管的力度是一个国家金融监管政策的重要体现。监管过松，容易导致金融系统的不稳定，从而引发系统风险；监管过严，又可能会使金融系统失去活力和效率。这就要求金融监管当局在实施监管过程中，注意监管适度，使金融市场体系存在着适度竞争，充满活力。当然，监管力度也可能会因为经济发展时期的不同而有所变化。

第二节　金融市场监管的内容

金融市场监督管理，一般是指国家或国家授权的机构根据有关金融市场法律，如票据法、证券法、银行法等，规范金融市场交易行为，维护金融市场秩序，以达到促进金融市场健康有序营运、健康发展以及保护广大投资人权益的目的。金融市场监督则是为了实现此目的，而对金融市场进行全面监测、分析，发现问题并及时纠正，使市场运行恪守国家法令及规定，严格遵循市场管理的过程。

金融市场监管的具体内容因各国家经济金融体制不同而各有差异，但总的来说，主要是对金融市场要素构成的监管。

首先，是对金融市场主体（即交易者）的监管，主要是对企业、家庭、商业银行及其他金融机构在金融市场上的一切行为的监督和管理。

其次，是对金融市场客体（即交易工具）的监管。不同的国家由于金融工具的种类和品种不同，监管的内容自然存在较大差异。

再次，是对金融市场媒体的监督管理，主要是划分不同媒体之间的交易方式和交易范围，杜绝超范围经营的情况发生，使之在特定的领域充分发挥作用。尤其是一些机构媒体，它们一方面承担着满足市场多种需求、分散和减弱风险的重任，另一方面还承受着金融交易各方面的压力，因而存在着利用其特殊地位实行垄断或扰乱金融的可能性，不能不成为金融市场监管的重点。

最后，是对金融市场价格的监管。金融市场的价格形成及变化有其自身的规律，也比较复杂，不仅表现形式多种多样，而且具有较强的可操作性，因此，金融市场上的价格变动，往往成为整个金融市场监管的综合反映。但考虑到市场价格的上述特点，对金融市场价格的监督在于管理、调节和控制。

按标的物划分，金融市场可分为货币市场、资本市场、外汇市场和黄金市场。下面我们将按照这一划分，主要讨论我国对货币市场、外汇市场和金融衍生品市场的监管。

一、货币市场监管

货币市场又称为短期资金市场，一般是指融资期限在 1 年以下的金融市场。从狭义的金融市场监管角度来看，我国货币市场的监管主体主要是中央银行，同时，银监会从机构监管的角度配合央行对货币市场实行监督。中央银行对货币市场的监管是与其制定和实施货币政策紧密联系在一起的，主要由中央银行对商业票据市场、同业拆借市场和国债市场这三大货币市场的监管。

1．对商业票据市场的监管

中国人民银行 1997 年 5 月 22 日发布的《商业汇票承兑、贴现与再贴现管理暂行办法》，是我国中央银行对商业票据市场进行监管的重要依据。

商业票据监管的一般原则如下。

（1）承兑、贴现、再贴现的商业汇票应以真实、合法的商品交易为基础。

（2）上述票据活动，应遵循平等、自愿、公平和诚实信用的原则。再贴现应当有利于实现货币政策目标。

（3）承兑、贴现、转贴现的期限不超过 6 个月，再贴现不超过 4 个月。

（4）贴现利率、再贴现利率由中国人民银行制定、发布与调整。转贴现利率由交易双方自主商定。

2．对同业拆借市场的监管

（1）同业拆借参加对象的资格审定。参加同业拆借的对象仅限于各商业银行和其他金融机构，商业银行内的各分支机构也可以互相拆借资金。非金融机构和个人、中国人民银行及其分支机构不得以任何形式参加同业拆借。但中国人民银行牵头的融资中心可视为独立的非银行金融机构，可以参加同业拆借，拆出拆入资金。

（2）拆借资金用途的管理。凡参加同业拆借的金融机构，拆出资金限于当月资金多余的头寸和在中国人民银行的存款；拆入资金只能用于弥补清算票据交换和联行汇差的头寸不足，以及解决临时性、季节性周转资金不足，不得用于发放固定资金贷款和流动资金贷款，这是由拆出资金来源的短期性所决定的。

（3）拆借期限和利率的控制。凡参加同业拆借的金融机构，在恪守信用的原则下，拆借期限和利率可由拆借双方在协商一致的基础上签订合约。拆借利率实行："上不封顶，下不保底"的随行就市法确定；拆借期限分为 7 天以内的同业头寸拆借和 7 天以上、4 个月以内的同业短期拆借。

（4）拆借金融机构的资金安全比例限制。为了确保拆借市场的安全，减少风险影响，中央银行一般要限制金融机构拆入、拆出资金占存款的比例。如中国人民银行规定商业银行拆入资金余额与各项存款余额之比不得超过 4%，拆出资金余额与各项存款余额之比不得超过 8%。

（5）督促商业银行建立健全自我约束机制，按照自身的资金量和清偿能力控制拆借总量。金融机构用于拆出的资金，只限于存大于贷并交足法定准备金，归还到期中国人民银行贷款和上缴应缴联行汇差后的剩余资金。各金融机构必须按照中国人民银行规定投入资金比例的最高限，控制拆入资金量，拆入资金只能用于解决同城票据的清算头寸不足和季度内先支后收等临时性资金周转的需要，严禁用拆入资金扩大贷款规模，严禁以拆借之名逃避贷款规模控制。

（6）商业银行间的债券（含国债、政策性金融债券、中央银行融资券以及中国人民银行批准的可用于办理回购业务的债券）回购业务，必须通过全国统一同业拆借市场进行，不得在场外进行。按中国人民银行 1997 年 6 月 5 日制定发布的《银行间债券回购业务暂行规定》执行。

3．对国债市场的监管

国债市场是指以国家信用为保证的国库券、国家重点建设债券、财政债券、基本建设债券、保值公债、特种国债等的发行和交易市场。

国债的发行审批通常是由财政部根据当年财政预算提出发行计划，经与中国人民银行、国家计委协商统一意见后，报国务院批准发行。基本建设债券则由国家发展与改革委员会根据重点产业和发展规划的资金需求，提出发行计划与中国人民银行协商后，报国务院批准发行。国债的认购对象是各企事业单位、机关团体、部队和城乡居民（不含三资企业）；特种国债认购对象还包括基金组织（不含城乡居民和三资企业）；基本建设债券的认购对象为中国工商银行、中国农业银行、中国银行和中国建设银行等国家国有独资商业银行。利率主要有固定利率、浮动利率、保值利率等三种方式。

我国国债发行主要采取承购包销的方式，小部分采用自愿直接认购。在二级市场上交易国债，其交易价格随行就市，并遵循“时间优先、价格优先”的原则。开办证券回购业务的必须是经中国人民银行批准的证券交易价格和融资中心。严禁在国家批准的证券交易场所之外私下从事证券回购业务。证券回购券种只能是国库券和经中国人民银行批准发行的金融债券；回购期限最长不得超过 1 年；回购资金不得用于固定资产投资，不得用于期货市场投资和股本投资，不得以贷款、拆借等任何名义用于企业。回购房必须有百分之百的属于自己所有的国债，禁止买空、卖空或以租券、借券等方式从事回购业务。返售方在回购期内不得动用回购证券。

二、外汇市场监管

外汇市场是从事外汇买卖的交易场所，或者说是各种不同货币彼此进行交换的场所。外汇市场的形态有两种：一是外汇交易所这样有固定场所的有形市场；二是以电话、电传、电报和计算机交易系统等各种现代通信工具所构成的交易网络，是无形的市场。现代的外汇交易大部分在无形市场上进行。

西方发达国家的货币基本上实现了自由兑换，除了中央银行偶尔入市干预外，其外汇市场也是自由化的市场。我国的人民币尚未实现完全的自由兑换，因此，对外汇市场的监管仍然很重要。《中华人民共和国中国人民银行法》第四条明确规定，中国人民银行履行职责包括实施外汇管理，监管银行间外汇市场。银监会则通过机构监管的方式，通过限制银行可以从事的外汇交易的类型、施加内部控制和风险管理要求等，从一定程度上协助中央银行加强对外汇市场的监管。

我国外汇市场包括银行结售汇市场和银行间外汇市场。

1. 对银行结售汇市场的监管

从 1996 年 12 月 1 日起，我国实现了人民币经常项目下的可兑换，但对资本项目下的人民币与外币之间的兑换仍实行严格管制。这是目前我国对银行结售汇进行监管的基本原则。

中国人民银行授权国家外汇管理局对外汇业务和外汇市场实行监管。根据我国《外汇管理条例》和《银行结售汇及付汇管理办法》等法规，目前我国对银行结售汇的监管包括以下几个方面。

（1）对外汇账户（境内）的监管。对外汇账户的监管主要有以下内容。

① 经常项目与资本项目账户分开使用，不能串户。

② 境内机构只有符合特定的要求，才可开立经常项下的外汇账户，且应当经外汇管理局批准。

③ 外商投资企业开立经常项目的外汇账户，必须向外汇管理局申请，且账户余额应控制在外汇管理局核定的最高余额以内。

④ 境内机构、驻华机构一般不允许开立外币现钞账户；个人及来华人员一般不允许开立用于结算的外汇账户。

（2）对收汇和结汇的监管。主要包括以下内容。

① 1998 年 12 月 1 日各地外汇调剂中心全部关闭后，所有机构个人只能到外汇指定银行办理结汇。

② 境内机构的经常项目外汇收入必须调回境内，不得擅自存放境外。

③ 境内机构除符合特殊条件，并经外汇管理局统一外，其经常项目下的外汇收入必须办理结汇。

④ 除出口押汇外的国内外汇贷款和中资企业借入的国际商业贷款不得结汇；境内机构向境外出售房地产及其他资产收入的外汇应当结汇；其他资本项目下的外汇未经外汇管理局批准不得结汇。

（3）对购汇和付汇的监管。主要包括以下内容。

① 除少数外，境内机构的贸易及非贸易经营性对外支付用汇，需持与支付方式相应的有效商业单据和有效凭证从其外汇账户中或者到外汇指定银行兑付；境内机构偿还境内中资金融机构外汇贷款利息，持《外汇（转）贷款登记证》、借贷合同及债权人的付息通知书，从其外汇账户中支付或到外汇指定银行兑付。

② 外商投资企业外方投资者依法纳税后利润、红利的汇出，持董事会分配决议书和税务部门纳税证明，从其外汇账户中支付或到外汇指定银行兑付。

③ 境内机构偿还境内中资金融机构外汇贷款本金，持《外汇（转）贷款登记证》、借贷合同及债权机构的还本通知书，从其外汇账户内支付或到外汇指定银行兑付；其他资本项目下的用汇，持有效凭证向外汇管理局申请，凭外汇管理局的核准件从其外汇账户中支付或到外汇指定银行兑付。

④ 外商投资企业的外汇资本金增加、转让或者以其他方式处置，持董事会决议，经外汇管理局核准后，从其外汇账户中支付或者持外汇管理局核发的售汇通知单到外汇指定银行兑付；投资性外商投资企业外汇资本金在境内投资及外方所得利润在境内增资或者再投资，持外汇管理局核准件办理。

（4）对外汇买卖价格的监管。外汇指定银行应当根据中国人民银行每日公布的人民币汇率中间价和规定的买卖差价幅度，确定对客户的外汇买卖价格，办理结汇和售汇业务。

（5）对外汇指定银行的业务监管。经营外汇业务的银行应按照规定办理结售汇；按规定向外汇管理局报送结汇、售汇及付汇情况报表；应当建立结售汇内部监管制度。

2．对银行间外汇市场的监管

银行间外汇市场通常指的是狭义的外汇市场。在当今世界主要外汇市场上，银行及大型金融机构间进行的外汇交易是市场的核心内容和主要形式，如在伦敦、纽约外汇市场上，95%的外汇交易是在银行间外汇市场上进行的。

1994 年 4 月 4 日我国外汇交易中心正式运行，总部设在上海，北京、天津等 19 个城市设立了分中心。

我国的银行间外汇市场是指经国家外汇管理局批准可以经营外汇业务的境内金融机构（包括银行、非银行金融机构和外资金融机构）之间，通过中国外汇交易中心进行的人民币与外币之间的交易市场。外汇市场由中国人民银行授权国家外汇管理局监管，交易中心是在中国人民银行领导下的独立核算、非营利性的事业法人，交易中心在国家外汇管理局的监督下，负责外汇市场的组织和日常业务管理。

（1）对外汇市场组织机构的监管

① 交易中心为外汇市场上的外汇交易提供交易系统、清算系统以及外汇市场信息服务。外汇市场按照价格优先、时间优先的成交方式，采取分别报价、撮合成交、集中清算的运行方法。

② 交易中心实行会员制，只有会员才能参与外汇市场的交易。会员大会是交易中心的最高权力机构，每年召开一次。

③ 交易中心设立理事会，为会员大会闭会期间的常设机构。理事会成员不得少于 9 人，由非会员理事（不得少于 1/3）和会员理事组成。理事会每届任期 2 年，会员理事连任不得超过 2 届。

④ 会员理事由会员大会选举产生，非会员理事由国家外汇管理局提名，会员大会

选举产生。理事会设立理事长1人，由非会员理事担任，经国家外汇管理局提名，理事会选举产生；副理事长3人，其中非会员理事长1人，会员理事长2人，由理事会选举产生。

（2）对外汇市场交易参与者的监管

外汇市场参与者即交易中心会员。经中国人民银行批准设立、国家外汇管理局准许经营外汇业务的金融机构及其分支机构，均可向交易中心提出会员资格申请，经交易中心审核批准后，可成为交易中心会员。中国人民银行也作为交易中心会员参与市场交易。

会员选派的交易员，必须经过交易中心培训并颁发许可证方可上岗参加交易，交易员接受交易中心的管理。

（3）对交易行为的监管

① 会员之间的外汇交易必须通过交易中心进行，非会员的外汇交易必须通过有代理资格的会员进行。

② 市场交易的交易方式、交易时间、交易币种及品种和清算方式等事项需报经国家外汇管理局批准。

③ 交易中心和会员单位应保证用于清算的外汇和人民币资金在规定时间内办理交割入账。

（4）对市场交易价格的监管

① 国家外汇管理局规定和调整每日外汇市场交易价格的最大浮动幅度，中国人民银行根据上日外汇市场形成的价格、公布当日人民币市场汇率，外汇交易应按照当日汇率并在规定的每日最大价格浮动幅度内进行。

② 中国人民银行可根据货币政策的要求，在外汇市场内买卖外汇，调节外汇供求，平抑外汇市场价格。

三、金融衍生品交易市场的监管

随着金融创新的不断深化，金融衍生品交易中的风险也日趋加大。为了对金融衍生品交易市场进行有效的金融监管，国际金融界近年来普遍加强了有关立法和制度创新。

1．金融衍生品交易市场监管的原则要求

目前关于金融衍生交易监管的原则性要求主要包括如下方面的内容：从事衍生金融商品交易的机构及主管当局必须制定一套完善的风险管理、交易咨询收集的制度，促使衍生金融商品的交易透明化，防范交易损失与不当交易；交易所、票据交换所与中央银行必须强化交易。清算以至于交割管理，着重于将交易日到交割日间的期限标准化，增加市场的流动性，进而增强市场抗突发事件冲击的能力；分析各项衍生金融商品的特性，将需要上报的信息资料标准化，确保监管当局能借此正确评估交易本身以及双方的风险；衍生金融商品的投资人，尤其是市场大户必须与监管当局合作，遵从相关的交易法令，促进市场稳定；要严格对衍生交易员的选择与管理，加强操作规程控制和权力制约，防止交易员违规操作。

2．金融衍生品交易市场监管的国家合作

加强金融衍生交易的国际合作，提高国际范围的有效监管水平在当前非常重要，是控制与防范国际金融衍生风险的重要途径。负责世界主要期货与期权市场监管的 16 个国家监管机构的代表于 1995 年 6 月 2 日在英国温德所集会，建议相关国际机构应进一步做出如下努力。

① 加强市场监管机构之间的合作。建立各国监管组织和市场在双边或多边基础上共享信息的机制，对国际化运作的金融集团及其重大交易活动进行有效监管。

② 加强保护客户的投资持有、资金和资产。目前不同国家和地区对客户资金、资产采取不同类型和层次的保护措施，因此，应寻找最佳途径协助各国和地区采取更有效、更一致的保护措施，特别是要有效地提供持续保护性措施。

③ 加大清算违约的惩罚力度。在金融机构面临破产危机时，监管当局应能够采取最佳的操作方式，迅速将问题锁定在一定的范围而不延及市场。特别是对突发事件应加强国际性合作，提高对突发事件的防范应变能力。

3．金融衍生品交易市场监管体系

由金融监管当局组成的专门监管机构，如证监会、期交会等专门机构，负责衍生工具交易的宏观监管，制定监管法规，组织对重大风险事件的预警和查处。

由行业组成自律机构，负责行业内部协调与自律管理。

组织从事衍生交易的金融机构，包括场内交易的交易所、清算所，以及场外交易的银行、非银行金融机构，进行有效的内部风险控制。

第三节　各国金融监管体制的比较

一、金融市场监管体制

广义的金融市场监管就是金融监管；狭义的金融市场监管主要是对各种类型金融市场运行的监管。本节主要集中讨论狭义的金融市场监管。

各国由于其金融市场发育程度不同、管理理念不同、法律及文化传统不同、金融体制不同，因此在金融市场监管中也形成了不同的监管体制模式，主要有以下三种。

（一）集中型监管体制

集中型监管体制是指政府制定专门的金融市场管理法规，并针对不同的金融工具设立全国性金融市场监管机构来管理金融市场的体制。这种监管体制的优点在于能提高金融市场监管的权威性。监管机构比较专业，监管功能比较集中，有利于公平、公正地执行监管职能，维护投资者的利益。同时，由于监管的集中，该体制也存在着一些缺陷，如对市场反应较慢、监管与市场实际的脱节、对市场监管过度等。美国是该种监管体制的典型代表。

（二）自律型监管体制

自律型监管体制是指政府执行的监管职能就是必要的一些国家立法，对金融市场的具体监管由交易所或交易协会等组织进行自律监管的体制。该体制一般未制定统一的市场管理法规，主要通过自律机构的规章制度和一些间接法规来监管。显而易见，该监管体制灵活、与市场实际情况紧密结合，可以提高效率。但是，由于没有统一的监管机构，容易造成市场的混乱，往往不能强有力地保护投资者的利益，实施监管措施时也没有强大的立法保障。

（三）中间型监管体制

该体制可以说是以上两种监管体制的有机结合。它拟合了两种监管体制各自的优点，是相互配合、相互协调的结果。该体制的核心思想就是寻求集中型和自律型监管体制的最佳结合点，它既强调统一的立法管理，又注重自我约束。可以看出，经过不断地摸索实践，金融市场的监管正朝着越来越优化的道路发展。人们已经意识到，以政府监管为运作核心的集中型体制必然需要行业自律的有效辅助；以自律管理为传统重心的自律型体制也同样离不开政府监管的最终支持。绝对的优势是很难存在的，寻求契合点已经成为当今许多经济、金融政策的中心内容。

二、各国（地区）金融监管体制比较分析

金融市场监管体制，是一项理论密切联系实际的政策选择。在研究这个问题时，要关注金融体制发展的阶段，如分业、混业经营体制决定了统一监管还是分业监管。我们还要关注世界上其他国家和地区的金融监管体制，如美国、英国等西方国家，韩国、日本等亚洲国家，以及与经济密切相关的中国香港金融监管体制。我们将对这几个国家和地区的金融监管体制做一个大概的介绍，它将有助于理解中国的经济发展阶段和金融监管体制的选择。需要注意的是，由于各国（地区）情况的不一，有的并未将监管作严格区分，我们将从比较广义的角度来介绍它们的金融监管体制。

（一）美国

美国金融业的发展对世界金融业具有举足轻重的影响。美国金融市场相对成熟，金融监管体系相对完善，监管模式的形成有其特殊的历史背景和长期发展过程。

美国的金融监管体制较为复杂，从横向看，不同金融业务有不同监管主体；从纵向看，不同级政府也是不同的监管主体。美国人对其金融监管体系是否应该整合的争论已经持续了 60 年，直到 1999 年美国通过《1999 年金融现代化法案》后，金融监管的基本趋势才得以明确。该法赋予美联储对金融持股公司的监管权力，由于美国的金融机构已通过金融持股公司使银行、证券、保险高度混业，这实际上就使得美联储成为了能同时监管银行、证券和保险的唯一一家联邦机构。

1．对银行业的监管

美国的银行监管体系相当完善，分工细致、体系完善的监管体制形成了对银行业监管由多家机构分头负责，过程十分复杂。在美国，银行以及储蓄性金融机构的监管由货币监理局、美联储和存款保险公司三个联邦级监管机构和各州监管机构共同负责。

对银行的监管，金融市场准入实行联邦政府许可和州政府许可两级核准制度。经联邦政府批准的商业银行由财政部货币监理局负责监管；经州政府批准设立的商业银行则由州一级金融监管部门负责监管。参加联邦储备体系的银行由联邦储备银行理事会行使监管权；而未参加联邦储备体系但参加了联邦存款保险制度的银行，则由联邦存款保险公司负责监管。银行控股公司由联邦储备银行理事会负责监管。

2．对证券业的监管

美国对证券业的监管主要是通过一系列严格完善的法律法规来实现的。1929—1933 年的银行倒闭风促使美国金融体系开始进行根本性的立法改革。1933 年颁布的《证券法》和 1934 年颁布的《证券交易法》分别对发行市场和二级市场作出了规定，要求发行者须经批准，披露一切有关信息，保证二级市场交易公平、公正、公开。1970 年颁布的《政权投资者保护法》允许经营证券保险业务，投保对象包括破产的经纪人和受损害的顾客。纽约证券交易所对其会员公司也实行资本充足性的规定。如图 13.1 所示为美国金融监管机构。

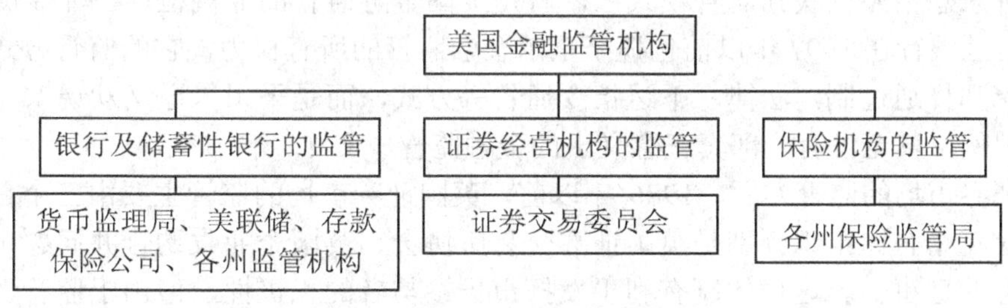

图 13.1　美国金融监管机构

3．美国模式的优点

（1）金融立法完备。完备的法律使美国的金融监管机制顺畅，有利于营造公平、有序的竞争环境。特别是1999年通过的《1999年金融现代化法案》后，金融市场监管法制愈发明朗化，促进了美国社会整体经济的发展。

（2）监管机构分工细致，多头管理，相互制衡。美国作为联邦制国家，金融监管的主体很多。由货币监理局、联储委员会、联邦存款保险公司、联邦国内贷款委员会、全国信贷协会、证券交易委员会以及各州立监管机构构成。这些主体之间分工细致，功能也常有重叠，它们对金融机构的监管全面、入微，基本不会出现监管漏洞。当然，由于功能的相互交叉，它们彼此之间也存在着相互监督、制衡的关系，避免监管主体由于权力过于集中出现效率、公正性等问题。

（3）科学、统一的标准评估体系——“骆驼评级法”。所谓骆驼系统，包括资本充足率、资产质量、管理人员素质、获利能力、流动性与清偿能力，并将每项分为五级，综合评估。除此之外，美国的信用评级也极为普及。这些评估方式为金融主体监管、金融机构内控提供了充分的手段。

4．美国模式的缺点

辩证法告诉我们，任何事物都有两面性。美国监管模式复杂、完备的特征使得它具备了上述种种优点，然而，它也给该监管模式制造了一些缺陷。立法过多，使得被监管者处处受制。机构设置过多，浪费资源的同时还容易导致相互扯皮，降低效率。监管过于严密，也容易丧失应有的灵活性，导致体制逐渐僵硬。

（二）英国

长期以来，英格兰银行负责对银行部门进行监督管理，英格兰银行对银行的监管是一种非正式的监管，主要以“道义劝说”、“君子协定”等方式进行，依靠的是金融机构的自我约束力。从历史根源来说，这来源于英国长久以来的自由民主、崇尚自由契约的思想。这种思想体现在民族性格上，是自律自重、自我约束的理性主义；而体现在法律层面上，即表现为以案例为仲裁标准的法律体系。

这种思想根源反映到监管模式上，就是英国金融监管的非规范性、非制度化的模式。英格兰银行在1997年以前包揽了全国金融监管的所有权力，它的监管方式也不像其他国家那样通过制定法律、下达指令通告等方式，而是采用“道义劝说”、“君子协定”等惯例，甚至没有一部真正意义上的金融监管成文法。

对证券市场的监管方面，1986年以前，英国证券市场的监管主要由三个自律组织进行，这三个自律组织分别是英国证券交易所协会、英国企业收购合并问题小组以及英国证券业理事会。这种体制有利于发挥市场参与者的积极性，但由于监管者缺乏足够的权威性，会员经常发生违规行为，容易造成证券市场不必要的混乱和波动。

1997 年 5 月，英国财政大臣布朗宣布改革金融监管体制，将包括英格兰银行在内的 9 家金融监管机构的权利统一到一家新的机构，成立了金融监管服务局（FSA）负责对银行、住房信贷机构、投资公司、保险公司的审批和审慎监管。英格兰银行的任务就是执行货币政策，发展和改善金融基础设施、充当最后贷款人和保持金融体系的稳定，并在金融监管局的高层领导中有代表权。英国财政部则全面负责金融监管组织构架的确定和金融监管的立法。如图 13.2 所示为英国金融服务监管局内部设置。

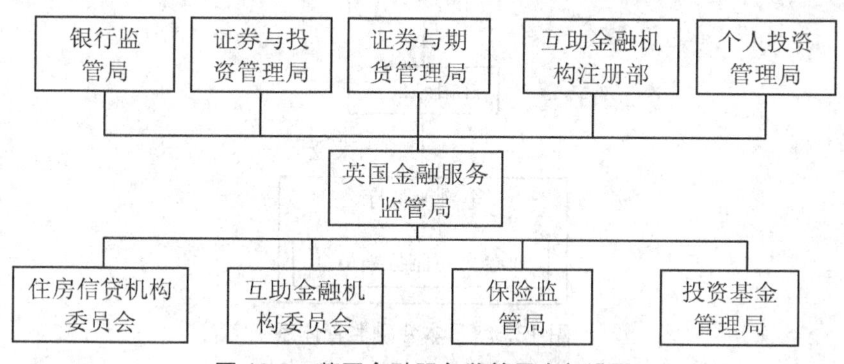

图 13.2　英国金融服务监管局内部设置

英国模式的最大优点在于有较大的灵活性。没有大量的监管法规，没有繁琐的法定程序，监管主体可以随时通过下达规劝信函，要求被监管者按照其要求进行经营。如果监管主体对金融机构的要求有所变化，哪怕是相互矛盾，只需要变动规劝信函的措辞就可以了，不需要费尽周折地修改法律条文。

这种监管模式的灵活性是建立在所有被监管者的自觉遵守之上的。也就是说，监管主体与监管对象之间保持这一种相互信任的友好关系。一旦金融机构没能遵守规劝信函上的要求，监管主体并没有强有力的法律保障对其进行处罚，易造成监管上的“真空”。另外，由于英国规范性法律的缺失，监管活动很大程度上要受到高级官员理念的支配，有一定的随意性，造成评判标准的不公正。[①]

（三）日本

日本的金融监管在传统上是由大藏省为主的。大藏省负责金融政策、法规的制定，批准金融机构的准入、对金融机构的日常运营进行监督管理，甚至拥有独立制定货币政策的权力。日本银行并不具备该权力，但参与对金融机构的日常监管。

1998 年 4 月，日本国会通过了《新日本银行法》，对其金融监管体系进行了所谓“大爆炸”的重大改革。此项最主要的内容有三：（1）将长期以来一直为大藏省所拥有的

---

① 韩汉君，王振富，丁忠明．金融监管．上海：上海财经大学出版社，2003

一般性监管权、业务指令权、日本银行高级官员任免权统统废除，大藏省对货币政策和金融监管全面淡出。（2）赋予日本银行独立制定货币政策的职能，明确了日本银行拥有对所有在日本银行开设账户、与日本银行存在交易行为的金融机构进行检查的权力。（3）成立了独立于日本银行之外的金融监管厅，统一负责对各类金融机构的监管，如图13.3所示为日本的金融监管体系。

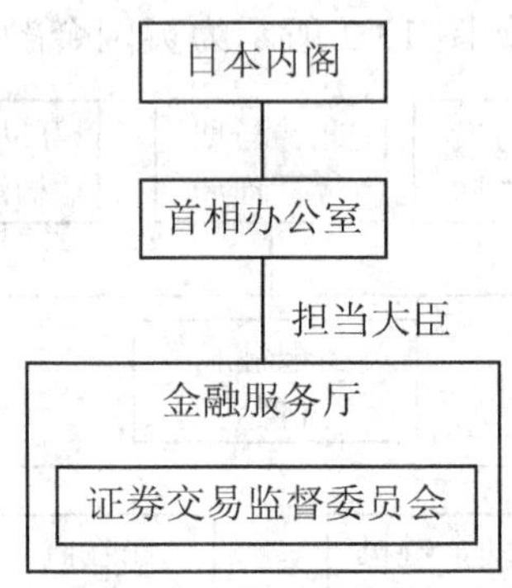

图 13.3　日本金融监管体系

日本金融服务厅作为内阁的外设局，如图13.4所示，主要行使三个专职监管职能：一是检查和监管民间金融机构；二是根据《早期金融加强法》（2001年3月）向金融机构注入资本；三是根据《金融重建法》（2001年3月）处置破产银行。同时，金融服务厅还有两个协同监管职能：一是策划和制定金融法规，包括金融破产处理和危机管理；二是对存款保险公司等实施监管。[①]

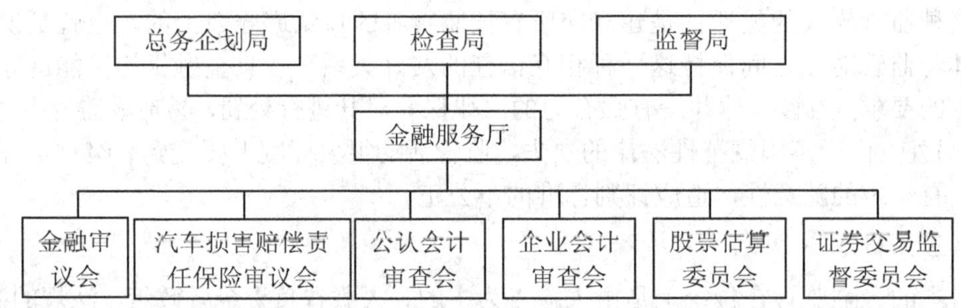

图 13.4　日本金融服务厅组织结构（三个职能部门、六个专门委员会）

（四）韩国

韩国是中国的近邻，其经济发展模式与中国有诸多相似的地方。作为金融市场发育相对成熟的新兴市场国家，它的监管模式受到金融危机的影响后，有了明显的变化。

[①] 谢平，许国平．路径选择：金融监管体制改革与央行职能．北京：中国金融出版社，2004

亚洲金融危机前韩国的金融体制是以政府干预为主，在监管体制上实行多元化的分业监管体制。金融监管不是为了提高金融机构自身的竞争力，而是力图通过政府提供无限担保对国内金融机构实行保护。

20世纪80年代后期，韩国政府意识到过度干预金融市场会带来弊端，因此试图减少干预。但许多人却错误地认为减少干预是放松监管，从而导致金融业潜在的风险逐渐加大，分业监管的体制漏洞渐渐趋于明显。

1997年金融危机爆发后，韩国政府认识到监管体制改革的必要性。于是，在1998年成立了金融监督管理委员会（FSC），后又于1999年设立了金融监督院（FSS），将以往属于韩国银行、财经院、银行监督院、保险监督院、证券监督院的各种监管职责划归金融监管委员会和金融监督院及其附属的证券期货委员会（SFC），并由其统一负责监督。

在此情况下，韩国中央银行（BOK）放弃了所有的银行监管权，成为一个完全独立的负责货币政策的机构。它有权要求金融监管委员会对其作出的直接关系到货币政策措施的决定进行重新考虑。韩国财政经济部则负责起草有关监管的法案，并有权批准或吊销金融机构的营业许可证。虽然名义上韩国银行和财政经济部仍然拥有参与对金融机构实施联合检查的权力，但是迄今为止，在具体运作时，它们都未参与其中。

韩国金融监管委员会是由政府各相关部门派员组成的委员会性质的政府机构。该机构有三个主要职能：（1）解释金融监管的相关法律、法规；（2）负责发放和吊销所有金融机构的营业执照，也就是把关市场准入和推出；（3）检查、指导金融监督院的日常工作。

金融监督院是由各金融机构共同出资兴办的民间公益性机构。它的主要任务是依照金融监管委员会的指令，负责实施具体的金融监管和检查活动。其内部机构按照监管对象分业设置。如图13.5所示为韩国金融监管委员会与金融监督院、证券期货委员会之间的关系，图13.6所示为韩国金融监督院的组织结构。

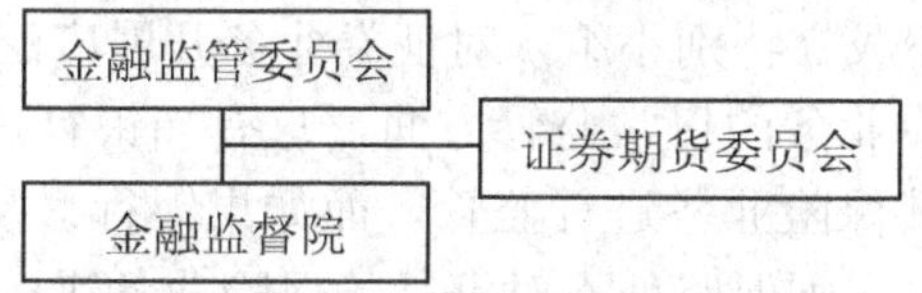

图13.5　韩国金融监管委员会与金融监督院、证券期货委员会之间的关系

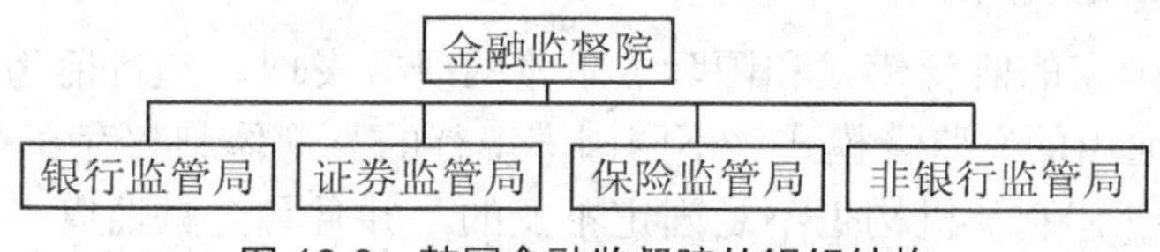

图13.6　韩国金融监督院的组织结构

值得一提的是，金融危机后，韩国迅速将刚成立不久的存款保险公社的权力扩大，一方面将保险对象从银行储蓄存款扩大到证券保证金和保险赔偿金等领域：另一方面，赋予存款保险公社对投保机构的监督检查权力。韩国存款保险公社是由财政经济部监管的无资本金的独立特殊法人。由于韩国目前实行的是强制保险制度，即所有的金融机构都必须投保。那么，存款保险公社实际上就拥有了对全国所有的金融机构进行监督、检查的权力。但是，目前存款保险公社的检查监督重点还仅限于其旗下的金融控股公司，以及金融控股公司所购并的那些濒临破产的金融机构。

韩国监管体制的改革取得了良好的成效。它明确了分工关系，清楚地界定了权限，监管部门各司其职，监管力度有所加大，监管的覆盖面也有所扩大，同时还避免了重复监管。机构间的关系理顺提高了监管效率和效果，克服了危机以前监管体系复杂且存在多头监管的弊病。

（五）中国香港

中国香港采取的是金融分业监管模式。主要表现为按金融企业的性质进行监管。香港金融管理局负责监管银行，包括对银行的证券和保险业务的监管；香港证监会负责监管证券公司；保监处则负责监管保险公司。

根据金融监管局和证监会达成的协议，金融管理局监管银行的证券业务。1995 年 10 月，香港金融监管局与证监会签署了一份备忘录，约定由金融监管局负责监管豁免交易商（银行）的证券业务，而证监会只是在金融监管局的要求下，就个别违规事件进行调查，或在严重情况下行使《证券条例》规定的权利，对豁免交易商进行处罚，直至取消银行豁免交易商的资格。2000 年 11 月 29 日，金融监管局向立法会提交了《2000 年银行业（修改）条例草案》（以下简称《草案》），在《草案》中明确了金融监管局对银行业证券资产等业务进行监管的法律地位，并放宽了现行保密条款，以便证监会和金融监管局能够交换有关银行业证券交易等业务的信息。为保证能对银行业的证券业务进行有效监管，1996 年，金融监管局在证监会的协助下，编制了银行从事证券业务的现场审查指引，并且还成立特别小组，对证券业务开展广泛的银行进行审查。

在对银行从事的保险业务的日常监管方面，只有当银行进行与其自身业务无关的承保业务时，保监处对其保险业务进行监管。而如果银行只从事代理及与银行自身业务有关的小量承保业务时，则保监处不对银行的保险业务进行监管。

（六）对比结论及启示

通过对上述国家的监管模式和国际上争论的研究发现，到目前为止，并不存在一个“最理想的、通用的”监管模式。不同国家现行的监管体制都存在不同程度的问题，而且最适宜的监管体制及机构也不是固定不变的，并且和金融监管体制的组织结构同等重要的还有监管的效力和效率。上述各国的监管体制及优劣势告诉我们：

（1）任何一国的监管体制都有其深厚的历史背景，某些重大的历史事件是监管模式的变化的催化剂。例如，英国的监管理念就是深受其自由民主、崇尚自由契约思想的影响。韩国在 1997 年金融危机之后，整个监管思路、模式和组织结构都发生了改变。美国的监管体制至今仍受 20 世纪 30 年代金融大危机的影响。

（2）要建立完备的金融监管法律体系。从世界发达国家的实践看，立法先行是非常必要的。监管当局有法可依、执法严格，才能保证监管效力和效率。美国货币监理局对违规银行可以处以每天 100 万美元的罚款。日本大和银行因其纽约分行长期进行非法交易隐瞒真相而受到严厉制裁，不仅被驱逐出美国金融市场，还被处以 1.3 亿美元的高额罚款，致使该行不得不宣布破产。

（3）大国（地区）的金融监管体制相对复杂，调整起来也比较困难。与之相对的是，小国（地区）的监管体制相对简单，调整起来也比较容易。例如，美国地域广、国情复杂，其金融监管体制无论从主体还是从方式上来说，层次都比较多，相关法律法规很多，要进行调整不是件轻松的事，所以采用的是逐渐调整、慢慢修补的方式，以求适应时代的发展。而日本、韩国的金融监管体制相对单一，能够有一个较集中的监管主体进行整体监控。它们的监管变革也都采用激进的“爆炸式”，推倒重来，迅速建立了促进当前经济发展的监管模式。

（4）存款保险公司是保护储户的利益的另一种途径。当前，我国对存款保险制度的讨论一直比较热烈。从美国、韩国的监管经验来看，比较完善的金融体制下，建立存款保险公司能够对储户的利益起到保护作用，同时，存款保险公司出于对投保标的的负责态度，一般也要对参加投保的金融机构进行一定程度的监管。这种监管，可以部分弥补政府监管的不足，利用费率等经济杠杆对金融机构的经营安全进行督促。在美国，98%的商业银行都参加了保险，每个账户的最高保险限制已提高到 100 万美元，超出保险限制的存款，也将在商业银行资产清理后，与其他债券人一起按比例获得补偿。目前这种方式已被众多国家效仿。

（5）专业化和一体化是当今世界监管体制演变的方向。专业化和一体化都是金融业务复杂化对监管的要求。例如，英国、日本、韩国实行的统一的监管体制，设立一个统一行使监管职能的监管当局，对金融监管活动进行统一规划、统一协调。同时，在监管当局内部设立若干专业部门，分别在各自领域内实施专业监管。这种统一监管框架下的功能监管被认为是比较有效率的监管模式。

本章小结

1．金融市场监管的理论依据主要有公共效益论、俘虏论和监管经济学。

2．金融市场的监管有监管主体、监管对象、监管目标和监管手段四大要素。金融监管的原则有合法性原则，全面性原则，公开、公平、公正原则，系统性风险控制原则，监管适度与适度竞争原则等。

3．金融市场监管的内容有三种不同的分类方法。按金融业务流程可分为市场准入监管、业务运作过程监管和市场退出监管。

4．狭义的金融市场监管体制有集中型监管体制、自律型监管体制和中间型监管体制三种。

5．从对美国、英国、日本、韩国以及中国香港地区监管模式的探讨中，我们可以得出，到目前为止，并不存在一个“最理想的、通用的”监管模式。专业化和一体化是当今世界监管体制演变的方向。

本章重要概念

公共效益论	俘虏论	监管经济学	金融市场监管
金融监管主体	金融监管对象	金融监管目标	金融监管手段
金融监管原则	金融监管内容		

本章复习思考题

1．概述公共效益论的假设及主要观点。
2．简述俘虏论及其积极意义和不足。
3．结合实际谈谈金融监管的手段。
4．金融市场监管的内容有几种分类方式？试用其中一种阐述其具体内容。
5．列举出主要的金融监管体制。
6．简述各国金融监管体制的重要特征，从中你得到什么启示？

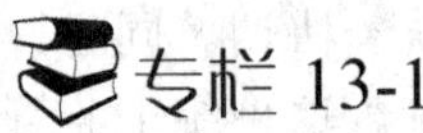

专栏 13-1

次贷危机与金融监管改革方向

此次由美国次贷危机引发的全球性金融风暴给全球财富造成了巨大损失。造成此次次贷危机的原因有很多，其中金融监管不力是重要原因之一。为了应对危机，美国财政部提出了新的监管蓝图，提出“目标导向”的监管改革方向。这种“目标导向”的监管改革可能会成为全球金融监管未来发展的方向。我国在完善金融监管体制过程中，可以反思、借鉴次贷危机中所暴露出的金融监管漏洞，结合中国国情建立适合自身的金融监管体系，避免类似危机在中国的发生。

一、次贷危机暴露出美国现行金融监管中存在的问题与弊端

监管有效性是金融竞争力的重要方面。美国金融行业能够领先其他国家和地区，说明其监管体系和框架基本能够适应市场需求和符合市场实际。此次金融危机爆发前，美国采取的是“双重多头”金融监管体制。“双重”是指联邦和各州均有金融监管的权力、“多头”是指有多个部门负有监管职责，如美联储（FRB）、财政部（OCC）、储蓄管理局（OTS）、存款保险公司（FIDC）、证券交易委员会（SEC）等近十个机构。这样的格局无疑符合美国一直倡导的分权和制约的精神。美国崇尚自由，政治和文化上都推崇权力的分散和制约，反对权力的过度集中，这是美国多头金融监管体制形成的深层次原因。格林斯潘在其 2007 年的新书《动荡年代》（*The Age of Turbulence*）里阐述到：“多个监管者比一个好”，同时存在多个监管机构，可以保证金融市场享有金融创新所必备的民主与自由，同时，可以使每一个监管者形成专业化的比较优势，相互之间的竞争可以形成权力的制衡。

应该承认，美国的这套监管体制确实在历史上支持了美国金融业的繁荣。但随着金融的全球化发展和金融机构综合化经营的不断推进，“双重多头”的监管体制出现了越来越多的“真空”，并使一些风险极高的金融衍生品成为“漏网之鱼”。最为突出的真空就是各部门、各产品的监管标准不统一。不仅如此，近年来一直有华尔街人士抱怨，美国监管体系机构太多，权限互有重叠。而另一方面，监管盲点也不鲜见，例如，像 CDO（债务担保证券）、CDS（信用违约掉期）这样的金融衍生产品，到底该由美联储、储蓄管理局，还是证券交易委员会来管没有明确，以至于没有谁去管。由于监管规则制定得越来越细，在确保监管准确性的同时牺牲了监管效率，对市场变化的反应速度越来越慢。最后，多头监管使得没有任何一个机构能够得到足够的法律授权来负责整个金融市场和金融体系的风险，最佳的监管时机往往因为耽搁而稍纵即逝。

二、美国金融监管的最新改革蓝图

2008 年 3 月 31 日，美国财政部公布了改革蓝图（简称“保尔森计划”）。这项计划被视为美国自 20 世纪经济“大萧条”以来规模最大的金融监管体制改革计划，引起美国银行业和地方政府的多方争议。着眼于促进形成一个富有竞争力的、能够带动和支持美国经济持续创新的金融服务业，该计划提出了短期和中期的金融监管体制改革建议，并提出了长期的概念化的最优监管框架，其中短期的改革措施是向中期和长期最优监管框架的一种过渡。

短期的建议主要集中在针对目前的信贷和房屋抵押市场，采取措施加强监管当局的合作，强化市场的监管等。中期的建议主要集中在消除美国监管制度中的重叠，提

高监管的有效性。如果说中短期建议是便宜之计，那么值得研究是长期的建议。长期的建议是向着“目标导向”的监管方式（Objectives-based Regulatory Approach）转变。“目标导向”的监管，是对现代金融监管框架的一种全新探索，这种监管模式借鉴了目前世界存在的各种监管体系的优缺点，最大的特点是强调监管框架和目标紧密联系。这种监管模式的主要好处是，整合有自然合力的领域的监管责任，而不是分割在不同的监管者那里。例如，市场稳定监管当局，注重所有各类金融机构当中可能影响市场稳定的问题；审慎金融监管当局能够注重不同类型金融机构风险管理的共同因素；商业行为监管当局可以更加一致地对待监管不同的产品，减少监管套利。同时，“目标导向”的监管要比分业监管框架更好地根据金融整体环境的改变而调整，也比单一监管者体制更加清晰地关注某一特定目标。

坚持“目标导向”的监管方法，设立三个不同的监管当局：第一，负责市场稳定的监管当局（Market Stability Regulator）。美国财政部建议由美联储担任该职，并有责任和权利获得适当信息，披露信息，在监管法规的制定方面与其他监管当局合作，为了整体金融市场的稳定而采取必要的纠正措施和行动。第二，负责与政府担保有关的安全稳健的审慎金融监管当局（Prudential Financial Regulator）。新的审慎金融监管当局可以承担目前联邦审慎监管当局，如OCC和OTS的责任，并负责金融控股公司监管职责。第三，负责商业行为的监管当局（Business Conduct Regulator）。商业行为监管当局应当为金融公司进入金融服务领域，出售其产品和服务方面，提供和制定适当的标准。这样的监管方法可以在增强监管的同时，更好地应对市场的发展步伐，鼓励创新和企业家精神。

在这个监管框架下，除了以上三个监管者以外，还有另外两个监管者：一是联邦保险公司；二是公司财务监管当局。

美国财政部建议采用以“目标导向”的监管方式，认为这种方式代表了未来最优的监管框架。相比“原则导向”监管区分银行、保险、证券和期货的分业监管模式，以目标为导向的监管注重监管的目标，不再区分银行、保险、证券和期货几个行业，而是按照监管目标及风险类型的不同，将监管划分为三个层次：一是着眼于解决整个金融市场稳定的市场稳定监管；二是着眼于解决由政府担保所导致的市场纪律缺乏等问题的审慎金融监管；三是着眼于和消费者保护监管相关，解决商业行为标准的商业行为监管。上述三个层次监管目标和框架的紧密联系，使监管机构能够对相同的金融产品和风险采取统一的监管标准，从而会大大提高监管的有效性。

三、美国次贷危机对金融监管模式的启示

美国的次贷危机的影响虽然还未见底，但是美国政府在这次危机中所采取的改革行动带给我们许多启示和思考，我国在建设金融监管模式方面可以借鉴美国的经验和

教训。

第一，目标性监管是可供参考的改革路径。蓝皮书提出了三步走的计划，正是考虑到了美国长期的历史传统和利益格局。与其类似，我国要实现统一监管需要付出较大的改革成本，而且我国的金融市场综合化还处于起步阶段，金融企业的主业特征比较明显，统一监管的必要性并不充分。因此应着重在协调现有机构的基础上，明确主要监管目标的负责主体。要尽快明确责任主体，控制全面市场风险，落实市场稳定性监管。在市场综合化的背景下，市场稳定性监管成为首要监管目标，也是抵御金融风险的主要屏障。

第二，正确认识职能监管机构的利益主体性和竞争性，平衡安全与效率考量。在分业经营的情境下，各职能监管机构的治理目标带有明确的部门性，利益难以协调，在市场综合化的情况下，监管竞争还可能诱使一些监管机构纵容本部门的越界行为，从而为金融危机埋下隐患。因此，在分业监管的现有体制下，尤其要重视对监管政策的组织协调和综合考量。我国应汲取次贷危机的教训，推动立法扩大监管范围，把私募基金、对冲基金、信用评级机构等纳入规范的监管视野，并加强对金融关联企业的并表监管。蓝皮书检讨了美国监管体制的真空现象，尤其是对对冲基金等新兴金融机构的自由放任。虽然我国金融业远没有美国发达，但在近期的股票市场震荡中，上述机构的影响已经有所显现。

第三，监管方式要适应市场的变化。尽管次贷危机的发生不能全部归咎于监管体制的松散，但次贷危机引发美国这次大规模的监管体制改革，适应市场变化、及时调整监管方式是必要的。任何一个国家的监管体制必须与其经济金融的发展与开放的阶段相适应，不管监管体制如何选择，必须做到风险的全覆盖，不能在整个金融产品和服务的生产和创新链条上有丝毫的空白和真空，从而最大限度地减少由于金融市场不断发展而带来更严重的信息不对称问题。面对日益复杂化的金融创新，金融监管不宜过分依赖具体的规则约束，而应采取更具灵活性的原则导向的监管模式，注重加强同市场主体的沟通，只有这样才能处理好金融创新与风险、自由与管制风险的关系，才能维护金融体系的健康稳定。

第四，应该探索本土模式而放弃对西方模式的盲目追求和复制。法律移植并不必然符合市场经济需要，它不能替代社会生活中所需要的大量习惯惯例。所以在重视借鉴他国经验时，要同时开拓适合本国国情的监管工具与监管指标。发达国家的监管已经走过了四个时期，即金融自由化发展时期（20 世纪 30 年代以前）、广泛的金融监管时期（20 世纪 30 ~ 70 年代）、从管制到自由化的回归时期（20 世纪 70 ~ 90 年代）、安全与效率并重时期（20 世纪 90 年代）。目前出现的金融监管改革实际上是第五个时期演进的过程。一方面发达国家的金融监管改革说明，即使人们认为“成熟”的金融监管体系本身也在一直变动，甚至是剧烈变动。谁也不曾料想金融业发展程度最高的美国会爆发次贷危机，完美的金融监管模式并不真实存在，中国目前尚不可能一劳永逸地找到一个发达国家的范例来照抄。不追求任何一个西方国家的监管模式，根据我国自身的历史背景、政治、文化因素，探索符合中国国情的监管制度是目前监管发展的方向。

第五，加强对金融产品链的监管。由于导致金融危机的主要因素是一些具体的金融衍生产品超出监控范围，它们通过销售途径逐渐扩展到社会各界，从而导致全局性金融危机。从这个角度看，金融监管在一些金融衍生品上的缺位是导致金融危机产生的一个重要原因。我国在发展金融控股公司过程中，无论采用哪种监管方式，监管部门都应加强对金融产品的监管。针对那些缺乏实际交易基础、设计复杂、风险无限放大的金融衍生品，监管部门必须严格审查产品的设计机理、风险控制、投资对象，防止风险在系统内部失去控制。

(本专栏主要内容节选自：中国金融四十人论坛课题《中国金融控股公司立法研究》)

参 考 文 献

[1] 王广谦．20 世纪西方货币金融理论研究：进展与评述．北京：经济科学出版社，2003

[2] 张亦春．现代金融市场学．北京：中国金融出版社，2002

[3] 俞乔，邢晓林，曲和磊．商业银行管理学．上海：上海人民出版社，1998

[4] 张亦春，郑振龙．金融市场学．第 2 版．北京：高等教育出版社，2003

[5] 郭研．金融市场教程．北京：北京大学出版社，2004

[6] 曹凤岐，刘力，姚长辉．证券投资学．北京：北京大学出版社，2000

[7] 夏德仁，王振山．金融市场学．大连：东北财经大学出版社，2002

[8] 吴腾华．金融市场学．上海：立信会计出版社，2004

[9] 王兆星，吴国祥，陈世河．金融市场学．北京：中国金融出版社，2004

[10] 祝小兵．金融市场．上海：上海三联书店，2004

[11] 颜卫忠．金融市场学．广州：中山大学出版社，2004

[12] 沈悦编．金融市场学．北京：科学出版社，2004

[13] 何国华，韩国文，宋晓燕．金融市场学．武汉：武汉大学出版社，2003

[14] 冯晋．金融市场学．北京：科学出版社，2004

[15] 米什金．货币金融学．北京：中国人民大学出版社，1998

[16] 葛吉奥·S.奎斯塔．全球市场的固定收益分析．北京：机械工业出版社，2000

[17] 兹维·博迪，罗伯特·C.默顿．金融学．北京：中国人民大学出版社，2000

[18] 詹姆斯·C.范霍恩．金融市场利率与流量．大连：东北财经大学出版社，2000

[19] 杜金富．金融市场学．大连：东北财经大学出版社，2001

[20] [美]弗兰克·J.法博兹．债券市场分析和策略．袁东，译．上海：百家出版社，2002

[21] [美]Maureen Burton，Reynold Nesiba，Ray Lombra．金融市场与金融机构导论．惠超，刘丹，李晓蕾，译．北京：清华大学出版社，2004

[22] [美]William F. Sharp，Gordon J. Alexander，Jeffery V. Bailey．投资学．第 6 版．北京：清华大学出版社，2001

[23] [美]斯蒂芬·A.罗斯，伦道夫·W.威斯特菲尔德，杰弗利·F.杰富．公司理财．英文版，原书第 6 版．吴世农，沈艺峰，王志强，等，译．北京：机械工业出版社，2002

[24] Bruce Tuckman．Fixed Income Securities – Tools for Today's Markets．John Wiley&Sons,Inc,2002